Julio Prada Rodríguez, Emilio F. Grandío Seoane
y José Ramón Rodríguez Lago (eds.)

En transición

EUROPA Y LOS RETOS DE LA REPRESENTATIVIDAD

CATARATA

COLECCIÓN INVESTIGACIÓN Y DEBATE

XUNTA DE GALICIA
CONSELLERÍA DE ECONOMÍA, EMPREGO E INDUSTRIA

XUNTA DE GALICIA
CONSELLERÍA DE EDUCACIÓN, UNIVERSIDADE E FORMACIÓN PROFESIONAL

IMAGEN DE CUBIERTA: GETTY IMAGES

FUENCARRAL, 70
28004 MADRID
TEL. 91 532 20 77
WWW.CATARATA.ORG

EN TRANSICIÓN.
EUROPA Y LOS RETOS DE LA REPRESENTATIVIDAD

ISBN: 978-84-9097-972-3
DEPÓSITO LEGAL: EN TRÁMITE (SEGUNDO TRIMESTRE)
IBIC: JP/3MPQ-ES-B/1D

ÍNDICE

CAPÍTULO 1. TARDOFRANQUISMO Y TRANSICIÓN. LA AGENDA EUROPEA Y LOS RETOS DE LA REPRESENTATIVIDAD POLÍTICA 5
Julio Prada Rodríguez, Emilio F. Grandío Seoane y José Ramón Rodríguez Lago

CAPÍTULO 2. LA CONSTRUCCIÓN EUROPEA DESDE EL SUR. APUNTES PARA UNA PERSPECTIVA IBÉRICA SOBRE LA SEGUNDA AMPLIACIÓN DE LA CEE 21
Antonio Moreno Juste

CAPÍTULO 3. GRECIA Y ESPAÑA DE LA DICTADURA A LA CEE (1974-1979): LA INTEGRACIÓN EN LA CEE COMO OBJETIVO DURANTE LAS TRANSICIONES DEMOCRÁTICAS Y SU IMPACTO EN LAS RELACIONES BILATERALES 40
Sethelos Isidoros Balios

CAPÍTULO 4. ¿RUMBOS PARALELOS O CAMINOS DIVERGENTES? PERCEPCIÓN DE LA DIPLOMACIA E INTELIGENCIA ESTADOUNIDENSE ACERCA DE LOS PROCESOS TRANSICIONALES HISPANO-PORTUGUESES Y SU CAMINO HACIA LAS COMUNIDADES EUROPEAS 58
Misael Arturo López Zapico

CAPÍTULO 5. LA REPÚBLICA FEDERAL DE ALEMANIA ANTE LOS PROCESOS DE ADHESIÓN DE PORTUGAL Y ESPAÑA A LAS COMUNIDADES EUROPEAS (1974-1986) 83
Carlos J. Sanz Díaz

CAPÍTULO 6. ¿POR EUROPA O POR MI PARTIDO? EL RASSEMBLEMENT POUR LA RÉPUBLIQUE Y LA ADHESIÓN DE ESPAÑA A LA CEE, 1976-1986 104
Sergio Molina García

CAPÍTULO 7. LOS ACTORES REGIONALES Y LOCALES Y LA ADHESION A LAS COMUNIDADES EUROPEAS: LA FRONTERA HISPANO-PORTUGUESA 122
Luis Domínguez Castro

CAPÍTULO 8. EL PATRONATO PORTUGUÉS Y LA ADHESIÓN A LA CEE. EUROPA, MOTOR DE LA REFORMA CONSTITUCIONAL 142
Guillermo García Crespo

CAPÍTULO 9. CENTRO Y PERIFERIA EN LA TRANSICIÓN ESPAÑOLA 165
Julio Ponce Alberca

CAPÍTULO 10. ENTRE LA APERTURA POLÍTICA Y EL PUÑO DE HIERRO. LAS ELECCIONES DE 1967 Y LA DEMOCRACIA 'A LA ESPAÑOLA' 186
Carlos Domper Lasús

CAPÍTULO 11. 'LA ERA DE LA NUEVA VALENCIA': EL MUNICIPIO COMO ACTOR PROTAGONISTA EN EL CAMBIO DE RÉGIMEN (1958-1979) 209
Juan Carlos Colomer Rubio

CAPÍTULO 12. MOVILIZACIÓN VECINAL, SUS ACTORES Y ESTRATEGIAS EN LAS PERIFERIAS DE MADRID. EL EJEMPLO DEL BARRIO DE MORATALAZ 222
Anna Pelka

CAPÍTULO 13. ¿ELECCIONES EN EL TARDOFRANQUISMO? ACTITUDES CONFORMISTAS, OPOSITORAS Y ABSTENCIONISTAS. REFLEXIÓN SOBRE EL CASO LEONÉS 239
David Martínez Pérez

CAPÍTULO 14. DEL TARDOFRANQUISMO A LA TRANSICIÓN: LA MANIPULACIÓN Y LA PERVERSIÓN DE LA NOCIÓN DE DEMOCRACIA EN EL DISCURSO POLÍTICO Y PERIODÍSTICO 256
Xabier Ron Fernández y Irene Tomé Urresti

CAPÍTULO 15. CIUDAD Y REPRESENTACIÓN: UN ACERCAMIENTO A LAS PRIMERAS ELITES PARLAMENTARIAS DE UCD EN GALICIA 273
Arturo Real López

CAPÍTULO 16. LA TRANSICIÓN MUNICIPAL EN GALICIA A TRAVÉS DE VARIOS AYUNTAMIENTOS DEL SUR PONTEVEDRÉS: AS NEVES, BUEU, REDONDELA, SOUTOMAIOR Y TUI (1970-1983) 291
Brais Ferreiro Ares

CAPÍTULO 17
TRANSICIÓN EN CLAVE DE GÉNERO: MUJERES EN LA POLÍTICA GALLEGA 314
Enya Antelo Alvite

CAPÍTULO 1

TARDOFRANQUISMO Y TRANSICIÓN. LA AGENDA EUROPEA Y LOS RETOS DE LA REPRESENTATIVIDAD POLÍTICA

JULIO PRADA RODRÍGUEZ* (Universidade de Vigo)
EMILIO F. GRANDÍO SEOANE** (Universidade de Santiago de Compostela)
JOSÉ RAMÓN RODRÍGUEZ LAGO*** (Universidade de Vigo)

La búsqueda de una mayor representatividad política, acorde con el nivel de desarrollo económico conseguido a finales de los años sesenta, y la entrada de pleno derecho en los circuitos económicos y financieros de la Europa del bienestar fueron dos de los ejes centrales de la acción desarrollada por los distintos protagonistas en el proceso político de transición. Los debates y los mecanismos generados alrededor de la representatividad política en el tardofranquismo y en los primeros años de la democracia se conjugan así con el papel ejercido por las instancias internacionales o trasnacionales en ese proceso y con la influencia alcanzada por unas muy activas redes e instituciones locales. El primer congreso internacional "Estado en transición", organizado

1. Julio Prada Rodríguez (ed.) es profesor titular de Historia Contemporánea en la Universidad de Vigo y coordinador del Grupo de Investigación HC1. Ha dirigido o participado en más de una decena de proyectos de investigación de ámbito nacional e internacional y es autor de una veintena de libros y de numerosas contribuciones en revistas y publicaciones científicas. Entre sus últimas monografías destacan *Marcharon con todo. La represión económica en Galicia durante el primer franquismo* (2016); *Derechas, República y elecciones* (2019) y *The plundering of vanquished* (2019).

** Emilio Grandío Seoane (ed.) es profesor titular de Historia Contemporánea de la Universidad de Santiago de Compostela. Es coordinador del Grupo de Investigación HISPONA (Historia política y de los nacionalismos). Ha dirigido varios proyectos y redes de investigación sobre el periodo comprendido entre la etapa de entreguerras y los procesos de transición a la democracia en los años setenta, así como coordinado y publicado en monografías y revistas científicas sobre partidos políticos y transición.

*** José Ramón Rodríguez Lago (ed.) es profesor titular de Historia Contemporánea en la Universidade de Vigo. Investigador principal junto a Luis Domínguez Castro del proyecto "Europeísmo y redes trasatlánticas en los siglos XX y XXI". Ambos han publicado recientemente: "El relato vaticano sobre el proceso de integración europea. Los pontificados de Pío XII y Juan Pablo II" (*Ayer*, 117, 2020) y "Educación y diplomacia cultural en la primavera de Europa" (*Revista de educación*, 383, 2019).

conjuntamente por las Universidades de Vigo y Santiago de Compostela y celebrado entre los días 9 y 11 de octubre de 2019, centró su atención en los estudios más recientes sobre tales dimensiones. Los diferentes capítulos que conforman este volumen son fruto de la reflexión de cada uno de sus autores tras las ponencias presentadas y los animados debates surgidos durante las sesiones celebradas en la sede de la Casa Galega da Cultura, en Vigo. El libro ahora publicado integra la dimensión política del análisis de las elites con la dimensión social del estudio de las vías de democratización que ya antes de la muerte del dictador venían experimentándose en España, sin olvidar la perspectiva internacional de investigaciones que profundizan en las particularidades del proceso de integración europea en países como Portugal o Grecia.

Un primer grupo de trabajos pone precisamente su acento en los retos de la ampliación hacia el Sur. La aportación de Antonio Moreno Juste introduce una oportuna reflexión sobre la noción de Europa del Sur, un concepto surgido fuera del contexto ibérico y acuñado por las potencias occidentales en el contexto bipolar de la Guerra Fría. Las Comunidades Europeas establecieron condiciones de democratización para los regímenes autoritarios, exigiendo medidas económicas y presionando en las instancias diplomáticas. La aprobación por el Consejo Europeo de Copenhague de la Declaración sobre Identidad Europea en diciembre de 1973 identificó los principios constitutivos del proyecto europeo con la democracia representativa, el imperio de la ley, la justicia social y el respeto a los derechos del hombre. Esos valores fueron promocionados como vitales para la futura integración de los países del Sur y se vieron reflejados en el Acta final de la Conferencia de Seguridad y Cooperación de Helsinki, en agosto de 1975. El sur de Europa se convirtió así en modelo de la "tercera ola" de democratización.

La incorporación de Grecia a la CEE en 1981 permitió a su vez que la noción de Europa del Sur cobrase una nueva dimensión. Su ministro de Exteriores Yannis Charalambopoulos planteó que la futura adhesión de España y Portugal no solo representaría un salto cuantitativo, sino también cualitativo. Su proximidad a la costa sur del Mediterráneo debería interpretarse como un valor, la base de un nuevo proyecto. La europeización del Sur se planteaba así como un proceso multidireccional. Su mera alusión haría referencia a la posibilidad de *otra Europa*, alternativa o complementaria a la Europa del Norte, y capaz de promover no solo la competencia, sino también la solidaridad entre sus miembros y con sus vecinos. En opinión del autor, la integración de los países del Sur, convertida inicialmente en un problema, ejerció así de trampolín para poner fin a la "euroesclerosis" e impulsar la integración *tout court*, auspiciada por la Comision Delors.

Significativamente, durante los años previos a su integración, Portugal y España coincidieron en interpretar la vía europea como garantía de modernización y democratización, pero se aproximaron a las instituciones comunitarias más como adversarios que como aliados. Portugal trató de distanciarse de España por motivos políticos, económicos, militares y de prestigio nacional; España solo planteó las ventajas de una relación bilateral en los momentos finales de la negociación. Solo tras la definitiva incorporación como socios europeos, ambos Estados comenzaron a saborear las mieles de la cooperación transfronteriza en el ámbito comunitario y barajaron las ventajas de determinadas alianzas estratégicas frente a los intereses de los socios del Norte.

La política exterior de los primeros gobiernos democráticos de Grecia y España tuvo como referente esencial el ingreso en la CEE. El capítulo a cargo de Sethelos Isidoros Balios ofrece una perspectiva comparada del proceso negociador llevado a cabo por ambos países, destacando las consecuencias negativas que tuvo la presentación de la solicitud de ingreso por parte de España y Portugal para la estrategia del Gobierno griego, cuya prioridad era lograr un ingreso rápido tanto por razones geoestratégicas como políticas. El temor de Konstantinos Karamanlís a una ralentización en las negociaciones en el caso de vincularse las tres candidaturas, unido al crecimiento electoral experimentado por el entonces euroescéptico PASOK, explican el interés de la diplomacia helena por acelerar las negociaciones y por mantener su singularidad negociadora, lo que sin duda se vio favorecido por la dimensión económica y las implicaciones políticas que representaba la candidatura española para el conjunto de los Estados miembros. La negativa del Gobierno heleno a alinear su política europea con la de las nuevas democracias ibéricas explica la inexistencia de contactos directos entre los gobiernos de Grecia y España, lo que no es óbice para reconocer la influencia que tuvo el proceso de negociación en la diplomacia de ambos países, hasta entonces carentes de unas relaciones bilaterales estrechas.

En todo caso, como bien señala el autor, en ambos casos la integración europea fue un asunto conectado políticamente con la democratización y la consolidación de las instituciones democráticas. No obstante, su impacto debe matizarse en el sentido de que tanto la instauración de la democracia como su posterior afianzamiento en ambos países fueron más el resultado de las realidades políticas y sociales internas configuradas a lo largo de los años sesenta y setenta que el fruto de una intervención de la CEE o de sus Estados miembros. Desde esta perspectiva, concluye Balios, la conexión entre integración europea y democratizaciones debe valorarse, más que por su impacto directo en tales procesos, por lo que tuvo de giro geoestratégico en la política exterior de estos países, un giro que venía a certificar su deseo de participar activamente y desde una distinta posición en el sistema europeo e internacional.

La evolución de los acontecimientos en los regímenes autoritarios en la Europa del Sur fue seguida con especial atención por la administración norteamericana. El capítulo de Arturo López Zapico nos adentra, a través del análisis de la documentación generada por la Agencia Central de Inteligencia (CIA) y el Bureau of Intelligence and Research (INR) del Departamento de Estado, en las observaciones emitidas por estos organismos sobre los procesos desarrollados en Portugal y España y su relación con las dinámicas amparadas por la integración europea. Resulta un lugar común citar las convergencias establecidas entre ambos procesos. Distanciándose de los relatos simplificadores sobre el papel jugado por los Estados Unidos en la península, el autor subraya la complejidad de los hechos e invita a tener en cuenta las notables diferencias observables entre ambos casos. También nos recuerda que es preciso manejar el término *transición* con cautela, evitando todo sentido teleológico. Si algo muestran los informes de las agencias norteamericanas encargadas de establecer teóricos planes de contingencia es la improvisación de las respuestas al hilo de los acontecimientos.

La concepción de la península como un ente único debía mucho a la estrategia aliada durante la II Guerra Mundial, pero tal imagen se había ido degradando por varias razones: la condición de Portugal como país receptor de las ayudas del Plan Marshall y socio fundador de la OTAN; su menor dimensión económica con respecto a las notables inversiones y el peso de la balanza comercial con los Estados Unidos en España; el multilateralismo portugués —condicionado por la esfera británica— que contrastaba con la fuerte dependencia bilateral propia de las relaciones hispano-norteamericanas; y las fricciones surgidas por la resistencia del imperio colonial luso frente a la acomodación de los últimos ministros de exteriores del franquismo a las peticiones estadounidenses. De cualquier modo, la administración estadounidense tuvo notables problemas para resolver el reto de la democratización. La iniciativa de Kissinger para hacer de 1973 el "año de Europa" trató de redefinir los vínculos transatlánticos. La insistencia sobre la necesidad de que los europeos compartiesen la carga soportada por el coloso americano como guardián de la seguridad del denominado mundo libre hacía que los estadounidenses otorgasen a las potencias de Europa mayores atribuciones para influir sobre sus vecinos del Sur.

Los cálculos de las agencias norteamericanas no habían contemplado el repentino hundimiento del Estado Novo y habían visto en la monarquía una institución que permitiría avalar cierta evolución del régimen autoritario en España. Los análisis partían de la percepción de que los escenarios ibéricos no eran homologables, pero lo sucedido en Portugal sirvió sin duda para reorientar la estrategia en España. De ahí, la fijación del embajador Wells Stabler en Madrid por abrir un diálogo con los líderes de la oposición democrática (a excepción de los comunistas), mientras en Lisboa Frank Carlucci juzgó conveniente una política de ayudas económicas a las corrientes más moderadas de la revolución de abril. Zbigniew Brzezinski avaló la ayuda exterior prestada por la Administración Carter al primer ministro Mario Soares y arropó al presidente Eanes cuando en marzo de 1977 solicitó la adhesión de Portugal en la CEE. El ingreso de España en la OTAN, respaldado por los Estados Unidos, contó sin embargo con la desconfianza del Gobierno portugués, preocupado por el establecimiento de un hipotético mando ibérico que tendría su sede en Madrid. Finalmente, a ojos de los norteamericanos, la incorporación de España en la CEE resultaría determinante para lograr que el Gobierno de Felipe González pudiese revertir el ambiente contrario a la permanencia de España en la Alianza. En todo caso, la diplomacia norteamericana observó siempre el periplo de los países ibéricos hacia Europa como un marco instrumental para la defensa de sus intereses. El proyecto europeo resultaba clave para encauzar las relaciones bilaterales y fortalecer la Alianza Atlántica.

La influencia ejercida en nuestro proceso de transición a la democracia por las instituciones públicas y las poderosas fundaciones privadas de la República Federal Alemana ha sido subrayada en múltiples ocasiones. El capítulo firmado por Carlos Sanz Díaz nos adentra en el papel que este país desarrolló para la incorporación de Portugal y España en la Comunidad Económica Europea. El análisis de la colección de documentos diplomáticos "Akten zur auswärtigen Politik der Bundesrepublik Deutschland" permite constatar como la RFA se convirtió en palanca y llave para el ingreso de ambos estados en las instituciones comunitarias. Significativamente, el ministro de Asuntos Exteriores Hans-Dietrich Genscher había expresado en enero de 1977 el apoyo del Gobierno de la RFA a las candidaturas ibéricas, antes incluso que los gobiernos de Portugal y España lo hiciesen de manera formal en marzo y en julio de ese mismo año, respectivamente.

Por variadas razones, la República Federal Alemana adquirió un protagonismo relevante en la ampliación ibérica: otorgar estabilidad a las jóvenes democracias favorecería la política de distensión y ayudaría a superar el trauma de la división europea; ni Portugal ni España planteaban problemas de competencia alguna a sectores relevantes de la economía alemana; la integración de sus mercados con bajos costes salariales y sociales favorecería las inversiones alemanas en ambos países y entre sus socios de América Latina y África; también ofrecería ventajas para la normalización de la mano de obra inmigrante. El Gobierno de Bonn no solo se mostró firme partidario de la integración, sino que también aportó los recursos financieros imprescindibles para afrontar tal reto, al convertirse tras el Consejo Europeo de Stuttgart de junio de 1983 en el principal contribuyente neto a las arcas comunitarias y acordar un año más tarde, en el Consejo Europeo de Fontainebleau, la reforma de la PAC y la creación de los programas integrados para el Mediterráneo.

Los deseos de los distintos gobiernos de Lisboa y Madrid por una rápida incorporación a la CEE se vieron así condicionados por la necesidad de las instituciones comunitarias de reajustar sus políticas en un periodo de euroesclerosis. Frente a los denodados intentos del Gobierno portugués de repetir el éxito griego distanciándose del efecto arrastre propiciado por la candidatura española, el Gobierno de la RFA enarboló siempre de manera tajante el principio de "globalización ibérica" y su aplicación mediante la fórmula "negociaciones separadas, ingreso simultáneo", acordada informalmente por los Nueve en mayo de 1978 y avalada posteriormente por las acciones desarrolladas por la Comisión Europa. Las ventajas hipotéticas iniciales de Portugal, como el haber sido miembro fundador de la OTAN o su reducida dimensión económica, pesaron menos que la visión estratégica del Gobierno de la RFA, que entendía el espacio ibérico como un todo decisivo para la estabilidad del proyecto europeo y atlántico.

Como hemos visto, el apoyo alemán resulta trascendental, pero ser miembro de pleno derecho del Mercado Común exigía contar con el aval previo de todos y cada uno de los miembros del club. Los estados que debían aprobar de manera unánime dicha incorporación esperaban obtener a su vez contrapartidas para sus economías nacionales. Los miedos a la apertura de mercados propiciada por las instancias comunitarias alimentaban a su vez en cada país discursos populistas que pretendían atraer un electorado volátil. La fortaleza del lobby agrícola al norte de los Pirineos provocó que la futura competencia española, que afectaría notablemente a los departamentos del Midi, propiciase una de las polémicas más intensas de la política francesa a finales de los años setenta. El capítulo de Sergio Molina García centra su atención en el papel jugado por un partido que contó con notable influencia en nuestro vecino del norte durante esos años. El análisis de la prensa de la época y de la documentación de archivos franceses y españoles permite adentrarse en el papel jugado por el Rassemblement pour la République (RPR), fundado por Jacques Chirac en 1976, tras su dimisión como primer ministro y poco antes de ser elegido por primera vez alcalde de París. La elección resulta a todas luces acertada, pues fue esta organización política la que mostró inicialmente mayor oposición al ingreso de España en la CEE.

El RPR fue un partido que trataba de mantener el legado conservador y nacionalista diseñado por Charles de Gaulle. A sus ojos, la CEE era un instrumento útil solo en la medida en que servía para fortalecer la economía francesa y extender su *grandeur* internacional. El partido contaba además con fuertes vínculos con el asociacionismo agrario, característica heredada del gaullismo, pero potenciada durante la gestión de Chirac del ministerio de agricultura entre 1973 y 1974. El nuevo partido, que suponía una escisión en la derecha francesa tras el enfrentamiento de Chirac con el presidente de República, Valéry Giscard d'Estaing, necesitaba hacerse además con un espacio electoral que le permitiese alcanzar el poder. El rechazo al ingreso de España en el Mercado Común se distanciaba de la propuesta gubernamental más conciliadora con los intereses españoles y aspiraba a su vez a romper con la tradicional hegemonía de las fuerzas progresistas en las regiones del sur de Francia. Se construiría así un relato que debía resultar atractivo para los agricultores del Sur. Un discurso de carácter sentimental y de razonamiento simple que no necesitaba de constatación empírica. La sencillez de la proposición del "*non a l'Espagne*" y el liderazgo carismático de Chirac se compaginaban con una estrategia calculada sobre cómo y dónde debían lanzarse tales argumentos. En opinión del autor, todo parece confirmar que se trataba de una táctica política para ganar votos en la costa mediterránea y reforzar su argumento de oposición al Gobierno.

Los pobres resultados obtenidos por el RPR en las sucesivas convocatorias electorales celebradas entre 1979 y 1981 y la evolución del marco internacional provocarían progresivamente un cambio de discurso muy significativo. Los comicios al parlamento europeo en 1979 evidenciaron un notable fracaso de la propuesta del RPR que contó con la confianza de un 16,31% del electorado que acudió a las urnas. Desde esa fecha, la alusión a la problemática de la ampliación de la CEE perdió peso progresivamente. En las elecciones presidenciales de 1981 el partido había iniciado ya cierto viraje hacia el liberalismo, siguiendo la estela de Thatcher y Reagan, pero contó solo con un 18% de los votos en la primera vuelta. La victoria del socialista François Mitterrand supondría la asunción definitiva de los principios liberales por el RPR y una profunda alteración en su concepción sobre Europa. El partido daba por hecho que España accedería al Mercado Común y trataba ahora de conseguir las mejores condiciones posibles antes de su entrada. La Cumbre europea de Fontaineblau de 1984 permitió que Francia y Gran Bretaña viesen satisfechas sus demandas e impulsó definitivamente las negociaciones para la adhesión española. Significativamente, el inicio de la cohabitación entre el presidente Mitterrand y Chirac, como nuevo primer ministro, tras las elecciones legislativas de marzo de 1986, no conllevó nuevos obstáculos. La política desarrollada por François Guillaume como ministro de agricultura y la visita del líder del RPR a España, en noviembre de ese mismo año, evidenciaron la buena relación entre los antiguos vecinos, ahora socios. De cualquier modo, la trayectoria del RPR en este proceso ejemplifica la influencia ejercida por los diversos partidos políticos para favorecer o ralentizar las negociaciones en el seno de las instancias comunitarias. A los intereses de los estados, económicos o estratégicos, deben sumarse en el análisis las estrategias políticas y electorales de cada agrupación, también sus fracasos.

Históricamente resulta incuestionable que el proceso de integración europea estuvo dirigido por los Estados nación desde sus orígenes hasta nuestros días. Esto no significa, como demuestra el capítulo a cargo de Luis Domínguez Castro, que los gobiernos no centrales, ya sean de ámbito regional o municipal, fuesen meros convidados de piedra en dicho proceso. No podía ser de otro modo cuando en Europa Occidental, al mismo tiempo que la integración, se produjo una emergencia del poder regional que no podía dejar de ser tenida en cuenta, aunque, como es lógico, la mayor o menor intensidad de su presencia guardó una estrecha relación con el marco competencial de los diferentes Estados nación que formaban parte de la Europa Comunitaria. Un buen ejemplo de ello lo encontramos en el caso de los dos estados ibéricos, España y Portugal, donde la larga persistencia de sus respectivas dictaduras obligó a diferir en el tiempo su incorporación a las Comunidades Europeas hasta ver culminados sus correspondientes procesos de transición democrática.

A juicio del autor, el papel de los actores regionales y locales de estos dos países en los momentos previos e inmediatamente posteriores a la adhesión puede percibirse mejor a partir del análisis de lo que denomina "ventanas de oportunidad política", entre ellas la emergencia de los poderes regionales, la aproximación a Europa y la construcción de un espacio público democrático en ambos países. Estas "ventanas", que Domínguez analiza en detalle a lo largo del capítulo, fueron aprovechadas por los gobiernos no centrales de España y Portugal para desarrollar una *paradiplomacia* que obtuvo resultados desiguales y que siempre estuvo condicionada por la actuación y las competencias de los gobiernos nacionales. Especial atención merecen los ejemplos de Galicia y norte de Portugal, cuyas "cumbres regionales gallaecienses" de principios de los ochenta desbrozaron la senda por la que más tarde transitarían otras regiones como Extremadura, Castilla y León, Alentejo o la región Centro de Portugal, sin olvidar el papel desarrollado por otros actores como los municipios, las universidades o los empresarios.

La agenda de la cooperación transfronteriza de esta *paradiplomacia* local y regional en los años previos e inmediatamente posteriores a la adhesión a las Comunidades Europeas pivotó alrededor de cinco grandes ejes: los cursos fluviales; la mejora de las infraestructuras y los medios de comunicación; las cuestiones medioambientales; el ámbito cultural; y los temas económicos, con especial atención a la promoción conjunta del turismo y el estudio de estrategias de inversión y de desarrollo susceptibles de conseguir financiación FEDER. Sin embargo, las pretensiones de dichos actores no tardarían en colisionar contra la realidad del poder de los gobiernos nacionales respectivos, como ocurrió en el caso de las "cumbres regionales gallaecienses", donde las buenas relaciones personales entre los participantes y la amplia gama de oportunidades de cooperación contrastaban con la escasa capacidad de los reunidos para convertir en realidad las expectativas generadas, expresión de la marcada asimetría competencial existente entre las diferentes administraciones. Paradójicamente, uno de los mayores logros de las autoridades regionales estuvo en la interlocución directa lograda con el Parlamento Europeo, cuya Comisión de Política Regional y Ordenación del Territorio debatió un informe sobre un Programa de Desarrollo para las regiones fronterizas de Portugal y España, en julio de 1988.

El capítulo a cargo de Guillermo García Crespo se adentra, precisamente, en el análisis de la intervención de otro de estos actores no estatales en las negociaciones de adhesión de Portugal a las Comunidades Europeas: el empresariado luso, que encaró los años de la transición profundamente dividido y con una cierta dosis de desorientación. Un significativo sector de la patronal portuguesa desconfiaba del proyecto de integración europea por lo que representaba de obligado desmantelamiento de las barreras proteccionistas, en especial la pequeña y mediana empresa y los grupos industriales con intereses en ultramar o pertenecientes a los sectores económicos más protegidos por el salazarismo. A pesar de ello, ya durante el Gobierno de Marcelo Caetano (1968-1974) se fue abriendo camino una corriente europeísta en la que confluían los sectores menos interesados en mantener un comercio cada vez más gravoso con las colonias y que consideraban a Europa como el espacio natural para el futuro desarrollo del capitalismo portugués. Como es lógico, estos planteamientos guardaban una estrecha relación con la modernización de las estructuras productivas que venía experimentando el país desde los años sesenta y, al igual que sucedería en el caso español, europeización y democratización no tardarían en contemplarse como dos variables de la misma ecuación.

Las turbulencias que acompañaron a la Revolución de los Claveles coadyuvaron a un cambio de perspectiva en una nueva generación de dirigentes patronales para los que Europa se presentaba como la mejor garantía frente a las veleidades *socializantes* de aquella. La nacionalización de un buen número de empresas y la ola de expropiaciones —que afectaron, sobre todo, a las grandes corporaciones— pusieron de manifiesto la necesidad de reagrupar las fuerzas del capital una vez desaparecido el Estado Novo, cuando se encontraban en situación de franca debilidad. De hecho, la nueva coyuntura acabó por favorecer que en los medios económicos del país se consolidase una visión dual de la democracia en la que la protección de las libertades individuales inherentes al estado liberal —algo que no había preocupado precisamente al empresariado durante la etapa anterior— aparecía unida a la exigencia de un entorno de seguridad para la actividad privada y a la reprivatización total o parcial de las empresas. Consolidación democrática y refundación del sistema económico bajo la lógica capitalista en el marco europeo eran, para el patronato portugués, dos realidades inseparables.

Pero que las Comunidades Europeas pudiesen contribuir a la atemperación de los excesos revolucionarios y a la vez actuasen como palanca de un cambio constitucional que alejase definitivamente el fantasma del "colectivismo marxista" era algo muy diferente a hacer desaparecer de un plumazo los recelos que persistían en numerosos sectores del empresariado sobre las posibilidades de supervivencia de sus negocios en un entorno competitivo como el que representaba el Mercado Común y en medio de una profunda crisis económica. Esta desconfianza se manifestó de nuevo con fuerza durante la fase final de las negociaciones de adhesión, aunque, como señala el autor, la oposición a la entrada en la CEE que exhibió el patronato en aquellos momentos, más que una cuestión de principios, pudo ser un instrumento de presión sobre el Gobierno para que adoptara una posición de firmeza ante Bruselas o bien para que procediese a una nueva revisión constitucional como *conditio sine qua non* para apoyar la adhesión. De lo que no cabe duda, concluye, es que la estrategia de las elites económicas portuguesas respondió fielmente a la defensa de unos intereses de clase, presentándose a menudo como los portavoces de los intereses del conjunto del país. Algo, por lo demás, en absoluto desconocido en estas latitudes.

El segundo bloque de trabajos que conforman este volumen aborda el periodo del tardofranquismo y la transición a la democracia desde perspectivas diferentes. La contribución de Julio Ponce Alberca se plantea como objetivo poner en valor la dimensión local para el análisis de la Transición desde la perspectiva de la historia del Estado —o, para ser más exactos, el estudio de la intersección entre las esferas central y periféricas a través de las estructuras del Estado—, partiendo de la premisa de que es en dicho ámbito donde pueden apreciarse con mayor nitidez las continuidades, el limitado alcance de los cambios y las formas en las que se concretaron las transformaciones registradas a escala nacional. La tesis central que se sostiene en la misma es que, si bien la iniciativa del cambio político partió del centro, ello no significó que las esferas locales permaneciesen inactivas o actuasen como agentes totalmente pasivos. Al contrario: la vida local también tuvo su reflejo en dicho proceso, como demuestra el autor a partir del detallado y sugestivo repaso que realiza de la situación de la Administración local, el papel de las estructuras del Movimiento, la actitud general de los funcionarios y la actuación de los gobiernos civiles, subrayando que una de las claves esenciales del cambio político fue, precisamente, la creciente separación entre régimen y Estado que se fue consolidando en todos estos niveles en los últimos años de la dictadura.

Carlos Domper Lasús analiza en su aportación el discurso que desarrolló el franquismo sobre su carácter presuntamente democrático y su capacidad potencial para evolucionar hacia formas más representativas de Gobierno en contraposición a su estructura institucional y a los fundamentos ideológicos que le servían de soporte. Contrariamente a lo que suele ser habitual, el autor rastrea los antecedentes de esta particular reelaboración doctrinal hasta mediados de los años cuarenta, donde el régimen supo sacar un indudable partido a su autodefinición como "democracia orgánica" en momentos en los que el concepto de *democracia* estaba en disputa en buena parte de Europa Occidental. Tras un largo periodo de hibernación, Carrero Blanco retomaría la cuestión en 1957 con ocasión de la defensa que hizo de la Ley de Régimen Jurídico de la Administración del Estado, conceptuando al régimen como una "democracia orgánica representativa" en la que los individuos intervenían en la gobernación del Estado a través de sus órganos naturales de representación y en la que tenían garantizado el disfrute de todas las libertades sin otras limitaciones que las derivadas de las exigencias del bien común.

Las celebraciones con ocasión de los "XXV Años de Paz" vinieron acompañadas de un nuevo esfuerzo de la dictadura por resaltar su carácter particularmente democrático en momentos en los que ya no parecía posible seguir dilatando más la necesaria adaptación a los cambios económicos, sociales y culturales que se estaban produciendo desde principios de los sesenta. En este contexto se inscriben toda una serie de medidas, como la Ley de Prensa, la Ley Orgánica del Estado o la Ley de Representación Familiar, cuya pretensión era remozar su arquitectura institucional sin perder ni un ápice de su control sobre el Estado y la sociedad, pero que al mismo tiempo resultaban especialmente útiles para incorporar un nuevo elemento al discurso público de la dictadura: su capacidad para evolucionar hacia formas institucionales más representativas sin traicionar por ello los principios fundacionales del 18 de julio. La primera piedra de toque de este intento de acomodación a los nuevos tiempos fue el referéndum de 1966 y las elecciones a procuradores familiares en las Cortes Españolas del año siguiente. El análisis que realiza el autor de estas últimas pone en evidencia los estrechos límites de aquella peculiar democracia "a la española" y la imposibilidad de llevar a cabo cualquier tipo de apertura que se tradujese en un incremento real de la representatividad política sin renunciar a los principios fundamentales del régimen, en tanto en cuanto la dictadura resultaba incompatible con cualquier mecanismo que erosionase su capacidad de controlar totalmente todos los resortes del Estado. Por ello, como concluye acertadamente el autor, cualquier iniciativa surgida desde su interior no podría ser otra cosa que antiliberal, antipluralista, anticomunista y antidemocrática.

El artículo de Juan Carlos Colomer intenta abordar las sinergias establecidas en esa relación existente entre gobernados y gobernantes desde el tardofranquismo a la Transición. Son puentes pocas veces analizados, pero que nos permiten establecer una línea de continuidad, una marea de fondo de apoyo al régimen dictatorial no tanto como sistema, sino como permanencia de "estatus", como conservación de lo existente con cambios internos tan necesarios como moderados. El eterno tema de debate sobre la continuidad o discontinuidad de los poderes locales se observa desplazado por una tentativa de análisis que se encarga en mayor medida desde la perspectiva de los gobernados, de sus dinámicas y sinergias de cooptación e inserción en el sistema. Hay que observar que las relaciones de confianza y dependencia eran fundamentales para entrar en cualquier cargo público. La política se privatizaba. Se pasaba de la *res publica* a la gestión de lo público, pero desde la esfera individual y grupal: "familias" o clanes perpetuados tras el final de la Guerra Civil que consolidan de manera progresiva su poder en torno a leyes escritas y "no escritas", en donde la práctica siempre prevalece por encima de la teoría. Especialmente interesante en este análisis resulta el caso de Rincón de Arellano, impulsor de la Falange valenciana y prototipo de personalidad política capaz de variar los estrechos marcos de gestión del franquismo. El franquismo permitía ciertas modulaciones siempre y cuando la esencia de su poder no variara. La política local en los años de la primera transición se fue convirtiendo en la principal referencia que la ciudadanía tenía en materia política. Lo más cercano. Lo más visible. La gestión de lo local se convirtió en prácticamente lo único en lo que se podía observar la capacidad de intervención social desde la base.

Las convocatorias electorales fueron, con todo, tan solo una de las claves por las que las elites dirigentes del tardofranquismo trataron de acometer los retos de la representatividad. La aprobación de la Ley de Asociaciones en 1964 posibilitó también un marco favorable para la construcción incipiente de una sociedad civil. Entre las que ocuparon un papel singular en esos años, destacan las agrupaciones de vecinos, en un contexto de acelerada urbanización, alimentada por el éxodo rural y la especulación urbanística. El capítulo firmado por Anna Pelka permite apreciar el impacto social y económico provocado por la construcción del barrio de Moratalaz en el distrito de Vallecas, en Madrid. Algunos de sus vecinos no asistirían sumisamente a la gestión del barrio realizada por las autoridades y la empresa constructora; ofrecerían su propia respuesta e impulsarían sus demandas a través de un órgano de expresión colectiva como la asociación y su revista *Moratalaz*, que no casualmente llevaba inicialmente por título *Familia*. La apelación a superar el individualismo para exaltar valores comunitarios como la solidaridad se convirtió en estrategia clave para reunir la fuerza necesaria para promover sus demandas.

La empresa URBIS fue fundada en 1946, amparándose en los beneficios fiscales ofertados por el Estado para la construcción de viviendas, pero fue el Plan de Urgencia Social de Madrid aprobado en 1956 el que permitió su notable expansión en los años siguientes, bajo la gestión del jerezano Manuel de la Quintana y Ferguson. En 1958 comenzó a construir el primer bloque de apartamentos en Moratalaz. Tres años después se registraba oficialmente la Asociación de Propietarios y Vecinos del barrio, que presentaba ya una primera queja contra la constructora. Sin embargo, en un contexto de liberalización del mercado de suelo como el promovido en 1964 por el Plan de Ordenación del Área Metropolitana de Madrid, URBIS se hizo con la construcción de todas las viviendas aprobadas por el plan de desarrollo parcial de Moratalaz Oeste. Como la autora expone, los criterios sociales se vieron sepultados entonces por una lógica economicista tejida entre la constructora y unas instituciones públicas, que convirtieron la especulación inmobiliaria en su principal fuente de ingresos. Entre 1965 y 1974 el suelo se encareció un 740% y los precios de la vivienda se triplicaron. El plan general reservaba espacio para zonas verdes, pero URBIS redujo esa superficie a menos de un tercio, para erigir adicionalmente 50 nuevos bloques que darían cabida a 1.740 viviendas. La densidad de población superó rápidamente las expectativas iniciales y la saturación se veía acompañada por una grave carencia de infraestructuras o por su privatización, en el mejor de los casos.

Moratalaz, que alcanzó una tirada de 5.000 ejemplares, se publicó por vez primera en agosto de 1967 bajo la dirección de Emilio Menéndez de la Vega, presidente de la asociación desde 1961 y director de la revista hasta 1974, cuando el Partido

Comunista logró hacerse con el control de la asociación. Su pretensión inicial fue la de ejercer como portavoz de las demandas de la comunidad de vecinos invocando a la solidaridad y la cooperación, pero evitando inmiscuirse en cuestiones políticas. Sus críticas estaban específicamente dedicadas a la gestión de la empresa URBIS, tratando de forjar un vínculo emocional con el barrio. La participación en las fiestas del barrio y en las actividades deportivas, y la reivindicación de la prensa y del comercio local debían fortalecer a la comunidad frente a los intereses especulativos de la empresa. Lo sucedido en Moratalaz es un ejemplo paradigmático de lo acontecido entonces en otras muchas ciudades de España, inmersas en un proceso de transformación radical del espacio, que generó una creciente movilización vecinal. El capítulo expuesto nos adentra en las redes tejidas entre las empresas inmobiliarias y las elites políticas en la España del tardofranquismo; también en la movilización vecinal surgida para criticar tal modelo especulativo.

Partiendo del análisis del marco jurídico ofertado por el régimen autoritario, David Martínez Pérez describe algunos de los sucesos más destacados en torno a los procesos electorales celebrados en la provincia de León en los años del tardofranquismo: las elecciones municipales de 1966 y 1970, las de procuradores provinciales de 1967 y las sindicales de 1966, 1971 y 1975. Si algo revela el conjunto de condiciones presentes en esos procesos es su escasa credibilidad democrática. Al sistema de tercios, que tanto debía al corporativismo orgánico y patriarcal, se sumaba el papel decisivo de los gobernadores provinciales, la afiliación forzosa a la Organización Sindical Española (OSE), el exhaustivo control de los candidatos considerados idóneos y el escasamente fiable proceso de recuentos de votos. No es de extrañar que, pese a la insistencia de las autoridades franquistas por incrementar la participación, la abstención inicial no dejase de crecer en los años posteriores, especialmente en el mundo urbano y entre las clases trabajadoras.

Como el autor afirma, estos procesos electorales pretendían dar una pátina democrática al régimen autoritario ante el exterior. Sin embargo, comprobamos también como, al mismo tiempo y con todas sus limitaciones, las grietas abiertas en el búnker permitirían experiencias que resultarían valiosas para el posterior proceso de transición a la democracia: la estrategia "entrista" de las Comisiones Obreras en las elecciones sindicales cosecharía éxitos, arropada por las células clandestinas del PCE y de militantes católicos unidos a una parte del clero, convirtiendo al sindicato en clave para alentar o sofocar la conflictividad laboral. Por otra parte, la legislación otorgó en 1970 a las mujeres casadas la capacidad elegir y de ser elegidas concejalas, primera aproximación al sufragio femenino. Pero, sobre todo, difícilmente podríamos interpretar las trayectorias políticas de los procuradores Rodolfo Martín Villa y Fernando Suarez González sin la experiencia y las redes tejidas en una provincia tan condicionada por el peso de empresas como la RENFE, la

Minero Siderúrgica de Ponferrada y la Hullera Vasco Leonesa. El primero, secretario general de la OSE desde 1969, ejercería en 1974 como gobernador civil de Barcelona; el segundo presentaría en 1971 ante las Cortes franquistas la ponencia de la Ley Sindical y asumiría la cartera del Ministerio de Trabajo entre marzo y diciembre de 1975, durante el Gobierno de Arias Navarro. Como sabemos, ambos dirigentes ejercerían un papel decisivo en el proceso de transición a la democracia.

Es evidente que la manipulación del lenguaje es uno de los elementos básicos de todo régimen político, especialmente de aquellos que pretenden un dirigismo absoluto desde la cúpula del poder. Las dictaduras, por definición, las entendemos como antidemocráticas. Sin embargo, la utilización del término *democracia* en los regímenes totalitarios es mucho mayor de lo que podemos pensar *a priori*. El capítulo de Xabier Ron e Irene Tomé pretende llevar a cabo, desde las herramientas del análisis crítico del discurso, las características de este uso de la palabra *democracia* en los años finales del franquismo. No podemos olvidar que, aunque hoy en día nos pueda parecer sorprendente, Franco se definía como "demócrata" y que la propaganda constante de su régimen, especialmente desde los años sesenta, lo definía como una "democracia". Eso sí, una democracia sui géneris. Realmente este concepto era equivalente de la ambigüedad subyacente también en el mensaje basal del lema hacia el exterior tras la llegada de Fraga Iribarne al Ministerio de Información y Turismo: "*Spain is different*". La especificidad española, siempre presente y también siempre moldeable según los intereses concretos. En dicha aportación se analizan una serie de noticias de prensa para verificar cuestiones de gran relevancia en los mensajes del discurso como el recurso al miedo, a la repetición... Se elabora así desde el régimen un trabajo constante de elaboración de discursos, cimentando un imaginario orientado a considerar la dictadura como una democracia, por cierto, la que se consideraba la única posible y que necesitaba una sociedad española de difícil gobierno. Tras la muerte de Franco también se preparaba desde el discurso esa "transición controlada" que pretendía Fraga, entre otros. Conviene tener en cuenta estos factores y analizarlos, como se hace en esta aportación, desde una perspectiva crítica y reflexiva, porque el resultado de ese discurso ambiguo sobre el concepto *democracia* es evidente. No debe ser banalizado el poder de un relato ejercido con todos los medios a su disposición durante décadas sin posibilidad de contraste, modulando a numerosas generaciones.

El partido referencial en estos primeros años es sin duda la UCD. Partido instrumental, como lo prueban las condiciones y cronología de su origen y final, pero también una organización que en el caso gallego supo jugar de manera positiva para sus intereses un papel identitario a medio camino entre la representación del poder y la necesidad de un discurso moderado para momentos de cambio. Arturo Real avanza algunas hipótesis sobre el personal político del conservadurismo en la Galicia de estos años, deteniéndose también en los puentes y vínculos de buena parte de la derecha política en Galicia, proceso de convergencia que se irá verificando a medida que la opción "partido único" se acabe consolidando. El autor concluye la existencia de dos grandes grupos provinciales de poder para la UCD, Ourense y A Coruña, siempre funcionando más como redes relacionales que como estructura de partido jerarquizado. La integración de estos vínculos socioprofesionales previos en el aparato de partido de la UCD siempre estuvo plagada de conflictos internos, propios también de los momentos iniciales de construcción de una democracia como aquella. No hubo, según este trabajo, una pretensión de buscar apoyo desde la base ni de cimentar una estructura con futuro para el CD —luego UCD—, sino simplemente poner a funcionar aquello que se había ido fraguando a fuego lento, sobre todo desde de los años finales de la dictadura, de la "inevitabilidad" del cambio hacia la democracia. Buena parte de estos sectores se prepararon a conciencia para adaptarse a los nuevos partidos, a un nuevo concepto de democracia, a relacionarse en mayor medida con la base social... En definitiva, se preparaban para una nueva etapa en la que era necesario "convencer" ideológicamente para mantener el ejercicio de su poder. Pero siempre caracterizados desde una posición de elites, dirigida desde el Estado. La nueva derecha de Alianza Popular aprenderá de todos estos errores de los primeros años, creando espacios de mayor identificación con la sociedad gallega, empezando por generalizar el idioma y la cultura, el mayor espacio de convergencia identitaria con independencia de las ideologías.

El estudio de Brais Ferreiro sobre la transición municipal en Galicia analiza cinco ayuntamientos de la provincia de Pontevedra: As Neves, Bueu, Redondela, Soutomaior y Tui. Su selección se debe fundamentalmente a ser términos municipales de ámbito escasamente urbano y con diversidad de características demográficas, geográficas y de dominio político. Destaca en sus conclusiones el hecho de la "continuidad" o no de sus elites políticas, con un especial interés en subrayar la atracción que suponía para los primeros comicios el que se destacara en su imagen de candidatos las facetas más burocráticas y de gestión de sus sociedades locales. De hecho, divide a los ayuntamientos elegidos entre los que desarrollan más o menos esta opción. Además de indagar en los primeros mandatos municipales de la democracia en estos términos, lleva adelante un trabajo de investigación sobre distintos ítems: incidencia del proceso autonómico, acciones contra vestigios del franquismo, impacto de las comunidades vecinales, normalización lingüística y otras cuestiones sociales. Este espacio resulta un análisis de carácter más transversal con la pretensión de dar una explicación más global, al mezclar cuestiones de carácter social con elementos más institucionales y de gestión.

Los estudios sobre la mujer en la Transición han estado generalmente vinculados a los estudios sobre el movimiento feminista, siempre desde ámbitos más institucionalizados y en torno a movimientos sociales u organizaciones concretas y jerarquizadas. Las fuentes existentes obligaban en gran parte a ello. El estudio de Enya Antelo intenta comprobar el papel real, más allá del discurso, de la participación de las mujeres en el cambio político en Galicia, buscando el contraste entre representatitivad política teórica y representación práctica real de las mujeres en este campo. Tras un recorrido por el rol de la mujer en la política gallega desde finales de los años setenta hasta los ochenta, su trabajo avanza elementos perdidos en el tiempo, como el hecho de la necesidad entre las organizaciones de partido de la inevitabilidad del espacio político que había dejar "si o si" a las mujeres en los primeros momentos, pero que no se traduce posteriormente en la práctica en puestos de relevancia cuantitativa ni cualitativa. Resulta curioso constatar la mayor proclividad de los partidos de ámbito conservador por incluir a mujeres en contraposición a los sectores de izquierda o extrema izquierda. Y no menos chocante resulta comprobar también la permanencia de esta característica en todo el siglo XX. No es difícil incluir a mujeres en el debate político, pero sí parece que resulta mucho más fácil de realizar en determinado espectro ideológico. La conclusión resultante es que lo determinante en política en realidad es la aplicación de sus redes relacionales, circunstancia que parece tener un escaso cuestionamiento entre los sectores de derecha. Evidentemente, en estos sectores más conservadores no se pretendía un cambio radical en el rol que la mujer jugaba en la sociedad. Otras de las conclusiones de este estudio es el encasillamiento de la representación femenina en puestos de gestión o con escaso peso político. La conclusión final de la autora reside en la incapacidad de mudar las políticas de género cuando la representatividad política final de la mujer se encontraba, sobre todo, defendiendo posiciones conservadoras y no progresistas. Las actrices principales de este tema se veían incapaces de defender propuestas contrarias de manera radical a los aparatos organizativos que las habían aupado a ese puesto. Las propuestas más combativas quedaban pues relegadas al plano del movimiento social feminista, fuera prácticamente del marco institucional hasta años más tarde.

En definitiva, los debates celebrados durante el congreso "Estado en transición" y los trabajos que integran este volumen permiten apreciar el notable progreso que, desde diversas perspectivas y enfoques complementarios, ha experimentado el estudio de nuestro particular proceso de transición a la democracia. Las dinámicas internas apreciables en la sociedad española —especialmente en los ámbitos locales y regionales— y en el seno del régimen autoritario en los años finales del franquismo se vieron alentadas por un horizonte del ingreso en el Mercado Común y las instituciones europeas. El análisis de nuevas fuentes y la reflexión de la comunidad historiográfica propiciarán un conocimiento más complejo y plausible de tales procesos. Con ello, todos los firmantes aspiramos a seguir contribuyendo en los próximos años a alimentar tal marco de reflexión y debate. Seguro que merecerá la pena.

CAPÍTULO 2

LA CONSTRUCCIÓN EUROPEA DESDE EL SUR. APUNTES PARA UNA PERSPECTIVA IBÉRICA SOBRE LA SEGUNDA AMPLIACIÓN DE LA CEE*

ANTONIO MORENO JUSTE**
Universidad Complutense de Madrid

La gravedad de los desafíos que ha afrontado el sur de Europa en los años de la "Gran recesión"[1] suscitó el debate sobre la necesidad de una consideración integral de sus problemas en el ámbito de los *European studies*[2]. De hecho, una de las

* El presente artículo forma parte del proyecto de Investigación MINECO ref. HAR2017-84957-P (España y Portugal ante la segunda ampliación de las Comunidades Europeas. Un estudio comparado, 1974-1986).

** Antonio Moreno Juste es catedrático de Historia Contemporánea de la Universidad Complutense de Madrid y profesor de la Escuela Diplomática del Ministerio de Asuntos Exteriores, Cooperación y Unión Europea. Sus líneas de investigación se dirigen hacia el estudio del proceso de construcción europea, temática en la que ha sido investigador principal de diversos proyectos de investigación e innovación educativa. Entre sus recientes publicaciones destaca la coordinación del dosier "Cambio y continuidad en las narrativas sobre las relaciones España-Europa" (*Ayer*, 117, 2020).

1. En relación con el impacto de la crisis económica sobre Europa véase Tooze, Adam, *Crash. Cómo una década de crisis financieras ha cambiado el mundo*, Barcelona, Crítica, 2018. La tesis principal de Tooze incide en la idea de que durante los años de la crisis se produjo, sin teorización previa, una mutación desde el capitalismo de mercado hacia el de Estado, con la más formidable intervención de dinero público de la que se tiene memoria para salvar el sistema económico (el mercado) y el sistema político (la democracia cuya principal consecuencia en Europa fue trocar la deuda privada bancaria en deuda pública en los países del Sur, a través de la fórmula de rescates bancarios sin considerar los aspectos sociales de tales actuaciones).

2. La evolución de los *European studies* se ha producido al compás de los avances y retrocesos que han jalonado el proceso de integración, modelando métodos y definiendo agendas de investigación. Una dinámica que también ha tenido su traslación al ámbito de la Historia, una adaptación en la que los historiadores han tenido que afrontar —como diría Paul Ricoeur— las dificultades inherentes al estudio de un proceso "no cerrado" en términos históricos y con una influencia nada despreciable sobre las narrativas y relatos generados en relación con la Europa posterior a 1945 y que se proyectan sin solución de continuidad hasta la actualidad. Al respecto véase, entre otras muchas lecturas posibles, Rosamond, Ben, "Methodology in European studies". en Lynggard, Kennet; Manners, Ian y Löfgren, Karl, *Research Methods in European Union Studies*, Basingstoke, Palgrave Macmillan, 2015; y del mismo

premisas básicas sobre las que se han articulado las propuestas emanadas de ese debate ha sido que los problemas del sur de Europa deben ser también considerados también como los problemas de toda Europa[3]. Ese enfoque ha abierto la posibilidad de reconsiderar ciertos aspectos de la narrativa canónica europea y en especial dos de ellos: el tradicional argumento de la legitimidad del proyecto europeo, basado en el éxito de su gestión, y la idea —altamente difundida por la publicística europeísta— de que problemas particulares que en el ámbito nacional no encontraban salida hallaban nuevas formas de encauzarse dentro del proceso de integración. Todo ello en un contexto marcado por el agotamiento de la épica emanada de la narrativa europea de posguerra y del tiempo de los "milagros económicos" de los sesenta, según se diluía el legado cohesionador de la Guerra Fría en la parte Occidental del Viejo Continente, sustituido por la dominante y avasalladora lógica de la globalización neoliberal. La causa de esa transformación, evidentemente, hay que buscarla en la profundidad y complejidad de la *policrisis* que atravesará el proyecto europeo desde inicios del siglo XXI. El resultado, al menos para el tema que nos ocupa, suponía abrir la posibilidad de revisitar los primeros pasos de la relación entre las instituciones europeas y los países de la Europa del Sur sobre nuevos parámetros[4].

Nuestro propósito en las siguientes páginas —en consecuencia— es estudiar las narrativas sobre la relación triangular que se establece entre España, Portugal y la entonces Comunidad Económica Europea (CEE) en el amplio marco de las "relaciones intraibéricas" y en el contexto de la redefinición de la noción de Europa del Sur en el ámbito de la construcción europea. Unas narrativas que, por un lado, han funcionado en el caso de los países ibéricos, primero como parte de una hoja de ruta simbólica en un marco de aculturación de elites y de europeización acelerada de sus sociedades —y cuyo origen se tiende a fijar en las actuaciones y discursos a favor de la promoción de la democracia desarrolladas por las instituciones europeas en los años setenta— y, por otro, pueden ayudar a comprender cómo las negociaciones para la adhesión a la CEE resultan ser unas actividades complejas y fuertemente discutidas en el plano interno, que se acaban diluyendo en el rol legitimador del ingreso en la CEE para los nuevos sistemas democráticos que buscan su normalización en un marco europeo[5].

---

autor "Field of Dreams: The Discursive Construction of EU Studies, Intellectual Dissidence and the Practice of 'Normal Science'", *Journal of Common Markets Studies* (JCMS), vol. 54, nº 1, 2016, pp. 19-36. Sobre Paul Ricoeur, *cfr.* Ricoeur, Paul, *Ecrire l'histoire du temps présent*, París, CNRS Éditions, 1993, pp. 38-39.

3. Véase, por ejemplo, *A Strategy for Southern Europe*, Special Report SR017- LSE Ideas, octubre 2013.
4. Véase, entre otros, Moreno Juste, Antonio: "El fin del relato europeo. La crisis del proceso de integración y su impacto sobre las narrativas europeas", *Revista de Derecho Comunitario Europeo*, nº 45, 2013, pp. 607-630; Manners, Ian y Murray, Philomena, "The End of a Noble Narrative? European Integration Narratives after the Nobel Peace Prize", *Journal of Common Markets Studies*, vol. 54, nº 1, 2016, pp. 19-36.
5. Véase al respecto, Jouan, Quentin, "Narratives of European Integration in Times of Crisis: Images of Europe in the 1970s", *Journal of European Integration History*, vol. 22, nº 1, 2016, pp. 11-28, y González, Ángeles: "La tutela europea. Estereotipos, enfoques y estrategias para la integración ibérica en las Comunidades Europeas (1977-1985)", *Mélanges de la Casa de Velázquez*, vol, 48-1, 2018, pp. 287-308.

LA NOCIÓN 'EUROPA DEL SUR' COMO OBJETO DE ESTUDIO

Ciertamente, son numerosos los trabajos de científicos sociales desde diferentes campos (historiadores, politólogos, sociólogos, economistas...) que entre finales de los ochenta y mediados de los noventa se interesaron por el concepto de Europa del Sur como categoría de análisis, un ámbito que, en líneas generales, ha tenido una consideración menor en la literatura científica sobre la integración europea[6]. Estos académicos, no obstante, consiguieron elevar su perfil hasta convertirlo en un objeto de estudio reconocible —aunque con un rol discreto— en un buen número de universidades y centros de investigación[7].

De hecho, sus esfuerzos se vieron parcialmente eclipsados por la progresiva tendencia hacia la homogeneización de los estudios europeos en favor de enfoques integrales y de conjunto[8], muy vinculados a los avances del proceso de integración en los años noventa, pero sobre todo a necesidades políticas derivadas de la forma en que se cerró —en falso— el debate sobre la "Europa a varias velocidades" tras el Tratado de Maastricht, y la necesidad de abrir paso en la agenda europea —como prioridad—, a los aspectos menos asimétricos de la tercera fase de la Unión Económica y Monetaria y el proceso de convergencia nominal, sobre todo si consideramos la forma en que se solventó el espinoso tema de los criterios de convergencia hacia la moneda única y el pacto de estabilidad entre los países de la Europa del Sur[9].

---

6. Según Effie Pedaliu, los más destacados fueron Roberto Aliboni, John Chipman, Edward Malefakis y Giulio Sapelli. Al respecto véase Aliboni, Roberto (ed.), *Southern European Security in the 1990s*, Londres, Pinter Publishers, 1992; Chipman, John (ed.), *NATO's Southern Allies: Internal and External Challenges*, Londres, Routledge, 1988; Malefakis, Edward, *Southern Europe in the 19th and 20th Centuries: An Historical Overview*, Instituto Juan March, Working Paper 35, 1992; Malefakis, Edward "The Political and Socioeconomic Contours of Southern European History", en Gunther, Richard; Diamandouros, Nicos y Puhle, Hans-Jèurgen (eds.), *The Politics of Democratic Consolidation: Southern Europe in Comparative Perspective*, Baltimore, Johns Hopkins University Press, 1995, pp. 33-76; Sapelli, Giulio, *Southern Europe Since 1945: Tradition and Modernity in Portugal, Spain, Italy, Greece and Turkey*, Londres, Longman, 1995.
7. En la historiografía española estos enfoques pasaron muy desapercibidos —con algunas excepciones generalmente vinculadas al estudio de la cuenca mediterránea en el ámbito de las Ciencias Sociales y las humanidades como la de, entre otros, de José Luis Neila (*España y el Mediterráneo en el siglo XX. De los acuerdos de Cartagena al proceso de Barcelona*, Madrid, Sílex, 2011)—, dado que el interés se dirigía de forma predominante hacia el estudio de una europeizante normalización, vinculada a la homologación con Europa tras el fin de la dictadura franquista —"España como variable europea" (Juan Pablo Fusi), "España como un país europeo más" (Santos Julia)— y en la construcción, bien del relato sobre una la nueva identidad que apuntalase un proyecto genuinamente español, pero enmarcado en lo europeo, bien —y con carácter alternativo—, cuando no a la construcción de diferentes relatos nacionales, especialmente en los casos catalán y vasco que, a su vez, también pretendían entroncar con el relato canónico sobre la Europa de posguerra como fuente de legitimidad política de su causa nacional. Véase al respecto Álvarez Junco, José y De la Fuente, Gregorio, "Prólogo" a *El relato nacional. Historia de la historia de España*, Madrid, Taurus, 2017. pp. XIII-XXI; y Molina, Fernando, "Rescatar la Historia de la nación. Una Historia de la historiografía del Nacionalismo en España", *Studia Historica* (Historia Contemporánea), nº 35, 2017, pp. 43-79.
8. Sobre esas agendas véase Egan, Michelle; Nugent, Neil y Paterson, William E. (eds.), *Research agendas in EU studies: stalking the elephant*, Hampshire, Palgrave Macmillan, 2009.
9. Jones, Alun, "Narrative-Based Production of State Spaces for International Region Building: Europeanization and the Mediterranean", *Annals of the Association of American Geographers*, vol. 96, nº 2, 2006, pp. 415-443.

El desafío de la gran ampliación hacia el Este en los años siguientes, no obstante, con la incorporación de los países de la Europa del Este, trajo consigo en el medio plazo, pero especialmente con la crisis económica, los problemas de cohesión interna del proyecto europeo: desde la quiebra de la solidaridad entre el Norte y el Sur con el problema de deuda de los países periféricos de la zona Euro como fondo al choque de culturas políticas entre la Europa Oriental y la Europa Occidental con la emergencia de formas *iliberalismo* y populismo refractarias al modelo europeo[10], que han favorecido una reactualización de los estudios regionales en el marco de los *European studies*[11], tendentes a reconsiderar a la larga los asimétricos resultados en el tiempo de la europeización, pero también a comprender al avance de las posiciones euroescépticas y los actitudes de rechazo al proceso de integración[12].

Desde un punto de vista histórico, tres han sido en líneas generales los factores en la construcción de Europa del Sur como un ámbito de estudio que requiere una atención diferenciada por los *European studies*: la Guerra Fría, la descolonización y la integración europea[13]. Su origen como categoría científica, por tanto, surge de forma análoga y en el mismo contexto que otras expresiones para remarcar la división geopolítica de Europa, tales como "Europa Occidental" y "Europa del Este", englobando a los países de la península ibérica, Italia y Grecia. Países que además compartían, junto a la circunstancia geográfica, una relación históricamente difícil con la modernización y la democracia a lo largo del siglo XX[14]. Sin embargo, como afirma Malefakis, la falta de conciencia de los

10. Es preciso señalar que la experiencia política de la Gran Recesión varía sustancialmente en toda Europa, incluso en la Europa del Sur. Además de las diferencias regionales, también existen diferencias específicas por país dentro de las regiones, lo que exige extremar las precauciones respecto a las generalizaciones. Sobre el impacto político de la crisis interesa el proyecto europeo ERC 338875 "Political Conflict in Europe in the Shadow of the Great Recession (POLCON)", desarrollado por el European University Institute de Florencia entre 2014 y 2019. Sus resultados pueden verse en https://cordis.europa.eu/project/rcn/188483/results/es. Sobre el impacto de la crisis del euro puede interesar la lectura de Kriesi, Hans Peter y Grande, Edgar: "The euro crisis: a boost to the politicisation of European integration?", en S. Hutter, E. Grande y H. P. Kriesi (eds.), *Politicising Europe: integration and mass politics*, Cambridge, Cambridge University Press, 2016, pp. 240-276.

11. Véase el reciente trabajo de Cavallaro, María Elena y Kornetis, Kostis (eds.), *Rethinking Democratisation in Spain, Greece and Portugal*, Londres, Palgrave Macmillan, 2019.

12. Sierp, Aline y Karner, Christian, "National stereotypes in the context of European crisis", National *Identities*, vol. 19, nº 1, 2017, pp. 1-9. Véase Bruneteau, Bernard, *Combattre l'Europe. De Lenine á Marine Le Pen*, París, CNRS Editions, 2018; y Merrit, Giles, *La dégringolade européenne et comment l'éviter*, Langres, Editions Marie B, 2018.

13. Pedaliu, Effie, "Fault Lines in Post War Mediterranean and the 'Birth of Southern Europe', 1945-1979: An Overview", en Calandri, Elena; Caviglia, Daniela y Varsori, Antonio (eds.), Détente *in Cold War Europe: Politics and Diplomacy in the Mediterranean and the Middle East*, Londres, I. B. Tauris, 2013, pp. 15-32.

14. Puede interesar al respecto, en otra clave y como contrapunto interpretativo surgido en el mismo periodo de estudio, la lectura del clásico ensayo de Poulantzas, Nicos, *La crisis de las dictaduras*, Madrid, Siglo XXI Editores, 1976.

puntos en común y la existencia de ciertos rasgos diferenciadores en su evolución histórica no fueron suficientes para negar la existencia de un marco común que exigía un estudio comparado: "Las naciones —escribe Malefakis— no necesitan ser idénticas en todos sus innumerables aspectos para que exista una identidad entre ellas; es suficiente que se parezcan entre sí de manera significativa para que dicha identidad sea válida", lo que aleja a otros países del área mediterránea como Turquía, Albania o Yugoslavia, pero también a Francia[15].

Lo cierto es que sería la regionalización del conflicto bipolar la que aumentaría el valor de uso de la expresión "Europa del Sur" a largo de los años setenta y ochenta en alusión a la inestabilidad de geopolítica y la incertidumbre institucional que caracterizó a los países mediterráneos. Su alcance, en consecuencia, estuvo condicionado por el conflicto bipolar y definido —al menos inicialmente— en términos de seguridad occidental. El clima geopolítico de la región tras la descolonización de la orilla sur del Mediterráneo, el conflicto de Oriente Medio, la tensión en el Mediterráneo oriental entre dos aliados de la OTAN por Chipre como Grecia y Turquía, unido a la inestabilidad política e institucional de los países de la orilla norte —crisis de las dictaduras, años de plomo— que amenazaban la incipiente distensión que se abría en Europa, tal y como se sancionó en el Decálogo de Helsinki, fueron determinantes en su generalización como nueva categoría analítica[16]. Desde el final de la II Guerra Mundial se había desintegrado la hegemonía europea en el área mediterránea y en el Oriente Próximo. La retirada política de Europa Occidental de esa región era una evidencia[17].

No puede extrañar, por tanto, que de forma paralela y en el mismo contexto el concepto de "Europa del Sur" se trasvasase al ámbito de la integración europea, primero en el marco de las transiciones a la democracia de Grecia, Portugal y España, y, posteriormente, en el entorno de la segunda ampliación, la ampliación mediterránea de la Comunidad Económica Europea, una dimensión que incluso geográficamente había estado ausente en las primeras fases del proceso de integración.

---

15. Malefakis, Edward, *Southern Europe in the 19th and 20th Centuries…*, *op. cit.*, p. 81.
16. Añádase a los ya citados los trabajos de Morgan, Michael Cotey, *The Final Act: The Helsinki Accords and the Transformation of the Cold War*, Princeton University Press, 2018; y Nuti, Leopoldo (ed.), *The Crisis of* Détente *in Europe: From Helsinki to Gorbachev 1975-1985*, Londres, Routledge, 2009.
17. Véase Di Nolfo, Ennio, "The Cold War and the transformation of the Mediterranean, 1960-1975", "Crises and Détente", vol. II; y Young, John W., "Western Europe and the end of the Cold War, 1979-1989", "Endings", vol. III, en Leffler, Melvyn P. y Westad, Odde Arne (eds.), *The Cambridge History of the Cold War*, Cambridge University Press, 2010, pp. 238-257 y 289-310, respectivamente.

ENTRE LA PROMOCIÓN DE LA DEMOCRACIA Y LA SEGUNDA AMPLIACIÓN COMUNITARIA

En relación con la primera, conviene destacar que el apoyo a la democratización de Grecia, España y Portugal y su plena incorporación a Europa[18], debe considerarse dentro del conjunto de posiciones que caracterizaron la actitud de las instituciones comunitarias ante los riesgos potenciales que para la continuidad del mismo proceso de integración implicaría una degeneración en la situación interna de esos países, con consecuencias también sobre el equilibrio Mediterráneo y la frágil línea de la distensión este-oeste patrocinada por varios países europeos a uno y otro lado del telón de acero, y no tanto como una doctrina y una línea de acción claramente definida desde Bruselas. En ese sentido, la puesta en marcha de acciones de promoción y defensa de la democracia en el sur de Europa debe observarse también desde la doble crisis, económica e institucional, que lastraba la sobrecargada agenda comunitaria en los años centrales de la década de los setenta. La salida a esa situación, que exigía de un mayor protagonismo de la construcción europea en el terreno internacional y de una profundización democrática hacia el interior, se produjo a partir del relanzamiento del proceso de integración que exigiría necesariamente la ampliación hacia el Sur[19].

Unas actuaciones que se graduaban en el tiempo y que podían ir, en momentos previos al inicio de las transiciones, desde el veto político a la suspensión de acuerdos o negociaciones en curso, en función de objetivos tan dispares como la condena moral o la consolidación de alternativas políticas moderadas, y que respondían en última instancia a la necesidad de abrir nuevos espacios de libertad que limitasen los vértigos desestabilizadores[20].

Posteriormente, en la etapa de transición, las Comunidades establecieron, de una u otra manera, condiciones de democratización aceptables (bajo el paraguas de un difuso "interés europeo" o en nombre de la naciente Europa política), cuyo seguimiento y (hasta cierto punto) control se efectuaba mediante el empleo de medidas fundamentalmente económicas y un juego más o menos sutil de presiones diplomáticas, en el que participaban, junto a las instituciones, los Estados

18. Un buen estudio en perspectiva comparada sobre los tres casos se encuentra en Del Pero, Mario; Gavin, Victor; Guirao, Fernando y Varsory, Antonio, *Democrazie. L'Europe meridionale e la fine delle dittature*, Firenze, Le Monnier, 2010.
19. Sobre la crisis de los años setenta veáse, entre otros, Varsori, Antonio "Crisis and stabilization...", *art. cit.*, pp. 5-14; Griffiths, Richard T., "A Dismal Decade. European Integration in the 1979s", en Dinan, Desmond (dir): *Origins and Evolution of the European Union*, Oxford University Press, 2006. pp. 169-190; o Del Pero, Mario; Baroncelli, Eugenia; Fiori, Antonio y Pallotti, Arrigo (eds.), *Crisi, Trasformazioni, Continuità. Il Sistema Internazionale negli Anni Settanta*, Soveria Monnelli, Rubbettino, 2012, entre otros muchos.
20. Moreno Juste, Antonio, "The EEC and the End of the Franco Regime: the September 1975 Crisis", *Cahiers de la Mediterránée*, nº 90, 2015, pp. 25-46.

miembros[21]. El punto de inflexión de esas actuaciones, políticas o económicas, se encontraba en la apertura de negociaciones para la adhesión —uno de los hitos simbólicos en la homologación político-institucional—, en el que las Comunidades pasaban a desarrollar acciones mejor vertebradas y dirigidas tanto a la defensa y ulterior consolidación de los nuevos sistemas democráticos como a la salvaguarda de los intereses nacionales de los Estados miembros[22].

Acerca de la segunda, conviene tener presente que la Comunidad Europea se concibió como una formación anclada en el Norte, no solo por la situación geográfica de sus cinco primeros miembros, sino como conciencia e imagen de sí misma. Incluso en países como Italia que fueron signatarios del Tratado de Roma siempre se esforzaron por permanecer vinculados al Norte por el temor a "precipitarse" en el Mediterráneo, una *marginalità "mediterranea"* era una posibilidad que se consideraba como catastrófica[23].

Según Luciana Castellina, una de las primeras llamadas de atención sobre la especificidad del sur de Europa en el marco comunitario —y que pasó bastante desapercibida en su momento, cuando no fue directamente mal interpretada— fue la del ministro de Exteriores griego Yannis Charalambopoulos, del PASOK, tras la incorporación de su país a la Comunidades Europeas en 1981, valorando la entrada en la agenda comunitaria de la adhesión de España y Portugal, y que implicaría la ruptura definitiva con la línea de actuación de la Comisión Europea que pretendía racionalizar y normalizar el conjunto de las relaciones comunitarias con los países mediterráneos, en especial con las antiguas colonias francesas en el norte de África a través de la política global mediterránea en los primeros setenta[24]. En aquellos momentos, el heterodoxo ministro griego advirtió de que la llegada de estos países no solo representaría un salto cuantitativo, sino también cualitativo de las políticas comunitarias. Europa en los ochenta estaba cambiando por dos razones: porque la estructura económica de los países del Sur era muy diferente de la de los países del Norte, y porque su proximidad a la costa sur del Mediterráneo debía interpretarse como un valor, la base de un nuevo proyecto, no

21. Según Pridham, se aplican criterios de condicionalidad política y económica. Los económicos basados en someter la percepción de determinados beneficios —ayudas, ventajas, acuerdos, adhesión...— al cumplimiento de una serie de condiciones, y los políticos, caracterizados por la adhesión a los principios de libertad, democracia, respeto a los derechos humanos, las libertades fundamentales y el Estado de derecho. Pridham, Geoffrey, "The International Context of Democratic Consolidation. Southern Europe in Comparative Perspective", en Gunther, Richard P; Diamandouros, NIkiforos y Puhle, Hans-Jürgen, (eds.), *op. cit.*, pp. 166-204.

22. Verney, Susannah, "To Be or not to Be within the EC", en Pridham, Geoffrey (ed.), *Securing Democracy: Political Parties and Democratic Consolidation in Southern Europe*, Londres, Routledge, 1990, pp. 203-223.

23. Varsori, Antonio, *La Cenerentola d'Europa. L'Italia e l'integrazione europea dal 1946 ad oggi*, Roma Rubbetino, 2010, p. 66.

24. Berdat, Christophe, "L'avènement de la Politique méditerranéenne globale de la CEE", *Relations Internationales*, vol. 130, nº 2, 2007, pp. 87-110.

como una debilidad y factor de inestabilidad como en los años centrales de la década de los setenta[25].

Ese es el contexto en el que debe analizarse la forma en que se plantea la europeización de la Europa del Sur, como un proceso también de aculturación de carácter multidireccional que implicó cambios en los fundamentos y estructuras de la acción estatal, la difusión de formas distintivas de organización política y gobernanza, y la promoción de soluciones "europeas" —léase comunitarias— fuera del territorio de la CEE, pero que ciertamente podrían incorporarse a ella. Sin embargo, la cooperación entre los países del sur de Europa no comenzó hasta que se convirtieron en miembros de la CEE en el contexto de la implementación del Acta Única Europea, a partir de 1986. La Europa del Sur necesitaba aprender a trabajar juntos por su propio bien y por el de la región. Italia y Grecia habían considerado la incorporación de España y Portugal con recelo. Grecia, en particular, pugnó desde el interior de las instituciones a principios de los ochenta por retrasar la integración de los dos países ibéricos hasta asegurarse que la adoptaría un programa mediterráneo con ella como principal beneficiario[26].

Posteriormente, la pertenencia a la CEE facilitó la toma de conciencia de problemas comunes y la necesidad de actuar coordinadamente cuando sus intereses no coincidían con las prioridades establecidas por sus colegas del Norte. Debían establecerse sinergias entre la Europa del Sur, ser capaces de construir minorías de bloqueo, pero también de empujar proyectos que redundasen en beneficio de sus países. El gran problema, sin embargo, es que se forjarían relaciones especiales que difícilmente —salvo contadas ocasiones— llegarían a ser estratégicas, ya que políticamente la suma de votos en el Consejo de Ministros no conseguía por si misma el suficiente peso para equilibrar la balanza Norte-Sur.

De hecho, la integración europea siguió distanciándose de la Europa del Sur y del Mediterráneo en los años siguientes. La Declaración de Barcelona de 1995, con la que desde Bruselas se quisieron sentar las bases de una relación, ha sido poco más que la creación de un área de libre comercio entre dos costas muy desiguales en su capacidad exportadora y alguna ayuda financiera de poca importancia; nunca el intento de elaborar un proyecto de codesarrollo ni —pese a la sugerencia de muchos— nada parecido a lo que supuso el Plan Marshall, después de la II Guerra Mundial[27].

25. Castellina, Luciana, "El sur de Europa y las elecciones griegas", *El País*, 18/07/2019.
26. Sobre la posición de Grecia en las negociaciones con la CEE, véase Karamouzi, Eirini, *Greece, the EEC and the Cold War, 1974-1979. The Second Enlargement*, Basingstoke/Nueva York, Palgrave Macmillan, 2014, pp. 180-183; y, Balios, Sethelos Isidoros, *Grecia y España de las dictaduras a la CEE (1974-1985): procesos de democratización, representaciones y relaciones bilaterales*, tesis doctoral, Madrid, UCM, 2019, pp. 220-324.
27. Kausch, Kristina y Youngs, Richard, "The End of the 'Euro-Mediterranean Vision", *International Affairs*, vol. 85, nº 59, septiembre de 2009, pp. 963-975, disponible en http://www.jstor.org/stable/40388918

Después, tras la caída del Muro, la atención se trasladó a los mercados del este de Europa, mucho más atractivos. Los resultados de esta miopía están hoy a la vista de todos y no únicamente en la orilla sur del Mediterráneo. En cualquier caso, la mera alusión a una Europa del Sur en el contexto de la integración europea hace referencia a la posibilidad de *otra Europa*, alternativa a la oficial Europa bruseliense; su último desarrollo ha sido la posibilidad de crear una alianza de los países del sur de Europa, capaz de cambiar la correlación de fuerzas dentro de la UE, contrarrestando la Europea hanseática promovida desde el Norte, y capaz de impulsar un giro en las políticas comunes sensible a las estructuras económicas y sociales de los países del Sur y capaz de promover no solo la mera competencia entre ellos, sino la solidaridad indispensable para un proyecto europeo común tal y como se recogía en el Tratado de Maastricht[28].

LAS INSTITUCIONES EUROPEAS Y LAS NARRATIVAS SOBRE EUROPA Y LA CONSTRUCCIÓN EUROPEA

Aunque pueda parecer sorprendente, el momento en que las instituciones comunitarias proceden con cierta sistematización a impulsar la construcción del relato europeo se produce al sentir la necesidad de dotarse de una narrativa legitimadora en el tránsito de los años setenta y ochenta, y para ello se toma como punto de partida la rica literatura y la publicística europeísta de posguerra en torno a los orígenes del proceso de integración[29]. Y es en ese contexto cuando las narrativas sobre la construcción europea adquieren sus perfiles canónicos desde un punto de vista heurístico, tal y como nos han llegado a la actualidad[30].

Las razones de esa línea de acción hay que buscarlas en la falta de un discurso —más allá del recurso a la "Europa carolingia y cristiana", recuperado en la década

28. "Los países del sur de Europa quieren cerrar filas en torno a una nueva Unión Europea que defienda sus intereses. Los líderes de España, Francia, Italia, Portugal, Grecia, Malta y Chipre celebraron en Malta el 14 de junio la Cumbre de países del Mediterráneo (Med-7), un foro informal creado en 2016 para establecer un intercambio de opiniones y de coordinación sobre asuntos que atañen a la región". Véase "La Europa del Sur cierra filas para defender sus intereses en el nuevo ciclo de la UE", *El País*, 15/06/2019.
29. Kaiser, Wolfram y Varsori, Antonio (eds.), *European Union History. Themes and Debates*, Londres, Palgrave Macmillan, 2010, pp. 6-25.
30. A grandes rasgos, muchas de esas iniciativas fueron realizadas desde la antigua Dirección General X de la Comisión Europea (actual Dirección General de Educación y Cultura, DG EAC), que en estos años impulsará la creación de estructuras académicas *ad hoc* para estudiar los orígenes de la integración —como el European University Institute y los Historical Archives of the European Union (HAEU), en Florencia, así como el European Union Liaison Committee of Historian en 1982— en los que se consolida entre otras la narrativa de la reconciliación como eje definitorio por antonomasia de la construcción europea y de la integración europea como un proceso de consolidación de la paz en Europa tras los horrores de la II Guerra Mundial (Rosoux, Valérie, "Reconciliation narrative: scope and limits of the Pax Europeana", *Journal of Contemporary European Studies*, vol. 25, nº 3, 2017, pp. 325-339.

de los cincuenta con los primeros pasos del proceso de integración y agotado tras la primera ampliación comunitaria a inicios de los años setenta y en la que perdía significación con el ingreso de Gran Bretaña, Irlanda y Dinamarca—, capaz de superar el marco referencial de una mera unión aduanera desarrollado en los sesenta con el propósito de aportar una nueva legitimidad ante los ciudadanos europeos al proceso de integración, al que se ha decidido presentar por parte de los Nueve como mejor fórmula para salir de la crisis política y económica de los años setenta. Es decir, de romper con la lógica de crisis económica y paralización de las instituciones comunitarias —la euroesclerosis— surgida del agotamiento del modelo de crecimiento económico de posguerra y que viene a poner fin, por expresarlo en términos históricos, a los "treinta años gloriosos iniciados en la posguerra"[31] y cuyo ocaso estaba inundando de pesimismo al proceso de integración europea.

Para ello, el relato europeísta se fundirá con el discurso sobre la emergencia de un modelo social europeo como elemento constitutivo esencial para una identidad europea a la que se incorporan también las ideas de paz, democracia y derechos humanos, como base de un proyecto genuinamente europeo en un mundo definido por el conflicto bipolar y en el que Europa puede emerger como una tercera vía a partir de los primeros resultados de la Conferencia de Paz y Seguridad en Europa y del "espíritu de Helsinki". Unos ítems sobre los que se desarrollaría el discurso oficial comunitario durante los años ochenta, los años de la "gran cabalgada" protagonizada por el Acta Única Europea y la convocatoria de distintas conferencias intergubernamentales, respondiendo a la emergencia de unas primeras legislaturas del Parlamento Europeo elegidas por sufragio universal, pero también al diseño de ciertas estructuras institucionales como el Instituto de Estudios Europeos en Florencia[32].

No obstante, la paradoja de todo ello estriba en que la Europa surgida de la II Guerra Mundial no se planteó en principio a sí misma como un sistema político, económico y social propio; esta idea se formuló con todos los matices que se quiera *a posteriori*. De hecho, es discutible que el proyecto de una Europa unida políticamente tuviese tal pretensión en conjunto durante las primeras fases del proceso de integración, debido entre otras cosas al contexto de Guerra Fría en que surgió[33], pero sí marcó una cierta especificidad en el mundo posbélico, situación de la que fue adquiriendo conciencia rápidamente en los años sesenta al compás de los éxitos del Mercado Común, pero sobre todo —y paradójicamente— en el momento en

31. Judt, Tony, *Posguerra. Una historia de Europa desde 1945*, Madrid, Taurus, 2006, pp. 729-773.
32. Al respecto, véase Fernández Soriano, Victor, *Le fusil et l'olivier. Les Droits de l'Homme en Europe face aux dictatures méditerranéennes*, editions de l'Université de Bruxelles, 2015, pp. 225-259; Mazower, Mark, *Gobernar el mundo. Historia de una idea desde 1815*, Valencia, Barlin Libros, 2018, pp. 509-518; Moreno Juste, Antonio y Núñez Peñas, Vanessa, *Historia de la construcción europea desde 1945*, Madrid, Alianza, 2017, pp. 130-160.
33. Westad, Ode Arne, *La Guerra Fría. Una historia mundial*, Madrid, Galaxia Gutenberg, 2018, pp. 521-546.

que las características del modelo europeo, ya que es ahora cuando se enuncia, parecían entrar en crisis en el tránsito de los setenta y los ochenta. Ese modelo se habría basado, a grandes rasgos, en regímenes parlamentarios, reformismo keynesiano, economía mixta —gran incremento del sector público—, un grado de planificación indicativa considerable, educación pública, Seguridad Social y sistemas de protección universales, proyecto de constituirse internacionalmente como tercera fuerza en un mundo bipolar y avances notables hacia la unidad política y económica a través del proceso de integración europea que surge como solución a los problemas de gobierno, y en especial los de carácter económico[34].

Precisamente, sus efectos —la recuperación económica y la bonanza que le siguió en las décadas siguientes— permitirían la identificación entre integración europea y modelo europeo, al mezclarse en su relato el corolario de paz y democracia junto al progreso económico y social. Desde esa perspectiva, la integración europea se presentaba como producto de la estrecha relación establecida entre la búsqueda de un gran consenso social en torno a valores democráticos y la aparición de unos proyectos que implicaban necesariamente cesiones de soberanía nacional a unas nuevas entidades supranacionales[35].

En definitiva, el resultado fue presentar la construcción europea como una historia de un éxito sin precedentes[36], como un relato en el que con diferentes variantes se fue narrando el avance y la expansión del proceso de integración, primero de 6 a 9 países, después a 12, luego a 15, y hoy, tras el acuerdo alcanzado con el *brexit*[37], los 27 Estados miembros de la Unión Europea. Un proyecto en el que se embarcaron los europeos de la segunda mitad del siglo XX al intentar construir una unión que superase los estados nacionales. Y este, según Tony Judt, fue el "mito fundacional por excelencia de la Europa moderna"[38], que la Comunidad Europea fuera y siguiera siendo la semilla de una idea paneuropea más amplia.

34. Lacroix, Justine y Nicolaidis, Kalipso, "European Stories: An Introduction", en Lacroix, Justine y Nicolaidis, Kalipso, *European Stories. Intellectual Debates on Europe in National Contexts*, Oxford University Press, 2010, pp. 1-27.
35. Gilbert, Mark, "Narrating the Process: Questioning the Progressive Story of European Integration", *Journal of Common Market Studies*, vol. 46, nº 3, 2008, pp. 641-662.
36. Cohen, Antonin "El 'padre de Europa'. La construcción social de un relato de los orígenes", en Forner, Salvador y Senante, Heidy C. (eds.), *La unidad europea. Aproximaciones a la Historia de la Europa Comunitaria*, publicacions Universitat Alacant, 2016, pp. 35-52.
37. El referéndum celebrado en Gran Bretaña el 23 de junio de 2016 sobre su salida de la Unión Europea, más conocido como *brexit*. Su resultado —favorable al "no" a Europa— es, sin lugar a dudas, el origen del cisma más grave producido en los 70 años de historia de la integración europea. Asimismo, sus costes para el proyecto europeo no terminan ahí, ya que desnuda otros dos lugares comunes de la narrativa europea al poner de manifiesto que ni la pertenencia a la Unión Europea es un proceso irreversible ni la profundización en el proceso de la integración es el único destino posible para Europa. *Cfr.* Evans, Geoffrey; Carl, Noah y Dennison, James, "*El Brexit*: Las causas y las consecuencias de la decisión británica de salir de la UE", en Castells, Manuel *et al.* (eds.), *La crisis de Europa*, Madrid, Alianza, 2018, pp. 547-582.
38. Judt, Tony, *¿Una gran ilusión? Un ensayo sobre Europa*, Madrid, Taurus, 2013, p. 185.

Lo cierto es que esa narrativa —una *Christmas story* a juicio de Jost Dülffer[39]— se extendería a través del discurso de una gran mayoría de políticos y publicistas, que no perdieron oportunidad para explicar que la razón que les había movido era el idealismo, el deseo de realizar un viejo sueño europeo, y que han presentado, desde los tratados de Roma en los años cincuenta a la construcción europea, como una historia ejemplar que ha convertido a antiguos enemigos en socios, unido políticamente a todo un continente y estimulado paralelamente la acumulación y redistribución de riqueza[40].

Ese relato venía a presentar a "Europa" y su proceso de integración, por otra parte, a través de lo que Jeremy Rifkin[41] calificó a inicios de la década pasada como "el sueño europeo". Es decir, un continente de paz que se construye a través del proceso de integración, un modelo político y social, y un poderoso referente económico y cultural para el conjunto de países europeos que no participaron en las primeras fases del proceso de construcción europea primero, como es el caso de los países de la Europa del Sur en los años setenta y ochenta, y después para la Europa del Este, tras la caída del Muro en los noventa y hasta, en cierto modo, al resto del mundo. Hoy, sin embargo, parece no estar clara la verdadera naturaleza de esta anhelada unión, en qué debería convertirse o cuál es la razón de que exista[42]; quizás por ello no es ninguna novedad recordar que, con muchas excepciones y matizaciones, también surgieron explicaciones complementarias a este "relato mágico" de la integración europea que por lo general se han encontrado bastante alejadas del idealismo.

UNA APROXIMACIÓN A LOS CASOS DE PORTUGAL Y ESPAÑA

Las conexiones del relato europeo de posguerra con el caso español y portugués son evidentes; y es que, en el fondo, tanto en España como en Portugal, no ocurre nada tan diferente de lo que ya se produjo en otros países de Europa Occidental poco antes, en relación con los relatos nacionales como fue la búsqueda de nuevas fuentes de legitimidad a través de la construcción europea, sobre todo a partir de ciertos valores humanistas, liberales y democráticos compartidos. Valores a partir de los cuales, desde la segunda mitad de los años setenta, se ensayaría —como venimos repitiendo— la articulación dentro del proyecto europeo de una identidad común, una

39. Dülffer, Jost, "The balance of historiography. The History of European integration: from integration History to the History of integrated Europe", en Loth, Winfred (ed.), *Experiencing Europe. 50 years of European Construction 1957-2007*, Bruselas, Nomos, 2008, pp. 17-32.
40. Bouza García, Luis, "The 'New Narrative Project' and the politicisation of the EU", *Journal of Contemporary European Studies*, vol. 25, nº 3-1, 2017, pp. 340-353.
41. Rifkin, Jeremy, *The European Dream: How Europe's Vision of the Future is Quietly Eclipsing the American Dream*, Los Ángeles, Jeremy P. Tarcher, 2004.
42. Castells, Manuel *et al.* (eds.), *op. cit.*, pp. 25-38.

vez que se decide que la salida de la crisis debe ser más Europa, más integración europea, y el vehículo, naturalmente, las instituciones comunitarias[43]. Pero ello requería un nuevo discurso, un relato más allá de la gastada apelación a nexos históricos —como la Europa cristiana y carolingia— o de la lógica bipolar; necesita la articulación de un auténtico proyecto, un modelo europeo percibido como tal por la ciudadanía de los diferentes países miembros de las Comunidades Europeas que trascendiese lo estrictamente económico. En ese contexto, la contingencia histórica —el azar— propició que España, al igual que Portugal y Grecia, desarrollasen sus procesos de transición democrática y que sus procesos de cambio político se viesen impelidos por esta nueva dinámica.

Ciertamente, la aprobación por el Consejo Europeo de Copenhague de la Declaración sobre Identidad Europea de 15 de diciembre de 1973 sintetizó el núcleo de los valores sobre los que se cimentaría en adelante el proceso de construcción europea al afirmar que sus elementos constitutivos son la salvaguardia de la democracia representativa, el imperio de la ley, la justicia social y el respeto a los derechos del hombre. Valores que fueron respaldados con acciones de promoción y protección de la democracia en el sur de Europa durante los años setenta y ochenta[44], en interacción con la universalización del discurso sobre democracia y derechos humanos impulsado por el Acta final de la Conferencia de Seguridad y Cooperación de Helsinki, en agosto de 1975[45]. De hecho, la puesta en marcha de acciones de promoción y defensa de la democracia en el sur de Europa debe observarse desde el punto de vista de las transformaciones que se operan en aquellos años en el debate comunitario[46]; unos cambios cuyo origen se encuentran en la doble crisis, económica e institucional, y cuya salida exigía un mayor protagonismo de la construcción europea en el terreno internacional y una profundización democrática hacia el interior, elemento a partir del cual se produjo el relanzamiento del proceso de integración y la misma ampliación comunitaria hacia el Sur[47].

La desaparición casi simultánea del Estado Novo en Portugal (1933-1974), la dictadura militar en Grecia (1967-1974) y el régimen franquista en España (1939-1975) tuvo lugar a través de una experiencia revolucionaria, una *metapolitefsi* (cambio de régimen) y una ruptura pactada, respectivamente[48]. Portugal vio el autoritarismo derrocado por los capitanes de las guerras coloniales en abril de 1974, seguido de lo que se denominó el *proceso revolucionario en curso* (PREC). Grecia buscaba superar

43. Kaelble, Harmut, *Caminos hacia la democracia. Los déficits democráticos de la Unión Europea*, Madrid, Biblioteca Nueva, 2005, pp. 157-182.
44. Fernández Soriano, Víctor, *Le fusil et l'olivier...*, *op. cit.*, pp. 9-19.
45. Judt, Tony, *Posguerra...*, *op. cit.*, pp. 726-727.
46. Varsori, Antonio, "Crisis and Stabilization...", *art. cit.*, pp. 5-14.
47. Moreno Juste, Antonio y Nuñez Peñas, Vanessa, *Historia de la construcción...*, *op. cit.*, pp. 136-160.
48. Kornetis, Kostis, "Generaciones en transición", *Política Exterior*, nº 186, 2018, pp. 80-89.

sus 30 años de abrasión tras el final de la guerra civil y reemplazar el "régimen de los coroneles" que colapsó a finales de julio de 1974, tras la tragedia chipriota. España, por su parte, atravesó un limbo inicial en la *terra incognita* posfranquista, seguida de una reforma radical gracias a consensos de todo el espectro político[49]. Asimismo, esos procesos llevaron a desarrollos dispares en términos de justicia transicional: purgas generalizadas en Portugal, juicios de los cabecillas del golpe de Estado en Grecia e impunidad en España gracias a la Ley de Amnistía[50]. En los tres países los periodos de transición se extendieron a lo largo de los setenta y terminaron solo a principios de los ochenta con la consolidación definitiva de las nuevas democracias[51].

El sur de Europa se convirtió en consecuencia en el canon para la "tercera vía" de la democratización, según el término del politólogo estadounidense Samuel Huntington[52]. El discurso oficial de académicos y protagonistas enfatizaba, hasta hace poco, el impacto positivo de la democratización, presentando las transiciones como logros incontrovertibles por la forma en que se había realizado[53]. En España y Grecia, miembros de la generación que vivió los acontecimientos, aún se aferran a la idea de una "transición modélica o de terciopelo"[54]. España se presentó como el prototipo de una transición democrática, un triunfo de la voluntad política y la negociación que se replicaría en el resto del mundo[55]. De manera similar, múltiples académicos consideraron el paso griego a la democracia rápido y fácil[56]. En Portugal, influyentes politólogos propusieron omitir el antecedente revolucionario "R" al hablar de la *revolución* de 1974 con motivo de su 30 aniversario, y comenzar a referirse a ella como *evolución*, señalando la maduración democrática del país[57].

---

49. Powell, Charles, "Revisiting Spain's Transition to Democracy", Florensa, Senen (ed.), *The Arab Transitions in a Changing World. Building Democracies in Light of International Experiences*, Barcelona, IEMed, 2015.
50. Alonso, Gregorio y Muro, Diego (eds.), *The Politics and Memory of Democratic Transition: The Spanish Model*, Nueva York-Londres, Routledge, 2011.
51. Véase, entre otros, Pridham, Geoffrey, *Dynamics of Democratization. A Comparative Approach*, Londres y Nueva York, Continuum, 2000; Morlino, Leonardo, *Democracias y democratizaciones*, Madrid, CIS, 2009; González Martínez, Carmen (coord.), *Transiciones políticas contemporáneas. Singularidades nacionales de un fenómeno global*, Madrid, Fondo de Cultura Económica, 2018.
52. Véase Huntington, Samuel, *La tercera ola. La democratización a finales del siglo XX*, Barcelona, Paidós, 1994.
53. Bitar, Sergio y Lowenthal, Abraham F. (eds), *Transiciones democráticas: Enseñanzas de líderes políticos*, Barcelona, Galaxia Gutenberg, 2016, pp. 575-615.
54. Yustas, Mercedes, "Conclusiones", en Baby, Sophie; Compagnon, Olivier y González Calleja, Eduardo (eds.), *Violencia y transiciones políticas a finales del siglo XX*, Madrid, Casa de Velázquez, 2009, pp. 257-263.
55. Powell, Charles, "The Long Road to Europe. Spain and the European Community, 1957-86", en Baquero, Julio y Closa, Carlos (eds.), *European Integration from Rome to Berlin: 1957-2007*, Bruselas, Peter Lang, 2009, pp. 39-63.
56. Kornetis, Kostis, "Las transiciones democráticas griega y española en retrospectiva", en Frías, Carmen; Ledesma, José Luis y Rodrigo, Javier (eds.), *Reevaluaciones. Historias locales y miradas globales*, Zaragoza, Fernando el Católico, 2011, pp. 91-216.
57. Costa Lobo, Marina; Costa Pinto, António y Magalhães, Pedro C., "Portuguese Democratisation 40 Years on: Its Meaning and Enduring Legacies", *South European Society and Politics*, vol. 21, nº 2, 2016, pp. 163-180.

De hecho, el relato de la Europa de posguerra tuvo una enorme influencia —y no solo metafórica— en la redefinición del proyecto nacional español que se va generando con la apertura de un nuevo ciclo histórico tras el fin de la dictadura franquista. Una construcción que coincide con lo que se considera la creación de una nueva y europeizante identidad española a partir del ingreso en las Comunidades Europeas el 1 de enero de 1986, símbolo que por antonomasia pondría fin al proceso de transición. En la actualidad, para ciertos sectores, ahora mismo parece haber entrado en crisis junto al régimen del 78.

Lo cierto es que la adhesión a las instituciones europeas no resultó fácil ni para unos ni para otros, exigió sacrificios —y de ello se hizo eco la narrativa socialista durante los años ochenta, que presentaría a Europa en ese tiempo como "la luz al final del túnel"— y tuvo que superar difíciles y complejos condicionantes, desde la situación política interior a la redefinición del modelo de integración europea con el Acta Única Europea; de un contexto internacional marcado por la crisis de los euromisiles en plena Guerra Fría a una difícil coyuntura económica mundial en la que el fantasma de la crisis no parecía desvanecerse.

Es más, la posibilidad de Lisboa y Madrid de coordinar entre ellos una mejor defensa de los intereses comunes no se consideró como una opción ventajosa. Por el contrario, Portugal, para acercarse a Europa, trató de alejarse lo más posible de España. Por motivos políticos, económicos, militares y de prestigio nacional, Portugal hizo todo lo posible por crear un cordón sanitario entre sus negociaciones y las de España, tejió alianzas en Europa para intentar entrar antes que su vecino en la CEE y consideró que la mejor manera de proteger su producción nacional de las supuestas amenazas que traería el mercado ibérico que se crearía con la entrada de los dos países en la Mercado Único era no fomentar e incluso impedir cualquier tipo de acercamiento económico hasta la entrada en la Comunidad. Actitud que se mantuvo prácticamente hasta el final de la negociación y que solo cambió en la medida en que pudiesen quedar bloqueados algunos flecos de los últimos capítulos, ya bajo la presión de quedar fuera de los acuerdos que conducirían al Acta Única Europea[58].

Sin embargo, con la entrada en la CEE el 1 de enero de 1986, las diferencias y precauciones entre Portugal y España se disiparon más rápidamente de lo previsible a tenor de lo observado en el proceso negociador. La integración en la Comunidad tuvo entre sus efectos la creación de las bases de un mercado ibérico relativamente floreciente que no solo contribuyó al progreso económico hasta la crisis de la zona euro,

58. Véase en relación a Portugal: Cunha, Alice, *O Alargamento Ibérico da Comunidade Económica Europeia: A Experiência portuguesa*, tesis doctoral, Universidade Nova de Lisboa, 2012; y España, Núñez Peña, Vanessa, *Entre la reforma y la ampliación (1976-1986): las negociaciones hispano-comunitarias en tiempos de transición y approfondissement*, tesis doctoral, Universidad Complutense de Madrid, 2013.

sino también permitió proyectar a los dos países internacionalmente. Asimismo, y paradójicamente, la entrada de los países del sur del continente, que en principio se interpretó como un gran problema para la Comunidad dado el ejemplo griego, se convirtió en el empuje útil para poner fin a la euroesclerosis y dar un impulso al proceso de integración europea *tout court*, auspiciado por la Comision Delors[59].

A pesar de todo, cada país mantuvo su especificidad, y en ese sentido conviene no olvidar la existencia de características en su devenir histórico que le confieren personalidad al caso español y al caso portugués dentro del marco europeo[60]. De hecho, el papel que ha jugado la relación España-Europa en la construcción de los grandes metarrelatos forjados sobre la historia de España a partir de la construcción del Estado liberal[61] no tiene parangón en el caso portugués y, en ese sentido, no puede sorprender que considerando las coordenadas sociopolíticas en que se desarrolla el proceso de transición democrática en España, la búsqueda de entronque con el relato de éxito que ha sido la historia de la integración europea se realice en esos momentos, coincidiendo con los esfuerzos intelectuales dirigidos a la construcción de una nueva identidad europea para España.

La adhesión a las Comunidades no resultó, por supuesto, fácil ni para unos ni para otros, exigió sacrificios —y de ello se hicieron eco las narrativas oficiales, tanto durante el Gobierno de González como en los de Cavaco Silva en Portugal durante la segunda mitad de los años ochenta, a pesar de su diferente signo político—, aunque agravada en el caso español por el cisma en torno a la pertenencia a la OTAN.

Obviamente, la pertenencia a la CEE facilitó la toma de conciencia de problemas comunes y la necesidad de actuar coordinadamente cuando sus intereses no coincidían con las prioridades establecidas por sus colegas del Norte. Debían establecerse sinergias entre los países ibéricos como parte de la Europa del Sur, ser capaces de construir minorías de bloqueo, pero también de empujar proyectos que redundasen en beneficio de sus países. El gran problema, sin embargo, fue que aquello forjaría relaciones especiales que difícilmente —salvo contadas ocasiones— llegarían a ser estratégicas, ya que políticamente no conseguían por sí mismas el suficiente peso para equilibrar la balanza Norte-Sur, lo que significativamente no aparece en los relatos europeos de ambos países.

---

59. Ludlow, Piers, "Jacques Delors", en Dujardin, Vincent; Bussière, Eric; Ludlow, Piers; Romero, Federico; Schlenker Dieter y Varsori, Antonio (dirs.), *La Commission Européenne 1986-2000. Histoire et Mémoires d'une Institution*, Luxemburgo, Office des publications de l'Union européenne, 2019, pp. 403-414.
60. Véase Costa Pinto, Antonio y Teixeira, Nuno Severiano (eds.), *The Europeanization of Portuguese Democracy*, Columbia University Press, 2012.
61. Sobre esta cuestión véase Álvarez Junco, José, *Mater Dolorosa. La idea de España en el siglo XIX*, Madrid, Taurus, 2001; y, del mismo autor, junto a De la Fuente, Gregorio, *El relato nacional…*, *op. cit.*

BIBLIOGRAFÍA

ALIBONI, Roberto (ed.) (1992): *Southern European Security in the 1990s*, Londres, Pinter Publishers.

ALONSO, Gregorio y MURO, Diego (eds.) (2011): *The Politics and Memory of Democratic Transition: The Spanish Model*, Nueva York-Londres, Routledge.

ÁLVAREZ JUNCO, José, (2001): *Mater Dolorosa. La idea de España en el siglo XIX*, Madrid, Taurus.

ÁLVAREZ JUNCO, José y DE LA FUENTE, Gregorio (2017): *El relato nacional. Historia de la historia de España*, Madrid, Taurus.

BALIOS, Sethelos Isidoros (2019): *Grecia y España de las dictaduras a la CEE (1974-1985): procesos de democratización, representaciones y relaciones bilaterales*, tesis doctoral, Madrid, UCM.

BERDAT, Christophe (2007): "L'avènement de la Politique méditerranéenne globale de la CEE", *Relations Internationales*, vol. 130, nº 2, pp. 87-110.

BITAR, Sergio y LOWENTHAL, Abraham F. (eds) (2016): *Transiciones democráticas: Enseñanzas de líderes políticos*, Barcelona, Galaxia Gutenberg.

BOUZA GARCÍA, Luis (2017): "The 'New Narrative Project' and the politicisation of the EU", *Journal of Contemporary European Studies*, vol. 25, nº 3-1, pp. 340-353.

BRUNETEAU, Bernard (2018): *Combattre l'Europe. De Lenine á Marine Le Pen*, París, CNRS Editions.

CAVALLARO, María Elena y KORNETIS, Kostis (eds.) (2019): *Rethinking Democratisation in Spain, Greece and Portugal*, Londres, Palgrave Macmillan.

CHIPMAN, John (ed.) (1988): *NATO's Southern Allies: Internal and External Challenges*, Londres, Routledge.

COHEN, Antonin (2016): "El 'padre de Europa'. La construcción social de un relato de los orígenes", en S. Forner y H. C. Senante (eds.), *La unidad europea. Aproximaciones a la Historia de la Europa Comunitaria*, publicacions Universitat Alacant, pp. 35-52.

COSTA LOBO, Marina; COSTA PINTO, António y MAGALHÃES, Pedro C. (2016): "Portuguese Democratisation 40 Years on: Its Meaning and Enduring Legacies", *South European Society and Politics*, vol. 21, nº 2, pp. 163-180.

COSTA PINTO, António y SEVERIANO TEIXEIRA, Nuno (eds.) (2012): *The Europeanization of Portuguese Democracy*, Columbia University Press.

CUNHA, Alice (2012): *O Alargamento Ibérico da Comunidade Económica Europeia: A Experiência portuguesa*, tesis doctoral, Universidade Nova de Lisboa.

DEL PERO, Mario; GAVIN, Victor; GUIRAO, Fernando y VARSORY, Antonio (2010): *Democrazie. L'Europe meridionale e la fine delle dittature*, Florencia, Le Monnier.

DEL PERO, Mario; BARONCELLI, Eugenia; FIORI, Antonio y PALLOTTI, Arrigo (eds.) (2012): *Crisi, Trasformazioni, Continuità. Il Sistema Internazionale negli Anni Settanta*, Soveria Monnelli, Rubbettino.

DI NOLFO, Ennio (2010): "The Cold War and the transformation of the Mediterranean, 1960-1975", vol. II, "Crises and *Détente*", en M. P. Leffler y O. A. Westad (eds.), *The Cambridge History of the Cold War*, Cambridge University Press, pp. 238-257.

DINAN, Desmond (dir.) (2006): *Origins and Evolution of the European Union*, Oxford University Press.

DÜLFFER, Jost (2008): "The balance of historiography. The History of European integration: from integration History to the History of integrated Europe", en W. Loth, (ed.), *Experiencing Europe. 50 years of European Construction 1957-2007*, Bruselas, Nomos, pp. 17-32.

EGAN, Michelle; NUGENT, Neil y PATERSON, William E., (eds.) (2009): *Research agendas in EU Studies: Stalking the Elephant*, Hampshire, Palgrave Macmillan.

EVANS, Geoffrey; CARL, Noah y DENNISON, James (2018): "El *Brexit*: Las causas y las consecuencias de la decisión británica de salir de la UE", en M. Castells *et al.* (eds.), *La crisis de Europa*, Madrid, Alianza, pp. 547-582

FERNÁNDEZ SORIANO, Víctor (2015): *Le fusil et l'olivier. Les Droits de l'Homme en Europe face aux dictatures méditerranéennes*, Bruselas, Editions de l'Université de Bruxelles.

GILBERT, Mark (2008): "Narrating the Process: Questioning the Progressive Story of European Integration", *Journal of Common Market Studies*, vol. 46, nº 3, pp. 641-662.

GONZÁLEZ, Ángeles (2018): "La tutela europea. Estereotipos, enfoques y estrategias para la integración ibérica en las Comunidades Europeas (1977-1985)", *Mélanges de la Casa de Velázquez*, vol. 48-1, pp. 287-308.

GONZÁLEZ MARTÍNEZ, Carmen (coord.) (2018): *Transiciones políticas contemporáneas. Singularidades nacionales de un fenómeno global*, Madrid, Fondo de Cultura Económica.

GRIFFITHS, Richard T. (2006): "A Dismal Decade. European Integration in the 1979s", en D. Dinan (dir.), *Origins and Evolution of the European Union*, Oxford University Press, pp. 169-190.

HUNTINGTON, Samuel (1994): *La tercera ola. La democratización a finales del siglo XX*, Barcelona, Paidós.

JONES, Alun (2006): "Narrative-Based Production of State Spaces for International Region Building: Europeanization and the Mediterranean", *Annals of the Association of American Geographers*, vol. 96, nº 2, pp. 415-443.

JOUAN, Quentin (2016): "Narratives of European Integration in Times of Crisis: Images of Europe in the 1970s", *Journal of European Integration History*, vol. 22, nº 1, pp. 11-28.
JUDT, Tony (2006): *Posguerra, Una historia de Europa desde 1945*, Madrid, Taurus.
— (2013): *¿Una gran ilusión? Un ensayo sobre Europa*, Madrid, Taurus.
KAELBLE, Harmut (2005): *Caminos hacia la democracia. Los déficits democráticos de la Unión Europea*, Madrid, Biblioteca Nueva.
KAISER, Wolfram y VARSORI, Antonio (eds.) (2010): *European Union History. Themes and Debates*, Londres, Palgrave Macmillan.
KARAMOUZI, Eirini (2014): *Greece, the EEC and the Cold War, 1974-1979. The Second Enlargement*, Basingstoke/Nueva York, Palgrave Macmillan.
KAUSCH, Kristina y YOUNGS, Richard (2009): "The End of the 'Euro-Mediterranean Vision", *International Affairs*, vol. 85, nº 59, pp. 963-975.
KORNETIS, Kostis (2011): "Las transiciones democráticas griega y española en retrospectiva", en C. Frías, J. L. Ledesma y J. Rodrigo (eds.), *Reevaluaciones. Historias locales y miradas globales*, Zaragoza, Fernando el Católico, pp. 91-216.
— (2018): "Generaciones en transición", *Política Exterior*, nº 186, pp. 80-89.
KRIESI, Hans Peter y GRANDE, Edgar (2016): "The euro crisis: a boost to the politicisation of European integration?", en S. Hutter, E. Grande y H. P. Kriesi (eds.), *Politicising Europe: integration and mass politics*, Cambridge, Cambridge University Press, pp. 240-276.
LACROIX, Justine y NICOLAIDIS, Kalipso (2010): "European Stories: An Introduction", en J. Lacroix y K. Nicolaidis, *European Stories. Intellectual Debates on Europe in National Contexts*, Oxford University Press, pp. 1-27.
LEFFLER, Melvyn P. y WESTAD, Odde Arne (eds.) (2010): *The Cambridge History of the Cold War*, 3 vols., Cambridge University Press.
LUDLOW, Piers (2019): "Jacques Delors", en V. Dujardin; E. Bussière, P. Ludlow, F. Romero, D. Schlenker y A. Varsori (dirs.), *La Commission Européenne 1986-2000. Histoire et Mémoires d'une Institution*, Luxemburgo, Office des publications de l'Union européenne, pp. 403-414.
MALEFAKIS, Edward (1992): *Southern Europe in the 19th and 20th Centuries: An Historical Overview*, Madrid, Instituto Juan March, Working Paper 35.
— (1995): "The Political and Socioeconomic Contours of Southern European History", en R. Gunther, N. Diamandouros y H.-J. Puhle (eds.), *The Politics of Democratic Consolidation: Southern Europe in Comparative Perspective*, Baltimore, Johns Hopkins University Press, pp. 33-76.
MANNERS, Ian y MURRAY, Philomena (2016): "The End of a Noble Narrative? European Integration Narratives after the Nobel Peace Prize", *Journal of Common Markets Studies*, vol. 54, nº1, pp. 19-36.
MAZOWER, Mark (2018): *Gobernar el mundo. Historia de una idea desde 1815*, Valencia, Barlin Libros.
MERRIT, Giles (2018): *La dégringolade européenne et comment l'éviter*, Langres, Les Editions Marie B.
MOLINA, Fernando (2017): "Rescatar la Historia de la nación. Una Historia de la historiografía del Nacionalismo en España", *Studia Historica. Historia Contemporánea*, nº 35, pp. 43-79.
MORENO JUSTE, Antonio (2013): "El fin del relato europeo. La crisis del proceso de integración y su impacto sobre las narrativas europeas", *Revista de Derecho Comunitario Europeo*, nº 45, pp. 607-630.
— (2015): "The EEC and the End of the Franco Regime: the September 1975 Crisis", *Cahiers de la Méditerránée*, 90, pp. 25-46.
MORENO JUSTE, Antonio y NÚÑEZ PEÑAS, Vanessa (2017): *Historia de la construcción europea desde 1945*, Madrid, Alianza.
MORGAN, Michael Cotey (2018): *The Final Act: The Helsinki Accords and the Transformation of the Cold War*, Princeton University Press.
MORLINO, Leonardo (2009): *Democracias y democratizaciones*, Madrid, CIS.
NEILA, José Luis (2011): *España y el Mediterráneo en el siglo XX. De los acuerdos de Cartagena al proceso de Barcelona*, Madrid, Sílex.
NÚÑEZ PEÑA, Vanessa (2013): *Entre la reforma y la ampliación (1976-1986): las negociaciones hispano-comunitarias en tiempos de transición y approfondissement*, tesis doctoral, Madrid, UCM.
NUTI, Leopolodo (ed.) (2009): *The Crisis of Détente in Europe: From Helsinki to Gorbachev 1975-1985*, Londres, Routledge.
POULANTZAS, Nicos (1976): *La crisis de las dictaduras*, Madrid, Siglo XXI Editores.
POWELL, Charles (2009): "The Long Road to Europe. Spain and the European Community, 1957-86", en J. Baquero y C. Closa (eds.), *European Integration from Rome to Berlin: 1957-2007*, Bruselas, Peter Lang, pp. 39-63.
— (2015): "Revisiting Spain's Transition to Democracy", en F. Senen (ed.), *The Arab Transitions in a Changing World. Building Democracies in Light of International Experiences*, Barcelona, IEMe.
PRIDHAM, Geoffrey (ed.) (1990): *Securing Democracy: Political Parties and Democratic Consolidation in Southern Europe*, Londres, Routledge.

— (1995): "The International Context of Democratic Consolidation. Southern Europe in Comparative Perspective", en R. Gunther, N. Diamandouros y H.-J. Puhle (eds.), *The Politics Consolidation: Southern Europe in Comparative Perspectives*, Baltimore, John Hopkins University Press, pp. 166-204.

— (2000): *Dynamics of Democratization. A Comparative Approach*, Londres y Nueva York, Continuum.

Ricoeur, Paul (1993): *Ecrire l`histoire du temps présent*, París, CNRS Éditions.

Rifkin, Jeremy (2004): *The European Dream: How Europe's Vision of the Future is Quietly Eclipsing the American Dream*, Los Ángeles, Jeremy P. Tarcher.

Rosamond, Ben (2015): "Methodology in European studies", en K. Lynggard, I. Manners y K. Löfgren, *Research Methods in European Union Studies*, Basingstoke, Palgrave Macmillan.

— (2015): "Field of Dreams: The Discursive Construction of EU Studies, Intellectual Dissidence and the Practice of 'Normal Science'", *Journal of Common Markets Studies (JCMS)*, vol. 54, nº 1, pp. 19-36.

Rosoux, Valérie (2017): "Reconciliation narrative: scope and limits of the Pax Europeana", *Journal of Contemporary European Studies*, vol 25, nº 3, pp. 325-33.

Sapelli, Giulio (1995): *Southern Europe Since 1945: Tradition and Modernity in Portugal, Spain, Italy, Greece and Turkey*, Londres, Longman.

Sierp, Aline y Karner, Christian (2017): "National stereotypes in the context of European crisis", *National Identities*, vol. 19, nº. 1, pp. 1-9.

Tooze, Adam (2018): *Crash. Cómo una década de crisis financieras ha cambiado el mundo*, Barcelona, Crítica.

Varsori, Antonio (2009): "Crisis and Stabilization in Southern Europe during the 1970's: Western Strategy, European Instruments", *Journal of European Integration History*, vol. 15, nº 1, pp. 5-14.

— (2010): *La Cenerentola d'Europa. L'Italia e l'integrazione europea dal 1946 ad oggi*, Roma, Rubbetino.

Verney, Susannah (1990): "To be or not to be within the EC", en Pridham, Geoffrey (ed.), *Securing Democracy: Political Parties and Democratic Consolidation in Southern Europe*, Londres, Routledge, pp. 203-223.

Westad, Ode Arne (2018): *La Guerra Fría. Una historia mundial*, Madrid, Galaxia Gutenberg.

Young, John W. (2010): "Western Europe and the end of the Cold War, 1979–1989", vol. III, "Endings", en M. P. Leffler y O. A. Westad (eds.), *The Cambridge History of the Cold War*, Cambridge University Press, pp. 289-310.

Yusta, Mercedes (2009): "Conclusiones", en S. Baby, O. Compagnon y E. González Calleja (eds.), *Violencia y transiciones políticas a finales del siglo XX*, Madrid, Casa de Velázquez, pp. 257-263.

CAPÍTULO 3

GRECIA Y ESPAÑA DE LA DICTADURA A LA CEE (1974-1979): LA INTEGRACIÓN EN LA CEE COMO OBJETIVO DURANTE LAS TRANSICIONES DEMOCRÁTICAS Y SU IMPACTO EN LAS RELACIONES BILATERALES

SETHELOS ISIDOROS BALIOS*
Universidad Complutense de Madrid

EL INGRESO EN LA CEE COMO OBJETIVO DURANTE LAS TRANSICIONES DEMOCRÁTICAS

La incorporación de Grecia y España en la CEE se considera un hecho significante de la historia reciente de estos dos países. Grecia entró como miembro de la Comunidad el 1 de enero de 1981 y España, junto con Portugal, el 1 de enero de 1986. En ambos casos, el ingreso en la CEE fue el objetivo principal de la política exterior de los primeros gobiernos elegidos democráticamente después de la desaparición de las dictaduras. Por lo tanto, fue un asunto conectado con el proceso de cambio democrático que comenzó tras la caída de la Dictadura de los Coroneles en julio de 1974 y la muerte de Franco en noviembre de 1975. En ambos casos, el deseo de incorporación se justificó en razones principalmente políticas, es decir, la necesidad de consolidar las instituciones democráticas a través de la participación en el proyecto europeo. Pero a pesar de que la existencia de un régimen democrático era un requisito importante para lograr la plena incorporación, ambos países mantenían relaciones con la Comunidad con anterioridad. Grecia se había convertido en el primer país asociado con la CEE en 1961, tras la firma del acuerdo de Atenas, que fue congelado en su

* Sethelos Isidoros Balios es doctor en Historia Contemporánea por la Universidad Complutense de Madrid. Su investigación se centra en la historia comparada de las transiciones democráticas en el sur de Europa y las relaciones bilaterales de Grecia y España durante los años setenta y ochenta. El presente capítulo se basa en la tesis doctoral del autor.

mayor parte después del golpe de los Coroneles en 1967. El régimen franquista consiguió la firma el Acuerdo Preferencial en 1970, de naturaleza principalmente económica y, políticamente hablando, mucho inferior del acuerdo de Atenas.

Evidentemente, tanto en Grecia como en España, el carácter del reacercamiento con el proyecto europeo tras el comienzo de las democratizaciones cambió radicalmente. Mientras que durante los años sesenta fueron las razones económicas y el peligro de quedar excluidos de las nuevas relaciones económicas que se estaban desarrollando en Europa las que condujeron a los gobiernos de Grecia y España a buscar una forma de conectarse con la Europa Comunitaria, a mediados de la década siguiente fueron principalmente las razones políticas las que hicieron de la membresía en la CEE un proyecto tan deseable. De tal modo, aunque las razones económicas no eran de menor importancia, para comprender sus aspiraciones europeístas a la altura de los años setenta deberíamos centrarnos en la dimensión política que tenía la integración europea para los primeros gobiernos posdictatoriales de la Europa meridional,

El Gobierno griego, dirigido por Konstantinos Karamanlís, solicitó el 22 de agosto de 1974, poco antes de cumplirse un mes de la caída de la dictadura, la reactivación del Tratado de Asociación. En la petición, entregada al entonces presidente de turno del Consejo de Ministros, el Gobierno griego dejó claro que su objetivo principal era el eventual ingreso en la CEE. El 17 de septiembre de 1974 el Consejo de Ministros de la CEE contestó positivamente a la petición de reactivación del Tratado de Asociación, dejando la cuestión de la plena integración para el futuro, debido a la complejidad del asunto. El 2 de diciembre tuvo lugar la primera reunión del Consejo de Asociación entre Grecia-CEE después de la caída de la dictadura, que se celebró a nivel ministerial (Svolopoulos, 1995: 115-116, 158). A pesar de que con la reactivación de las negociaciones bilaterales después de varios años se hicieron visibles los problemas técnicos que existían en el proceso de la asociación —problemas que también estarían presentes en los próximos años—, el reacercamiento con la CEE era un asunto de gran simbolismo político. Pero pronto el Gobierno dejaría de lado la cuestión de la asociación, optando oficialmente a la plena integración.

Evidentemente, el ingreso en la CEE se convirtió a los pocos meses de la restauración democrática en el objetivo principal de la política exterior griega. Existían varias razones que hicieron este objetivo tan deseable para el Gobierno presidido por Konstantinos Karamanlís entre 1974 y 1980. Entre ellas estaban, por ejemplo, la necesidad de atenuar la influencia de EE UU, que había tenido una cierta relevancia a partir de la II Guerra Mundial (Economides, 2014: 62-63) y la necesidad de salvaguardar las nuevas instituciones democráticas (Karamouzi, 2017: 221). Por lo tanto, existía también la necesidad de buscar una manera distinta para salvaguardar los intereses de seguridad nacional, especialmente después de la salida de la estructura militar de la OTAN. De todos modos, EE UU y la Alianza Atlántica no protegieron los intereses de Grecia y Chipre frente a Turquía, y existía un disperso antiamericanismo en Grecia. Por lo tanto, aunque Karamanlís era consciente de que la CEE no podría funcionar totalmente como sustituto de la OTAN —algo que el canciller alemán le había dicho claramente—, existía la necesidad de hacer evidente la decepción griega por la actitud de sus aliados. De todos modos, el Gobierno cambiaría los próximos años su política hacia la Alianza Atlántica y el ejército griego se reincorporó a la OTAN en 1980 (Rizas, 2008: 51-66).

En España, ya desde los primeros momentos de la Transición democrática se evidenció que habría un cambio fundamental en la actitud de la España posfranquista hacia Europa. Indicativo es que, en su discurso de proclamación como rey de España, don Juan Carlos aludiera de manera clara a la europeidad de los españoles, diciendo que "la idea de Europa sería incompleta sin una referencia a la presencia del hombre español y sin una consideración del hacer de muchos de mis predecesores. Europa deberá contar con España y los españoles somos europeos"[1]. Esta referencia fue bien acogida por la prensa europea y en la ceremonia de su coronación, el 26 de noviembre de 1975, estuvieron presentes importantes líderes europeos. Por lo tanto, en varias ocasiones las figuras políticas que estuvieron en Madrid dieron con sus declaraciones cierto apoyo a lo afirmado por don Juan Carlos, como, por ejemplo, Valéry Giscard d'Estaing (Crespo MacLennan, 2000: 122-123). Por lo tanto, el mismo día que asumió sus responsabilidades como nuevo jefe de Estado, le dijo al representante de la Comisión Europea en la ceremonia, el comisario Finn Gundelach, que su deseo era ver a España como miembro de pleno derecho de la Comunidad[2]. Sin embargo, a pesar de que estas declaraciones mostraban claramente que la muerte de Franco llevaría consigo cambios en la política exterior de España, el sistema político español estaba muy lejos de poder denominarse "régimen democrático". De hecho, para que cualquier cambio en la política exterior tuviese resultados, el requisito previo era realizar cambios fundamentales en la escena política interior.

Mientras se hacían estas declaraciones positivas sobre las aspiraciones europeístas en España, el Gobierno griego contaba ya cinco meses desde que había presentado la solicitud de plena integración en la CEE. Pocos días antes de presentar oficialmente la solicitud griega, el ministro de Defensa Evangelos Averoff entregó una carta del primer ministro griego al primer ministro francés Jacques Chirac. En esta ocasión, Karamanlís informaba al primer ministro de Francia de que en los próximos días Grecia solicitaría su ingreso en la CEE, mostrando su

1. *ABC*, 23/11/1975.
2. Entrevista con David Hannay realizada por Pier Ludlow el 14 de julio de 2011. European University Institute, "The European Commission 1973-1986. Memories of an institution Collection", INT172, http://archives.eui.eu/en/oral_history/INT172

convicción en el apoyo del Gobierno francés. El 12 de junio de 1975, pocos días después de la aprobación de la nueva Constitución, el embajador griego ante la CEE, Stephanos Stathatos, entregó al presidente del Consejo de Ministros de la CEE, el irlandés Garret FitzGerald, y al presidente de la Comisión, François-Xavier Ortoli, la carta del Gobierno griego, en la cual se pedía la plena integración en la CEE. El propio Karamanlís se dirigió a los embajadores de los "nueve" a través de una carta, recordando que fue su propio Gobierno, 15 años antes, el que logró el acuerdo de asociación. Además, dijo que los motivos políticos y la necesidad de consolidar las instituciones democráticas eran las razones principales para el pleno ingreso en la CEE (Svolopoulos, 1995: 446-447).

En España, la incorporación en la CEE se convirtió también en objetivo de primer orden de la política exterior ya desde los primeros meses tras la muerte de Franco (Núñez Peñas, 2013: 46). Por lo tanto, el Gobierno español era consciente de que deberían cumplirse algunos requisitos antes de solicitar la entrada en la CEE o, dicho de otra manera: el Gobierno español, de igual forma que el griego, necesitaba presentar su solicitud ante la CEE en un momento en que no fuera posible justificar políticamente su rechazo. Por eso, el Gobierno de Konstantinos Karamanlís presentó la solicitud pocos días después de la aprobación de la nueva Constitución democrática, en un momento en que Grecia podría considerase, como se demuestra en los argumentos griegos, como una plena democracia (aunque frágil), y después de haber sondeando a los gobiernos europeos. Por lo tanto, el ministro de Asuntos Exteriores del primer Gobierno de la monarquía juancarlista, José María de Areilza, realizó un viaje con Raimundo Bassols a comienzos de 1976 con el objetivo principal de sondear a los gobiernos europeos sobre cuáles eran las mínimas exigencias de reforma política para que fuera aceptada su solicitud[3].

El Gobierno español solicitó el ingreso en la CEE el 28 de julio de 1977. El ministro de Asuntos Exteriores, Marcelino Oreja, informó sobre este asunto al presidente de la Comisión, Roy Jenkins, el 27 de julio y, al día siguiente, presentó las cartas firmadas por el presidente Adolfo Suárez al entonces presidente del Consejo de Ministros, Henri Simonet[4]. Aunque el momento que el Gobierno español eligió para solicitar el ingreso en la CEE será analizado más adelante, cabe mencionar que, entre la gira de José María Areilza por las capitales europeas y la presentación de la solicitud española, transcurrió un año y medio. Durante este periodo España experimentó cambios fundamentales a nivel político con el nombramiento de Adolfo Suárez como presidente del Gobierno, la aprobación de la LRP, la legalización de los partidos políticos y la celebración de las primeras

3. Entrevista con Raimundo Bassols realizada por el autor el 16/03/2018.
4. *El País*, 27 y 28/07/1977, respectivamente.

elecciones democráticas, en junio de 1977. Por lo tanto, aún faltaba tiempo para poder considerase como una democracia estable. De todos modos, Marcelino Oreja sabía que, en ese momento, la respuesta de la CEE a la petición española sería positiva (Núñez Peñas, 2013: 90).

Aunque el Gobierno de Karamanlís quiso dar al objetivo de integración europea un carácter de "misión nacional", no hubo consenso entre las fuerzas políticas sobre este tema. Además, el desacuerdo entre los partidos políticos sobre la CEE a partir de 1974 no fue en la base de la línea entre derecha-izquierda, sino que fueron otras razones las que hicieron que cada partido desarrollara su opinión sobre este asunto (Véaseney, 1989: 63). Por ejemplo, el KKE Interior (los eurocomunistas) apoyaba la incorporación, mientras que el KKE (el partido comunista) no. El primero de ellos era fruto de la escisión del partido comunista de 1968 y, pese a que participaron en coalición en las primeras elecciones democráticas, desde entonces formaban dos partidos independientes. El PASOK, el partido socialista, rechazaba la incorporación, y después de 1977, y tras establecerse como la fuerza de oposición principal, amenazaba con la convocatoria de un referéndum sobre la permanencia de Grecia en la CEE. El partido centrista, que a partir de 1977 desapareció y sus miembros fueron absorbidos tanto por el PASOK como por la ND, apoyaba la política europeísta del Gobierno de Konstantinos Karamanlís. Cada partido tenía una visión distinta sobre la membresía griega en la CEE y de cómo esta garantizaría los intereses nacionales.

Como han indicado algunos estudios, en España, de manera contraria a lo ocurrido en Grecia y Portugal, hubo un cierto consenso entre las fuerzas políticas principales respecto a la integración europea (Álvarez-Miranda, 1996: 2-14). Indicativo de la diferencia entre Grecia y España sobre este asunto es que mientras que fue el partido conservador de Karamanlís el que inició y terminó las negociaciones con la CEE, en España fue el primer Gobierno socialista presidido por Felipe González el que terminó las negociaciones que comenzó el Gobierno de la UCD presidido por Adolfo Suárez. Sin embargo, como han indicado otros estudios, hubo varios cambios en las razones económicas y políticas por las que cada partido apoyó la integración española en la CEE, mientras que la adopción de unas posturas euroescépticas pareció que no ofrecería importante apoyo social (López Gómez, 2014: 47-113). Por lo tanto, en España hubo un acuerdo generalizado sobre la necesidad de participar en la CEE, mientras que en Grecia la política europeísta fue implementada principalmente por el Gobierno de Karamanlís.

Sin embargo, la diferencia más importante entre las fuerzas políticas griegas y españolas reside en los partidos socialistas y los partidos comunistas. El PASOK tenía un discurso radicalmente antieuropeísta, al contrario de su partido homólogo español, que apoyó la integración española desde el principio. Lo mismo ocurrió con los partidos comunistas. Sin embargo, no deberíamos exagerar en estas diferencias, primero porque el líder del PASOK Andreas Papandréu comenzó el giro europeísta ya desde finales de los años setenta siendo el partido la oposición principal, por lo menos en sus reuniones con oficiales de gobiernos comunitarios (Nafpliotis, 2018), con la aceptación del proyecto europeo de manera oficial durante la segunda legislatura socialista desde 1986 (Botsiou, 2015: 222-223). Segundo, en España no existía un partido comunista ortodoxo con representación en el parlamento, tal y como ocurría en Grecia. Más bien, las estadísticas europeas muestran, en los inicios de los años ochenta, un mayor apoyo social a la CEE en España que en Grecia. De todos modos, las respuestas positivas eran siempre mayores también en el caso griego y hasta finales de la década, aunque en España había un apoyo social a la CEE mayor que en Grecia, las cifras en el país heleno eran muy cercanas a la media europea[5].

En cualquier caso, las diferencias en el apoyo social y político a la CEE entre Grecia y España durante las transiciones democráticas residen en varias razones. Por lo tanto, no es fácil realizar un análisis meramente histórico, socioeconómico o cultural. Existían razones como las anteriores relaciones de cada país con las potencias europeas, así como la participación de los partidos políticos en las decisiones importantes durante las transiciones democráticas y la necesidad de maximizar su influencia política y social. De todos modos, parece que en España había una aceptación generalizada de los aspectos positivos que conllevaría la participación española en el proyecto europeo, mientras que en Grecia fue principalmente el partido conservador el que proyectó los beneficios políticos y geoestratégicos que se ganarían, para justificar su política europeísta frente la oposición de los socialistas. Además, aunque Andreas Papandréu admitía de manera extraoficial los beneficios geoestratégicos para Grecia ya desde 1978-1979, fueron principalmente los costes económicos de una posible salida del país de la CEE los que utilizó el PASOK para aceptar definitivamente la CEE, a partir de mediados de los años ochenta.

LA AMENAZA DE LA 'GLOBALIZACIÓN DE LAS NEGOCIACIONES' Y SU IMPACTO EN LA ESTRATEGIA GRIEGA

Aunque Grecia hacía ya dos años que había presentado su solicitud, las negociaciones no avanzaron considerablemente hasta 1977 (Karamouzi, 2014: 87). Por lo tanto, la presentación de la candidatura portuguesa el 28 de marzo de ese año y la dispersa creencia de que España no tardaría en presentar su propia solicitud podía producir unas dinámicas cuyas consecuencias para Grecia serían difíciles de

5. Los datos han sido obtenidos en el Eurobarómetro nº 30 (1988). Véase también Fernández Soriano, 2014.

medir. De tal manera que el Gobierno de Karamanlís, después de haber traspasado con eficacia el primer obstáculo, que era la posición realmente negativa de la Comisión Europea sobre el ingreso de Grecia, ahora afrontaría la amenaza de un posible acercamiento en común de los países mediterráneos por parte de Europa.

Sin embargo, el Gobierno griego estaba informado ya desde enero de 1976 de que, con motivo de la gira de José María de Areilza por las capitales europeas, España sondeaba a los gobiernos de la CEE sobre una posible solicitud. No solamente era así, sino que el embajador griego en la RFA, Aristotelis Frydas, informó al Ministerio de Asuntos Exteriores a través de una nota de alto secreto de que, según sus informaciones, el primer ministro de Asuntos Exteriores de la monarquía expuso claramente a Hans-Dietrich Genscher (su homólogo alemán) que, en su opinión, sería más fácil que las negociaciones para el ingreso de su país en la CEE se hiciesen en paralelo con las negociaciones griegas. El embajador dijo que la persona que le dio estas informaciones pidió que se tratasen con absoluta confidencialidad y que le parecía que se trataba solamente de un intento de mesurar la reacción del Gobierno alemán. Además, aseguró que la respuesta de Genscher fue totalmente negativa.

La persona que prestó estas informaciones a los diplomáticos griegos estimó que Areilza no iba a repetir esta pregunta a los demás homólogos europeos. De hecho, aconsejó a sus interlocutores griegos que no investigasen más esta cuestión, porque podrían crear un problema cuando este realmente no existía. Pero el Ministerio de Asuntos Exteriores rechazó esta propuesta, ya que mandó una directiva a las embajadas de Grecia en la CEE y a la Representación Permanente en Bruselas para que investigasen si el jefe de la diplomacia española repitió esta postura en las demás reuniones[6]. Evidentemente, esta información tenía la capacidad de crear la impresión al Gobierno griego de que España, además de estar pensando en presentar pronto su solicitud, optaría por conectarla con Grecia.

Algunos meses después, en noviembre de 1976, el Ministerio de Asuntos Exteriores de Grecia dio algunas instrucciones a las embajadas en las capitales de la CEE. Antes de hacerlo había recibido informaciones sobre la política del Gobierno español en relación con su solicitud de ingreso en la CEE. En esta nota, el Ministerio advertía a las misiones diplomáticas en Europa de las discusiones de un acercamiento global a los países del sur de Europa, dando las líneas generales del Gobierno respecto a este asunto. Según estas, la candidatura griega no debería asociarse con la española, ya que fue solicitada en un momento muy anterior y, además, las circunstancias económicas y políticas internas eran tan diferentes que

6. Υπουργείο Εξωτερικών, Υπηρεσία Διπλωματικού και Ιστορικού Αρχείου (ΥΠΕΞ, ΥΔΙΑ), Πρεσβεία Λονδίνου, 1979/2.5, Σχέσεις ΕΟΚ-Ισπανίας, "Τηλεγράφημα ΥΠΕΞ προς πρεσβείες Βρυξελλών, Κοπεγχάγης, Λονδίνου, Παρισίων, Ρώμης, Χάγης και Μόνιμη Αντιπροσωπεία ΕΟΚ, ΑΠ 6422.1/ΑΣ59, 16/1/76".

no permitían ninguna comparación entre los tres países. Por lo tanto, el Ministerio subrayaba la distinta realidad económica en Portugal y la falta de instituciones democráticas en España[7]. Sin embargo, era verdad que España no era aún un país democrático: hacia noviembre de 1976 la LRP aún no había sido refrendada. Además, fue sobre estas fechas cuando Konstantinos Karamanlís comparó la democracia "completa" griega con una España que acababa, según dijo, de comenzar su proceso democratizador.

De todos modos, a finales de 1976 España tenía en marcha un cambio mucho más profundo. De hecho, era evidente para el Gobierno griego que la solicitud de ingreso en la CEE no tardaría mucho, por lo que se estaba preparando para el caso en que su solicitud se viera amenazada por los países ibéricos. En noviembre de 1976 empezaron a aparecer los argumentos que utilizaría el Gobierno griego para separar su candidatura de la de los países peninsulares a lo largo de 1977, cuando la amenaza de la globalización pasó de ser un rumor a discusiones entre los oficiales de la CEE y los países miembros. Por lo tanto, de los argumentos expuestos en noviembre de 1976, el que hacía referencia a la falta de instituciones democráticas desaparecería. La razón por la que no aparecía otra vez este argumento en los documentos diplomáticos y, aún menos, en las declaraciones oficiales, donde de todos modos nunca apareció, es porque quizá sería muy difícil justificarlo, en un momento en que el Gobierno reformista español y las demás fuerzas políticas buscaban apoyos en Europa y los gobiernos europeos apoyaban el proceso de democratización en España.

Gradualmente, el Gobierno estableció la estrategia de negociar directamente con los gobiernos de los "nueve" para separar la candidatura griega y no con los de España y Portugal. A principios de 1977 la amenaza de un acercamiento común se hizo evidente, sobre todo después de las declaraciones de Roy Jenkins, presidente de la Comisión Europea, pero también llegaron mensajes de preocupación desde el Parlamento francés (Zacharopoulos, 2011: 87-89). Sin embargo, el ingreso previo de Grecia podría funcionar como precedente político, económico y técnico para los países ibéricos, algo que preocupaba a las instituciones comunitarias y a los gobiernos europeos. Un día después de que Portugal presentara su candidatura, el 28 de marzo, el periódico conservador y europeísta *Kathimerini* publicó una encuesta solicitada por la Comisión Europea donde se concluía que, para la opinión pública europea, España era el país más deseado para incorporarse en la CEE entre los países del sur de Europa, aunque Grecia sobrepasaba a Portugal[8].

7. Υπουργείο Εξωτερικών – Α6 Διεύθυνση, προς πρεσβείες Ρώμης, Βόννης, Χάγης, Κοπεγχάγης, Βρυξελλών, Παρισίων, Λονδίνου, ΑΠ 6Δ 6421. 3/43/2525 (Tomai, 2006: 255-256).
8. "Νέα της ΕΟΚ", Η Καθημερινή, 29/03/1977.

Sin embargo, a pesar de la presión social, para los gobiernos europeos las razones de la globalización de las negociaciones no residían en una presión por parte de la opinión pública europea, sino en los intereses económicos de los países miembros. También existía la preocupación de la Comisión sobre una nueva ampliación. Sin embargo, la presión de los agricultores y otros sectores de trabajadores en Francia y en otros países, por la manera en que la ampliación afectaría a su posición en una Europa de los "doce", tuvo su importancia en las negociaciones españolas, pero el Gobierno griego pudo superar estos problemas rápidamente. Grecia contaba con el apoyo tanto del presidente francés como del Gobierno alemán, sin que ello quiera decir que no existiesen opiniones variadas o en contra de la ampliación en ambos (Rizas, 2013: 203-208). Sin embargo, el entonces presidente de la Comisión, Roy Jenkins, consideraba que Grecia era el candidato menos cualificado para entrar en la Comunidad, mientras que España era el más "interesante" (Jenkins, 1989: 199-200). De todos modos, Marcelino Oreja era consciente de que España planteaba mayores problemas económicos que Grecia o Portugal y que esto podía tener consecuencias negativas sobre su ingreso en la CEE y podía afectar también a la estrategia negociadora de su Gobierno (Oreja, 2011: 191-194; Núñez Peñas, 2013: 31).

El mismo día que Portugal presentó su solicitud de ingreso, el viceministro de Gobernación y futuro ministro para las Relaciones con la CEE, Georgios Kontogeorgis, enumeró en una nota informativa las razones por las que Grecia era un caso distinto de Portugal o España. En esta nota ahora cristalizaban los argumentos que iba a utilizar el Gobierno los meses siguientes para evitar un acercamiento global a la nueva ampliación de la CEE. Según Kontogeorgis, existían una serie de razones *legales* y *de esencia* que justificaban el eventual ingreso griego *individual* en la CEE: la existencia del acuerdo de 1961, que contemplaba una posible plena integración; la presentación de la solicitud ya en 1975 y su aceptación por la Comisión y el Consejo de Ministros, que implicaba que estos aceptaban que Grecia cumplía los requisitos económicos, haciendo legalmente inevitable la incorporación; y, por último, alegaban que resultaría injustificable parar unas negociaciones que estaban en un nivel tan avanzado. Sin embargo, a pesar de su naturaleza económica y legalista, estos argumentos eran esencialmente políticos.

Además, el viceministro enumeraba las razones por las cuales una posible asociación de la candidatura griega con la portuguesa y, más tarde, con la española, era inaceptable, pues perjudicaría el logro legal del país, ya que había solicitado su entrada de manera individual y de tal manera fue aceptado como candidato. De hecho, Grecia contaba ya con una relación de 15 años y las negociaciones estaban tan avanzadas que, junto con la voluntad política existente, podrían concluirse en menos de uno. Kontogeorgis argumentó también que la industria griega ya se había orientado y adaptado al nivel europeo a raíz del acuerdo de 1961 y que la producción agrícola no provocaría problemas. Por último, decía que tanto el Gobierno como el pueblo griego querían participar firmemente en el proyecto de unificación política de Europa que fortalecería la justicia y la democracia, algo que estaba en línea con los Tratados de Roma. Estos argumentos los utilizaría Konstantinos Karamanlís constantemente los meses siguientes, durante sus visitas a las capitales europeas, con el fin de separar las candidaturas ibéricas de Grecia.

El 20 de julio, pocos días antes de que Marcelino Oreja entregase la solicitud de ingreso en la CEE, el ministro llamó a su despacho al embajador griego Georgios Gavas. En un encuentro que duró más de una hora, Oreja manifestó la decepción que sentía por las informaciones que le llegaban, que afirmaban que el Gobierno heleno se había sentido molesto por el hecho de que España iba a presentar pronto su solicitud de ingreso en la CEE. Sin embargo, el embajador refutó estas informaciones contestándole que el representante de su país en el Consejo de Europa constituyó uno de los firmes apoyos para el ingreso de España. De todos modos, Gavas no dudó en decir a Oreja que el caso griego era totalmente distinto al de España, repitiendo el argumento del acuerdo de 1961 y que las negociaciones estaban en un nivel avanzado. De hecho, Gavas fue informado por su interlocutor de que el día 28 de ese mes España presentaría su solicitud en Bruselas.

Aprovechando la ocasión, el diplomático griego pidió a Oreja que le asegurase que el Gobierno español consideraba la candidatura española como independiente de la griega. Además, el embajador no dudó en referirse a la principal preocupación griega, preguntando al ministro de Exteriores si podría asegurar a su Gobierno que España estaba en contra de una globalización de las negociaciones. La contestación fue positiva y Oreja dijo que en sus reuniones en Bruselas expondría que cada caso era distinto y, como tal, debería ser tratado de manera individual. Sin embargo, Marcelino Oreja evitó mencionar que la decisión de presentar la solicitud española en aquellas fechas se aceleró porque Grecia y Portugal ya habían presentado sus solicitudes. Expuso una serie de razones como las vacaciones de agosto y su viaje a Hispanoamérica las semanas siguientes[9]. Sin embargo, la presentación de la solicitud española no podía tomar por sorpresa al Gobierno griego, ya que estaba informado de que las primeras elecciones democráticas funcionarían como punto clave para que esto ocurriera.

9. ΥΠΕΞ, ΥΔΙΑ, *ibidem*. "Τηλεγράφημα από ΥΠΕΞ προς ΜΑ ΕΟΚ, πρεσβείες Παρισίων, Ρώμης, Βόννης, Λονδίνου, Κοπεγχάγης, Χάγης, Βρυξελλών", ΑΠ 6422.1/94/ΑΣ2365, 21 Ιουλίου 1977.

Poco antes de las elecciones del 15 de junio, Raimundo Bassols escribió una carta dirigida a Marcelino Oreja en la que reflexionaba sobre el momento oportuno para la presentación de la solicitud. En ella le advertía de que, según su opinión, España no debería tardar en presentar la solicitud si quería aprovechar las demás candidaturas para resolver más fácilmente algunos problemas que, seguramente, ocurrirían (Bassols, 1995: 268-269). Por lo tanto, sí que existía la opinión de que una conexión de la candidatura española con la griega quizá facilitaría el eventual ingreso de España. Además, los negociadores españoles entendían que España resultaría un problema mucho más grande para Europa que Grecia o Portugal. También, conscientes de que Grecia recibía un apoyo político casi incondicional, sobre todo por parte de Francia, existía el peligro de que España quedase excluida de la segunda ampliación comunitaria. De hecho, existía también la cuestión del prestigio[10], algo que tenía su peso en las relaciones internacionales.

Pocos meses después de la presentación de la solicitud española, Konstantinos Karamanlís decidió convocar elecciones anticipadas, que se celebraron el 20 de noviembre de 1977. Los resultados de las elecciones, aunque dieron la victoria y la mayoría absoluta a la ND de Karamanlís, registraron un enorme aumento del partido euroescéptico PASOK. De hecho, la ND pasó de un 55% en 1974 a un 41%, y el PASOK de un 13% al 25,3%, convirtiéndose en el segundo partido en número de escaños[11]. De estos resultados podemos extraer dos consecuencias: primero, que la ND y Konstantinos Karamanlís no pudieron repetir el enorme y casi incondicional apoyo del electorado que había ocurrido tres años antes, cuando el objetivo principal y también el deseo de la mayoría del electorado era el establecimiento de una democracia sólida y profunda; segundo, se hizo evidente que era muy probable que los socialistas ganaran las próximas elecciones, que como máximo se celebrarían en cuatro años, en 1981. Asimismo, Konstantinos Karamanlís carecía ahora de una legitimación popular tan amplia como en 1974, y el PASOK y el KKE pasaron de 20 diputados en 1974 a 104. Aunque la ND mantuvo la mayoría absoluta con 171 diputados, el aumento electoral de las fuerzas antieuropeas no podría sino convertirse en preocupación importante para el Gobierno conservador.

De tal modo, el primer ministro griego ahora no necesitaba solamente la separación de las candidaturas, sino también la aceleración de las negociaciones y el ingreso de Grecia antes de las elecciones legislativas siguientes. Era la única manera de crear una situación *de facto* y *de jure* para el próximo Gobierno, fuera o no socialista. Pocos días después de las elecciones, el embajador en Madrid, Georgios Gavas,

10. Entrevista con Raimundo Bassols realizada por el autor el 16 de marzo de 2018, *ibidem*, y entrevista con Raimundo Bassols realizada por M. Sanmaniego Boneu el 24 de julio de 1998. European University Institute, Voices on Europe Collection INT623, https://archives.eui.eu/en/oral_history/INT623.

11. Los resultados electorales están disponibles en la página web del Parlamento heleno, https://www.hellenicparliament.gr/Vouli-ton-Ellinon/To-Politevma/Ekloges/Eklogika-apotelesmata-New/#ID

tuvo una conversación en la ciudad con Fernando Rodríguez-Porrero de Chávarri (embajador de España en Atenas durante el año de 1974 y ahora designado como embajador de España en Portugal) y otros diplomáticos españoles. El diplomático griego informó al Ministerio de Asuntos Exteriores de que, según sus interlocutores, los países de la península ibérica querían una globalización de las negociaciones, fuese o no la integración simultánea. Porrero de Chávarri estuvo en aquel momento en Madrid con motivo de la visita de Mario Soares a la capital española y Gavas informó de que el primer ministro portugués, aunque personalmente estaba en contra de una globalización de las negociaciones, llamó para una coordinación de la actuación de los tres países. Por lo tanto, cuando el embajador tuvo la oportunidad de hablar con él, le pidió que trasladase sus felicitaciones a su homólogo griego por haber ganado las elecciones[12]. Sin embargo, el Gobierno griego tampoco quería coordinar su actuación con los países de la península, ya que esto supondría reconocer de manera indirecta que existía alguna conexión entre los tres candidatos.

A finales de enero de 1978 Konstantinos Karamanlís hizo una gira por los países de la CEE, visitando incluso la Comisión Europea, donde advirtió sobre el aumento electoral del PASOK. De hecho, en estas visitas Karamanlís pudo sacar, de nuevo, declaraciones positivas sobre la separación de las candidaturas y la aceleración de las negociaciones (Svolopoulos, 1995: 102-116). Como ha demostrado Eirini Karamouzi en su estudio de las negociaciones de Grecia con la CEE, el punto clave tanto para la separación oficial de los tres países como para el inicio de la parte sustancial de las negociaciones griegas fue el Consejo de Ministros del 7 de febrero de 1978 (Karamouzi, 2014: 127). Sin embargo, según la documentación disponible, parece que para el Gobierno español la cuestión del eventual ingreso previo de Grecia y el ingreso simultáneo de España y Portugal se tomó como hecho definitivamente consumado en mayo-junio del mismo año[13]. De hecho, sobre estas fechas el Ministerio de Asuntos Exteriores español elaboró una nota informativa que, entre otros asuntos, trataba también de la postura de los países miembros de la CEE en relación con la cuestión del eventual ingreso previo de Grecia. Generalmente, se repetían los argumentos cronológicos de la presentación de la solicitud griega en 1975 y de la existencia del acuerdo de 1961, que le daba una ventaja importante respecto a los países ibéricos. Además, se notaba también el apoyo recibido por el presidente francés y el canciller alemán[14].

12. ΥΠΕΞ, ΥΔΙΑ, Πρεσβεία Λονδίνου 1983/4.3, "Τηλεγράφημα πρεσβείας Μαδρίτης προς ΥΠΕΞ, ΑΠ 2140.1/2358/ΑΣ929, 23 Νοεμβρίου 1977".
13. Archivo General de la Administración (AGA), Fondo del Ministerio de Asuntos Exteriores (FMAE), legajo 82-25523, 6/06/1978, "Comunicado del embajador de España en Bonn al Ministro de Asuntos Exteriores".
14. AGA, AMAE, *ibidem*, mayo de 1978, "Nota informativa: actitud de los países CEE en relación con el 'fresco' elaborado por la Comisión sobre la ampliación de las Comunidades Europeas".

Sotiris Rizas enumera cuatro razones que permitieron la separación de la candidatura griega: la existencia del acuerdo de 1961, que tenía prevista la posibilidad de plena integración; el valor político que pudo recibir la solicitud griega debido a la conclusión de la democratización y la presentación de la solicitud dos años antes que los países de la península ibérica; el resultado de las elecciones de 1977, que manifestó también a los gobiernos europeos que el tiempo era limitado para concluir las negociaciones; y, por último, el hecho de que la integración previa de Grecia, finalmente funcionaría como un precedente necesario para el ingreso de España y Portugal (Rizas, 2013: 190). Según nuestra opinión, las dos últimas son las que mejor pueden explicar la separación de las candidaturas y, sobre todo, el ingreso previo de Grecia y la aceleración de sus negociaciones. De hecho, hay que añadir la intensa actividad del propio Karamanlís en las capitales europeas que, comparada a la de su homólogo español en este ámbito, era mucho más frecuente y directa. Esto no quiere decir que fuera Karamanlís personalmente quien pudo hacerse con la complejidad de las negociaciones económicas y técnicas con la CEE, sino que la decisión del ingreso de Grecia fue principalmente política por parte de los gobiernos europeos, algo que no contradice los dos últimos argumentos expuestos por Rizas. Por lo tanto, la influencia personal de Konstantinos Karamanlís era dominante en el proceso de toma de decisiones en el ámbito de la política exterior, siendo el papel del ministro de Asuntos Exteriores casi secundario (Ioakimidis, 1998: 151-152).

Leopoldo Calvo Sotelo, ante la Comisión de Asuntos Exteriores del Congreso el 18 de abril de 1978, habló sobre la ventaja cronológica que tenía Grecia sobre la solicitud de España y Portugal, tildando de "impaciencia" la actitud griega. Esta impaciencia, decía el ministro, era muy visible en las reuniones con los griegos en las que estuvo presente. Llegando a la cuestión de la globalización de las negociaciones y a lo que denominó como "la tendencia a convertir estas negociaciones de adhesión en una carrera deportiva" y la pregunta de "a ver quién llega antes", dijo que España no tenía ninguna impaciencia para ingresar en la CEE, informando a los diputados de que después de la elaboración del informe fresco, cada negociación se haría de manera independiente. De todos modos, reconoció que España, como país candidato, constituía el mayor problema para la CEE, y no Grecia o Portugal[15].

Manuel Fraga, en un artículo publicado en *ABC* en enero de 1978, reflexionó sobre el presente y el futuro de Europa con motivo de su visita a Atenas para una conferencia dedicada a la ampliación de las Comunidades y a los problemas que esta planteaba. Después de analizar los obstáculos actuales a los que se enfrentaba Europa, el líder del partido conservador criticó la manera en que cada país candidato promovía sus propios intereses y la falta de una visión europea, en general.

15. Diario de las Sesiones del Congreso de los Diputados, Comisión de Asuntos Exteriores, 18/04/1978.

Por lo tanto, acabando sus reflexiones y después de describir la emoción de estar en posición de reflexionar sobre Europa mirando a la Acrópolis ateniense, reveló que finalmente solo estuvo allí empleando su imaginación. La razón principal fue la decisión del Gobierno heleno de cancelar el encuentro, debido a su voluntad de separarse de los demás candidatos y seguir adelante con las negociaciones por su parte, sin ocultar su molestia personal por dicho comportamiento[16]. El 6 de junio de 1978 el embajador griego en Madrid, Georgios Gavas, informó de que oficiales españoles le transmitieron que el acuerdo de 1961 justificaba el eventual ingreso previo de Grecia. Por lo tanto, el embajador comentó que, aunque estaban probablemente decepcionados por este acontecimiento, nunca llegaron a demostrarlo públicamente[17].

Pocas semanas después, y con motivo de un almuerzo, el ministro de Relaciones con la CEE, Leopoldo Calvo Sotelo, repitió esta postura al embajador griego[18]. Es decir, que el hecho de que Grecia poseyera el acuerdo de 1961 hacía lógico que entrase primera en la CEE y no junto a los países de la península. Como es evidente, el argumento que utilizó el Gobierno griego sobre el acuerdo de 1961 finalmente tuvo éxito, ya que, por lo menos oficialmente, tanto los gobiernos europeos como los dirigentes españoles lo utilizarían para explicar la separación de Grecia de los demás países candidatos, a pesar de las razones principalmente políticas que facilitaron el ingreso griego antes que el de los demás. Sin embargo, debido a que dicho ingreso era en gran parte un éxito para la diplomacia griega que, en menor medida, ilustraba las limitaciones de la estrategia española para aprovechar el peso político de la solicitud griega, el Tratado de Asociación ofrecía a todos una explicación buena y suficiente de la decisión tomada por los gobiernos de la CEE.

Sin embargo, la Embajada de Grecia en Bonn remitió una noticia a tenor de la cual, según las informaciones de los círculos diplomáticos, los gobiernos de España y Portugal no parecían muy satisfechos con lo ocurrido. De hecho, el Ministerio de Asuntos Exteriores de Grecia recibió la información de que las representaciones diplomáticas de los países de la península, debido a la difícil posición en que se encontraban sus negociaciones (al contrario de lo que pasaba con las griegas), evitaban su presencia en eventos relacionados con la ampliación de la CEE. La razón, según el redactor del informe, residía en el hecho de que no quisieran participar en actos en los que prácticamente se discutiría el avance principal

16. *ABC*, 5/01/1978.
17. Ίδρυμα Κωνσταντίνος Καραμανλής (IKK), Αρχείο Κωνσταντίνου Καραμανλή (AKK), 130A Υπ.6: Σχέσεις Ελλάδας–Ισπανίας, 130A1097, 6 Ιουνίου 1978, "Τηλεγράφημα από πρεσβεία Μαδρίτης προς ΥΠΕΞ, Διεύθυνση Ευρωπαϊκών Κοινοτήτων".
18. IKK, AKK, *ibidem.*, 130A1093, 28 Ιουνίου 1978, "Τηλεγράφημα από πρεσβεία Μαδρίτης προς ΥΠΕΞ".

de las negociaciones griegas[19]. Sin embargo, aunque carecemos de información de otras embajadas sobre este asunto o de confirmación por parte de fuentes españolas, es una muestra de que no todo era necesariamente acogido con serenidad por las autoridades españolas.

Poco después de que Grecia se distanciase de los países de la península ibérica, Konstantinos Karamanlís hizo de nuevo una gira por los países europeos para acelerar las negociaciones. En esta ocasión, el primer ministro griego visitó las capitales de Luxemburgo, Holanda, Dinamarca e Italia. En Roma, y durante las conversaciones con el primer ministro italiano Giulio Andreotti, Karamanlís mostró su molestia por el rumbo de las negociaciones y le dijo a su homólogo italiano que la razón principal del retraso residía en la indirecta e injustificada, según dijo, conexión con los casos de España y Portugal (Svolopoulos, 1995: 167). El objetivo del Gobierno heleno ahora residía en la necesidad de dar un impulso notable a las negociaciones.

Raimundo Bassols, en una carta dirigida al nuevo ministro para las Relaciones con la CEE, Eduardo Punset, donde le explicaba la manera en que pensaban los negociadores españoles en verano de 1977, reconociendo también el problema que provocaron a los negociadores griegos, le decía que "en mi opinión, llegamos justo a tiempo de evitar la ruptura de la ampliación. Es cierto que, dada la ventaja que ya había cobrado Grecia, no hubo forma de conseguir alcanzar aquella negociación, que llegó a feliz término dos años más tarde. ¡Buena preocupación les causamos, sin embargo, a los negociadores griegos!" (Bassols, 1995: 270). En un informe del Ministerio de Asuntos Exteriores griego sobre las negociaciones de España con la CEE, con fecha de diciembre de 1979 y dirigido al ministro de Asuntos Exteriores Georgios Rallis, con motivo de su visita a Madrid el mes siguiente, la molestia griega por la estrategia española de acelerar la presentación de su solicitud era más que evidente, ya que el redactor decía que Grecia había "pagado" un coste por la iniciativa española de solicitar su entrada en la CEE. Por lo tanto, según este informe, la amenaza de una globalización de las negociaciones y también algunas posturas comunitarias sobre el acuerdo finalmente logrado eran la causa de los problemas que provocaría la adhesión de España[20].

Además, se decía que la economía griega iba a verse afectada negativamente en casi todos los sectores productivos por la integración española, por ejemplo, en la agricultura y la industria. De igual modo, se temía que España, una vez incorporada, fuese un país más atractivo para los inversores extranjeros. Para hacer frente a estos problemas el informe decía que sería necesario tanto un tiempo transitorio

19. IKK, AKK, *ibidem.*, 130A1103, 14 Απριλίου 1978, "Τηλεγράφημα Γραφείου Τύπου πρεσβείας Βόννης προς Υπουργείο Προεδρίας της Κυβερνήσεως".
20. IKK, AKK, *ibidem.*, 130α521604-521615, "Υπουργείο Εξωτερικών, Διεύθυνση Ευρωπαϊκών Κοινοτήτων, Η ένταξη της Ισπανίας στην Κοινότητα".

largo y por sector como una restructuración de los fondos comunitarios para tratar los problemas de la incorporación de un mercado tan grande como era España, y protocolos especiales entre los dos países. Por lo tanto, se subrayaban dos elementos clave. El primero, que Grecia participaría en el proceso negociador, sobre todo después del 1 de enero de 1981, al contrario de, como se decía, el deseo español (manifestado por Calvo Sotelo) de que Grecia quedase fuera de las negociaciones de España con la CEE, además de que el Gobierno griego debería firmar el tratado de la incorporación y el Parlamento ratificarlo (aunque no se decía en el informe, es evidente que, con este comentario, el redactor quería subrayar la potencia negociadora de Grecia respecto a la incorporación española). Segundo, que con la ampliación hacia España (y Portugal) existiría la posibilidad de un frente mediterráneo en la Comunidad, aunque esto sería posible después de los periodos transitorios, ya que hasta entonces los intereses greco-españoles serían más competitivos que comunes.

CONCLUSIONES

A pesar de la diferencia cronológica, Grecia y España lograron su entrada en la CEE como miembros de pleno derecho en tiempos muy cercanos. En el caso de los países ibéricos, hubo un proceso de negociación que tardó mucho más que las negociaciones griegas, ya que Grecia firmó su entrada cuatro años después de haber presentado su solicitud, mientras que España y Portugal tardaron ocho, hasta el verano de 1985. Sin embargo, la presentación de la solicitud por parte de España y Portugal tuvo consecuencias negativas para la estrategia del Gobierno griego, que tenía como objetivo un ingreso rápido, por razones geoestratégicas y políticas. Más bien, España constituía el mayor problema para Grecia, debido a las dificultades mayores que conllevarían su candidatura en comparación con Portugal y al miedo de que una conexión con este país pudiera causar la ralentización de las negociaciones propias. Además, a partir del resultado electoral de 1977 y el aumento notable del partido euroescéptico PASOK, era evidente que el Gobierno griego no disponía de tiempo infinito para terminar las negociaciones.

En ambos casos, la integración europea fue un asunto conectado políticamente con la democratización y la consolidación de las instituciones democráticas. Por lo tanto, aunque mantenían relaciones con la CEE con anterioridad, fue durante los procesos de la democratización que los aspectos políticos de la integración europea fueron revelados en su totalidad, tanto para los gobiernos de la Europa del Sur como para las instituciones europeas y los gobiernos de los Estados miembros de la CEE. De todas maneras, no hay que exagerar la dimensión política que tuvo la integración de los países meridionales en la CEE y su impacto en la consolidación de las instituciones democráticas. El establecimiento de las democracias en ambos países fue principalmente un asunto condicionado por las realidades políticas y sociales internas, desarrolladas durante los años sesenta y setenta, y no fue fruto de una intervención de la CEE y sus Estados miembros. En consecuencia, la integración fue un asunto conectado con las democratizaciones no tanto por su impacto directo en tales procesos, sino porque evidenció el giro geoestratégico de estos países después de las dictaduras y el deseo de participar activamente y desde una posición distinta en el sistema europeo e internacional. Como ha sido argumentado para el caso español, el ingreso en la CEE marcó el fin de la Transición en el ámbito de la política exterior (Pereira Castañares, 1998: 50), una afirmación aplicable también en el caso griego.

Además, aunque el Gobierno de Karamanlís utilizó argumentos políticos para acelerar las negociaciones y para separar Grecia de los países ibéricos, la dimensión económica y las implicaciones políticas de la candidatura española para los Estados miembros fueron las que, en parte, explican el éxito de la diplomacia griega de mantener la singularidad de su candidatura. Evidentemente, el Gobierno griego no quiso alinear su política hacia la CEE con los países ibéricos. Por lo tanto, no hubo contactos directos entre los gobiernos de Grecia y España, a pesar de la actividad de los embajadores en Madrid y Bruselas, cuyo objetivo era mantener informado al Gobierno heleno sobre las iniciativas y contactos de los españoles. De todos modos, no tenemos que subestimar el impacto que tuvo el proceso de negociación en las relaciones de dos países que, hasta entonces, carecían de unas relaciones bilaterales estrechas. De todos modos, una vez concluidas las negociaciones griegas, estas funcionarían como precedente para las negociaciones de los países ibéricos. A partir de 1979 y la conclusión de las negociaciones griegas, Grecia y España comenzaron el intercambio de visitas oficiales de alto nivel, cuyo objetivo era la búsqueda de soluciones adecuadas a los problemas que conllevaría el ingreso de España en la CEE. En este sentido, Grecia tenía mayor capacidad de exigir de los negociadores españoles debido a su estatus como país-miembro de la CEE, sobre todo a partir de 1981. Por otro lado, para los negociadores españoles la experiencia griega resultaría útil para llevar a cabo sus propias negociaciones con la Comunidad, tanto en nivel técnico como político.

BIBLIOGRAFÍA

Álvarez-Miranda, Berta (1996): *El sur de Europa y la adhesión a la Comunidad. Los debates políticos*, Madrid, Centro de Investigaciones Sociológicas.

Bassols, Raimundo (1995): *España en Europa. Historia de la adhesión a la CE, 1957-85*, Madrid, Política Exterior.

Crespo MacLennan, Julio (2000): *Spain and the Process of European Integration, 1957-85*, Londres, Palgrave Macmillan.

ECONOMIDES SPYROS (2014): "The Relevance of 'Europe' to Greek Foreign Policy", en K. Featherstone (ed.), *Europe in Modern Greek History*, Londres, HurstyCompany, pp. 61-76.
FERNÁNDEZ SORIANO, Víctor (2014): "Grecia, el socio díscolo. Las negociaciones de adhesión a las Comunidades europeas, entre la euforia y la controversia (1976-1982)", *Circunstancia*, 34.
FRAGA IRIBARNE, Manuel (1978): "Europa vista desde Atenas", *ABC*, 5 de enero, p. 3.
IOAKIMIDIS, P. C. (1998): "The Model of Foreign Policy-Making in Greece: Personalities versus Institutions", en S. Stavridis *et al.*, *The Foreign Policies of the European Union's Mediterranean States and Applicant Countries in the 1990s*, University of Reading European and International Studies, Palgrave Macmillan.
JENKINS, Roy (1989): *European diary*, Londres, Collins.
KARAMOUZI, Eirini (2014): *Greece, the EEC and the Cold War, 1974-1978. The Second Enlargement*, Londres, Palgrave Macmillan.
— (2017): "The Only Game in Town? EEC, Southern Europe and the Greek Crisis of the 1970s", en S. Rajak *et al.* (coords.), *The Balkans in the Cold War*, London, Palgrave Macmillan, pp. 221-238 [DOI: 10.1057/978- 1-137-43903-1_10].
LÓPEZ GÓMEZ, Carlos (2016): *La sociedad española y la adhesión a la Comunidad Europea, (1975- 1985): partidos políticos, asociaciones europeístas, interlocutores sociales*, tesis doctoral, Madrid, UCM.
NAFPLIOTIS, Alexandros (2018): "From radicalism to pragmatism via Europe: PASOK's stance vis-à-vis the EEC, 1977-1981", *Southeast European and Black Sea Studies*, 18.4, pp. 509-528 [https://doi.org/10.1080/14683857.2018.1519686].
NÚÑEZ PEÑAS, Vanessa (2013): *Entre la reforma y la ampliación, (1976-1986): las negociaciones hispano-comunitarias en tiempos de transición y "approfondissement"*, tesis doctoral, Madrid, UCM.
OREJA, Marcelino (2011): *Memoria y esperanza. Relatos de una vida*, Madrid, Esfera.
RIZAS, Sotiris (2008): "Atlanticism and Europeanism in Greek foreign and security policy in the 1970s", *Southeast European and Black Sea Studies*, 8.1, pp. 51-66.
Βέρνυ, Σουζάνα (1989): "Τα πολιτικά κόμματα και η ένταξη στην ΕΟΚ, 1974-1979, ένα ξένο μάτι", Σύγχρονα Θέματα, 38, p. 61-66.
Ζαχαρόπουλος, Άγγελος (2011): Η οδύσσεια της Ευρωπαϊκής μας πορείας. Μαρτυρίες για το παρελθόν και σκέψεις για το μέλλον, Αθήνα, Μίνωας.
Μπότσιου, Κωνσταντίνα (2015): "ΝΔ και ΠΑΣΟΚ, 1974-1985: η 'Ευρώπη' ως πολιτική και ως ταυτότητα", στο Μ. Αυγερίδης, Έ. Γαζή, Κ.Κορνέτης (επιμ.): Μεταπολίτευση. Η Ελλάδα στο μεταίχμιο δύο αιώνων, Αθήνα, Θεμέλιο, pp. 211-224.
Ριζάς, Σωτήρης (2013): "Η υποψηφιότητα της Ελλάδας για ένταξη και η διεύρυνση της Ευρωπαϊκής Κοινότητας προς τη Νότιο Ευρώπη", Νεοελληνικά Ιστορικά, 3, pp. 189-210.
Σβολόπουλος, Κωνσταντίνος (γεν. επιμ) (1995): Κωνσταντίνος Καραμανλής: Αρχείο, Γεγονότα και Κείμενα. Τόμοι 8-10, Αθήνα, Ίδρυμα Κωνσταντίνος Καραμανλής και Εκδοτική Αθηνών.
Τομαή, Φωτεινή (επίμ.) (2006): Η συμμετοχή της Ελλάδας στην πορεία προς την Ευρωπαϊκή Ολοκλήρωση. Τόμος δεύτερος, από το πάγωμα της συμφωνίας σύνδεσης στην ένταξη στις Ευρωπαϊκές Κοινότητες, Αθήνα, Υπουργείο Εξωτερικών-Υπηρεσία Διπλωματικού και Ιστορικού Αρχείου, Εκδόσεις Παπαζήσης.

CAPÍTULO 4

¿RUMBOS PARALELOS O CAMINOS DIVERGENTES? LA PERCEPCIÓN DE LA DIPLOMACIA E INTELIGENCIA ESTADOUNIDENSE ACERCA DE LOS PROCESOS TRANSICIONALES HISPANO-PORTUGUESES Y SU CAMINO HACIA LAS COMUNIDADES EUROPEAS*

MISAEL ARTURO LÓPEZ ZAPICO**
Universidad Autónoma de Madrid

A pesar de su cercanía geográfica y de haber experimentado durante el pasado siglo procesos políticos paralelos, España y Portugal no siempre se han caracterizado por ser naciones con intereses o inquietudes comunes. Como hace ya dos décadas señalara Hipólito de la Torre, la denominada "globalidad de la experiencia ibérica" se asienta sobre un sustrato que no oculta la existencia de "rasgos individualizadores muy marcados" (1998: 136). De este modo, muchas de las circunstancias coincidentes responderían más bien a su inserción dentro de unas coordenadas internacionales semejantes, pero no por ello más específicas que si la comparación se realizase con otros países del entorno. A su vez, se ha recurrido a diversos argumentos para resaltar las posibles divergencias existentes entre Portugal y España, siendo especialmente citado aquel que hace hincapié en los distintos ritmos históricos vividos por las dos naciones durante su contemporaneidad (Medeiros, 1989). La forma de Estado es, asimismo, otro aspecto aludido en este debate, asumiendo que la presencia de la Corona fue un factor clave para que el proceso democratizador español gozara de una estabilidad desde las elites de la que adoleció el caso portugués (Martínez y Rezola, 2016).

* Este trabajo se ha desarrollado en el marco de los proyectos "España y Portugal ante la segunda ampliación de las Comunidades Europeas: un estudio comparado (1974-1986)" (HAR2017-84957-P) y "Las relaciones de las dictaduras europeas y latinoamericanas en clave transnacional: entendimiento, rivalidades y conexiones con los Estados democráticos: 1930-1980" (SI1/PJI/2019-00257).

** Misael Arturo López Zapico es profesor ayudante doctor en el Departamento de Historia Contemporánea de la Universidad Autónoma de Madrid. Su actividad investigadora incluye la publicación de diferentes libros y artículos sobre las relaciones políticas y económicas entre España y Estados Unidos en el siglo XX.

Existen voces que cifran como elemento diferenciador la mayor querencia española por recurrir a la violencia como medio para resolver las disputas, tratándose este de un argumento utilizado con frecuencia en los momentos críticos de las crisis de las dictaduras ibéricas. Así, el jefe de la sección internacional del periódico británico *The Sunday Times* mencionaba lo siguiente acerca de las incógnitas que despertaba la España del tardofranquismo: "Cuando el golpe portugués transcurrió pacíficamente y se hizo acreedor del epíteto de 'revolución de las flores', innumerables comentaristas no pudieron resistir la tentación de reparar en que 'los portugueses nunca matan al toro'. [...] Sin embargo, en España la tradición es la de darle muerte por la tarde, fomentando todo tipo de clichés sobre el profundo componente violento del carácter nacional español" (Holden, 1974: 172).

Dejando a un lado el limitado valor explicativo que ha de concederse a esta clase de metáforas de corte esencialista, no deja de resultar curioso que frente a tales temores fuera Portugal el país que más cerca estuviera de una confrontación fratricida. Más llamativo aún es que la Transición española haya pasado a la posteridad como un modelo de cambio político plácido y sin violencia, circunstancia que no parece compadecerse del todo con la realidad. Son precisamente estas contradicciones, al menos aparentes, las que han invitado en los últimos años a repensar ambos procesos transicionales de forma conjunta, tratando de encontrar tanto paralelismos como influencias entre ellos (Sánchez, 1995; Jiménez, 2009; Lemus, 2011 y 2012a; González-Fernández, 2015 y 2016; Varela, 2015; Sabater, 2017).

EL COMPORTAMIENTO DE LOS ACTORES EXTERNOS: LA SOMBRA DE ESTADOS UNIDOS Y EL HORIZONTE EUROPEO EN EL ARRANQUE DE AMBOS PROCESOS TRANSICIONALES

La Europa Comunitaria estuvo presente en ambas transiciones, al igual que lo estuvieron los intereses y preocupaciones del gigante norteamericano. Sin embargo, ni sus acciones ni el recuerdo de las mismas pasan por ser fácilmente equiparables. La etapa abierta tras el 25 de abril puso en alerta a Washington ante el temor de que su control sobre el Mediterráneo, ejercido a través de las dictaduras ibéricas, pudiera periclitar. Su condición de potencia global ha favorecido la existencia de lecturas abiertamente críticas hacia sus políticas (Garcés, 2012), dando pábulo a visiones hiperbólicas acerca de la capacidad estadounidense para guionizar estos procesos transicionales. Frente a esta alargada sombra proyectada por los poderes fácticos norteamericanos se alzarían unas Comunidades Europeas presentadas como atrayente horizonte de expectativa. Las instituciones comunitarias se asemejaban a un oportuno crisol sobre el que verter los problemas e incógnitas nacionales y obtener una nueva realidad mucho más sólida y cohesionada que permitiera, definitivamente, avanzar hacia la ansiada modernidad.

Sin menospreciar esta última aserción, pero manteniendo las reticencias a aceptar acríticamente los relatos simplificadores sobre el papel de Estados Unidos en la península, la complejidad de los hechos invita a poner sobre la mesa otras variables. Tal y como han planteado recientes investigaciones sobre la década de los setenta en clave internacional (Karamouzi, 2014; Lopes, 2014), el contexto de Guerra Fría y la pervivencia de cálculos nacionales en el seno de la CEE —organización mucho menos cohesionada de lo que dejaba entrever la imagen presentada hacia el exterior— son elementos insoslayables. Por este motivo, la historiografía hispano-lusa se ha empleado a fondo para problematizar el periodo a partir de nuevas evidencias, lo que ha servido para matizar parte del saber acumulado.

En franco diálogo con la renovación general experimentada por los *European Studies*, la ampliación de la CEE hacia el Sur ha concitado gran atención de los especialistas (Cunha, 2015; González-Fernández, 2018). La tendencia inicial fue que del estudio de la entrada de los países ibéricos en Europa se ocuparan, preferentemente, politólogos o economistas (Sampedro y Payno, 1983; Costa y Severiano, 2002; Magone, 2011). Poco a poco el espacio ha sido también ocupado por historiadores (Martín de la Guardia y Pérez Sánchez, 2012; Cunha, 2015; González-Fernández, 2012 y 2018), a quienes todavía resta un largo camino por recorrer en función de que vayan siendo liberadas nuevas fuentes.

Lo sustancial es que parece verificarse la voluntad de entender los caminos recorridos por España y Portugal en clave comparada. Un enfoque no carente de problemas, como aquellos derivados del distinto tamaño de ambas economías o, especialmente, del riesgo de equiparar contextos pretéritos semejantes, sin reflejar convenientemente las particularidades del condicionante colonial. Sin embargo, la dimensión europea de los procesos de cambio político experimentados por españoles y portugueses es un aspecto secundario para el objeto de estudio que nos ocupa, siendo las relaciones transatlánticas el verdadero objetivo de nuestro trabajo.

Como comentan Antonio Telo e Hipólito de la Torre, "pocos periodos históricos ilustran mejor la existencia de la península como entidad operativa en el sistema internacional y la importancia de este en la evolución interna como el de la segunda posguerra" (2003: 347). Efectivamente, la amistad hispano-lusa encontró en el complejo contexto de la Guerra Fría un marco adecuado para el entendimiento. Desde un punto de vista operativo, la concepción de la península como un ente único debe mucho a la estrategia aliada durante la II Guerra Mundial. Dejando al margen que la neutralidad de las dos naciones no parezca equiparable, la entrada de Estados Unidos en el conflicto supuso la confirmación de la necesidad de adoptar medidas coordinadas hacia los regímenes peninsulares (Buchanan, 2014: 63).

Los gestos favorables del Gobierno de Salazar hacia los aliados se plasmaron en la cesión de instalaciones militares en las Azores. Tal circunstancia, sumada a la estrecha relación histórica con Gran Bretaña, favoreció la pronta reinserción portuguesa en el orden de posguerra pese a su condición dictatorial. Rosa Pardo (2015: 152-155) explica con claridad hasta qué punto la situación de Portugal se observaba desde Washington como un mal menor, mientras que el régimen de Franco sí era contemplado como un quebradero de cabeza. El postrero triunfo de la *realpolitik* y la designación del anticomunismo como único criterio para juzgar la trayectoria del franquismo no implican negar la divergencia que se abre a ambos extremos del Tajo desde finales de los años cuarenta.

La inclusión de Portugal en el Plan Marshall fue un primer aviso de que los caminos se estaban bifurcando. Tras la firma en 1949 del Tratado del Atlántico Norte, Portugal alcanzaba un estatus internacional que implicaba un compromiso con la superpotencia muy distinto al derivado del contenido de los pactos de Madrid rubricados en 1953. En los albores de la Guerra Fría lo único crucial para el gigante americano parecía ser la seguridad del extremo occidental de Europa. Del mismo modo, se pretendía controlar las rutas que transitaban por el Mediterráneo y el norte de África, independientemente de cómo se lograran tales objetivos.

La temprana inserción de Portugal en la OTAN —junto a la Organización Europea para la Cooperación Económica— conllevó la posibilidad de disfrutar de un clima favorable para un crecimiento económico fundamentado en las relaciones privilegiadas de la metrópoli con sus dominios coloniales. Su vecino, todavía marcado por haber sido escenario de una cruel y larga guerra civil, tendría muchos más problemas para recuperarse, haciéndolo además bajo la égida norteamericana. El Gobierno salazarista apostó por sumarse al Acuerdo Europeo de Libre Comercio, mientras que España no pudo culminar su modelo desarrollista mediante su incorporación al proyecto de construcción europea, habiéndose de conformar con la firma en 1970 de un acuerdo preferencial con fines meramente comerciales (López Zapico, 2015).

El multilateralismo del que gozaban los lusos, que otorgaba la ansiada cláusula de defensa mutua por la que suspiraban las autoridades franquistas, contrastaba con el marco bilateral en el que se movieron las relaciones hispano-norteamericanas. La presencia estadounidense en España quedó indefectiblemente asociada a la construcción de bases militares dispersas por su territorio (Viñas, 2003). En el caso portugués, la dimensión militar de la relación fue igualmente importante, pero las fricciones con la potencia llegaron a raíz del posicionamiento desfavorable de Washington hacia su política colonial (Rodrigues, 2002). El deterioro fue tal que Lisboa se planteó impedir la continuidad de los acuerdos que otorgaban a Estados Unidos el derecho a utilizar las Azores como base para su estrategia defensiva del flanco sur de la OTAN. Los mismos, que vencían en 1962, fueron finalmente sustituidos por un convenio *ad hoc*, que garantizaba el libre acceso norteamericano a estos emplazamientos y que se prolongó durante cerca de una década.

Todo ello no impidió que la cuestión colonial del Estado Novo permaneciera como un elemento problemático para la relación, si bien la llegada a la Casa Blanca de Richard Nixon abrió nuevas vías para el entendimiento con el Gobierno de Marcelo Caetano (Freire, 1992). Entretanto, la voluntad del ministro español de Asuntos Exteriores, Fernando María Castiella, fue la de tratar de reequilibrar el vínculo con Estados Unidos, empresa harto complicada y que solo obtuvo como recompensa la firma de nuevo acuerdo que maquillaba su carácter castrense con concesiones en materia económica, educativa o cultural (López Zapico, 2013: 444-477). El nuevo texto, no por casualidad, fue rubricado por Gregorio López Bravo, sucesor de Castiella en Santa Cruz. El nuevo ministro se mostró siempre mucho más acomodaticio a las peticiones estadounidenses, revelando una mayor sensibilidad hacia el temor de parte del ejecutivo franquista a perder pie si los lazos con el gigante americano se resentían.

A grandes rasgos este fue el panorama en el que se insertaron los procesos transicionales ibéricos desde el prisma norteamericano. Pese a las dificultades, Portugal mantenía su papel estratégico dentro de la zona Atlántica y el África subsahariana (Schneidman, 2004), frente a una España que miraba al Mediterráneo y cuyo principal valor para Estados Unidos era su condición de llave del estrecho de Gibraltar. El deterioro del escenario mediterráneo, marcado por los conflictos del Próximo Oriente y la negativa del Gobierno libio a que Estados Unidos pudiera seguir utilizando la base aérea de Wheelus, jugó a favor de las dictaduras ibéricas (Pardo, 2015: 169). El relevo de Salazar por Caetano propició que las relaciones con la nueva Administración republicana recibieran cierto impulso. Tanto es así que los cálculos prospectivos trazados desde Washington no contemplaban el rápido hundimiento del Estado Novo. Por el contrario, la situación en España parecía más espinosa, aunque se conjeturaba que la desaparición de Franco pudiera venir acompañada de alguna clase de aperturismo no excesivamente dañino para los intereses norteamericanos (López Zapico, 2013: 103-150). Adicionalmente, todas estas decisiones y suposiciones han de ser insertadas dentro de la dinámica global del conflicto bipolar, que por aquel entonces encaraba la denominada fase de distensión (Hanhimäki, 2012); circunstancia que ha sido señalada como de gran relevancia por varios de los estudiosos del periodo transicional portugués (Del Pero, 2011; Moreira de Sá, 2012; Castaño, 2015).

Por todo lo apuntado, parecen existir suficientes razones para hablar tanto de caminos paralelos como de llamativas bifurcaciones en los destinos de Portugal y España. Esta indefinición ha contribuido a que no esté todavía del todo resuelta la incógnita acerca de si Estados Unidos abordó la crisis de las dictaduras ibéricas y los consiguientes procesos democratizadores como un único problema. El sentido común tiende a dictarnos que sí, sobre todo cuando parece probado que el episodio revolucionario portugués fue un aldabonazo para hacer las cosas de otra manera en España (Lemus, 2012b). Sin embargo, los diferentes ritmos seguidos por los procesos, así como el cambiante contexto general de la Guerra Fría y la redistribución de roles entre los actores del bloque occidental, nos llevan a volver a someter la cuestión a debate.

Los trabajos de referencia sobre las respectivas relaciones bilaterales durante el convulso periodo comprendido entre 1974 y 1978 sirven para verificar las disensiones internas dentro de la administración americana sobre cómo encarar estas transiciones (Moreira de Sá, 2004 y 2009; Gomes y Moreira de Sá, 2008; Lemus, 2011; Powell, 2011: 170-512; Heiberg, 2018: 39-68). Consideramos que recurriendo a nuevas fuentes primarias, o haciendo una segunda lectura de las ya conocidas, es posible verificar cómo se introdujo la cuestión portuguesa en los análisis que hicieron el Departamento de Estado y la inteligencia norteamericana de la situación política española. Para ello nos centraremos casi exclusivamente en los informes preparados por la Agencia Central de Inteligencia (CIA) y el Bureau of Intelligence and Research (INR) del Departamento de Estado. Se trata de un corpus documental generalmente menos utilizado por los investigadores, quienes se han centrado sobre todo en los telegramas cruzados entre las embajadas y Washington, o en los memorandos de conversación de las reuniones de los políticos estadounidenses con otros mandatarios extranjeros.

Otro elemento novedoso deriva de la revisión de las fuentes no tanto para reconstruir el curso de los acontecimientos, sino para alcanzar a comprender qué imagen o imágenes se construyeron en torno a ambos procesos transicionales y cómo las mismas estuvieron mediadas por la existencia de percepciones previas acerca del previsible comportamiento de españoles y portugueses. Un enfoque que bebe esencialmente de los clásicos presupuestos de Robert Jervis (1976), planteados en este caso como una ayuda para ir más allá de la realidad del momento y lograr imbuirnos en los condicionantes generados por los juicios o prejuicios contenidos en el conjunto de informes examinados.

DE LA CRISIS DE LAS DICTADURAS IBÉRICAS A LOS PROCESOS TRANSICIONALES: CONEXIONES Y HECHOS DIFERENCIALES A CRITERIO DE LOS OBSERVADORES ESTADOUNIDENSES

Aunque desde 1966 existía en el Departamento de Estado una oficina para asuntos españoles y portugueses, las estrategias ideadas en Washington para ambas naciones no fueron del todo semejantes; una divergencia que tenía su origen en la diferente lectura que hacían de la situación política y socioeconómica de cada nación, así como en la pertenencia de Lisboa a la Alianza Atlántica.

Calificada como una nación "firmemente prooccidental", su condición de miembro de la OTAN es uno de los elementos definitorios destacados en el *Handbook* sobre Portugal preparado por la CIA en diciembre de 1972[1]. A lo largo del documento se pasa revista a la nueva política desarrollada por Caetano desde 1968. Por más que se incluyan las habituales referencias a que el Gobierno habría de favorecer la modernización del país para evitar socavar su apoyo popular, el panorama dibujado no podía ser más sosegado. Aunque algunos pasajes dedicados a la "subversión" permanecen aún clasificados, se incide en que la oposición izquierdista se hallaba sometida a un férreo control. De ahí que para los analistas norteamericanos la amenaza inmediata para el régimen pasara por los sectores más conservadores, como eran los salazaristas inmovilistas o los militares de alta graduación. Por último, en lo que respecta a otras cuestiones de la política exterior de Caetano, junto a su voluntad de revitalizar las relaciones con España se destacaba la decisión de promover un mayor acercamiento a la CEE, determinación que era evaluada como la que "contiene las posibilidades de cambio más significativas a largo plazo"[2].

El documento examinado se cierra con un apartado consignado a los intereses de Estados Unidos en Portugal, señalando que estos "se vinculan, en gran medida, al valor que tienen las instalaciones aéreas y navales de las islas Azores para el compromiso de Estados Unidos, bajo la OTAN, de proteger la zona sur de las naciones de la Europa libre". Efectivamente, el valor geoestratégico concedido a estas bases se asimila al que tenían las ubicadas en suelo español, con la importante diferencia de que el uso de las mismas estaba sometido a un marco bilateral que había resultado más oneroso para las arcas norteamericanas que el caso luso. Con todas las prevenciones que han de mantenerse, dado que es frecuente encontrar que las cifras fluctúen significativamente (Pardo, 2015: 160), en el *Handbook* se recoge que, entre 1946 y 1962, Lisboa recibió 324,5 millones de dólares como asistencia militar y alrededor de 152,1 millones en concepto de ayuda económica[3]; desembolso que palidece frente a los 436,8 y 1.022,3 millones de dólares que, respectivamente, arribaron a España entre 1953 y 1961 merced a la Mutual Security Act (López Zapico, 2013: 162-165). Si nos sustraemos del debate más técnico acerca de en qué fueron empleados estos fondos —una parte sustancial responde a la edificación de las bases— o de su naturaleza, ya que con frecuencia se mezclan donaciones con préstamos en condiciones favorables, lo importante es señalar hasta qué punto las economías ibéricas tenían unas dimensiones muy diferentes.

1. CIA Records Search Tool (CREST), 12/1972, *Portugal Handbook*, disponible en https://www.cia.gov/library/readingroom/docs/CIA-RDP79-00891A001300060001-3.pdf
2. *Ibidem*.
3. *Ibidem*.

A comienzos de los setenta la inversión directa norteamericana en Portugal se situaba cerca de los 119 millones de dólares, guarismos muy alejados de los 608 millones radicados en España[4]. Un abismo que también separaba a las relaciones comerciales entre ambos países y Estados Unidos, que era por entonces el principal socio de Madrid y cuyos productos pesaban en torno a un 20% del total de importaciones españolas (López Zapico, 2013: 490), frente a un exiguo 7% en el panorama portugués[5]. Porcentajes estos que situaban a la superpotencia muy lejos del creciente ascendiente comercial de la República Federal de Alemania sobre la economía lusa o del liderazgo que seguía manteniendo el Reino Unido (Fonseca, 2007: 193-195).

Irónicamente, a partir de 1970 estas pautas divergentes se ven un tanto alteradas. La firma del acuerdo preferencial propició que el sector comercial español fuera virando hacia la Europa Comunitaria (López Zapico, 2015), acercándose por tanto a la pauta portuguesa. A su vez, el acuerdo luso-norteamericano alcanzado en diciembre de 1971 para prorrogar el uso de las instalaciones militares en las Azores supuso una equiparación con el habitual marco negociador planteado hacia España. Aunque sobre el papel no existía vinculación, la CIA reconoce la existencia de un paquete de ayudas para el desarrollo de programas en Portugal como peaje pactado entre ambas partes[6]. En otras palabras, asistimos al usual intercambio de contrapartidas económicas por bases, el cual había caracterizado la relación bilateral del franquismo con Estados Unidos desde 1953 y cuya última reedición había tenido lugar con la firma en agosto de 1970 del nuevo convenio de amistad y cooperación, que fue presentado como un acuerdo de amplio espectro que iba más allá de lo estrictamente militar. Se trataba de un maquillaje institucional que, sin merecer ser completamente desdeñado (Powell, 2011: 101-119), no impidió que los términos de la relación hispano-norteamericana se mantuvieran esencialmente inalterados.

Dicha pervivencia del *statu quo* no ha de traducirse como conformismo. Desde el Departamento de Estado llevaban años trabajando en predecir cuál iba a ser el rumbo que transitaría España tras la desaparición de Franco. A la altura de 1973 el INR estimaba que, pese a las dudas que se cernían sobre ella, la Corona parecía alzarse como una de las pocas instituciones capaces de "ofrecer al menos cierto sentido de continuidad"[7]. Es decir, era observada como un elemento de estabilidad, destacando además que el todavía principe de España parecía inclinado a liderar una apertura política desde dentro del propio sistema. Así se lo habría

4. National Archives at College Park (NACP), Record Group (RG) 59, Records Relating to Spain, 1949-76, caja 11, 09/1970, "Memorandum, Spain, Objectives, Issues, Talking Points; President's Visit".
5. CREST, *Portugal Handbook*, *op. cit.*
6. *Ibidem*.
7. NACP, RG59, Subject Numeric Files (SNF), Political & Defense, caja 2597, 30/03/1973, "Spain: Issues and Personalities in Post-Franco Era".

confiado, al menos en privado, a diversas personalidades, tal y como se recoge en el informe. Efectivamente, los principales estudiosos del periodo (Lemus, 2011; Powell, 2011; Heiberg, 2018) ofrecen múltiples ejemplos de esa pronta identificación de Juan Carlos de Borbón como un activo para garantizar una Transición pacífica en la jefatura del Estado. De hecho, estamos ante dos claras diferencias respecto al escenario portugués y a la percepción de la situación ibérica contemplada desde Washington.

La primera de ellas era que en Portugal la monarquía era una variable inexistente, lo que implicaba que los norteamericanos no contasen, inicialmente, con un interlocutor con ideas tentativamente liberales, capaz de aglutinar a los sectores moderados de dentro y fuera del sistema. La segunda se corresponde con que los analistas del Departamento de Estado sí aguardaban el cambio político en España. Así lo revela el hecho de que llevasen años hablando de transición, circunstancia que contrasta con los informes sobre el caso luso. Si bien existen despachos que alertaban sobre la crisis política que atravesaba el país o el descontento existente en el seno de las Fuerzas Armadas, estos cayeron en saco roto en la Administración Nixon (Gomes y Moreira de Sá, 2008: 15-23). Por tanto, hasta el levantamiento del 25 de abril ni se consideró conveniente modificar la estrategia política ni tampoco se preveía un cambio sustancial en el Gobierno.

Es cierto que resulta preciso manejar el término *transición* con cautela, pues se corre el riesgo de otorgarle un sentido teleológico, irremediablemente contaminado por lo que sabemos que sucedió —o no sucedió— a la muerte de Franco. Sin embargo, el convencimiento de que el Gobierno lisboeta iba a ser capaz de reconducir la situación contrastaba, a ojos estadounidenses, con la inevitabilidad de que en España se produjera algún tipo de liberalización que favoreciera que el país pudiera subirse al tren europeo. De ahí que el INR señalase la irrupción de Carrero como un obstáculo a los planes reformistas, destacando su alineamiento con aquellos que mostraban su oposición a hacer concesiones políticas en pos de la integración en la CEE[8].

El balance de urgencia que hace la inteligencia norteamericana ante los sucesos del 25 de abril sirve para refrendar esa sensación de improvisación ante los acontecimientos. Para la CIA las causas del golpe se hallaban en "las políticas africanas de Lisboa y las divisiones entre los militares", un diagnóstico nada original que fijaba todas sus esperanzas en la capacidad del general António de Spínola para mantener la situación bajo control. Es más, el nuevo escenario se presentaba como más prometedor que el existente:

8. *Ibidem*.

Spinola probablemente puede esperar mejores relaciones con el resto de Europa, con sus aliados de la OTAN, y con los críticos internacionales de las políticas portuguesas de ultramar. Él puede ser un negociador menos exigente en las conversaciones para la renovación de la base de las Azores[9].

Un saldo llamativamente optimista, que podría parecer un espejismo de no ser por la habitual inclusión de un párrafo menos complaciente, con el que los redactores del memorando se curaban en salud ante un eventual deterioro de la situación. En él se señala la persistencia del contencioso colonial como principal obstáculo en la senda del reformismo. Por último, cabe mencionar que España aparecía como un actor eminentemente pasivo.

Es ocioso mencionar que, en general, las previsiones estadounidenses distaron de cumplirse. En lo que sí acertaron fue en el eco que en la sociedad española alcanzaron a tener las pugnas por el poder en el país vecino. Como señala un estudio del INR fechado en junio de 1974, quienes apostaban por una moderada liberalización del entramado político patrio encontraban en el ejemplo portugués ánimos para avanzar en esa dirección. Los mismos que, en un sentido diametralmente opuesto, llevaron a los inmovilistas a reforzar sus posiciones ante el temor a un contagio. Los analistas del Departamento de Estado son muy hábiles en plantear el caso como un juego de espejos:

[...] una liberalización exitosa en Portugal, pese a no garantizar una genuina democratización de España, contribuiría a crear un clima en cual pudieran tomarse pasos decididos en esa dirección. Sin embargo, si los portugueses fracasan y su experimento acaba en disturbios [*disorder*], en la reafirmación de la derecha, o en la toma del poder por los izquierdistas, el impacto sobre la liberalización española sería devastador[10].

Estas reflexiones podrían invitar a considerar que en el Departamento de Estado se había instalado definitivamente la idea de que ambas naciones ibéricas merecían ser integradas dentro de un mismo cuadro. Así sería de no mediar una impresión igualmente consolidada, que no era otra que la reafirmación de que España no era Portugal:

Es muy poco probable que cualquier clase de repetición del golpe portugués pueda suceder en España. El ejército está cohesionado en los asuntos básicos, se percibe a sí mismo como el

9. CREST, 27/04/1974, "The Coup in Portugal", disponible en https://www.cia.gov/library/readingroom/docs/CIA-RDP85T00353R000100040012-9.pdf.
10. NACP, RG59, Central Foreign Policy Files 1974 (CFFP74), P-Reel Printouts (PP), caja 78B, 11/06/1974, "Spain and the Future: The Portuguese Effect".

garante del sistema presente, no hay una debilitante guerra colonial, y el país es relativamente próspero[11].

Todo lo anterior no cuestiona la tesis de aquellos autores que sostienen que el ejemplo portugués resultó de gran valor para que Washington orientase su estrategia durante el proceso de cambio político en suelo español (Lemus, 2012b). De hecho, la misión del embajador Wells Stabler en España no se entendería en toda su extensión de no haber mediado previamente la crisis portuguesa. Así, la fijación del diplomático por entablar un diálogo con los principales miembros de la oposición democrática, con la salvedad de los comunistas, es una consecuencia lógica del problema que supuso para la Administración estadounidense no haber cultivado en Portugal este tipo de contactos con anterioridad al 25 de abril[12]. La estrategia ejecutada por Stabler (Powell, 2011: 282-292) no hacía sino traducir al terreno de los hechos lo que su predecesor en el cargo, Horacio Rivero, había planteado en términos de dilema poco antes de ser relevado:

> Nuestro principal dilema para fomentar este interés [preservar la orientación prooccidental y proestadounidense de España] es cómo mantener nuestras buenas relaciones con el actual Gobierno español a la vez que mantener relaciones constructivas con la oposición y preparar el terreno para unas buenas relaciones con los posibles gobiernos sucesores[13].

Sin embargo, que el ejemplo portugués tuviera influencia o efectivamente modulara la política de Washington hacia el régimen franquista no es suficiente para obviar que la mayor parte de los análisis persistían en su percepción de que los escenarios ibéricos no eran homologables. Un buen ejemplo lo hallamos en el memorando preparado por la CIA en febrero de 1975 a fin de evaluar la situación ante el deterioro físico de Franco. En un texto descarnado, que repasaba las limitaciones del aperturismo del gabinete Arias y que cifraba como ventajoso el pronto fallecimiento del dictador para que la Transición pudiera desembocar en una solución autoritaria más plural que hasta entonces, se sostenía que "al contrario que en Portugal antes de la revolución, España dispone de un mayor número de líderes y grupos con experiencia en el Gobierno, y estos podrían evolucionar hasta llegar a ser partidos políticos en ciernes"[14].

11. *Ibidem*.
12. NACP, RG 59, Records of Joseph Sisco (RJS), caja 19, 09/1975, "The Conduct of Relations with Spain and Portugal".
13. NACP, RG59, CFPF74, PP, caja 85A, 2/08/1974, "Europara Spain".
14. CREST, 02/1975, "The Politics of Uncertainty: Spain prepares for the Post-Franco Era", disponible en https://www.cia.gov/library/readingroom/docs/CIA-RDP86T00608R000600180001-7.pdf

Esta evidente diferencia de enfoque radica en que, mientras que en el imaginario estadounidense la España franquista se encaminaba progresivamente hacia un proceso de transición, la dictadura portuguesa "cayó rápidamente, fácilmente y de manera inesperada. Las instituciones políticas desaparecieron prácticamente de la noche a la mañana"[15]. Aun reiterando que esa posible transición no tendría que pasar por una democratización del país ya que, como sostenía el almirante Rivero, para los intereses norteamericanos bastaría con que el posfranquismo se concretara en una evolución política moderada y ordenada, queda patente la divergencia con un escenario portugués que había obligado a Estados Unidos a hacer y rehacer sus cálculos a medida que los acontecimientos desbordaban sus previsiones[16]. Por tanto, como afirmaban desde Langley, "España no es Portugal"[17]. No ocultaban la enorme incertidumbre que generaba la enfermedad terminal de Franco, pero destacaban el valor de dos elementos para justificar tal aseveración: por un lado, la fortaleza de las instituciones y, por el otro, el desarrollo económico. En el informe se contraponía la condición de Portugal como "país menos desarrollado de Europa Occidental" con las tasas de crecimiento de la industria vecina y la existencia en España de una "población más educada", así como de "una clase media más numerosa con una mayor competencia tecnológica"[18].

En resumen, en las postrimerías del franquismo, la CIA descartaba el caso portugués como modelo para España, reduciendo su papel al de cualquier otro de los elementos que iban a condicionar e influir en el proceso de cambio español, en un nivel semejante al de la economía o a las relaciones con la Europa Comunitaria. En lo que se refiere al Departamento de Estado, el único momento en el que claramente se encuadra la situación ibérica en un mismo marco es durante la inspección que cuatro miembros del servicio exterior realizan de sus principales legaciones en España y Portugal durante la primavera de 1975. En el informe resultante se expone la ya referida necesidad de continuar promoviendo los contactos con la oposición no comunista, quedando especialmente de manifiesto la recomendación de coordinar los esfuerzos con los principales gobiernos europeos[19].

Esta traslación de la responsabilidad de corregir los excesos revolucionarios portugueses a las cancillerías del viejo continente ha de situarse dentro de un debate mucho más amplio en el seno de la administración Ford. Si en clave lusa lo crucial para Washington era dilucidar bajo qué parámetros debían de implementarse los ambiciosos programas de ayuda económica y de apoyo político a las opciones moderadas, en el caso español influyó notablemente la necesidad de atornillar el

15. *Ibidem*.
16. NACP, RG59, CFPF74, PP, caja 85A, *op. cit*.
17. CREST, "The Politics of..., *op. cit*.
18. *Ibidem*.
19. NACP, RG59, RJS, caja 19, *op. cit*.

nuevo acuerdo bilateral de defensa. De ahí los infructuosos esfuerzos por tratar que el resto de aliados levantaran su veto a un acercamiento de España a la OTAN, así como la extemporánea visita presidencial a Madrid, a finales de mayo de 1975. No deja de resultar curioso que, como recoge Charles Powell (2011: 228), el presidente Ford se quejara ante su gabinete de que sus socios europeos "pudiesen contemplar a Portugal con una mirada y a España con otra muy distinta" cuando, por más que el secretario de Estado Kissinger tratase de jugar con este argumento a menudo, eran los propios servicios de inteligencia norteamericanos los que señalaban las diferencias existentes entre las naciones ibéricas.

Washington solicitaba concesiones a sus aliados que, por cuestiones de imagen ante su opinión pública, les resultaban imposibles de acometer. No es de extrañar que el homólogo británico de Kissinger le confiara que el Reino Unido consideraba prematuro presionar para lograr la incorporación de España a la OTAN, entendiendo que "el tiempo adecuado es tras la sucesión de Franco"[20]. Cosa bien distinta es que, como ahora conocemos, la cuarentena europea aplicada al dictador se prolongara en algunos casos bastante más allá de su desaparición, pero en aquel momento de incertidumbre parecía complicado no empatizar con el supuesto idealismo europeo frente al tenaz realismo estadounidense. Lo que subyacía en el fondo no eran más que los interrogantes abiertos tras la expansión de la CEE y la convicción norteamericana de que las relaciones transatlánticas habían entrado en una dinámica negativa para los intereses de Estados Unidos, por lo que era preciso insuflarles nuevos ánimos (Nichter, 2015).

La iniciativa impulsada por Kissinger para hacer de 1973 el "año de Europa" fue el reflejo del intento por redefinir los vínculos transatlánticos. Junto al sempiterno debate sobre la necesidad de que los europeos compartieran la carga que soportaba el gigante americano en su autoimpuesta faceta de guardián de la seguridad del denominado mundo libre, la conversión de la CEE en un duro enemigo comercial era solo una parte del problema. Al otro lado del océano preocupaba también la interpretación que hacían sus aliados europeos del tablero internacional, especialmente respecto a las oportunidades y expectativas generadas al calor de la política de distensión con el bloque comunista. Como sostienen Loth y Soutou (2008: 2), "Washington quería alcanzar un nuevo equilibrio en el clásico sistema de esferas de influencia, mientras que Bonn y París buscaban transformar el *statu quo*". De ahí que fueran frecuentes los análisis que evaluaban los pros y contras que para Estados Unidos y la Alianza Atlántica tendría una Europa Comunitaria más cohesionada. Un buen ejemplo lo encontramos en el preparado por la CIA en julio

20. NACP, RG59, RJS, caja 19, 8/05/1975, "Conversation with Secretary Kissinger and UK Secretary of State for Foreign and Commonwealth Affairs James Callaghan".

de 1975, en el cual se hacen patentes las contradicciones que implicaba la cuestión, toda vez que la CEE estaba llamada a seguir rivalizando con la superpotencia, mientras que si el proceso de construcción europea fracasaba las consecuencias serían imprevisibles y "se interpretaría ampliamente como el fracaso de una importante pieza de la construcción del orden europeo de posguerra"[21].

Lo interesante para los objetivos del presente capítulo es que, fruto de los procesos de cambio político inaugurados con la revolución de los claveles, el sur de Europa entró de lleno en ese debate. Así, en el informe se daba por hecho que detrás de los profundos cambios que estaban en marcha existían muchas posibilidades de que estos condujeran a un escenario "menos compatible con los intereses políticos y de seguridad estadounidenses". De hecho, auguraban como probable que "uno o más de uno de estos Estados [sumaba Italia a los países peninsulares] puedan alejarse de una política cooperativa para con Estados Unidos —Portugal ya lo ha hecho en cierta medida—"[22]. Por todo ello aspiraban a que al menos ninguno de ellos acabara siendo abiertamente hostil a Norteamérica; dicho de otro modo, que no llegara al poder el comunismo o algún movimiento de izquierda revolucionario. Es en este punto donde el documento aporta un elemento clave que sobrevoló la Transición española y portuguesa: la implicación de los países europeos en ambos procesos y el horizonte de expectativa que suponía la CEE.

Siguiendo lo redactado por los analistas de Langley, Estados Unidos debía reconocer que las naciones de Europa noroccidental estaban más capacitadas que ellos para comunicarse y tener ascendiente sobre sus vecinos del Sur. De ahí que los europeos encontraran en este contexto un nuevo aliciente para la integración, toda vez que unidos eran capaces de encarar mejor las dificultades. La piedra de toque estaba siendo Portugal y la implicación de la CEE en el hervidero luso mediante una única voz:

> Su política de condicionar la ayuda a cierto grado de aceptabilidad de la conducta política portuguesa puede o no funcionar, pero los indicios apuntan a que ha tenido cierto efecto cuando poco más de lo que se ha intentado ha tenido alguno. Y sus efectos son claramente mayores por ser europeos en lugar de atlantistas o puramente individuales[23].

Aunque escrito posiblemente sin ánimo de ajustar cuentas, tal afirmación supone un varapalo al empeño que mantuvo Kissinger por aislar a Portugal de la OTAN, esperando que la medida sirviera de vacuna para cualquier veleidad

21. CREST, 07/1975, "The Question of Western European Unity and its Implications for the US", disponible en https://www.cia.gov/library/readingroom/docs/CIA-RDP86T00608R000600170021-6.pdf
22. *Ibidem*.
23. *Ibidem*.

revolucionaria que pudiera prender en el resto de países mediterráneos (Moreira de Sá, 2012). Como recoge el informe, frente a la cerrazón del secretario de Estado se articularon otras estrategias, destacando especialmente la propugnada por el embajador norteamericano en Lisboa, Frank Carlucci, quien juzgaba más conveniente implementar una política de ayudas económicas condicionadas a la moderación de la experiencia política portuguesa y a que el influyente partido comunista liderado por Álvaro Cunhal quedara en el ostracismo (Lemus, 2012b: 749-750). Este intercambio de metas políticas por ayuda económica, absolutamente necesaria para unas arcas del Estado portugués ávidas de ingresos, contó con la complicidad de los países miembros de la CEE y se prolongó durante años. El propio Carlucci siguió manteniendo ante los representantes de la nueva administración Carter su firme convicción de que era preciso que los dólares —en forma de ayuda o de créditos— siguieran fluyendo en dirección a Lisboa[24].

El convencimiento que muestra la inteligencia norteamericana respecto a la utilidad de una Europa unida para domeñar los escenarios potencialmente críticos para Estados Unidos —no ya solo en la parte meridional del Viejo Continente, sino en toda la cuenca mediterránea—, nos permite encarar la parte final de este trabajo con algunas reflexiones acerca de la travesía de España y Portugal hacia el ingreso en las instituciones comunitarias. Anticipándose a lo que ocurriría en el posfranquismo, la CIA defendía que:

> Si España o Italia (o incluso Grecia o Turquía) desarrollan síntomas políticos que desafíen gravemente los intereses de Estados Unidos, la dinámica de tira y afloja de una "Europa" con cierto grado de unidad podría de manera óptima demostrar ser una fuerza más efectiva para la acción meliorativa en situaciones particulares que Estados Unidos en solitario o como el aliado claramente dominante de una Europa desunida[25].

Pasando de puntillas sobre las clásicas tesis de Geir Lundestad (1997) al respecto de esta cuestión, un elemento a tener en cuenta es que Estados Unidos llevó a la práctica parte de esos planteamientos cuando observaron con simpatía los esfuerzos de españoles y portugueses por franquear las puertas de la CEE. Tal aseveración se pone de manifiesto en uno de los primeros memorandos acerca de Portugal que Zbigniew Brzezinski remitió al presidente Carter, a los pocos días de que este último ocupara el despacho oval. El flamante consejero de seguridad nacional, tras señalar que existían elementos para ser optimistas con la

---

24. Jimmy Carter Presidential Library (JCPL), Carter Presidential Papers-Staff Offices (CPP-SO), National Security Affairs-Brzezinski Material (NSA-BM), NSA: President's Daily Report File (PDRF), caja 2, 19/05/1977, "Financial Assistance for Portugal".
25. CREST, 07/1975, "The Question of…", *op. cit.*

democratización del país, ponía sobre la mesa los riesgos existentes si el Gobierno luso no recibía un suficiente apoyo económico exterior. Por ello informaba al máximo mandatario estadounidense de que "el Departamento de Estado cree que la entrada de Portugal en la Comunidad Europea podría mejorar los pronósticos a largo plazo para la economía y la estabilidad política"[26].

En esa misma comunicación, Brzezinski mencionaba que únicamente con una sustancial ayuda económica proveniente del extranjero aumentarían las probabilidades de que el primer ministro Mario Soares pudiera permanecer en el cargo al menos durante un año más. Una apreciación que conviene no pasar por alto a tenor de la conversación que ambos protagonistas mantuvieron en la Casa Blanca aproximadamente dos años después. El consejero no escatimó los elogios hacia quien entonces actuaba meramente como secretario general del PSP. Según Brzezinski, "el doctor Soares había jugado un papel crítico en la salvaguarda de la democracia en Portugal" y, lo que resulta más interesante, "el proceso que él había ayudado a poner en marcha había sido contagioso para otros países —como España. Él había dado un buen ejemplo"—[27]. Llama poderosamente la atención esa visión tan positiva de un político cuyo éxito dependió en gran medida de iniciativas de apoyo gestadas lejos de Lisboa.

Es más, el mensaje que Soares transmitió a su interlocutor fue que la democracia en Portugal estaba amenazada. Una información que aseguraba trasladar no para "solicitar injerencias", sino para que los estadounidenses fueran conscientes de la situación y mantuvieran su apoyo a las instituciones. El político luso recurrió incluso a vincular el riesgo de involución con las consecuencias que tendría también para el país vecino: "Dada la situación española, no sería bueno para Occidente que Portugal recayera en una situación de inestabilidad social (esto no es bueno ni para España, ni para Occidente, especialmente si hay una perturbación en el área Atlántica)"[28]. Asimismo, la CEE también hizo aparición cuando Soares sostuvo que un eventual escenario en el que la forma de Gobierno pasara a ser un "presidencialismo de estilo militar" dificultaría la adhesión de Portugal. Es más, aseguró que "las negociaciones ya han perdido impulso. Ya estaban un tanto abandonadas. Si esto fuera permanente, sería serio para Portugal y para Europa"[29].

No podemos descartar que cuando Brzezinski escuchaba de boca de Mario Soares estas muestras de preocupación ya le hubieran llegado los ecos de la evaluación realizada por el INR del acercamiento de Portugal a la CEE. Se trata de un

26. JCPL, CPP-SO, NSA-BM, NSA: PDRF, caja 1, 9/02/1977, "Prospects for Success of Portugal's Democratic Experiment".
27. JCPL, Records of the Office of the National Security Advisor, Zbigniew Brzezinski Material-Subject Files (NSA 7), caja 33, 14/05/1979, "Summary of Dr. Brzezinski's Meeting with Dr. Soares".
28. *Ibidem.*
29. *Ibidem.*

enjundioso documento donde se plantea que la adhesión se había convertido en el principal objetivo de la acción exterior del Gobierno presidido por Eanes, situándose prácticamente a la par que la voluntad de reestablecer los lazos políticos y comerciales con sus antiguas posesiones coloniales. Una agenda que, a criterio del Bureau, estaba condicionada por el deterioro de la situación económica portuguesa y la necesidad de recobrar cierta respetabilidad en la arena internacional:

> Las principales fuerzas motrices de la política exterior portuguesa son el deseo de recibir aceptación como una democracia y la necesidad de mejorar la complicada situación económica del país. Portugal divisa el ingreso en la Comunidad Europea fundamentalmente como un reconocimiento y un refuerzo a su estatus democrático. A su vez, es también una fuente potencial de asistencia financiera en un momento en el que las debilidades estructurales de la economía y un enorme déficit de la balanza de pagos están obligando a demandar grandes cantidades de ayuda económica[30].

El documento recoge igualmente que para la CEE era importante acoger en su seno a Portugal, explicando cómo se habían desarrollado las negociaciones desde que, en marzo de 1977, se cursara la solicitud de adhesión. En sus páginas queda también reflejado el europeísmo de las principales opciones políticas lusas, anotando que únicamente los comunistas se oponían a la integración. Por último, se señala que "la opinión pública es favorable, aunque recelosa por los sacrificios que los negocios y la agricultura habrán de realizar"[31]. El factor económico era pues condicionante, ya que la entrada en el Mercado Común pasaba por unas duras políticas de ajuste que, a corto plazo, agravarían las dificultades. Se esperaba una fuerte inflación y un aumento del desempleo, algo que sumado a la mayor competencia que tendrían que encarar sectores estratégicos, como la industria o el campo, conduciría a un clima de malestar social que habría de ser soportado por la débil democracia lusa. Eso sí, se asumía que, una vez dentro de la CEE, Portugal se beneficiaría no solo de fondos especiales para facilitar la convergencia, sino de la posibilidad de financiarse en el exterior con mayor comodidad.

Se puede concluir que el escenario dibujado por el INR acabó, a la postre, siendo bastante atinado. Los redactores asumían que la adhesión era el horizonte más probable, restado por dilucidarse las condiciones y los plazos: "No cabe duda de que con el tiempo Portugal ingresará en la Comunidad, pero los costes económicos internos y las tensiones políticas resultantes serán altos, quizás más elevados

30. NACP, General Records of the Department of State (GRDS), RG59, Portugal Subject Files (PSF), caja 2, 20/03/1979, "Portuguese Foreign Policy Initiatives: The EC and Africa".
31. *Ibidem*.

de lo que los portugueses ahora reconocen"[32]. Una afirmación taxativa que se acompañaba, asimismo, de un pronóstico respecto al calendario: "La adhesión no es probable antes de 1983, con un periodo de integración que se prolongará durante unos diez años"[33]. Con todo, quizás lo más sorprendente es que en un informe tan concienzudo España no aparezca mencionada ni tan siquiera tangencialmente. Esta circunstancia nos devuelve a la sensación de que los rumbos paralelos de los países ibéricos solo se cruzaban esporádicamente en los análisis norteamericanos.

Junto al proceso en marcha para la integración de los países ibéricos en la estructura comunitaria existía, a criterio de la Administración Carter, otro mecanismo que contribuiría al afianzamiento definitivo de los designios de Madrid dentro del seno del bloque occidental. Nos referimos, evidentemente, a la entrada de España en la OTAN. Sin ánimo de profundizar en esta espinosa cuestión, que fue postergada por Adolfo Suárez y su equipo ante la conveniencia de concentrarse en la delicada tarea de conducir el proceso transicional dentro de los límites reformistas, resulta relevante indicar que se convirtió en otro elemento que llevó a que la diplomacia norteamericana asociara nuevamente Portugal y España en sus análisis. La explicación es sencilla. Si bien el eventual ingreso español en la Alianza fue generalmente presentado por Carter y su gabinete con asertividad, desde Lisboa no tardaron en llegar noticias no excesivamente alentadoras.

La postura de Washington queda ejemplificada en el contenido de los materiales remitidos por el vicepresidente Mondale a Carter, para compartir los objetivos fijados para la gira que iba a emprender en mayo de 1977 y que le llevaría a la península ibérica. En ellos puede leerse lo siguiente: "Declararé nuestra convicción de que España tiene el derecho a ejercer un papel más activo en los asuntos europeos y que apoyaremos el ingreso de España en la OTAN cuando los españoles estén preparados para dar ese paso"[34]. La hoja, que revela que los objetivos fueron aprobados por el presidente, se acompaña de una inscripción manuscrita donde se constata que las naciones europeas estarían dispuestas a aceptar tal movimiento una vez que se hubieran celebrado elecciones y que la adopción de una Constitución refrendase la democratización del país.

Como es sabido, la cuestión de la OTAN fue utilizada por la oposición como un arma arrojadiza para debilitar a los gobiernos ucedistas. Sin embargo, en Portugal las reticencias eran mucho más directas. Así puede extrapolarse de las confidencias realizadas por parte del socialista portugués Jaime Gama: "Portugal no se opondrá a la entrada de España en la OTAN, pero no hará ningún movimiento para

32. *Ibidem*.
33. *Ibidem*.
34. JCPL, Walter Mondale Papers, Overseas Assignments Trip Files, caja 12, 10/05/1977, "Objectives During Visit to Europe for Talks with Vorster and European Leaders".

promoverla"[35]. Gama justificaba tal actitud por el temor luso a que su posición dentro de la Alianza se viera menoscabada, especialmente si se optase por establecer un mando ibérico conjunto en Madrid, lo que alimentaría las tradicionales suspicacias del ejército portugués hacia sus vecinos.

Efectivamente, esta clase de recelos no hicieron sino incrementarse a medida que la decisión del Gobierno español de solicitar el ingreso en la Alianza Atlántica se posponía. Un problema que heredó la Administración Reagan, como revela la minuta del encuentro entre el ministro de Defensa luso con el recién nombrado adjunto al Secretario de Defensa y anterior embajador en Lisboa, Frank Carlucci. Durante la conversación el ministro Coutinho se interesó por el calendario que había fijado Madrid respecto a la OTAN, manifestando su inquietud por si la entrada de España pudiera situar a Portugal como un aliado menos importante, un extremo que fue negado por uno de los acompañantes de Carlucci[36]. Del mismo modo, hizo aparición lo relativo a la estructura de mando del área ibérica del Atlántico (IBERLANT), solicitando Coutinho que esta fuera una cuestión abordada por españoles y estadounidenses antes de que la controversia llegara a la Alianza.

Ninguno de estos temores quedó del todo disipado cuando llegó el momento de que España firmara el protocolo de adhesión ante el resto de países miembros de la OTAN. Así queda patente en los materiales preparados para el secretario de Estado, Alexander Haig, con motivo de las consultas bilaterales que se produjeron en el marco de la ceremonia. La recomendación de sus asesores fue la de trasladar al ministro de Asuntos Exteriores portugués, Gonçalves Pereira, que eran sensibles a sus tribulaciones. Sin embargo, incidían en que, por más que conviniera asegurar que no existiría un impacto negativo para los intereses lusos, no era oportuno hacer valoraciones sobre su petición de colocar a las Azores bajo el paraguas del IBERLANT[37]. Una llamada a la prudencia que se explica por la convicción estadounidense de que la integración de España en la CEE era realmente el principal objetivo de la acción exterior hispana, por lo que una vez que el Gobierno de Calvo Sotelo había quemado etapas para solicitar la entrada en la Alianza Atlántica debía procurarse que no hubiera impedimentos para que esta se ratificara.

Al menos esta es la impresión que se desprende de los objetivos fijados en la documentación previa a la entrevista entre el titular de la cartera de Exteriores, José Pedro Pérez-Llorca, con Haig. Los mismos se cifraban esencialmente en garantizar el apoyo de la Administración Reagan a la incorporación en la OTAN,

---

35. NACP, GRDS, RG59, PSF, caja 2, 14/02/1978, "Spain, Portugal and NATO".
36. CREST, 15/06/1981, "Meeting Between Deputy Secretary of Defense Carlucci and Portuguese Minister of Defense Coutinho", disponible en https://www.cia.gov/library/readingroom/docs/CIA-RDP84B00049R001403560029-7.pdf
37. NACP, GRDS, RG59, Briefing Books, caja 4, 3/12/1981, "Your Meeting with Portuguese Foreign Minister Goncalves Pereira".

allanar el camino para la renegociación del acuerdo de las bases y reiterar el apoyo a la candidatura española a la CEE. Esta última cuestión ha de entenderse como el espaldarazo a un gabinete ucedista que atravesaba horas bajas y que necesitaba presentar algún progreso en esa dirección para hacer frente a las críticas generadas por abrazar públicamente el atlantismo:

El Gobierno de España quiere que la membresía de la OTAN esté acompañada por progresos en la entrada en la CEE. Los franceses han sido un obstáculo y, en vuestro [de Haig] último encuentro, Pérez-Llorca solicitó su ayuda. Usted aceptó, pero el tema no surgió en Williamsburg[38].

Ante una posible consulta de Pérez-Llorca acerca de este particular, se recomendaba al secretario de Estado que reafirmara que "nosotros apoyamos la pronta incorporación española a la CEE como otro paso en la plena integración de España en la comunidad occidental de naciones"[39]. Un mensaje convencional que aporta pocas novedades respecto a la postura que Estados Unidos venía manteniendo, pero que contrasta con la inexistencia de una declaración semejante entre los materiales preparados para la mencionada entrevista con Gonçalves Pereira, pese a la coincidencia en el tiempo y en la ubicación. La única conclusión que puede sacarse es que, en todo momento, la diplomacia norteamericana observó el periplo de los países ibéricos hacia Bruselas bajo unos parámetros puramente instrumentales. Por tanto, la CEE salía o entraba de la agenda en función de si se consideraba que pudiera ser un elemento adecuado para engrasar la relación bilateral.

No solo eso: también los servicios de inteligencia del gigante americano reproducen esa pauta. Baste citar el memorando que contiene los temas para la discusión preparados con motivo del viaje del subdirector de la CIA a Madrid, Lisboa y Atenas a finales de 1983[40]. En el mismo, la voluntad lusa de incorporarse a las instituciones comunitarias se menciona de pasada, otorgando mucha más relevancia a las relaciones con las antiguas colonias o a las negociaciones sobre las Azores. En contraposición, cuando se aborda la visita a España, la Comunidad Europea vuelve a cobrar un mayor relieve, aunque lo haga, en puridad, porque se vincula nuevamente a la OTAN. Los analistas de la Agencia sostienen que, para que el Gobierno encabezado por Felipe González pudiera revertir el ambiente hostil a la permanencia de España en la Alianza, sería crucial que su candidatura a la CEE no continuara aplazándose. Tanto es así que, por más que intuyeran la existencia entre los países miembros de una voluntad política para aceptar la adhesión, en Langley

38. NACP, GRDS, RG59, Briefing Books, caja 4, 2/12/1981, "Your Bilateral Meeting with Spanish Foreign Minister Perez-Llorca at the NAC Ministerial".
39. *Ibidem*.
40. CREST, 28/10/1983, "Briefing Book for the DDCI's Trip to Madrid, Lisbon, and Athens", disponible en https://www.cia.gov/library/readingroom/docs/CIA-RDP85T00287R000502180002-6.pdf

temían que si el proceso descarrilaba, González no tuviera más remedio que solicitar la salida de la OTAN[41].

Un escenario nada propicio para Washington, presionado además por los propios socios comunitarios:

> La vinculación de la pertenencia de España a la OTAN con su impulso para la adhesión a la CEE presenta problemas para Estados Unidos. Durante los últimos dos años, algunos miembros de la CEE han sostenido que, dado que está en el interés norteamericano tener a España en la OTAN y en la CEE, Washington debería renunciar a las demandas de compensación por cualquier pérdida comercial generada como resultado de la entrada de España en la CEE[42].

CONCLUSIONES

A partir de la cita que cierra el apartado anterior es posible entrever lo que parece ser el principal elemento diferenciador en el juicio que desde Estados Unidos se trazó acerca de los cursos paralelos que corrieron Portugal y España durante este periodo. La condición de Portugal como uno de los países fundadores de la OTAN implicó no ya solo una preocupación añadida a partir de abril de 1974, sino también que la cuestión atlántica no acompañara al proceso negociador con las Comunidades. Todo lo contrario al caso español, cuya inserción en el bloque occidental se realizó a través del nexo bilateral con la superpotencia americana, perpetuando la sensación de anomalía que habían generado las veleidades franquistas hacia el Eje y el origen violento del régimen dictatorial. Por este motivo, mientras que para la sociedad española entrar en la Europa Comunitaria suponía encerrar bajo siete llaves ese gris e incómodo pasado, parte de la misma contemplaba la incorporación a la Alianza Atlántica como un nuevo capítulo en la desequilibrada relación con Estados Unidos.

Por todo ello, es posible sostener que la diferente conexión de los países ibéricos con la OTAN implicó que la percepción norteamericana de los procesos de cambio político allí acaecidos presentara importantes disparidades. Así ha quedado atestiguado a partir del análisis de la documentación de la diplomacia y la inteligencia estadounidense, toda vez que la muestra, aunque limitada, resulta ciertamente significativa. A ello también coadyuvó que, pese a su coincidencia temporal, el ritmo interno de ambas transiciones no fuera análogo, siendo este un elemento a destacar en los juicios y valoraciones realizados al otro lado del Atlántico. Sin

41. *Ibidem.*
42. *Ibidem.*

embargo, no es menos importante señalar que los dos procesos democratizadores tuvieron como colofón la aceptación de sus candidaturas para entrar a formar parte del club comunitario. Posiblemente sea esta la circunstancia que siempre ha invitado a revisar conjuntamente lo acaecido en España y Portugal dentro de un mismo marco, encontrando un punto de encuentro que superara la tradicional imagen de aislamiento e indiferencia que había caracterizado el curso histórico reciente de los dos vecinos.

Como se ha apuntado, los avances historiográficos han procurado superar la idea del antagonismo ibérico, elevándose por encima de visiones parciales para problematizar la cuestión de modo que afloren los elementos de convergencia y préstamo (González-Fernández, 2015). Una interdependencia que ha sido puesta a prueba a partir de la revisión de los documentos generados por unos observadores privilegiados, los cuales no eran ni mucho menos imparciales, ya que construían sus comparaciones en función de los intereses norteamericanos en la zona y, por qué no decirlo, de sus propios prejuicios.

Los trabajos de referencia han revelado la importancia de la colaboración y del tránsito de ideas en facetas clave para el cambio político como fue, por ejemplo, el ámbito sindical (Lemus, 2012b: 737-744). Aspecto este en el que se entrevé la huella estadounidense, al igual que en el apoyo a los programas de modernización llamados a garantizar una evolución política sin excesivos sobresaltos (Pardo, 2015). Sin embargo, las administraciones republicanas tuvieron notables problemas para resolver el reto que supuso la ola democratizadora que azotaba las costas mediterráneas. Las dudas que planteaba el modelo kissingeriano de *Détente* y la crisis económica de los setenta hicieron obligatorio el concurso de las potencias europeas como pieza clave para reconducir la situación de España y Portugal, sin perder de vista otras latitudes como Grecia o Chipre. Es justo en este punto crítico, una vez que sus socios de Europa Occidental se movilizan, cuando los analistas estadounidenses prefieren volver a enfocar los escenarios español y luso de manera diferenciada. Así, Portugal estaría llamada a encontrar la estabilidad mediante su ingreso en la CEE, mientras que España precisaba de pasar previamente por el fielato de la Alianza Atlántica.

Tal disyuntiva implica introducir un nuevo factor diferenciador en la imagen y representación que desde Washington se proyecta de los procesos democratizadores ibéricos. Se trata del tamaño de sus respectivas economías. Para los órganos rectores de la política estadounidense la integración lusa en las Comunidades Europeas no suponía una amenaza tan importante para sus relaciones comerciales bilaterales como sucedía con el caso español. A lo largo del texto ha quedado patente que el flujo de intercambios hispano-norteamericanos y los niveles de inversión directa estadounidense eran ostensiblemente más elevados que los que arrojaba

Portugal. No resulta pues extraño la existencia de cálculos acerca del impacto que para Estados Unidos tuvo la ampliación de la CEE, siendo muy elocuente el memorando preparado por la oficina de análisis europeo de la CIA para el subsecretario adjunto del secretario de Comercio:

Estimamos que la ampliación de la CEE ya ha tenido un impacto negativo en las exportaciones norteamericanas a España, disminuyendo las transacciones comerciales de bienes no combustibles y no alimentarios durante la primera mitad de 1986 en 92 millones de dólares, respecto a los niveles esperados. [...] La diferencia entre las cifras estimadas y las transacciones reales se atribuye a la expansión de la CEE[43].

En contraposición a este cuadro netamente perjudicial para los intereses estadounidenses, la causalidad para la escena lusa no parece tan palmaria:

Usando un enfoque similar para Portugal estimamos que sin la ampliación de la CEE, las importaciones de bienes no combustibles y no alimentarios procedentes de cualquier origen se hubieran incrementado en un 28,5%, y las importaciones procedentes de Estados Unidos en un 18,3%, para la primera mitad de 1986, en relación a las cifras del año anterior. Las importaciones efectivas de cualquier procedencia para ese periodo se alzaron en torno al 29%, pero las importaciones estadounidenses cayeron más del 20%. Dado que las exportaciones norteamericanas [...] estaban cayendo a un ritmo acelerado antes de la ampliación de la CEE, dudamos en inferir que la única causa del declive en 1986 fuera debida al ingreso en la CEE[44].

Se trata de un mero ejemplo, pero es ilustrativo de las dificultades que existen para englobar bajo un mismo paraguas los rumbos paralelos seguidos por España y Portugal. Sucede algo parecido a cuando se pretenden usar los mismos criterios de análisis para juzgar la política exterior norteamericana en otras coordenadas, especialmente en aquellos casos tan controvertidos como la actitud de la Administración Nixon hacia el Chile de Allende (Garcés, 2012). Coinciden sin duda las personas que toman las decisiones, así como el contexto general de Guerra Fría, pero esto no es suficiente para realizar extrapolaciones sin la necesaria cautela. Es más, incluso en la documentación que se ha utilizado a lo largo del capítulo es oportuno distinguir la existencia de una cierta pluralidad de voces, las cuales no tienen por qué ser coincidentes en sus diagnósticos y razonamientos.

No se trata solo de que el sistema de toma de decisiones de la política norteamericana sea complejo, sino también de que la convivencia entre los distintos

43. CREST, 8/10/1986, "Estimating the Impact of EC Enlargement on US Exports to Spain and Portugal", disponible en https://www.cia.gov/library/readingroom/docs/CIA-RDP86T01017R000404370001-2.pdf
44. *Ibidem.*

actores y agencias no siempre fue del todo fácil, como demuestra la irritación del embajador Stabler al no poder evitar que las comunicaciones de la CIA referentes a lo que acontecía en España no pasaran por sus manos (Powell, 2011: 192). Es decir, la mera existencia de informes o memorandos no puede interpretarse como prueba suficiente de que tal información fuera aceptada como válida por otras instancias a la hora de orientar sus decisiones. Con todo, el repaso ofrecido permite intuir el potencial de acercarse a la observación de los procesos transicionales ibéricos a partir del criterio estadounidense. Un examen más detallado seguro que servirá, entre otras cuestiones, para completar el conocimiento de la actitud del gigante americano hacia el proceso de construcción europea.

BIBLIOGRAFÍA

Buchanan, Andrew (2014): *American Grand Strategy in the Mediterranean during World War II*, Nueva York, Cambridge University Press.

Castaño, David (2015): "'A practical test in the *détente*': International support for the Socialist Party in the Portuguese Revolution (1974-1975)", *Cold War History*, 15, 1, pp. 1-26.

Costa, António y Severiano, Nuno (eds.) (2002): *Southern Europe and the Making of the European Union*, Oxford, Oxford University Press.

Cunha, Alice (2015): "Portugal, Espanha e Europa entre o paralelismo das negociações de adesão e a capitalização do terceiro alargamento da CEE", *Relações Internacionais*, 48, pp. 25-41.

Del Pero, Mario (2011): "'Which Chile, Allende?' Henry Kissinger and the Portuguese revolution", *Cold War History*, 11, 4, pp. 625-657.

Fonseca, Ana Mónica (2007): *A Força das Armas*, Lisboa, Instituto Diplomático.

Freire, José (1992): *Nixon e Caetano*, Lisboa, Difusão Cultural.

Garcés, Joan E. (2012): *Soberanos e intervenidos*, Madrid, Siglo XXI.

Gomes, Bernardino y Moreira de Sá, Tiago (2008): *Carlucci vs Kissinger*, Lisboa, Dom Quixote.

González-Fernández, Ángeles (2012): "Una esperanza acongojada: los empresarios españoles y portugueses ante el ingreso en la CEE, 1957-1977", *Hispania*, LXXII, 242, pp. 699-722.

— (ed.) (2015): "Las transiciones ibéricas", *Ayer*, 99, pp. 13-148.

— (ed.) (2016): "Portugal-España. De la dictadura a la democracia", *Historia del Presente*, 28, pp. 5-74.

— (2018): "La tutela europea. Estereotipos, enfoques y estrategias para la integración ibérica en las Comunidades Europeas (1977-1985)", *Mélanges de la Casa de Velázquez*, 48, 1, pp. 287-308.

Hanhimäki, Jussi M. (2012): *The Rise and Fall of Détente*, Washington, D. C., Potomac Books.

Heiberg, Morten (2018): *US-Spanish Relations after Franco, 1975-1989*, Lanham, Lexington Books.

Holden, David (1974): "Letter from Madrid. The Waning Reign in Spain", *The New York Times*, 1 de septiembre, p. 172.

Jervis, Robert (1976): *Perception and Misperception in International Politics*, Princeton, Princeton University Press.

Jiménez, Juan Carlos (2009): *España y Portugal en transición*, Madrid, Sílex.

Karamouzi, Eirini (2014): *Greece, the EEC and the Cold War*, Basingstoke, Palgrave Macmillan.

Lemus, Encarnación (2011): *Estados Unidos y la Transición española*, Madrid, Sílex.

— (coord.) (2012a): "La transición ibérica", *Hispania*, LXXII, 242, pp. 635-816.

— (2012b): "Con la vista en Portugal y mirando a España: EE UU y el cambio político peninsular", *Hispania*, LXXII, 242, pp. 723-754.

Lopes, Rui (2014): *West Germany and the Portuguese Dictatorship*, Basingstoke, Palgrave Macmillan.

López Zapico, Misael Arturo (2013): *Acciones y percepciones*, Huelva, Universidad de Huelva.

— (2015): "El acuerdo preferencial de España con la CEE (1970) evaluado por la administración norteamericana", *Historia Contemporánea*, 50, pp. 223-255.

Loth, Wilfried y Soutou, George (2008): "Introduction", en W. Loth y G. Soutou (eds.), *The Making of* Détente, Abingdon, Routledge, pp. 1-5.

Lundestad, Geir (1997): *"Empire" by Integration*, Oxford, Oxford University Press.

MAGONE, José M. (2011): "The Role of the EEC in the Spanish, Portuguese and Greek Transitions", en G. Alonso y D. Muro (eds.), *The Politics and Memory of Democratic Transition*, Nueva York, Routledge, pp. 223-245.
MARTÍN DE LA GUARDIA, Ricardo y PÉREZ SÁNCHEZ, Guillermo (dirs.) (2012): *España y Portugal, veinticinco años en la Unión Europea (1986-2011)*, Valladolid, Universidad de Valladolid.
MARTÍNEZ, Federico y INÁCIA REZOLA, María (2016): "Spanish monarchy and the Portuguese Republic: Two routes to Democratization", *Portuguese Journal of Social Science*, 15, 1, pp. 129-143.
MEDEIROS, José (1989): *Um Século de Problemas*, Lisboa, Livros Horizonte.
MOREIRA DE SÁ, Tiago (2004): *Os Americanos na Revolução Portuguesa*, Lisboa, Editorial Notícias.
— (2009): *Os Estados Unidos da América e a democracia portuguesa*, Lisboa, Ministério dos Negócios Estrangeiros.
— (2012): "'Quando Portugal contou para a América'. Os Estados Unidos e a transição democrática portuguesa", *Ler História*, 63, pp. 109-125.
NICHTER, Luke A. (2015): *Richard Nixon and Europe*, Nueva York, Cambridge University Press.
PARDO, Rosa (2015): "Las dictaduras ibéricas y el aliado americano en clave de modernización, 1945-1975", *Historia y Política*, 34, pp. 147-179.
POWELL, Charles (2011): *El amigo americano*, Barcelona, Galaxia Gutenberg.
RODRIGUES, Luís Nuno (2002): *Salazar-Kennedy*, Lisboa, Editorial Notícias.
SABATER, Gregorio (2017): *Las transiciones a la democracia en la península ibérica: miradas encontradas*, tesis doctoral inédita, Madrid, UAM.
SAMPEDRO, José Luis y PAYNO, Juan Antonio (eds.) (1983): *The Enlargement of the European Community*, Londres, Macmillan.
SÁNCHEZ, Josep (1995): *La revolución portuguesa y su influencia en la Transición española*, Madrid, Nerea.
SCHNEIDMAN, Witney W. (2004): *Engaging Africa*, Nueva York, University Press of America.
TELO, António José y DE LA TORRE, Hipólito (2003): "La península en los sistemas internacionales contemporáneos: historia comparada de la unidad en la dualidad", en A. J. Telo y H. de la Torre, *Portugal y España en los sistemas internacionales contemporáneos*, Mérida, Editora Regional de Extremadura, pp. 311-358.
TORRE, Hipólito de la (1998): "Portugal y España: ¿historias paralelas?", en H. de la Torre y A. P. Vicente (dirs.), *España-Portugal*, Madrid, Editorial Complutense, pp. 135-141.
VARELA, Raquel (2015): "Portugal y España, 1974-1978: ¿una unidad histórica?", *Ayer*, 99, pp. 23-47.
VIÑAS, Ángel (2003): *En las garras del águila*, Barcelona, Crítica.

CAPÍTULO 5

LA REPÚBLICA FEDERAL DE ALEMANIA ANTE LOS PROCESOS DE ADHESIÓN DE PORTUGAL Y ESPAÑA A LAS COMUNIDADES EUROPEAS (1974-1986)*

CARLOS J. SANZ DÍAZ**
Universidad Complutense de Madrid

Los caminos de Portugal y España hacia el ingreso en las Comunidades Europeas siguieron vías a menudo paralelas, a veces convergentes y a veces divergentes, desde el fin de las dictaduras lusa (1974) y española (1975) hasta el 1 de enero de 1986, cuando ambos países se convirtieron en miembros del Mercado Común. En este largo recorrido, Lisboa y Madrid mantuvieron con los Diez lo que Alice Cunha ha conceptualizado como "negociaciones siamesas", independientes pero vinculadas por el enfoque común que adoptaron las instituciones comunitarias. Estas, en particular la Comisión y los Estados miembros, adoptaron en sus relaciones con los dos países candidatos el principio de la "globalización", es decir, la idea de que las candidaturas ibéricas debían contemplarse como un conjunto, en detrimento del posible ingreso adelantado de uno de los dos vecinos ibéricos en el club europeo (Cunha, 2007: 126-128). El principio de la globalización vinculó irremediablemente las expectativas de Portugal y España en relación con las Comunidades Europeas, siendo

* Este trabajo se ha desarrollado en el marco del proyecto de investigación "España y Portugal ante la segunda ampliación de las Comunidades Europeas: un estudio comparado (1974-1986)" (HAR2017-84957-P). Este texto recoge en parte planteamientos adelantados en Sanz Díaz, C. (2020): "L'Allemagne et l'élargissement de la CEE, 1977-1985. La question de l'entrée simultanée du Portugal et de l'Espagne dans les Communautés européennes", en Manuel Ortiz de las Heras (ed.), *40e anniversaire de l'ouverture des négociations Espagne-CEE, 1979-2019. Débat du passé pour le présent de l'Europe*, Bruselas, Peter Lang (en prensa).

** Carlos J. Sanz Díaz es profesor titular en la Universidad Complutense de Madrid y profesor de la Escuela Diplomática. Ha sido investigador visitante de las universidades de Harvard, Bonn, Libre de Berlín y del Centro de Historia del Tiempo Presente de Potsdam. Sus investigaciones se han centrado principalmente en la política exterior de la España contemporánea y las relaciones hispanoalemanas después de 1945. Investigador principal del proyecto "España y Portugal ante la segunda ampliación de las Comunidades Europeas: un estudio comparado, 1974-1986".

países que planteaban retos muy diferentes a la Europa Comunitaria: menores en el caso portugués y mucho más significativos en el español[1].

No es de extrañar que numerosos políticos, diplomáticos y negociadores portugueses, así como la historiografía lusa posterior, coincidan en la idea de que Portugal podía haber ingresado al menos dos años antes en la CEE de lo que lo hizo, si hubiera podido desvincularse de la candidatura de España. El pequeño tamaño del territorio, la población y la economía lusa, según este razonamiento, hacían del país un socio fácilmente asimilable por la Europa Comunitaria, como en 1981 lo había sido Grecia, que obtuvo el ingreso tras tres años de negociaciones (1976-1979), y en 1973 el Reino Unido, Dinamarca e Irlanda, que fueron admitidas al Mercado Común tras una negociación aún más breve (1970-1972). En suma, Portugal habría sido "víctima" del principio "negociaciones separadas, ingreso simultáneo" aplicado por la Comisión[2].

Sin embargo, para muchos gobiernos europeos, al igual que para las instituciones comunitarias, existía una vinculación mutua en el ingreso de ambos países ibéricos en la CEE. Al igual que se habían producido sendas transiciones ibéricas a la democracia, se podía hablar de una ampliación ibérica de las Comunidades, o ampliación al Sur si se incluía el caso de Grecia. Frente a la posibilidad de que Portugal y España se sumaran a los Diez en momentos diferentes, la Comisión Europea se atuvo al principio de la "globalización", por el que ambos países se convertirían en Estados miembros de la Europa Comunitaria de forma simultánea. Las razones para adoptar esta opción fueron administrativas pero también políticas, ya que el ingreso de uno de los dos países ibéricos antes que el otro podría generar desventajas y resquemores para el más atrasado.

La República Federal de Alemania (RFA) destacó entre los Diez como el país campeón en la defensa del ingreso simultáneo de Portugal y España en la CEE[3]. El Gobierno de Bonn apoyó, según la historiografía, el principio de la "globalización" con una inflexibilidad rayana incluso en la "intransigencia" (Cunha, 2015: 37). La posición alemana fue muy clara desde el comienzo de las negociaciones con Lisboa y Madrid: o se adherían los dos países a las Comunidades Europeas o no se adhería ninguno. Según recuerda António Martha, presidente de la Comissão para a Integração Europeia, en la que el Ministerio dos Negócios Estrangeiros delegó las negociaciones con los Diez, el canciller Helmut Schmidt (1974-1982) dejó muy claro

1. Sobre las relaciones entre Portugal y España en el marco de la adhesión a la CEE, véase Clausse y Esteves (1987); IDL-Instituto Amaro da Costa (1985); y muy especialmente M. E. Cavallaro y A. Muñoz Sánchez (2017).
2. Acerca de las negociaciones de Portugal con la CEE, véase Ferreira (2001), Cunha (2007 y 2012), Chaves (2012), Lã (2016) y Lã, Cunha y Nunes (2019).
3. Por razones de estilo, en este trabajo se utilizan como equivalentes los términos República Federal de Alemania (RFA), Alemania Occidental y Alemania.

este principio a los portugueses en una de las primeras reuniones para negociar el ingreso en la CEE, al afirmar: "*Não pensem na possibilidade de aderir separadamente da Espanha*" (Martha, 2016: 63). Según otro testimonio portugués, la vinculación entre las candidaturas de Lisboa y Madrid dio lugar a una situación en la que los gobiernos de Bonn y París se responsabilizaban mutuamente del retraso en el proceso negociador:

> Cuando íbamos a Bonn, nos decían: "Ustedes entrarán mañana; pero los españoles también tienen que entrar. Nosotros no tenemos nada que ver con eso. Pero son los franceses los que no quieren que entren los españoles. De manera que vayan ustedes a París y digan a los franceses que dejen entrar a los españoles." Íbamos a París [...] y los franceses nos decían: "No tenemos ningún problema con que ustedes entren ya. Pero vayan a convencer a los alemanes de que ustedes no pueden entrar solos, de que no necesitan esperar a los españoles, porque lo de los españoles es más complicado"[4].

De manera nada sorprendente, en la historiografía española la cuestión del ingreso simultáneo de Portugal y España en la CEE no se ha problematizado con la misma intensidad que en el país vecino. Ello a pesar de que, durante el proceso negociador, la posibilidad de que Lisboa se adelantara en la carrera hacia el Mercado Común dejando atrás a España se vivió con auténtica preocupación por el lado español. El hecho de que Lisboa contara, en algunos momentos, con el apoyo de París para avanzar en esa posibilidad, añadía desde el punto de vista español un argumento a la tesis de que Francia constituía el principal obstáculo a la candidatura española. El presidente del Gobierno Leopoldo Calvo Sotelo llegaría a afirmar en 2001 que España solo recibió "desplantes y negativas" de los franceses durante las negociaciones de adhesión[5]. Entre los Diez, el Gobierno de París aparecía, en efecto, como el que presentaba las objeciones de más calado al "dossier español", especialmente en materia agrícola, y con ello se erigía como el epítome de todos los obstáculos que se interponían en el camino de España a "Europa"[6].

Alemania, en cambio, se alzaría, siempre desde la perspectiva española, como el baluarte más firme contra el peligro de que Portugal lograra desvincular su candidatura de la de España. No es de extrañar que la visión española predominante sobre el papel de la RFA en las negociaciones de adhesión a la CEE sea mucho más positiva que la portuguesa. Los alemanes no solo se atuvieron firmemente al principio de la "globalización", sino que apoyaron sin fisuras el ingreso de España y

4. Original en portugués. En Brito, Amaral y Rollo (2011: 138-139), citado en Cunha (2012: 130).
5. *El País*, 12/11/2001, y "Precisiones de Calvo Sotelo", *El País*, 28/11/2001.
6. La visión de Francia como principal obstáculo en el camino de España a la CEE ha sido corregida por Trouvé (2008) y Núñez Peña (2013).

Portugal en el club comunitario y asumieron un coste mayor que otros países para posibilitarlo, aportando el apoyo político y el respaldo financiero que desbloqueó las negociaciones de ingreso en 1983 y 1984[7].

¿Cómo valorar la firme opción alemana por la vinculación entre la candidatura portuguesa y la española a las Comunidades Europeas? ¿Cómo enfocó el Gobierno de Bonn las negociaciones con Lisboa y Madrid? En las páginas que siguen nos proponemos completar las percepciones lusas y españolas que hemos presentado brevemente con la visión aportada por la documentación diplomática alemana. Esta se halla publicada en parte en la colección de documentos diplomáticos "Akten zur auswärtigen Politik der Bundesrepublik Deutschland", que proporcionan una primera base sobre la que reconstruir una imagen más precisa de la percepción y actitud alemana ante las candidaturas ibéricas a la Europa Comunitaria.

BONN ANTE LAS CANDIDATURAS PORTUGUESA Y ESPAÑOLA EN TIEMPOS DE EUROESCLEROSIS

Los gobiernos de Lisboa y Madrid obedecían a motivaciones similares cuando presentaron sus candidaturas de ingreso en las Comunidades Europas; el 27 de marzo de 1977 los portugueses, y el 26 de julio del mismo año los españoles. Ambos ejecutivos buscaban fortalecer sus economías nacionales, consolidar sus respectivos regímenes democráticos y mejorar la situación de los numerosos emigrantes lusos y españoles que residían en los países del Mercado Común[8]. También los periodos de negociación de ambos países siguieron calendarios similares en sus fechas de inicio y final: Portugal comenzó sus negociaciones con la CEE el 17 de octubre de 1978, mientras que España lo hacía el 5 de febrero de 1979. Los dos gobiernos firmaron el Acta de Adhesión a las Comunidades Europeas el mismo día, 12 de junio de 1985, en una ceremonia celebrada en Lisboa por la mañana a la que siguió otra en Madrid por la tarde.

El apoyo nítido y firme de Bonn al ingreso de Portugal y España en las Comunidades Europeas se inscribía en una línea de continuidad con la política de la RFA hacia la península ibérica desde el final de las dictaduras de Salazar y Caetano en 1974, por un lado, y de Franco en 1975, por otro. El interés principal de Bonn estribaba, en el contexto europeo, en consolidar los logros de la distensión entre

7. Sobre las negociaciones de adhesión de España a la CEE véase Alonso (1985), Bassols (1995), Crespo MacLennan (2004), Trouvé (2008), Cavallaro (2009) y Núñez Peña (2013); para el periodo previo, Guirao y Gavín Munté (2013). Para determinadas perspectivas sectoriales, véase López Gómez (2016) y García Crespo (2019) y Lafuente del Cano (2019). Son imprescindibles también las memorias de Morán (1990), Calvo Sotelo (1990), Genscher (1995), Oreja (2011) y el análisis de Villar (2016).

8. Para las relaciones entre Portugal y España en este periodo son de consulta obligada Sánchez Cervelló (1995) y Jiménez Redondo (2009); con una perspectiva temporal más amplia, Torre Gómez y Jiménez Redondo (2019).

los dos bloques de la Guerra Fría, una política que había alcanzado su mayor hito con el Acta Final de Helsinki suscrita por todos los países europeos al término de la Conferencia de Seguridad y Cooperación en Europa de 1975. La política de distensión permitía mitigar los efectos más perjudiciales de la división alemana, avanzar hacia la superación de la escisión de Europa y estabilizar la situación en el Viejo Continente (Fonseca, 2013; Muñoz Sánchez, 2017). Para el Gobierno alemán, la adhesión de Portugal y España a la CEE, al igual que la de Grecia, debía apoyarse por el interés político de reforzar las democracias mediterráneas y el flanco sur de la OTAN, contribuyendo con ello a la estabilidad de Europa y, al mismo tiempo, a la cohesión del bloque occidental (Genscher, 1995: 370). Esta estabilización y cohesión del flanco sur cobró más importancia a medida que, desde finales de 1979, la distensión fue dando paso a una nueva etapa de tensión entre Estados Unidos y la URSS con el continente europeo como escenario principal (Varsori y Migani, 2011; Nutti, 2009).

La RFA había liderado, de hecho, el apoyo entre los países europeos a los procesos de democratización de Portugal y España, tanto a nivel bilateral a través de las acciones de su Gobierno, sus partidos y sus fundaciones políticas, como en el ámbito de la Europa Comunitaria (Kaiser y Salm, 2009; Stenger, 2011; Fonseca, 2011; Muñoz Sánchez, 2012, 2013 y 2017; Urigüen López de Sandaliano, 2018). Como escribió en sus memorias el ministro de Asuntos Exteriores alemán entre 1974 y 1992, Hans-Dietrich Genscher, su convicción era que una vez recuperada la democracia en Portugal y España, la CEE debía ofrecer el ingreso a ambos países, al igual que la OTAN debía hacer con España (Genscher, 1995: 236). La actitud favorable de la RFA a las candidaturas de Lisboa y Madrid se expresó desde las primeras giras y visitas europeas, con parada obligatoria en Bonn, de Mario Soares y Adolfo Suárez en 1976 y 1977 como jefes de sus respectivos gobiernos (Cunha, 2012: 74-75; Núñez Peña, 2013: 134-137). Bonn recibió favorablemente las candidaturas de ingreso de Lisboa y Madrid en las Comunidades Europeas, candidaturas que consideraban casi como el resultado natural de un cierre de ciclo histórico, de un retorno a Europa de los países ibéricos. Ya en enero de 1977 Genscher expresó el apoyo del Gobierno alemán a las candidaturas ibéricas[9], apoyo que se reiteraría en abril durante el viaje oficial de los reyes de España a Bonn (Oreja, 2011: 182) y que se mantendría firme hasta el final del proceso negociador. Sin embargo, al mismo tiempo el canciller alemán Helmut Schmidt advirtió a los españoles, portugueses y griegos contra un ingreso demasiado rápido en las Comunidades Europeas y una apertura acelerada de sus mercados, que sería catastrófica para sus economías, necesitadas de reformas en el sector agrícola e industrial. Schmidt recomendó al presidente del Gobierno Adolfo Suárez en

9. Segundo coloquio sobre Europa del Comité de Planificación del Auswärtiges Amt, 8 de marzo de 1977, *Akten zur auswärtigen Politik der Bundesrepublik Deutschland 1987*, Múnich, Oldenbourg, 2018, documento 56.

noviembre de 1977, cuando todavía no habían comenzado las negociaciones de ingreso, que los tres candidatos del Sur aceptaran largos periodos de transición para poder adaptar sus economías a la competencia europea[10].

Para Alemania, la adhesión de Portugal y España debía servir para consolidar la democracia en los dos países, estabilizar económica y políticamente el Mediterráneo europeo, reforzar o estimular la vinculación de ambos países a la OTAN y ampliar la base defensiva de Europa Occidental contra la amenaza comunista. Reforzar la CEE con dos nuevos socios significaba también relanzar el proyecto europeo y contribuir a superar la euroesclerosis. En el plano económico se vislumbraban oportunidades para la economía alemana, aunque al comienzo primarían las dificultades derivadas de las necesidades de ayuda de las economías ibéricas y de la competencia planteada en algunos sectores, particularmente la agricultura, la pesca y la industria, por parte española. En todo caso, el interés político por la ampliación primaba, desde el punto de vista de Bonn, sobre las previsibles dificultades económicas[11].

Si tenemos en cuenta únicamente los aspectos económicos, el desequilibrio entre el dossier portugués y el español era evidente. En 1980 la población española equivalía a 3,5 veces la de Portugal, y el tamaño de la economía española equivalía a siete veces el tamaño de la portuguesa. Por otra parte, en comparación con el tamaño de la economía alemana, ambos países empequeñecían: el PIB español equivalía a una tercera parte del alemán, mientras que el portugués era entre 20 y 25 veces más pequeño que el de la RFA. Ahora bien, desde el punto de vista económico, la ampliación al Sur aportaba una expansión del mercado comunitario de gran interés para la exportación de los productos industriales alemanes. Como señala O. Jörgens (2008: 59), ya en 1978 la Asociación de Cámaras de Comercio e Industria Alemanas (Deutscher Industrie-und Handelstag) en un estudio sobre la ampliación se expresaba vehementemente a favor del ingreso de España (Schoser, 1982: 185). Además de consolidar los favorables intercambios comerciales hispano-alemanes, la ampliación permitiría importar productos agrarios de Portugal y España a bajo precio, lo que resultaría favorable para el consumidor alemán. Adicionalmente, la integración de Portugal y España abría la perspectiva de incrementar las exportaciones alemanas a los países iberoamericanos contando con el papel de puente que ambos países ibéricos podían desempeñar en relación con los mercados del otro lado del Atlántico. No solo eso: España y Portugal eran interesantes mercados para la inversión directa alemana por sus bajos costes salariales y

10. Conversación entre el canciller Schmidt y el presidente del Gobierno Suárez, Bonn 3 de noviembre de 1977, *Akten zur Auswärtigen Politik der Bundesrepublik Deutschland 1977*, Múnich, Oldenbourg, 2008, documento 313.

11. AA, "Spaniens und Portugals künftige Rolle in der EG", 23 de agosto de 1984, *Akten zur Auswärtigen Politik der Bundesrepublik Deutschland 1984*, Múnich, De Gruyter Oldenbourg, 2015, documento 220.

sociales, y por la tradicional relación de ambos países con América Latina, y con varios países africanos (Jörgens, 2008: 60-64).

A la positiva actitud de Bonn ayudaba el hecho de que ni la candidatura portuguesa ni la española plantearan problemas de competencia económica en ningún sector relevante (a diferencia de lo que le ocurría a Francia e Italia con los productos agrícolas) a ambos países y algunos otros con algunas exportaciones industriales españolas o a algunos socios con la pesca. En conjunto, Alemania Occidental tenía buenas posiciones en la economía tanto portuguesa como en la española, en las que ocupaba posiciones a la cabeza como socio comercial y fuente de inversiones directas, con una presencia más destacada en España que en Portugal. Las cuestiones más delicadas se referían a los necesarios reajustes del presupuesto comunitario a los que obligaría la incorporación de dos países de renta más baja que la europea, dado que la portuguesa equivalía a alrededor del 25% de la renta comunitaria, y la española al 50% a finales de los años setenta. También planteaban desafíos los previsibles efectos de la libre circulación de trabajadores sobre la inmigración lusa y española en Alemania, donde vivían unos 100.000 portugueses a comienzos de los años ochenta y aproximadamente el doble de españoles. Sin embargo, incluso en cuestiones migratorias Bonn pudo permitirse ceder el papel de negociador más duro a otros gobiernos como el de Luxemburgo, donde los inmigrantes, en particular los portugueses, suponían un porcentaje más elevado de la población.

LA PERSPECTIVA ALEMANA EN EL CONTEXTO COMUNITARIO Y EUROPEO

España encontró el apoyo alemán tanto durante la etapa de Adolfo Suárez al frente del Gobierno (Muñoz Sánchez, 2017) como con Leopoldo Calvo Sotelo (Lafuente del Cano, 2019) y Felipe González. El Gobierno alemán comunicó con motivo de la visita del rey Juan Carlos I a la RFA en abril de 1977 su apoyo al ingreso de España, que el Gobierno de Madrid solicitaría en unos meses, tras conocerse la reciente presentación de la candidatura portuguesa (Jörgens, 2008: 59). En principio, los españoles podían confiar en Bonn porque, en lo relativo a las candidaturas ibéricas, el Gobierno alemán siempre se consideró vinculado al acuerdo informal alcanzado por los Nueve en el hotel Hesselet, en Nyborg (Dinamarca), los días 21 y 22 de mayo de 1978, resumido en la fórmula "negociaciones separadas, pero ingreso simultáneo"[12].

12. AA, "Süderweiterung der EG. Gleichzeitiger Beitritt Spaniens und Portugal", Bonn 4 de marzo de 1982, *Akten zur Auswärtigen Politik der Bundesrepublik Deutschland 1982*, Múnich, Oldenbourg, 2013, documento 72.

Ahora bien, Bonn nunca ocultó a los países del Sur que el ingreso en la CEE requeriría ajustes que podían ser costosos en términos económicos y sociales. Durante años, los alemanes repitieron el mismo mensaje a lusos y españoles —es decir, que debían contar con largos periodos de transición y preparar sus economías para adaptarse a la competencia europea—, mientras daban comienzo a ritmo lento las negociaciones de adhesión. En ellas, era España el país candidato que mayores problemas planteaba, como reconocía en mayo de 1979 el propio presidente del Gobierno español, Leopoldo Calvo Sotelo, buen conocedor —como exministro para las Comunidades Europeas— del dosier negociador[13]. En enero de 1980 Schmidt recomendó de nuevo a los españoles —tanto al presidente Suárez como al líder del Partido Socialista Obrero Español (PSOE), Felipe González— que no fueran demasiado impacientes con su adhesión. El canciller alemán señaló a su correligionario español que Grecia, con solo nueve millones de habitantes, tuvo que negociar más de dos años, y que el ejemplo del Reino Unido mostraba que podía llevar bastante tiempo cerrar las condiciones de ingreso[14].

No puede perderse de vista, con todo, la perspectiva comunitaria en su conjunto. Como expone Christina Schneider (2009) y ha aplicado Alice Cunha (2015) a la "ampliación ibérica", en cada negociación de ampliación de las Comunidades Europeas solo se producen avances cuando todos los Estados miembros reciben ventajas en la redistribución de recursos resultante de la admisión de nuevos socios. Por ello, todos los esfuerzos de españoles y portugueses por avanzar en sus expedientes negociadores resultarían en vano mientras los Diez no afrontaran y resolvieran los numerosos problemas internos que tenían ante ellos y acordaran un nuevo equilibrio interno aceptable para todos.

A finales de los años setenta, la prioridad de los Diez era sacar a la CEE de la euroesclerosis y profundizar en la integración europea reformando las instituciones comunitarias. Cada Estado miembro tenía, además, su propia agenda de prioridades. Para Francia era crucial la reforma de la Política Agrícola Común; para el Reino Unido, la renegociación de las transferencias financieras, y a fin de reequilibrar la contribución británica con lo que Londres recibía de Bruselas; para Italia era prioritaria la política mediterránea. Alemania buscaba aumentar la cohesión de la Comunidad y fortalecer el bloque occidental, en especial en la nueva fase de tensión entre bloques a partir de 1979. Este país, por otra parte, coincidía con Luxemburgo en el interés por regular y limitar la libre circulación de trabajadores. Irlanda aspiraba a incrementar su acceso al presupuesto comunitario y Grecia quería que aumentaran los fondos para productos agrícolas (Cunha, 2012: 74).

13. *ABC*, 29/5/1979.
14. Conversación entre el canciller Schmidt y secretario general del Partido Socialista Obrero Español, Felipe González, Madrid 8 de enero de 1980, *Akten zur Auswärtigen Politik der Bundesrepublik Deutschland 1980*, Múnich, Oldenbourg, 2011, documento 5; véase también Oreja (2011: 375).

En la mayoría de estos temas —a excepción de la emigración—, Portugal no planteaba grandes problemas, lo que facilitó que Lisboa adoptara una estrategia negociadora poco exigente, buscando la adhesión a cualquier precio. Para españoles y alemanes era evidente que Portugal, que recelaba del principio de globalización impuesto por la Comisión, intentaba repetir el éxito griego, desmarcándose de España y logrando un ingreso acelerado. Lisboa contaba para ello con el apoyo de Francia. Incluso podía elucubrar con recabar la ayuda de Alemania, cuyo papel como principal contribuyente había sido decisivo, según la historiadora Eirini Karamouzi, en la fase crucial de negociaciones en 1977-1978 para desbloquear el ingreso de Grecia, que había firmado su adhesión el 28 de mayo de 1979 (Karamouzi, 2014). Sin embargo, durante cuatro años (1977-1981) fracasó todo esfuerzo de Portugal por utilizar la palanca francesa para abrir la puerta de Europa. Fue más determinante la parálisis propia de la CEE en tiempos de euroesclerosis y la voluntad de los Nueve, después los Diez, de capitalizar el reajuste de políticas que se produciría con la ampliación al Sur, actuando cada uno a favor de sus intereses nacionales. Los intereses de los Estados miembros en torno a estos problemas condicionaron todo el proceso de negociación con Portugal y España. A ello había que añadir los ciclos políticos y los cálculos electorales internos de cada Estado miembro, a los que los gobiernos subordinaron las negociaciones de adhesión. En suma, la ampliación no pudo progresar hasta que los Diez encontraron una solución satisfactoria, para todos y cada uno de ellos, en torno a estos problemas. Solución que estaba interrelacionada con el propio proceso de ampliación por la "vinculación" de cuestiones y la simultaneidad de negociaciones.

ALEMANIA COMO MOTOR DE LA INTEGRACIÓN DE PORTUGAL Y ESPAÑA EN TIEMPOS DE PROFUNDIZACIÓN Y AMPLIACIÓN

En línea con lo apuntado anteriormente, las negociaciones para la ampliación ibérica solo comenzaron a desatascarse a partir de 1981-1982, cuando la CEE dirimió la dicotomía entre profundización (reforma interna) y ampliación, superándola por una visión integrada que vinculó ambos procesos: profundización y ampliación. El plan Genscher-Colombo, presentado por los ministros de Asuntos Exteriores alemán e italiano en 1981, supuso un jalón fundamental en ese sentido, al permitir avanzar en la cooperación política en el seno de las Comunidades Europeas (Cuccia, 2018). Esta vía se consolidaría en el consejo europeo de Stuttgart de 1983, en el que Alemania apoyó, como contribuyente neto a las arcas comunitarias, el ingreso de España y Portugal, asumiendo la mayor parte del coste financiero de la ampliación (Genscher, 1995: 366).

Al avance en la ampliación ibérica ayudó también a la renovación del liderazgo en los países más determinantes para el éxito de esta operación. A la llegada del socialista François Miterrand a la presidencia de la república francesa en mayo de 1981 le siguió la victoria del PSOE en las elecciones de octubre de 1982 en España, que llevaron a Felipe González a la presidencia del Gobierno. Cuando en junio de 1983 Mario Soares volvió a ser nombrado primer ministro de Portugal, los tres países contaban con gobiernos ideológicamente próximos. Tanto Soares como González tenían buenos contactos con dirigentes socialdemócratas europeos desde sus años como líderes opositores en la clandestinidad. La posición del Gobierno alemán a favor de la ampliación al Sur no varió, por otra parte, con el relevo del canciller socialdemócrata Helmut Schmidt por el demócrata cristiano Helmut Kohl en octubre de 1982 y, de hecho, entre este y González se estableció un buen entendimiento político que resultaría muy positivo para culminar las negociaciones de adhesión.

Por otra parte, el intento de golpe de Estado en España del 23 de febrero de 1981 llamó la atención de los Diez sobre la fragilidad de la democracia en el país, lo que imprimió de cierto sentido de urgencia a las relaciones entre los países ibéricos y la CEE. Para muchos líderes europeos se hizo evidente que el mejor antídoto contra la posibilidad de una involución autoritaria en la península ibérica era el desbloqueo de las negociaciones y un rápido ingreso de España, y también de Portugal, en las Comunidades Europeas. Tras el intento de golpe de Estado, los españoles buscaron activamente el apoyo alemán, y lo obtuvieron en gran medida, para tratar de vencer la resistencia francesa a la adhesión. En abril de 1981 Leopoldo Calvo Sotelo eligió la RFA como destino de su primer viaje oficial al extranjero como presidente del Gobierno. En Bonn, Calvo Sotelo transmitió a Helmut Schmidt la urgencia del Gobierno español por avanzar en el camino del ingreso en la CEE, aceptando si era necesario los largos periodos transitorios que recomendaban insistentemente los alemanes, siempre que fueran acordados en negociaciones lo más rápidas posible[15]. Los alemanes expusieron siempre que su capacidad de influencia sobre otros Estados miembros era limitada, conteniendo las expectativas españolas, pero no dejaron de apoyar nítidamente los deseos de Madrid. En mayo de 1981 Schmidt se reunió con Mitterrand en París y le trasladó su convicción de que era necesario reforzar la democracia española, apoyar al rey y evitar la impresión de que la CEE le daba la espalda a España[16].

Poco después, en junio de 1981, durante la visita del ministro alemán de Asuntos Exteriores, Hans-Dietrich Genscher, a Madrid, Calvo Sotelo urgió a los alemanes a

15. Conversación del canciller federal con el presidente del Gobierno español en presencia de ambos ministros de Asuntos Exteriores el 22 de abril de 1981 en Bonn, *Akten zur Auswärtigen Politik der Bundesrepublik Deutschland 1981*, Múnich, Oldenbourg, 2012, documento 111.

16. En la misma conversación, Mitterrand admitió que Francia tenía sus reservas sobre la candidatura española, sobre todo por la competencia económica, y particularmente agrícola, de este país. Conversación del canciller Schmidt con el presidente Mitterrand en París, 24 de mayo de 1981, *Akten zur Auswärtigen Politik der Bundesrepublik Deutschland 1981*, Múnich, Oldenbourg, 2012, documento 153.

que hicieran lo posible por desatascar las negociaciones de adhesión a la CEE, embarrancadas por el ciclo político francés —con la celebración de elecciones presidenciales y la formación de un nuevo Gobierno— y por la necesidad de los Diez de resolver sus problemas internos. Calvo Sotelo esgrimió por primera vez que "el problema era la decepción y cansancio de la población española en relación con el ingreso" en las Comunidades Europeas, un argumento que en adelante utilizaría el Gobierno español en varias ocasiones[17].

Este horizonte de decepción con Europa era tanto más amenazante conforme se combinaba con la posibilidad de que Portugal tomara la delantera e ingresara anticipadamente en la CEE. De hecho, el Gobierno portugués trató de utilizar el 23-F como palanca para hacer avanzar las negociaciones de ampliación en su favor. En junio de 1981 el primer ministro portugués Francisco Pinto Balsemão, de visita oficial en Bonn, invocó ante Schmidt el peligro español, asegurando que el país podía volver a adoptar un régimen autoritario, algo muy preocupante dado el estado de desprotección en que se encontraban las fronteras portuguesas. Dado que Lisboa no podía controlar sus límites con España, no era descartable incluso que las actividades de la organización terrorista vasca ETA se extendieran a territorio luso, afirmó. De este modo, implícitamente contraponía la conflictividad y complejidad del caso español, marcado por su combinación de terrorismo separatista y golpismo involucionista, con la estabilidad del escenario portugués. Portugal, afirmó Balsemão, estaba por supuesto a favor del ingreso de España en la CEE y la OTAN, una alianza esta última a la que los portugueses pertenecían desde su creación. Sin embargo, la prioridad de Lisboa era convencer a los alemanes de que ayudaran a imprimir un ritmo más acelerado a las negociaciones luso-comunitarias[18].

En la pretensión portuguesa de desvincular los dosieres de ambos países ibéricos y favorecer el ingreso rápido de Portugal en la CEE dejando para más adelante el caso español, el Gobierno portugués contaba a la altura de 1981, como hemos mencionado, con el apoyo de Francia. El escenario era, por el contrario, muy desfavorable para Madrid, porque París podía acabar arrastrando a la Comisión en la misma dirección. De hecho, en vísperas del Consejo Europeo de Londres de 26 de noviembre de 1981, el comisario para la ampliación, Lorenzo Natali, afirmó que Portugal podría entrar antes que España en la CEE, con el argumento de que el Gobierno de Lisboa había presentado su candidatura tres meses antes que el de

17. Conversación del ministro Genscher con el presidente del Gobierno Calvo Sotelo en Madrid, 12 de junio de 1981, *Akten zur Auswärtigen Politik der Bundesrepublik Deutschland 1981*, Múnich, Oldenbourg, 2012, documento 167.
18. Conversación entre el canciller federal y el primer ministro Balsemão el 15 de junio de 1981 en Lisboa, *Akten zur Auswärtigen Politik der Bundesrepublik Deutschland 1981*, Múnich, Oldenbourg, 2012, documento 177.

Madrid[19]. En una situación de bloqueo negociador, en febrero de 1982 Calvo Sotelo reiteró al ministro de Asuntos Exteriores alemán, Hans-Dietrich Genscher, que "la opinión pública española está[ba] muy deprimida acerca de las negociaciones de ingreso de España en la CEE". El presidente español se quejó de que, en cinco años, no se había avanzado nada o muy poco en relación con la candidatura de España, y aseguró que no se sabía cuánto tiempo podría mantener el curso europeísta de su Gobierno[20].

Todo parece indicar que Bonn fue sensible a los argumentos españoles, sobre todo porque estos coincidían con los intereses. Pese a la opción francesa por el ingreso acelerado de Portugal, Alemania no encontró motivos para alterar su apuesta por la "globalización" del dossier ibérico y el ingreso simultáneo de Portugal y España en la CEE. En marzo de 1982 el Auswärtiges Amt (ministerio alemán de Asuntos Exteriores) elaboró un memorándum interno para el ministro Genscher sobre la cuestión, en el que se exponían los motivos para tal opción. La diplomacia alemana constataba que las negociaciones con Portugal y España avanzaban despacio, sobre todo por el expediente agrícola y por la pesca. Bonn y otras capitales se estaban esforzando por ir avanzando en los capítulos menos problemáticos, como los movimientos de capital, el derecho de establecimiento o el transporte, pero hasta entonces habían tenido poco éxito. Francia quería adelantar el ingreso de Portugal porque causaba menos problemas, según había afirmado repetidas veces el gobierno de París en los últimos meses. Ahora bien, el Gobierno alemán consideraba que Francia tenía también otros motivos. A juicio de los alemanes, los franceses querían tener pronto a Portugal como miembro de la CEE porque, con el socio luso en el club comunitario, a París le sería más sencillo postergar el ingreso de una España que le planteaba problemas de competencia agrícola, pero también industrial[21].

Es interesante constatar cómo, al elaborar su propia posición, los alemanes consideraban los efectos negativos que podía acarrear sobre España la adhesión de Portugal de forma separada y anterior a las Comunidades Europeas. Esta posibilidad, según el análisis de Bonn, tendría "consecuencias imprevisibles" sobre "la situación política interna de España" y sobre "su vinculación con Occidente". Renunciar al principio de globalización podía dejar atrás a España indefinidamente en el camino a la CEE, con resultados muy desfavorables:

19. "Portugal entrará antes que España en la CEE, según Lorenzo Natali", *El País*, 12/11/1981; Cavallaro y Muñoz Sánchez (2017: 398).
20. Conversación del ministro Genscher con el presidente del Gobierno Calvo Sotelo en Madrid, 9 de febrero de 1982, *Akten zur Auswärtigen Politik der Bundesrepublik Deutschland 1982*, Múnich, Oldenbourg, 2013, documento 48.
21. AA, "Süderweiterung der EG. Gleichzeitiger Beitritt Spaniens und Portugal", Bonn 4 de marzo de 1982, *Akten zur Auswärtigen Politik der Bundesrepublik Deutschland 1982*, Múnich, Oldenbourg, 2013, documento 72.

Esto podría tener, con seguridad, un efecto desestabilizador para el futuro de la integración en Occidente y para el desarrollo de la democracia en España. La Comunidad respecto a España perdería más de palabra y de hecho de lo que podría ganar con Portugal. No podemos permitirnos una negligencia con España, de consecuencias imprevisibles.

Para Bonn, aunque se terminara de negociar con Portugal antes que con España todos los capítulos de la adhesión (como efectivamente ocurrió), la fecha de ingreso de ambos países debía ser idéntica. De hecho, si por Bonn fuera, incluso se cerrarían las negociaciones el mismo día, para evitar resquemores entre Madrid y Lisboa. E incluso en el caso de que Portugal fuera más adelantado en la negociación de determinados expedientes, la estrategia alemana consistiría en utilizar esos avances como palanca para acelerar el cierre de capítulos con España, actuando ante los socios europeos para no posponer a los españoles[22]. En cualquier caso, la RFA estaba determinada a impedir que Portugal se adelantara, por más que técnicamente esta fuera una posibilidad factible[23].

Este es el planteamiento que expuso Helmut Schmidt a Francisco Pinto Balsemão en Bonn en mayo de 1982, cuando el primer ministro portugués trató de convencerle de que la candidatura portuguesa se examinara por sus propios méritos, desvinculada del complicado expediente español. El canciller alemán replicó rebajando las expectativas lusas. Por una parte, expuso, la CEE todavía no había digerido la primera ampliación (Reino Unido, Irlanda y Dinamarca) y aún tenía que asumir la segunda (Grecia). Por otra parte, con el ingreso en la CEE Portugal se enfrentaría a la competencia europea. Los portugueses, aseguró Schmidt, debían prepararse para sufrir "decepciones" y para contar con largos periodos transitorios, algo que también regía para España, aunque Schmidt reconocía que Portugal, por su participación en la EFTA, tenía ya camino andado y aranceles más bajos que España. El canciller resaltó además el interés de la RFA por dejar todo muy bien negociado con los países candidatos —rechazando, por tanto, las prisas y el cierre en falso de los temas— para evitar que, como el Reino Unido, los portugueses pidieran renegociar los términos de adhesión una vez dentro de la CEE. En suma, Bonn se mantenía fiel al principio del ingreso simultáneo, aunque las negociaciones con Lisboa pudieran avanzar a mejor ritmo que con Madrid[24].

22. *Ibidem*.
23. *Ibidem*.
24. Conversación del canciller Schmidt con el primer ministro portugués Balsemão en Bonn, 4 de mayo de 1982, *Akten zur Auswärtigen Politik der Bundesrepublik Deutschland 1982*, Múnich, Oldenbourg, 2013, documento 134.

UNA VINCULACIÓN CONTROVERTIDA: LA PERMANENCIA DE ESPAÑA EN LA OTAN Y EL INGRESO EN LA CEE

Cuando el PSOE llegó al poder en España en las elecciones de octubre de 1982, el desbloqueo de las negociaciones con la CEE se dibujó como uno de los puntos más importantes de la agenda exterior del nuevo Gobierno (Pardo Sanz, 2011). Al poco de ganar las elecciones, Felipe González encargó a uno de sus colaboradores más cercanos, el diplomático Juan Antonio Yáñez-Barnuevo, director del Departamento de Internacional de la Presidencia del Gobierno, que elaborara un plan estratégico para impulsar el ingreso de España en la CEE. La principal conclusión de Yáñez se resumía en una fórmula clara y sencilla: "El camino entre Madrid y Bruselas pasa por París, y la llave de la puerta de París la tiene Bonn"[25].

Bonn seguía ateniéndose al principio de simultaneidad o de "globalización", como defendió el Gobierno alemán de forma nítida en el Consejo Europeo de Copenhague de diciembre de 1982. También reiteró la fidelidad de Bonn a este principio el ministro Genscher a su homólogo español, Fernando Morán, ese mismo mes. Morán aseguró a Genscher en el encuentro que mantuvieron en Bruselas que, contra los temores alemanes, España no había perdido interés en las Comunidades Europeas, pero sí estaba entrando en una fase de "obsesión" colectiva por el asunto. Morán afirmó además que los retrasos en el ingreso podían dar alas a fuerzas nacionalistas en España contrarias a la adhesión en la CEE. Al mismo tiempo, si Portugal acabara ingresando antes, el efecto psicológico en España, afirmó, sería muy negativo[26]. La perspectiva de que España acabara desinteresándose de las Comunidades Europeas de no alcanzarse avances tangibles a corto plazo se presentaba, por otra parte, vinculada a la cuestión de la permanencia de España en la OTAN.

La simultaneidad de ambas cuestiones suscitó inevitablemente la cuestión de si existía una vinculación entre las Comunidades Europeas y la OTAN, de forma que la permanencia en la segunda fuera de alguna forma una condición *sine qua non* para el ingreso en la primera. De plantearse esta opción, Portugal estaría una vez más en ventaja respecto a España, puesto que en el país luso, donde el europeísmo estaba menos extendido entre la población y los grupos dirigentes, no se daba un cuestionamiento general de la permanencia en la OTAN, mientras que en España la

25. Entrevista concedida por Juan Antonio Yáñez-Barnuevo García, el 16 de octubre de 2013, al Grupo de Investigación en Historia de las Relaciones Internacionales (GHistRI) de la Universidad Complutense de Madrid en el marco del proyecto de investigación "Dimensión internacional de la transición española (1973-1982): protagonistas y memoria histórica", referencia HAR2009-13630 (Ministerio de Ciencia e Innovación).

26. Conversación del ministro Genscher con el ministro de Asuntos Exteriores Fernando Morán en Bruselas, 9 de diciembre de 1982, *Akten zur Auswärtigen Politik der Bundesrepublik Deutschland 1982*, Múnich, Oldenbourg, 2013, documento 338.

adopción de un curso neutralista o "tercermundista" podía actuar en detrimento de las aspiraciones a incorporarse a la Europa de los Diez.

En sentido estricto, puede constatarse que la existencia de cierto vínculo entre OTAN y CEE se suscitó en varios momentos y contextos, y también con significados variables y ambivalentes. La presunta interdependencia entre la pertenencia a ambas organizaciones se utilizó de forma selectiva por unos y otros interlocutores, en función de objetivos cambiantes. De forma muy general, ya en las conversaciones entre Suárez y Schmidt de noviembre de 1977 se habló de que había alguna relación entre el posible ingreso de España en la OTAN y en la CEE[27]. Sin embargo, cuando en enero de 1980 Schmidt visitó España y se reunió separadamente con el rey Juan Carlos, con Suárez y con Felipe González, en un clima en que la prensa publicó precisamente que había viajado a España para convencer al Gobierno de que solicitara su ingreso en la Alianza Atlántica, el presunto vínculo con las Comunidades Europeas no se mencionó, o al menos no se recoge alusión alguna en la documentación diplomática alemana. González, correligionario político de Schmidt, se mostró de acuerdo con el canciller en cuanto a la relación de España con Occidente en materia defensiva y no se expresó en contra del ingreso de España en la OTAN. Señaló, eso sí, que un ingreso prematuro tendría efectos negativos sobre la política interior, y que se trataba de un tema delicado para la opinión pública y para una parte de las Fuerzas Armadas, que era reticente a las alianzas[28].

La cuestión tomó un cariz diferente tras la asunción de la jefatura del Gobierno en España por Leopoldo Calvo Sotelo en febrero de 1981. El nuevo Gobierno apostó por un claro curso atlantista y presentó la solicitud de ingreso de España a la Alianza Atlántica, que se hizo efectivo en mayo de 1982. La entrada en la OTAN se convirtió en un nuevo elemento de desconfianza de Portugal hacia España, cuestión que se presentaba relacionada con la perspectiva de ingreso de ambos países en la CEE. En junio de 1981 Balsemão aseguró al canciller Schmidt que Lisboa veía con buenos ojos la futura incorporación de España en la CEE y en la OTAN, pero dejó claro que Portugal no aceptaría que un comandante español mandara sobre tropas portuguesas[29]. La incomodidad de Lisboa ante la perspectiva de perder relevancia en el Pacto Atlántico era evidente y coincidía con el momento en que el

27. *Akten zur Auswärtigen Politik der Bundesrepublik Deutschland 1977*, Múnich, Oldenbourg, 2008, documento 313.
28. Conversación entre el canciller Schmidt y secretario general del Partido Socialista Obrero Español, Felipe González, Madrid 8 de enero de 1980, *Akten zur Auswärtigen Politik der Bundesrepublik Deutschland 1980*, Múnich, Oldenbourg, 2011, documento 5. Sobre la ausencia de presiones de la RFA y el SPD a España en lo relativo a la OTAN veáse también Morán (1990: 308-311) y Muñoz Sánchez (2017: 226-227 y 242-245).
29. Conversación entre el canciller federal y el primer ministro Balsemão el 15 de junio de 1981 en Lisboa, *Akten zur Auswärtigen Politik der Bundesrepublik Deutschland 1981*, Múnich, Oldenbourg, 2012, documento 177.

Gobierno portugués, apoyado por París, apostó más claramente por acelerar su entrada en el Mercado Común desvinculándose de España.

La llegada del PSOE al poder en España añadió mayor complejidad a la cuestión. En diciembre de 1982 el recién nombrado ministro de Asuntos Exteriores Fernando Morán garantizó a Genscher que España no quería debilitar su compromiso con Occidente, aunque se atendría a la promesa electoral de celebrar un referéndum para decidir sobre su continuidad en la Alianza[30]. Sin embargo, el apoyo de Felipe González a la decisión de Kohl de permitir el despliegue de los euromisiles en la RFA, expresado en su primera visita oficial a Bonn en mayo de 1983, mostró que la posición del presidente español era más pragmática y atlantista que la de su Gobierno y la de su propio ministro de Asuntos Exteriores (Morán, 1990: 146-149).

Esta posición de González le garantizó el valioso apoyo de Kohl en Europa. Para comenzar, en la cumbre de 1983 los gobiernos de España y Alemania acordaron reunirse periódicamente para realizar consultas a nivel gubernamental, lo que desde la perspectiva de Madrid constituyó un importante paso para acelerar el ingreso en la CEE (Jörgens, 2008: 62). Además, fue precisamente en su primer encuentro con Kohl cuando Felipe González vinculó OTAN y CEE, al afirmar que los Diez estaban dando la impresión de que a España se la quería para la defensa militar de Europa, pero que se consideraba que "todavía tenía que aprender" para poder ser admitida en el club comunitario. Se trataba de transmitir la idea de que el "sí" en el referéndum se vería ayudado por la admisión de España en la CEE[31]. Genscher razonaba de forma similar cuando señala en sus *Memorias* que difícilmente podía abrírsele a España la puerta de la OTAN mientras se le cerraba la de la CEE, como si se siguiera el principio de "Queremos vuestros soldados, pero no vuestra fruta" (Genscher, 1995: 371). En cualquier caso, en su encuentro con González el canciller Kohl dio la vuelta al argumento, afirmando que sería incongruente desde el punto de vista político que España quisiera estar en la CEE sin aportar a la defensa de Occidente[32].

En todo caso, a la altura de 1983 (si no antes), en González estaba tomando forma la convicción de que europeísmo y atlantismo podían ir de la mano, y de que la permanencia en la OTAN aportaba réditos internacionales a España, que también podrían hacerse valer en el ámbito de las negociaciones comunitarias (Pardo Sanz, 2011: 87-88). En mayo de 1984 González aseguró a Kohl que concluir con éxito la adhesión a la CEE tendría un efecto psicológico positivo para desbloquear

30. Conversación del ministro Genscher con el ministro de Asuntos Exteriores Fernando Morán en Bruselas, 9 de diciembre de 1982, *Akten zur Auswärtigen Politik der Bundesrepublik Deutschland 1982*, Múnich, Oldenbourg, 2013, documento 338.

31. Conversación del canciller Kohl con el presidente del Gobierno González, 3 de mayo de 1983, *Akten zur Auswärtigen Politik der Bundesrepublik Deutschland 1983*, Múnich, De Gruyter Oldenbourg, 2014, documento 126.

32. *Ibidem*.

la cuestión de la permanencia en la OTAN. España, aseguró, no podía permitirse una nueva "frustración" en relación con la CEE, un proyecto "de significado histórico" para el país. Ahora bien, sería perjudicial establecer un vínculo demasiado directo entre ambas organizaciones, y tampoco ayudaría —más bien al contrario— que otros gobiernos, como el alemán, expresaran su interés en la permanencia de España en la OTAN[33]. Bonn era consciente de este viraje y de que el reto que se le planteaba a González era convencer a una parte de su propio partido y a la sociedad española. En esta tarea, cualquier presión exterior podía resultar contraproducente: el Gobierno alemán, pero también el Partido Socialdemócrata (SPD), confiaban más bien en que el PSOE y los españoles se irían dando cuenta de las ventajas de la permanencia en la Alianza Atlántica.

LA LLAVE ALEMANA Y LA PUERTA DE EUROPA

Volviendo a la vinculación entre las adhesiones de Portugal y España a las Comunidades Europeas, si las negociaciones de ingreso se desbloquearon y tomaron velocidad fue sobre todo porque, a partir de 1981-1982, la CEE comenzó a resolver los problemas internos que dividían a los Diez y paralizaban el funcionamiento comunitario. En el camino del desbloqueo tuvo una parte importante la resolución de Schmidt y Mitterrand de encontrar salida a la parálisis. El Gobierno alemán dio durante su presidencia de las Comunidades Europeas del primer semestre de 1983 un impulso importante a la negociación de varios capítulos con Portugal y España, aunque quedaron abiertos algunos de los más delicados, como agricultura, pesca y asuntos sociales (Cunha, 2012: 150; Núñez Peña, 2013: 324-325). Más decisivo fue el avance que se logró en el Consejo Europeo de Stuttgart, del 17 al 19 de junio de 1983, en el que se aprobó el Mandato de Stuttgart, que vinculó la ampliación a la resolución de los problemas financieros de la Comunidad. La solución vendría con la creación del "mecanismo de corrección" por el que se evitó que el Reino Unido, que en 1977 era el segundo mayor contribuyente neto al presupuesto comunitario (siendo el primero la RFA), pasara a ser el primero en 1980, sin percibir grandes retornos. Ese papel de principal contribuyente lo asumió la RFA, salvando el acuerdo (Cunha, 2012: 151; Núñez Peña, 2013: 326-328).

A partir de aquí, Mitterrand y Kohl asumieron de consuno un papel protagonista en el impulso para poner fin al bloqueo en que se encontraban las Comunidades Europeas desde 1979. Lo hicieron con un ojo en la Comunidad y otro en la península ibérica. Ambos mandatarios mantuvieron frecuentes encuentros y extensas

33. *Ibidem*.

conversaciones, como la que tuvo lugar en Saarbrücken en mayo de 1984. En un diálogo que giró en torno al arreglo financiero con el Reino Unido exigido por la primera ministra británica, Margaret Thatcher, Kohl se mostró preocupado porque, afirmó, la CEE se estaba convirtiendo en un problema psicológico cada vez mayor para Portugal y España. Mitterrand, que había llegado a la conclusión de que era mejor moldear la ampliación al Sur que obstaculizarla, afirmó su compromiso con el ingreso de ambos países en la CEE, aunque —añadió— la mayoría de franceses estaban en contra[34].

Sería poco después, en el Consejo Europeo de Fontainebleau del 25 y 26 junio de 1984, cuando los Diez alcanzaron un acuerdo sobre el monto de la compensación al Reino Unido y allanaron el camino para la creación de los Programas Integrados para el Mediterráneo (PIM) del que se beneficiaban Grecia, Italia y Francia, sin perjudicar a Irlanda, a la vez que tomaban medidas concretas sobre la reforma de la PAC, como exigía Francia (Cunha, 2015: 35-36). Decisiones todas ellas que desbloquearon definitivamente el expediente de la adhesión de Portugal y España, y permitieron ir cerrando la negociación de los capítulos pendientes entre el otoño de 1984 y la primavera de 1985, hasta llegar a la firma de ambos tratados de adhesión el 12 de junio de 1985 (Núñez Peña, 2013).

CONCLUSIONES

El Gobierno alemán partió de una aproximación globalizadora en su enfoque sobre las candidaturas ibéricas a la CEE porque esta aproximación era coherente con su concepción global sobre la península ibérica en el contexto europeo y mediterráneo. Bonn era muy consciente de la interrelación sustancial de las candidaturas portuguesa y española y se atuvo consecuentemente al principio de "globalización". Los alemanes consideraron cuidadosamente los efectos de un ingreso no sincronizado de los candidatos y priorizaron la opción que mejor servía a su objetivo principal: la estabilidad de la península ibérica y la consolidación de la democracia en ambos países. Dado que comparativamente España presentaba los mayores desafíos y también las mayores preocupaciones —económicas, pero también políticas— desde la óptica alemana, de esa visión global se derivaba necesariamente un efecto de "arrastre" sobre el expediente de Portugal, que quedó vinculado al destino del caso español[35].

34. Conversación del canciller Kohl con el presidente Mitterrand en Saarbrücken, 20 de mayo de 1984, *Akten zur Auswärtigen Politik der Bundesrepublik Deutschland 1984*, Múnich, De Gruyter Oldenbourg, 2015, documento 146.

35. A este respecto es de gran interés la propuesta de comparación entre distintas ampliaciones de la CEE propuesta por Elvert y Kaiser (2004), y en especial los capítulos firmados por J. Elvert, R. Martín de la Guardia sobre el caso de España, y A. C. Pinto y N. S. Teixeira sobre el caso de Portugal.

La "globalización" de las negociaciones defendida sin variación por Alemania, aunque no solo por este país que, no lo olvidemos, formaba parte de una Comunidad de Diez, fue un factor importante para explicar el "retraso" de Portugal en cerrar sus negociaciones con la CEE. Ahora bien, un factor de más peso sería la necesidad que tenían los Diez de arreglar otros acuerdos previos, entre ellos relativos al reparto del coste de la ampliación y del impacto sobre capítulos delicados como la agricultura, pesca o libre circulación de trabajadores. Alemania supuso "un" obstáculo para las aspiraciones portuguesas de desvincular su caso del de España, pero ciertamente no fue el obstáculo único que tuvo Portugal esperando a las puertas de Europa.

Pese a todo, la RFA apoyó sin fisuras la ampliación al Sur, una política que se relacionaba directamente con el apoyo a los procesos de democratización ibéricos. En el caso español, la relación de proximidad que se estableció entre los gobiernos de Madrid y Bonn en relación con el expediente comunitario y con la cuestión del ingreso y permanencia de España en la OTAN se prolongó, andado el tiempo, en el apoyo español a la perspectiva de una pronta reunificación alemana abierta por la caída del Muro de Berlín en 1989. Esta mutua solidaridad entre los gobiernos español y alemán, que proporcionó réditos tangibles a ambos países en el panorama europeo, se construyó en gran medida al compás de la aproximación española a Europa en el periodo 1976-1986 (Berneceker, 2007; Trouvé, 2013; Aschmann, 2017).

La importancia de Alemania en el "desbloqueo" del proceso de ampliación ibérica, con todo, debe contextualizarse en el marco comunitario. Ciertamente, la RFA asumió una mayor participación que otros países miembros en el pago de la factura de la ampliación y, sobre todo, de las exigencias que cada uno de los Diez ponía sobre la mesa como condición para desbloquear la ampliación. Desde esa perspectiva, Bonn tuvo la "llave" para abrir la "puerta" de las Comunidades Europeas a España y Portugal. Pero en una CEE donde se avanza por acuerdos multilaterales, era la resolución consensuada de los problemas suscitados a cada país por la ampliación la que proporcionó el desbloqueo. Todos tenían la llave y el cerrojo de una Europa que finalmente se abrió para Portugal y España el primer día de enero de 1986.

BIBLIOGRAFÍA

ALONSO, Antonio (1985): *España en el Mercado Común. Del Acuerdo del 70 a la Comunidad de los Doce*, Madrid, Espasa Calpe.

ASCHMANN, Birgit (2017): "'Mein Freund Felipe'. Spanien und die deutsche Einheit", en M. Gehler y M. Graf (eds.), *Europa und die deutsche Einheit. Beobachtungen, Entscheidungen und Folgen*, Gotinga, Vandenhoeck & Ruprecht, pp. 639-661.

BASSOLS, Raimundo (1995): *España en Europa. Historia de la Adhesión a la CE, 1957-85*, Madrid, Política Exterior.

BERNECKER, Walther L. (2007): "España y Alemania en dos momentos decisivos de sus historias: la Transición española y la reunificación alemana", *Iberoamericana*, 26, pp. 153-165.

Calvo Sotelo, Leopoldo (1990): *Memoria viva de la transición*, Barcelona, Plaza y Janés.
Brito, José Maria Brandão de; Amaral, João Ferreira do y Rollo, Maria Fernanda (2011): *Portugal e a Europa-Testemunhos dos Protagonistas*, Lisboa, Tinta da China.
Cavallaro, Maria Elena (2009): *Los orígenes de la integración de España en Europa*, Madrid, Sílex.
Cavallaro, Maria Elena y Muñoz Sánchez, Antonio (2017): "Relações Portugal-Espanha", en A. Cunha (ed.), *Os Capítulos da Adesão*. Lisboa, Assembleia da República, pp. 395-411.
Chaves, Miguel (2012): *As negociações de adesão de Portugal à Comunidade Económica Europeia-CEE, 1977-1985*, Lisboa, Universidade Católica Portuguesa (tesis doctoral).
Clausse, Guy y Esteves, Maria do Céu (coords.) (1987): *As Relações Luso-Espanholas no Contexto da Adesão à CEE*, Cadernos CEE, nº 2, Lisboa, Instituto de Estudos para o Desenvolvimento.
Cuccia, Deborah (2018): "The Genscher-Colombo Plan: A forgotten page in the European Integration History", *Journal of European Integration History*, 24, pp. 59-78.
Crespo MacLennan, Julio (2004): *España en Europa, 1945-2000. Del ostracismo a la modernidad*, Madrid, Marcial Pons.
Cunha, Alice (2007): *À Descoberta da Europa. A Adesão de Portugal às Comunidades Europeias*, Lisboa, Ministerio dos Negócios Estrangeiros.
— (2012): *O Alargamento Ibérico da Comunidade Económica Europeia: A Experiência Portuguesa*, Lisboa, Universidade Nova de Lisboa (tesis doctoral).
— (2015): "Portugal, Spain, and Europe. From the Parallelism of the Accession Negotiations to the Capitalisation of the Third Enlargement of the European Economic Community", *Relações Internacionais*, 48, pp. 25-41.
— (ed.) (2017): *Os Capítulos da Adesão*, Lisboa, Assembleia da República.
Elvert, Jürgen (2004): "A fool's game or a comedy of errors? EU-enlargement in comparative perspective", en J. Elvert y W. Kaiser (eds.), *European Union Enlargement. A Comparative History*, Londres y Nueva York, Routledge, pp. 201-221.
Elvert, Jürgen y Wolfram, Kaiser (2004) (eds.): *European Union Enlargement. A Comparative History*, Londres y Nueva York, Routledge.
Ferreira, Luiz Gonzaga (2001): *Portugal e as Comunidades Europeias. Do 25 de Abril ao pedido de adesão*, Lisboa, Vega.
Fonseca, Ana Mónica (2011): *É Precisso Regar os Cravos! A Social-democracia alemã e a transição para a Democracia em Portugal, 1974-1976*, Lisboa, ISCTE-IUL (tesis doctoral).
— (2013): "A Alemanha Federal e o pedido de adesão de Portugal à CEE", en F. Ribeiro (ed.), *Alemanha-Portugal: Aspectos em Revista*, Lisboa, Humus e CHC-Cadernos de Cultura, pp. 31-51.
García Crespo, Guillermo (2019): *El precio de Europa. Estrategias empresariales ante el Mercado Común y la transición a la democracia en España (1957-1986)*, Granada, Comares.
Genscher, Hans-Dietrich (1995): *Erinnerungen*, Berlín, Siedler
Guirao, Fernando y Gavín Munté, Víctor (2013): "La Comunidad Europea y la transición española (1975-1977)", en C. Blanco-Sío López y S. Muñoz (eds.), *Converging Pathways - Itinerarios cruzados. Spain and the European Integration Process - España y el proceso de integración europea*, Bruselas, Peter Lang, pp. 159-197.
IDL-Instituto Amaro da Costa (1985): *Alargamento da Comunidade Europeia: Análise da Entrada da Espanha*, Lisboa, Instituto Amaro da Costa, 1985.
Institut für Zeitgeschichte (ed.) (2008-2018): *Akten zur Auswärtigen Politik der Bundesrepublik Deutschland, 1977-1987*, Múnich, Oldenbourg.
Jiménez Redondo, Juan Carlos (2009): *España y Portugal. Los caminos de la democracia en la península ibérica*, Madrid, Sílex.
Jörgens, Olaf (2008): *Zwischen Kontinuität und Wandel. Zwanzig Jahre spanische Europapolitik unter Felipe González, José María Aznar und José Luis Rodríguez Zapatero*, Bonn, Bouvier.
Kaiser, Wolfram y Salm, Christian (2009): "Transition und Europäisierung in Spanien und Portugal. Sozial- und christdemokratische Netzwerke im Übergang von der Diktatur zur parlamentarischen Demokratie", *Archiv für Sozialgeschichte*, 49, pp. 259-282.
Karamouzi, Eirini (2014): *Greece, the EEC and the Cold War, 1974-1979. The second enlargement*, Basingstoke, Palgrave Macmillan.
Lã, João Rosa y Cunha, Alice (eds.) (2016): *Memórias da Adesão. À mesa das negociações*, Lisboa, Book Builders.
Lã, João Rosa; Cunha, Alice y Nunes, Pedro de Sampaio (eds.) (2019): *As décadas de Europa*, Lisboa, Book Builders.
Lafuente del Cano, Jorge (2019): "El papel de la RFA en la negociación de España para el ingreso en la CEE: un 'amigo' entre la política y la economía (1979-1980)", *Comillas Journal of International Relations*, 14, pp. 101-113.
López Gómez, Carlos (2016): *La sociedad española y la adhesión a la Comunidad Europea, (1975- 1985): partidos políticos, asociaciones europeístas, interlocutores sociales*, Madrid, UCM (tesis doctoral).
Martha, António (2016): "As Minhas Memórias das Negociações da Adesão", en J. Lã y A. Cunha (eds.), *Memórias da Adesão. À mesa das negociações*, Lisboa, Book Builders, pp. 53-72.
Martín de la Guardia, Ricardo (2004): "In search of lost Europe: Spain", en J. Elvert y W. Kaiser (eds.), *European Union Enlargement. A Comparative History*, Londres y Nueva York, Routledge, pp. 99-118.

Martín de la Guardia, Ricardo y Pérez Sánchez, Guillermo Á. (eds.) (2012): *España y Portugal, veinticinco años en la Unión Europea (1986-2011)*, Valladolid, Universidad de Valladolid.
Morán, Fernando (1990): *España en su sitio*, Barcelona, Plaza y Janés.
Muñoz Sánchez, Antonio (2012): *El amigo alemán. El SPD y el PSOE de la dictadura a la democracia*, Barcelona, RBA.
— (2013): *Von der Franco-Diktatur zur Demokratie. Die Tätigkeit der Friedrich-Ebert-Stiftung in Spanien*, Bonn, Dietz.
— (2017): "Un padrino en Europa. La República Federal de Alemania y España durante la presidencia de Adolfo Suárez", en M. Redero San Román (ed.), *Adolfo Suárez y la transición política*, Salamanca, Ediciones Universidad de Salamanca, pp. 203-246.
Núñez Peña, Vanessa (2013): *Entre la reforma y la ampliación, (1976-1986). Las negociaciones hispano-comunitarias en tiempos de transición y* approfondissement, Madrid, UCM (tesis doctoral).
Nutti, Leopoldo (ed.) (2009): *The Crisis of Détente in Europe. From Helsinki to Gorbachev, 1975-1985*, Londres, Routledge.
Oreja, Marcelino (2011): *Memoria y esperanza. Relatos de una vida*, Madrid, La Esfera de los Libros.
Pardo Sanz, Rosa (2011): "La política exterior de los gobiernos de Felipe González: ¿un nuevo papel para España en el escenario internacional?", *Ayer*, 84, pp. 73-97.
Pinto, António Costa y Teixeira Severiano, Nuno (2004): "From Atlantic Past European Destiny: Portugal", en J. Elvert y W. Kaiser (eds.), *European Union Enlargement. A Comparative History*, Londres y Nueva York, Routledge, pp. 119-138.
— (eds.) (2005): *A Europa do Sul e a Construção Europeia 1945-2000*, Lisboa, Imprensa de Ciências Sociais.
Sabater Navarro, Gregorio (2019): *Las transiciones ibéricas: influjos y convergencias en la democracia peninsular*, Madrid, UAM.
Sánchez Cervelló, Josep (1995): *La revolución portuguesa y su influencia en la Transición española, 1961-1976*, Madrid, Nerea.
Schneider, Christina J. (2009): *Conflict, Negotiation and European Union Enlargement*, Cambridge, Cambridge University Press.
Schoser, Franz (1982): "Die Stellung der deutschen Wirtschaft gegenüber dem Beitritt Spaniens zu den Europäischen Gemeinschaften", en R. Biskup, E. Dürr y S. García Echevarría (eds.), *Spanien und die Europäischen Gemeinschften*, Bern/Stuttgart.
Solchaga, Carlos (2017): *Las cosas como son. Diario de un político socialista (1980-1994)*, Barcelona, Galaxia Gutenberg.
Stenger, Matthias (2011): *Transnationale Parteienzusammenarbeit. Die Beziehungen der deutschen und portugiesischen Christlichen Demokraten von der Nelkenrevolution bis zum Vertrag von Maastrich*, Düsseldorf, Droste.
Torre Gómez, Hipólito de la y Jiménez Redondo, Juan Carlos (2019): *Historia de una diferencia. Portugal y España, ayer y hoy (1807-2019)*, Madrid, Sílex.
Trouvé, Matthieu (2008): *L'Espagne et l'Europe. De la dictature de Franco a l'Union Européenne*, Bruselas, Peter Lang.
— (2013) : "Le gouvernement espagnol face à a chute du mur de Berlin", en M. Weinachter (ed.), *L'est et l'ouest face à la chute du mur. Question de perspectiee*, Cergy-Pontoise, Cirac, pp. 99-109.
Urigüen López de Sandaliano, Natalia (2018): *A imagen y semejanza. La democracia cristiana alemana y su aportación a la Transición española*, Madrid, CSIC.
Varsori, Antonio y Migani, Guia (eds.) (2011): *Europe in the International Arena During the 1970s: Entering a Different World*, Bruselas, Peter Lang.
Villar, Francisco (2016): *La Transición exterior de España. Del aislamiento a la influencia (1976-1996)*, Madrid, Marcial Pons.

CAPÍTULO 6

¿POR EUROPA O POR MI PARTIDO? EL RASSEMBLEMENT POUR LA RÉPUBLIQUE Y LA ADHESIÓN DE ESPAÑA A LA CEE, 1976-1986

SERGIO MOLINA GARCÍA*
Universidad de Castilla-La Mancha

El principal objetivo del Gobierno de Adolfo Suárez en política exterior fue la adhesión a la Comunidad Económica Europea. Desde su llegada a la Moncloa en 1976, parte de los esfuerzos en cuestiones internacionales los dedicó a la homologación de este país con respecto al resto de los estados comunitarios. Pese al empeño gubernamental, las negociaciones fueron más complejas de lo que en un primer momento se había pensado. De hecho, hubo que esperar hasta 1985, con un Gobierno socialista, para firmar el acta de entrada. Para ser miembro de pleno derecho del Mercado Común no bastaba con implantar un sistema democrático. También era necesario que los nueve miembros de la CEE aprobaran de manera unánime dicha incorporación y, para ello, cada uno quería obtener contrapartidas positivas para sus economías nacionales. Fue en ese sentido donde aparecieron las controversias más importantes. Francia, uno de los estados promotores de la unión de países europeos, mostró ciertas reticencias a la integración española debido a la competencia de los productos agrarios (frutas, verduras y vino) de la península ibérica.

El asociacionismo agrario francés construyó un discurso en el que se mostraban los riesgos que supondría la inclusión de España en la CEE para su

* Sergio Molina García es doctor por la Universidad de Castilla-La Mancha y miembro del Seminario de Estudios del Franquismo y Transición (SEFT). Galardonado con el V premio de investigadores noveles 2018 de la Asociación de Historiadores del Presente, ha publicado *Una llave para Europa. El debate agrario franco-español y la adhesión de España a la CEE, 1975-1982*, Madrid, Ministerio de Agricultura, 2020.

agricultura mediterránea (Molina 2018: 143-156). La fortaleza del *lobby* agrícola al norte de los Pirineos provocó que esta problemática, que afectaba únicamente a los departamentos del Midi, se convirtiera en uno de los debates más intensos de la política nacional[1]. Todos los partidos políticos vertebraron un discurso sobre esta cuestión. El Rassemblement pour la République (RPR) y el Parti Communiste Français (PCF), a través de posturas nacionalistas, se negaron a incluir a España en la CEE. El Parti Socialiste (PS) y la Union pour la Démocratie Française (UDF), partido del Gobierno, aceptaron la entrada de España en el seno del Mercado Común, aunque con reformas previas de la política agraria común (PAC).

En este capítulo se pretende analizar la opinión del RPR, ya que fue una de las estructuras políticas que más recurrió a este tema. La elección de este partido y no de cualquier otro se debe a que fue la organización que más incidió en él y la que más condicionó la política francesa. Principalmente porque, como se verá, era el partido con mayores vínculos con el asociacionismo agrario. Además, fue el partido que más modificó su discurso desde que este se convirtió en un problema nacional (1976) hasta que España entró en la CEE (1986). El principal objetivo de la investigación es conocer los motivos por los que el RPR se decantó por defender el "no" a la adhesión en 1976. Una vez comprendidas las razones de su discurso, se analizará la evolución de las argumentaciones. ¿Por qué en 1976 no admitían a España y, sin embargo, en 1986 aceptaron su integración? ¿Hubo alguna justificación a ese cambio de posición? ¿Realmente hubo un cambio ideológico? La principal hipótesis que se defiende es que el partido liderado por Jacques Chirac politizó esta cuestión en busca de beneficios electorales. Es decir, el discurso contra la adhesión de España se pudo edificar en función de los intereses de su partido y no pensando en la sociedad francesa. Todo ello sin perder de vista la importancia del contexto político y social de Francia y de Europa. Los numerosos procesos electorales que se vivieron en este periodo cronológico, la indefinición de la CEE, la crisis de la agricultura tradicional, el auge del liberalismo económico y la división del conservadurismo en Francia condicionaron la visión sobre España.

Para la elaboración de este trabajo se ha contado con documentación primaria de archivos franceses (Archives Nationales y Archives Diplomatiques) y españoles (Archivo General de la Administración de Alcalá de Henares), con un gran número de artículos de prensa de ambos países y con algunas entrevistas a protagonistas. Desgraciadamente, no existe un archivo que conserve los documentos del RPR y, por ello, ha sido necesario indagar en los periódicos franceses, en los programas electorales y en fuentes relacionadas con este partido, aunque apenas se ha podido

1. El Midi comprende los departamentos del sur de Francia, desde la frontera mediterránea con Italia (Alpes Maritimes, Alpes de Haute Provence) hasta la costa atlántica (Girande, Landes y Pyrénées Atlantiques).

contar con informes internos. La actual formación de Les Républicains conserva los discursos de Jacques Chirac, pero no así los papeles de la actividad interna del partido. No obstante, la ausencia de un archivo propio de esta estructura política no impide que se pueda conseguir un buen conocimiento sobre su evolución. Toda esa documentación está acompañada de una importante base historiográfica sobre la construcción europea y las relaciones franco-españolas. Desde el plano metodológico, la historia política ha servido para conocer la evolución del RPR y el desarrollo de los acontecimientos en los contextos nacionales e internacionales. Sin embargo, para comprender las razones profundas de los cambios de los discursos se ha tenido que recurrir a la ciencia política y a la sociología. En este sentido, han sido especialmente relevantes las aportaciones de Angelo Panebianco (1995) sobre el funcionamiento de las organizaciones políticas, y las teorías de Arlei Hochschild (1975: 28-307) y de María José Canel (2008) sobre la comunicación política y la vertebración de los discursos.

PRIMERO FRANCIA. DESPUÉS, EUROPA

El RPR fue un partido conservador que trató de mantener el corpus ideológico que había ideado Charles de Gaulle décadas antes (Pozzi, 2011; Hazareesingh, 2010; Haegel, 1990: 864-879). Fue creado por Jacques Chirac en 1976, poco después de dimitir del Gobierno francés. En 1974, Valéry Giscard d'Estaing venció en los comicios presidenciales y trató de formar un ejecutivo de carácter centrista y conservador. Para ello nombró ministros tanto a representantes de la UDF, que eran conservadores moderados no gaullistas, como a líderes más cercanos al gaullismo. Jacques Chirac, reconocido heredero de Charles de Gaulle, fue designado primer ministro de Francia. Sin embargo, las marcadas diferencias ideológicas desembocaron en continuas disputas entre Giscard d'Estaing y Chirac. Uno de los mayores puntos de conflicto fue la manera de entender Europa y la adhesión de España. El presidente francés era defensor de aumentar la vinculación entre los países miembros, mientras que, para el primer ministro, Francia estaba por encima de cualquier unión supranacional. A esa división se le sumaron las discrepancias sobre la ampliación de Europa hacia el Sur. Giscard d'Estaing defendía que, si se modificaban los reglamentos agrarios comunitarios, España podría entrar en la CEE. Por el contrario, Jacques Chirac, hasta 1981, se negó de manera rotunda a la incorporación española (Chirac, 2009: 208).

De todas las características que definieron al RPR, para este análisis se pueden destacar tres. En primer lugar, el partido se centró en la figura de su líder, Jacques Chirac. Al igual que había hecho en las décadas de los cincuenta y de los sesenta Charles de Gaulle, Chirac se convirtió en el pilar de la estructura política (Quagliariello, 2007). Acaparó el poder interno de la organización política, los focos mediáticos y el control de la evolución ideológica del partido. Por ello, para conocer los cambios del RPR ha sido necesario atender a sus declaraciones. El carisma que le acompañó durante su carrera política, junto con los cambios programáticos que fue introduciendo a lo largo de los años, han provocado que algunos investigadores hablen de *chiraquisme* en lugar de gaullismo (Lachaise, 1994: 25-30).

En segundo lugar, los seguidores del RPR destacaron por su particular idea sobre Europa. Como ya se ha comentado, entendían que la CEE era un medio para reforzar la economía francesa y su *grandeur* internacional. Es decir, el Mercado Común era una herramienta para mejorar las condiciones económicas y políticas del país, pero no para potenciar el enriquecimiento comunitario. Esta posición nacionalista estaba en contra de la cesión de poderes a las entidades supranacionales, pues eso supondría la pérdida de autonomía del Elíseo. Por todo ello, sus dos premisas más repetidas fueron "*Europe des nations*" y "*faire l'Europe sans defaire la France*"[2]. Esta manera de interpretar la CEE fue vertebrada en los inicios de la construcción europea. Alan Milward considera que Monnet no promovió la unión con la intención de generar un espacio comunitario, sino que pretendía que Francia se beneficiase en el comercio de materias primas (Milward, 1995). En esa línea, la PAC, impulsada por Charles de Gaulle, no aspiraba a ser una política de beneficio colectivo, sino a defender los productos agrícolas franceses (Ramiro, Polese y Braghiroli, 2018: 87-103). Estas lecturas califican de mitos aquellas visiones que consideran a Francia como el país impulsor de las ideas supranacionales y comunitarias. El RPR recogió todos esos argumentos y los incluyó en su visión sobre Europa, tal y como demostró su posición con respecto a la adhesión de España, que es el objeto de estudio de este trabajo. Pero esos argumentos también se apreciaban en otras cuestiones políticas europeas de aquellos momentos. El ejemplo más evidente fue la controvertida posición con respecto al método de designación del Parlamento Europeo. A mitad de la década de los setenta surgió un debate en el seno de las instituciones comunitarias sobre cómo debían ser elegidos los diputados europeos. El RPR hizo campaña en contra de utilizar el sufragio universal para seleccionar los representantes del Parlamento, pues preferían que fuesen elegidos por el propio Gobierno y, de esa manera, tener más control sobre los organismos de la CEE (Bossuat, 2005: 147; *Le Midi Libre*, 24 de enero de 1979).

Por último, el tercer rasgo identificativo del RPR fue la cercanía que mantuvo con los agricultores. Esta característica fue heredada del gaullismo, pero también potenciada por Jacques Chirac, ya que había sido ministro de agricultura en 1973-1974 y conocía la importancia electoral que tenía este sector. En Francia, aunque la

2. En la Jornada de estudios del RPR que organizaron en septiembre de 1978 afirmaron la necesidad de "*faire l'Europe sans defaire la France*", *Le Midi Libre*, 29/09/1978.

actividad agraria fue perdiendo importancia durante la V República, los partidos continuaron prestando mucha atención a los agricultores. En muchas de las campañas electorales de los años setenta y ochenta fue un sector muy cuidado por gran parte de las estructuras políticas. De todas estas destacó el RPR, ya que trató de consolidarse como el partido de los agricultores a través de dos métodos de trabajo. En primer lugar, el RPR, desde la década de los sesenta, mantuvo una gran cercanía con las principales asociaciones agrarias como eran la Jeunesse agricole catholique (JAC), el Centre national de jeunes agriculteurs (CNJA) y la Fédération nationale des syndicats d'exploitants agricoles (FNSEA) (Bruneteau, 1992: 964-980; Guimont y Vilalba, 2019: 53-74). No hay que olvidar que el CNJA y la FNSEA, de tendencias conservadoras, atesoraron el control de la agricultura hasta que, en 1981, la llegada socialista al Elíseo trató de abrir el sindicalismo agrario a nuevos sindicatos progresistas (Chopin y Mayace, 2016: 9-24). Para algunos investigadores la táctica del RPR para acercarse al mundo agrario fue la eliminación de la concepción de la lucha de clases a través de visiones nacionalistas (Muller, 2014). La vinculación que se fue fraguando en los setenta entre el asociacionismo y el partido se puede comprobar en la trayectoria política y sindical de algunos representantes agrícolas franceses. Jean Mouchel ocupó puestos de responsabilidad en la JAC, en el CNJA, en la FNSEA y acabó como eurodiputado del RPR (Mouchel, 2016). François Guillaume, presidente del CNJA y de la FNSEA, fue eurodiputado del RPR y ministro de Agricultura en la primera cohabitación de Jacques Chirac (1986-1988) (Guillaume, 1983). No obstante, una apreciación importante es que gran parte de los agricultores que acabaron en las filas del RPR provenían del centro y del norte del país, donde predominaban los cultivos de cereales, la ganadería y las empresas lecheras. La costa mediterránea, donde abundaban los cultivos de vid, de frutas y de hortalizas, tenía una vinculación histórica con la izquierda, sobre todo con el PCF. Este detalle es muy significativo, pues uno de los objetivos del RPR era acabar con la hegemonía de las fuerzas progresistas en las regiones del sur de Francia. Para ello debían construir un discurso que convenciera a los agricultores. El problema era que el PCF también defendió la no adhesión de España, aunque por motivos diferentes. La segunda estrategia del RPR para acercarse a los ambientes agrícolas fue el contacto directo de Jacques Chirac y de otros líderes del partido con los agricultores (y no solo a las estructuras sindicales). Esa proximidad se llevó a cabo asistiendo a los actos promocionales del mundo agrario, como la reunión anual de las Chambres d'agriculture, pero también organizando mítines en zonas donde predominaba el sector primario[3].

3. Sobre algunas reuniones de las Chambres d'Agriculture: Conférence annuelle de l'Assemblée Permanente de Chambres d'Agriculture de 1976, ANF, 19780051/32; Conférence annuelle de l'Assemblée Permanente de Chambres d'Agriculture de 1977, ANF, 19900632/1; (Atrux-Tallau, 2010).

LA ADHESIÓN DE ESPAÑA COMO ARMA ELECTORAL, 1976-1981

Las discrepancias en las visiones sobre Europa entre el presidente de Francia y el primer ministro provocaron la dimisión de este último en 1976. Antes de abandonar su cargo, Jacques Chirac ya había mostrado su opinión con respecto a la integración española en la CEE. En julio de ese año se reunió con Adolfo Suárez, poco después de que este fuera designado presidente de España. En ese encuentro le mostró al responsable español los riesgos que tendría para Francia el aumento de la competencia agraria española, dejando claro que el país ibérico, aunque culminara con éxito el proceso de democratización, no contaría con su apoyo para entrar en el Mercado Común[4].

La salida del Gobierno de Jacques Chirac y la formación del RPR obligaron a este nuevo partido a generar un programa que justificara su aparición. La visión sobre Europa comentada anteriormente y su postura contra la integración española fueron algunos de los argumentos más significativos de los primeros años del partido. Se han identificado tres causas que sirven para explicar cómo el RPR convirtió un tema de política exterior comunitaria en un debate nacional.

En primer lugar, se debe recordar la particular visión que tenía el gaullismo sobre la posición de Francia en el marco internacional. Para el RPR, Francia debía consolidarse como uno de los países más importantes del mundo, pues era la manera de potenciar la economía interior. En ese contexto, como se mostró anteriormente, Europa era un medio para conseguir su *grandeur*. La integración de nuevos países en el Mercado Común alteraría el equilibrio internacional y, por eso, abogaban por no ampliar la CEE. Además, el caso de España, según ellos, era especialmente delicado, ya que causaría serios problemas a sus actividades primarias. Su sector vinícola y el hortofrutícola se verían damnificados ante la entrada de productos españoles a menor precio. Mientras su economía agraria saldría perjudicada, otros países como la República Federal Alemana (RFA) se beneficiaría del comercio de frutas y verduras más económicas. Todo ello provocaría que el agro francés no pudiera competir con el español y que el equilibrio entre Francia y la RFA se rompiera. De esa manera, el Elíseo estaría cediendo poder ante su principal rival en el seno de la CEE[5].

En segundo lugar, la estrecha relación que tenían con el asociacionismo agrario les permitió apropiarse de su discurso con el objetivo de neutralizar el voto de los agricultores[6]. Como se ha mostrado en el apartado anterior, todo ello fue

4. "Entretien de Suarez avec Chirac", 13/07/1976, AMAE, 1929INVA/4392.
5. *Le Figaro*, 4/07/1978.
6. Algunas declaraciones de líderes del RPR: *Le Midi Libre*, 19/06/1976, 3/07/1976, 23/02/1978, 4/02/1980, 24/09/1980; *La Croix*, 29/07/1977; *L'Aurore*, 3/08/1978. "Rapport de Raoul Delaye: Relations franco-espagnoles. Déclarations de M. Chirac", 7/04/1981, AMAE, 1930INVA/5167.

posible porque parte de los líderes del CNJA y de la FNSEA estaban ligados al RPR. Construyeron un discurso de carácter sentimental. Este tipo de argumentos irracionales en las últimas décadas están siendo utilizados por los partidos cada vez con más frecuencia. Sin embargo, desde la academia los análisis de las estrategias políticas en la mayoría de las ocasiones se estudian como si se tratasen de argumentos racionales. Aun así, ciertos investigadores como Manuel Arias (2016), Arlie Hochschild (1975), Barry Richards (2004: 339-352) y George Lakoff (2007: 40-46) han destacado la relevancia que tienen las premisas sentimentales en la política. En este caso, el RPR utilizó la retórica con dos objetivos. Por una parte, trataron de extender la idea de que la agricultura meridional y mediterránea formaban parte de la identidad nacional y que la erosión de esta afectaría a Francia como país. Y, por otra, ligaban el planteamiento anterior a un discurso donde el objetivo principal era transmitir miedo hacia algo en concreto, tal y como había hecho Maquiavelo varios siglos antes. Consideraban que la entrada de España en la CEE supondría el final de su sector primario.

Andrés Valdez Zepeda, catedrático en Ciencias Políticas, ha analizado el proceso que utilizan los partidos a la hora de estructurar una estrategia política basada en el miedo (Valdez Zepeda, 2012: 134-140). En primer lugar, identifican la amenaza, en este caso la adhesión a España. En segundo lugar, generan un discurso que demuestre argumentos convincentes contra ese peligro. El RPR, como se ha mostrado anteriormente, tomó el discurso del sindicalismo agrario. Se trató de un razonamiento simple basado en la idea-fuerza de la competencia agrícola, pero que en la mayoría de las ocasiones no iba acompañada de datos empíricos que ayudaran a reforzar esos planteamientos. En tercer lugar, se lleva a cabo la difusión del mensaje. La sencillez de la proposición del "*non a l'Espagne*" debido al exceso de competencia agrícola ayudó a divulgar el discurso entre la sociedad francesa a través de numerosos mítines, entrevistas y apariciones televisivas. En último lugar, el partido se muestra como la única alternativa al problema. Consideraban que el Gobierno de Valéry Giscarg d'Estaing y el PS de François Mitterrand actuaban en contra de los intereses franceses por no oponerse a la adhesión ibérica. El PC de Georges Marchais, aunque promovía también el no, fue igualmente criticado porque consideraban que su postura respondía a necesidades electorales, pero no a principios ideológicos. No obstante, de todos los reproches a los rivales políticos, los dirigidos al PC fueron los menos comunes, pues no compartían espacio electoral.

La mayoría de las alocuciones contra España fueron realizadas por Jacques Chirac. Este político, aunque desde 1977 hasta 1995 fue alcalde de París, siguió siendo uno de los estandartes del RPR en la política nacional. Además de sus declaraciones, otros líderes del partido como Michel Debré o Claude Labbé también ahondaron en esta temática. Estos representantes del RPR fueron los que encabezaron, entre otros muchos, los debates que se llevaron a cabo en la Assemblée Nationale y en el Sénat sobre este tema[7].

Gran parte de las referencias fueron realizadas en las regiones de la costa mediterránea francesa y ante los agricultores de esas zonas. Algunos ejemplos de ello fueron: la Conferencia Anual de las Chambres d'Agriculture de 1976 y 1977, la reunión con productores de fruta y verdura del Midi en julio de 1976, la presentación de su programa agrario en el verano de 1977, la reunión en Avignon en octubre de 1977 o el acto abierto en Vaucluse en julio de 1979[8]. En estos encuentros del RPR con los trabajadores del sector primario predominó el carácter persuasivo en sus discursos políticos. Todos ellos estuvieron adaptados al entorno en el que se pronunciaban y destacaron por la contundencia y la brevedad de las frases y, sobre todo, por la repetición de argumentos sencillos y poco desarrollados[9]. "*Non à l'entrée de l'Espagne*", "[la adhesión] *ce serait la ruine pour votre region*", "*nous sommes donc résolument hostiles à l'entrée de l'Espagne dans le Marché commun*", o "*il est absolument exclu que nous puissons admettre la posibilité pour les productions agricoles espagnoles d'entrer dans le Marché commun agricole*" fueron algunas de las expresiones más utilizadas[10]. El partido tenía perfectamente estudiado cómo y dónde podía utilizar esos argumentos. En los actos de carácter nacional relacionados con la agricultura, como los eventos de las Chambres d'agriculture, de la FNSEA o del CNJA y en los mítines en los departamentos del sur de Francia, solían recurrir a estos argumentos. Sin embargo, en las visitas al resto de zonas agrícolas de Francia estos asuntos no se nombraban con el mismo énfasis. Un ejemplo de ello fue el discurso de Jacques Chirac ante los ganaderos de Clemont-Ferrand, ciudad en el centro del país. Reclamó más protección política para el sector primario, pero en ningún momento aludió a la adhesión de España, o al menos no aparece reflejada en las notas de prensa del encuentro[11].

Como se ha podido demostrar en otras investigaciones, la competencia entre la agricultura francesa y española solo afectaba a algunas frutas y hortalizas y a ciertos tipos de vino. El resto de los productos primarios franceses se vería beneficiado con la integración de España, pues el país peninsular no era autosuficiente en carne, en productos lácteos ni tampoco en cereales (Molina, 2020). En esos productos tenía que acudir al mercado internacional para cubrir su demanda interna, por lo que sería una oportunidad para que los ganaderos, los productores de leche

7. Un ejemplo de ello fue el debate sobre las adhesiones en 1978 en la Assemblée Nationale en la que intervino Michel Debré. "2 Séance 15 décembre 1978", Assemblée Nationale.
8. *Le Midi Libre*, 19/05/1976, 3/07/1976; *La Croix*, 29/07/1977 ; *L'Express*, 8/08/1977; "Allocution Jacques Chirac à Avignon", 25/10/1977. Archive Les Républicains; *Le Monde*, 1/07/1979.
9. La importancia de la adaptación de los discursos al contexto y la relevancia de construir un discurso sencillo ha sido teorizada por Blas-Arroyo (2011: 32) y Lakoff (2007: 46-47).
10. *Le Figaro*, 3/07/1977; *Le Midi Libre*, 1978; *Le Monde*, 1/07/1979; *La Croix*, 29/07/1979.
11. *Le Monde*, 8/02/1977.

y los cerealistas franceses aumentaran las exportaciones a España[12]. El hecho de que el partido adaptase su discurso en función del contexto demuestra que el tema de la adhesión no era tan importante como trataban de mostrar en las regiones del sur de Francia, en los actos sindicales agrarios y en los debates con el Gobierno. Es decir, se trató de un arma política que utilizaron para intentar ganar votos en la costa mediterránea. Esta zona, con una dedicación importante al sector primario, estaba vinculada a los partidos de izquierdas, tal y como se ha comentado anteriormente. Dicha situación se puede comprobar en los resultados electorales de 1974. En la segunda vuelta de las elecciones gran parte de los departamentos votaron mayoritariamente a François Mitterrand. Ante esta situación, el RPR consideró que si lograban mejorar sus resultados en esta zona podrían desbancar a la UDF como principal fuerza conservadora y recortar distancia con los socialistas. Esta consideración, unida al papel que tenían los agricultores en el seno del partido, permitió desarrollar toda la estrategia política comentada hasta el momento.

El tercer argumento que ayuda a comprender cómo el RPR convirtió la adhesión de España en una cuestión política fue la necesidad de generar argumentos de oposición al Gobierno. Para el RPR, enfrentarse al Gobierno de Valéry Giscard d'Estaing era muy importante. La UDF no solo era el partido que controlaba el Elíseo, sino que era la fuerza política con la que compartía gran parte del espacio electoral. Eso les obligaba a generar un programa que se opusiera al de la UDF. Ante esta situación, uno de los argumentos que más repitió el partido gaullista en contra de la UDF fue la adhesión de España. Una de las pruebas más claras del uso de la cuestión española y europea que llevó a cabo el RPR para criticar al Gobierno fue el artículo "*Appel de Cochin*" de 1978. En ese texto, el alcalde de París acusó al partido de Valéry Giscard de "*parti de l'étrangere*", por no oponerse a la integración de España al Mercado Común[13]. En la entrevista entre Jacques Chirac y Valéry Giscard d'Estaing de ese mismo año, la cuestión española fue uno de los temas más destacados, pues gran parte de los titulares sobre esa reunión estuvieron dedicados a las diferentes opiniones sobre la integración española[14]. El reiterativo uso que hizo el RPR en gran parte de sus intervenciones para criticar al Gobierno provocó que tanto el Gobierno como el PS acusaran al RPR y a su líder de politizar la cuestión[15].

12. Un ejemplo de esos pronósticos: "Chambre Régionale de Commerce et d'industrie Midi-Pyrénées", 29/06/1978, ANF, 19850746/1.
13. Desde el Gobierno conocían las intenciones de Chirac y decidieron no entrar en la "demagogia" del RPR sobre la cuestión de la adhesión. Entrevista a Pierre Méhaignerie realizada por miembros del SEFT el 21/08/2018 y Chirac, 2011.
14. Uno de los motivos por los que adquirió tanta relevancia fue que el presidente francés acababa de reunirse con Adolfo Suárez. *L'Aurore*, 3/07/1978. Sobre esa visita: AMAE, 1929INVA/4393. No era la primera vez que el RPR aprovechaba una reunión entre el Elíseo y la Moncloa. En 1977 había ocurrido una situación similar. *La Libre Belgique*, 3/07/1977.
15. "Rapport Georges Sutra sur le problème de l'élargissement de la CEE", 1978, ANF, 19850746/1.

Tras el encuentro de Chirac y Giscard, Jean Lecanuet, uno de los portavoces de la UDF, denunció a los gaullistas por intentar hacer política con una cuestión de Estado. Incluso algunos de los diarios más conservadores se preguntaron si el discurso bélico del RPR contra la integración española sería electoralmente rentable o si, por el contrario, podría pasarles factura[16]. Desde la Moncloa también fueron conscientes de que sus negociaciones con la CEE se habían convertido en un asunto de primer orden en la política francesa, principalmente por la utilización que estaba llevando a cabo el RPR de esta cuestión[17]. No obstante, el Gobierno español no tenía capacidad de influir en la estrategia que estaban llevando las diferentes formaciones políticas francesas, por lo que tuvo que conformarse con mantenerse al tanto de la evolución del debate y continuar con sus labores diplomáticas tanto con Francia como con el resto de los países comunitarios.

Tras comprobar la politización que llevó a cabo el RPR con el objetivo de obtener más votos en el sur de Francia es necesario relacionar ese uso político de la cuestión con las diferentes citas electorales de este periodo. En 1979 se celebraron los comicios al Parlamento Europeo y en 1981 los comicios presidenciales franceses. El mayor uso de este discurso coincidió con el periodo 1976-1979. Es decir, desde que se formó el partido hasta que se celebraron las elecciones al Parlamento Europeo. La campaña que realizaron para esa cita electoral se basó en defender una "Europa de estados", en criticar las posturas de la UDF y en destacar los numerosos peligros de la CEE, siendo uno de ellos la integración española. Su programa, centrado en cuestiones nacionalistas, en algunos momentos estaba más cerca del antieuropeísmo que de la unión supranacional[18]. Incluso el nombre de la candidatura evidenciaba su posición a favor de la defensa de los intereses nacionales: "*Défense des intérêts de la France en Europe*". Un ejemplo de todo ello fue el debate entre los cuatro candidatos franceses. Simone Veil (UDF), François Mitterrand (PS), Georges Marchais (PCF) y Jacques Chirac (RPR). Gran parte de las alusiones que se hicieron a la ampliación del Mercado Común fueron iniciativa del líder gaullista. De nuevo, las referencias enunciaban un discurso simple pero muy directo. "*Je suis contre l'élargissement de la Communauté à l'Espagne et du Portugal*" afirmó en una ocasión Jacques Chirac (Pozzi, 2009: 102-106). En otro acto, además de enumerar los peligros de la integración española (agricultura, industria, precios más bajos, altos índices de desempleo) criticaba la medida de la CEE de establecer periodos de transición para contrarrestar los efectos negativos de la entrada del país ibérico[19].

16. *L'Aurore*, 4/07/1978.
17. *Ya*, 24/09/1977; "Informe enviado desde Perpiñán por el cónsul Juan Pérez Gómez sobre la politización del asunto y el aumento de discrepancias", 2/08/1978. AGA, R. 14.583.
18. Programme electoral de Défense des intérêts de la France en Europe, *"Français, française La France, le 10 juin a besoin de vous"*, 1979.
19. *Discours de Jacques Chirac à Montpellier*, 19/04/1979, archive Les Républicains.

Los resultados de los comicios europeos evidenciaron el fracaso del RPR y de su programa político. Quedaron en cuarto lugar (16,31%), por detrás de la UDF (27,61%), del PS (23,53%) y del PCF (20,52%)[20]. No lograron ni que la izquierda perdiera votos en el sur de Francia ni tampoco desbancar al partido de Giscard d'Estaing como primera fuerza política conservadora. Este primer test con la ciudadanía sirvió para que los gaullistas comenzaran a adaptar su programa a las demandas de los votantes. El enfoque de los mítines ante los agricultores del sur y de una parte de los ataques al Gobierno con el tema de la adhesión de España no había dado resultado. Ese fue uno de los motivos por los que, entre 1979 y 1981, las alusiones a la problemática de la ampliación de la CEE dejaron de ser uno de sus recursos dialécticos. Aunque no abandonaron esta temática, el número de comentarios fue reduciéndose y, además, el tono también se moderó. La integración española ya no les parecía tan peligrosa para su economía y, por tanto, podía realizarse, aunque se necesitaban reformas previas de gran calado en los reglamentos comunitarios[21].

El Gobierno español, que había estado pendiente de todos los movimientos del RPR desde su fundación, fue consciente de la moderación del partido. Ante su sorpresa, pidió a Daniel de Busturia, uno de los informantes sobre la situación en Francia y la relación de este país con España, que se reuniera con los dirigentes del partido gaullista. La Moncloa deseaba conocer cuál había sido el motivo del cambio de discurso del RPR y si se trataba de una situación coyuntural o definitiva. El encuentro entre Daniel de Busturia con Gerard Rousselot, Jacques Toubon y Kosciusko-Morizet despejó las dudas al Gobierno de la UCD. Estos representantes de la estructura liderada por Jacques Chirac reconocieron que su partido había tratado de utilizar el tema de la adhesión de España para restar votos a la UDF, pero que el resultado de los comicios europeos les mostró el fracaso de sus propuestas[22]. Otro de los líderes del RPR que se reunió más tarde con Daniel de Busturia admitió, según el informe realizado tras la reunión, que "la oposición a la adhesión de España y la postura crítica europea del RPR no ha sido electoralmente rentable"[23].

Esa postura la mantuvieron durante la campaña de las elecciones presidenciales de 1981. Para esos comicios, el partido ya había comenzado su viraje ideológico, del que se hablará más adelante. El liberalismo de Margaret Thatcher y de Ronald Reagan fue una de las mayores influencias que recibió el RPR en esos años. Sin embargo, los cambios que fueron introduciendo no fueron suficientes y no pudieron cumplir sus objetivos electorales. No pasaron de la primera vuelta de las

20. Datos disponibles en https://www.france-politique.fr/elections-europeennes.htm
21. *Ya*, 20/11/1979; *Le Midi Libre*, 25/04/1980, 4/02/1981.
22. "Informe realizado por Daniel de Busturia a enviado a Alberto Aza", 5/09/1979, AGA, caja 23 TOP 31/12.
23. "Entrevista Daniel Busturia con el Sr. Buchou", 10/10/1979, AGA, caja 23 TOP 31/12.

elecciones, pues recibieron un 18% de los votos, lo que les situó en la tercera posición, superando solo al PCF (15,35%). Además, la UDF, su gran rival en las urnas, obtuvo diez puntos porcentuales más que ellos, lo que demostraba que no les habían arrebatado el espacio electoral[24].

EL CAMBIO DE RUMBO EN EL DISCURSO, 1981-1986

La victoria de François Mitterrand en las elecciones de 1981 supuso una transformación en el panorama político de Francia. Se trató de la primera vez en la V República que los socialistas lograban el control del Gobierno y que los conservadores pasaban a la oposición. Según la ciencia política, la necesidad de obtener buenos resultados a corto plazo obliga a cualquier partido a realizar cambios cuando los rendimientos electorales no han sido los esperados (Canel, 2008: 24). El RPR, tras haber fracasado en 1979 y en 1981, se enfrentó a un dilema. Por una parte, podía mantenerse vinculado al gaullismo tradicional y, por otra, se encontraba en el marco idóneo para remodelar la imagen y el programa de la organización política. Tras numerosos debates internos, el comité nacional optó por actualizar la formación: rejuvenecieron a la primera línea política, incluyeron a otros líderes tanto gaullistas como no gaullistas y, sobre todo, realizaron cambios ideológicos importantes. El nacionalismo de Charles de Gaulle fue sustituido por el liberalismo económico como punto central de su ideario. Esto supuso una profunda alteración en su concepción de Europa. Mientras que en 1977 se habían mostrado contrarios a cualquier proyecto político de la CEE, en 1986 apoyaron la firma del Acta Única Europea. Eso implicaba, entre otras cosas, la eliminación de fronteras internas, la cooperación política y el refuerzo del Parlamento Europeo[25]. En España, en 1982 también se produjo un cambio importante con la llegada al poder del PSOE a la Moncloa. Sin embargo, los documentos analizados no han dado muestras de que esta modificación de la política española influyera en la postura del RPR.

En este nuevo contexto, la adhesión de España dejó de ser un debate de la política nacional. Los partidos, sobre todo el RPR, ya no recurrieron a esta cuestión para desacreditar al Gobierno. En términos electorales se había demostrado que no les había salido rentable y en política internacional el debate de España había generado conflictos entre Francia y el resto de sus socios comunitarios. Además, la entrada de España estaba cada vez más cerca y una prueba de ello fueron las diferentes reformas que, a petición de Francia en su mayoría, se llevaron a cabo en

24. https://www.france-politique.fr/election-presidentielle-1981.htm
25. Sobre estos cambios destaca: Schonfeld (1986: 18-20), Maricot (2010), Lachaise (1994) y Saint-Ouen (1988: 51-54).

algunos reglamentos de la PAC antes de la adhesión. No obstante, aunque dejó de ser un arma arrojadiza entre los partidos políticos, en la frontera se mantuvieron los problemas con continuos boicots a los cargamentos de fruta y verdura española que se dirigían a los países centroeuropeos (Molina, 2019). Aunque en las intervenciones públicas del partido España dejó de ser un tema protagonista, se produjeron algunos sucesos que pusieron de manifiesto que todavía se mantenían ciertas reticencias a la integración española. En 1983, en Londres, se constituyó la Internacional Conservadora, compuesta por gran parte de los partidos de derechas de Occidente. En el programa que se redactó, Jean de Lipkowski, representante del RPR, pidió que se adjuntara una nota que explicara que su partido se oponía a la ampliación del mercado común agrario. Este comentario provocó la reacción de Manuel Fraga, líder de Alianza Popular, y el aumento de la tensión en una reunión en la que no se esperaban conflictos de carácter ideológico[26].

A pesar de ese evento aislado, los cambios sobre la ampliación de la CEE se pueden comprobar en los resultados del Congreso Extraordinario de febrero de 1981, en las publicaciones que realizaron desde el partido y, sobre todo, en la campaña electoral de los comicios europeos de 1984[27]. En el "Projet pour la France" que presentaron en noviembre de ese año la integración española no aparece en todo el manifiesto, lo que demuestra que había dejado de ser un tema que podía darles votos. En el apartado dedicado a la CEE, se declararon partidarios de refundar la CEE, de fortalecer la PAC, de lograr pactos entre los países miembros y de reforzar toda la unión (RPR, 1984). Sin embargo, España no aparecía en ningún momento. Además, a nivel nacional, el objetivo fue acabar con el Gobierno de izquierdas.

Los comicios europeos de 1984 fueron el mejor ejemplo del cambio con respecto a la adhesión española. El RPR formó una lista común junto con la UDF denominada *Union de l'opposition pour l'Europe et la défense des libertés*[28]. Esta coalición evidenciaba la profunda evolución que había llevado a cabo el partido. En 1979, la candidatura de la UDF al Parlamento Europeo fue el objetivo de gran parte de las críticas del RPR, muchas de ellas debidas a su visión sobre la adhesión española. Cinco años más tarde formalizaron una lista conjunta para evitar que los partidos progresistas tuvieran mejores resultados que ellas. En el programa electoral de la candidatura no se nombró la ampliación de la CEE y en los debates este tema apenas tuvo relevancia[29]. Únicamente en una intervención de Simone Veil

---

26. *El País*, 25 y 26/06/1983; *Le Monde*, 25/06/1983.
27. Destaca, por ejemplo, la monografía de su líder en la que apuesta por el programa europeo (Chirac, 1984).
28. Esta coalición no fue aceptada por todos los miembros de la UDF. Algunos, como François Léotard, criticaron la unión con un partido que hasta el momento había criticado todas sus acciones (Denéchère, 2012: 11).
29. Programe: Union de l'Opposition pour l'Europe et la défense des libertés, 1984.

apareció un comentario sobre lo apresurado que sería la integración española en esos momentos, pero no se negaron a ella[30]. La victoria de la coalición de la UDF y del RPR sirvió para que el partido de Jacques Chirac fuese mejorando en las encuestas electorales de cara a las elecciones legislativas de 1986[31]. De igual manera, pudieron comprobar una vez más que la oposición a España que habían llevado a cabo en los primeros años no había tenido efectos electorales positivos.

A partir de ese momento, y hasta 1986, la situación se estabilizó. La integración de España se convirtió en un tema secundario que acaparó pocos titulares en los medios de comunicación. En las ocasiones en las que se aludía a él, el RPR mostró una imagen mucho más moderada, que había ido vertebrando desde 1979 y 1981. No se convirtieron en una formación partidaria de la adhesión, pero tampoco trataron de obstaculizarla, como sí habían hecho hasta los primeros comicios europeos. En los ambientes agrarios del sur de Francia la formación de Chirac mantuvo sus críticas a la adhesión, tal y como lo hicieron en un acto en Perpiñán en 1984, aunque de manera muy diferente. Ahora ya no defendían la no adhesión: daban por hecho de España entraría y que, por tanto, lo que debían hacer era conseguir las mejores condiciones posibles antes de que eso ocurriese. Señalaban los diferentes problemas que conllevaría la entrada de España en la CEE y la necesidad de establecer una etapa previa a los periodos de transición para así contrarrestar las consecuencias negativas para los mercados europeos[32]. En las intervenciones públicas en el resto de Francia, tal y como habían hecho durante la primera fase de su discurso, las referencias a la integración eran menores que en las realizadas en la costa mediterránea. Un ejemplo de esto fue una entrevista al líder del RPR en *Le Telegramme de Brest*, un diario de la Bretaña, la región más al oeste del país. El periodista trató de conocer su opinión con respecto a la entrada española en el círculo comunitario y Jacques Chirac, aunque señaló la "*prématurité*" y el "*dangereux*" para el Mercado Común, en ningún momento se declaró en contra de la integración. Se trató de una respuesta completamente diferente a las que daba en los primeros años de la formación política[33]. Mientras en los primeros discursos siempre incidían en el no a cualquier ampliación ibérica de la CEE, desde 1981 moderaron su opinión y se dedicaron únicamente a señalar que todavía no se daban las condiciones necesarias para la ampliación. El debate celebrado en octubre de 1985 entre Lauren Fabius, primer ministro socialista, y Jacques Chirac, candidato del RPR a las próximas elecciones, fue otro ejemplo del cambio de actitud del

30. *Ibidem*, p. 11.
31. *Union de l'opposition pour l'Europe et la défense des libertés* (43,03%), *Liste socialiste pour l'Europe* (20,76%), PCF (11,21%), *Front d'opposition nationale pour l'Europe des patries* (10,95%), en https://www.france-politique.fr/elections-europeennes-1984.htm
32. "Discours Jacques Chirac à Perpignan", 4/06/1984, archive Les Républicains.
33. "Entretien dans Le Telegramme de Brest", 1/01/1985, archive Les Républicains.

partido gaullista. J. Chirac aseguró que en el caso de que accedieran al poder, renegociarían los acuerdos de integración[34]. Esa respuesta situaba al partido en una posición cercana a aquellas fuerzas políticas que aceptaban la integración. No hay que olvidar que tras la Cumbre europea de Fontaineblau de 1984, tanto Francia como Gran Bretaña vieron satisfechas sus demandas comunitarias y la situación de la CEE mejoró notablemente. Esto permitió, entre otras cosas, iniciar el final de las negociaciones para la adhesión española (Núñez, 2013: 334-335).

Por último, la ratificación de la Assemblée Nationale y del Sénat del tratado de adhesión acordado por España y la CEE fue una prueba más del cambio de visión del RPR. En noviembre de 1985, el Parlamento francés debatió la integración española antes de someter a votación el acuerdo hispano-comunitario. A diferencia de lo sucedido entre 1977 y 1979, el partido más combativo en esta cuestión fue el PCF. El RPR solamente participó en el debate al final, a través de Maurice Couve de Murville, antiguo ministro de exteriores (1958-1968). Su intervención fue similar a las realizadas por el líder del partido en los actos citados anteriormente. Señaló algunos de los riesgos de la adhesión, sobre todo para Francia, pero concluyó anunciando que su partido se abstendría en la votación final. Xavier Deniau, hermano del exembajador francés en España, también intervino para criticar al Gobierno por no haber convocado un referéndum sobre esta cuestión y se enfrentó al ministro de Agricultura Henri Nallet, aunque sin llegar a perturbar el orden de la sesión. El resultado de la votación reiteró el apoyo de Francia a la adhesión con 291 votos a favor, 47 en contra y 139 abstenciones. Aunque el voto fue secreto, teniendo en cuenta la opinión de todos los partidos, se puede intuir que el RPR, al igual que la UDF, se abstuvo y, por tanto, no obstaculizaron la integración española[35].

La sesión en el Sénat transcurrió de una manera similar. Esta vez fue Cristian de La Malène el encargado de mostrar la posición del RPR. De nuevo, criticó que Francia fuese el país más damnificado por la ampliación de la CEE, reprobó la actitud de las instituciones europeas y, al igual que había hecho Couve de Murville, anunció que su partido se abstendría en la votación. El resultado, de nuevo, fue favorable a la integración, incluso con mayor diferencia que en la Assemblée Nationale. De los 305 votos, 137 fueron favorables, 34 negativos y 134 se abstuvieron[36]. La votación del Sénat inquietaba a las autoridades españolas porque en la Cámara Baja había mayoría conservadora y temían que estos bloquearan la votación. Ante esta situación, Joan Reventós, embajador de España en Francia, se reunió día antes de la sesión senatorial con Alain Pohel, miembro del RPR y presidente del Sénat (1968-1992). Este político francés le garantizó al embajador español

34. *El País*, 28/10/1985.
35. "2e seance", 21/11/1985, Assemblée Nationale.
36. "Compte rendue integral 37e séance", 11/12/1985, *Débats parlamentaires Sénat*.

que la votación sería favorable, ya que así se había pactado con anterioridad (Reventós, 1993: 182-183).

Tras la aprobación de la integración española en 1985, el debate fue difuminándose hasta prácticamente desaparecer de la política nacional francesa. Aun así, La Moncloa mantuvo ciertas inquietudes tras las elecciones legislativas de marzo de 1986. El inicio de la cohabitación de François Mitterrand y Jacques Chirac y, sobre todo, el nombramiento de François Guillaume como ministro de Agricultura, provocaron que el Gobierno español temiese que Francia pidiera una renegociación. Joan Reventós afirma que desde la Embajada consideraban que Chirac no trataría de obstaculizar la participación española en la CEE (Reventós, 1993: 179-180). Sin embargo, no estaban seguros de que François Guillaume, uno de los líderes sindicales más reacios a la integración española, aceptase a España sin plantear reformas en la PAC. Pese a las alarmas del ejecutivo español, el nombramiento de Jacques Chirac como primer ministro y de François Guillaume como ministro de Agricultura no se tradujo en nuevos obstáculos. La visita del líder de RPR a España en noviembre de 1986 evidenció la buena relación entre ambos gobiernos, sobre todo en la colaboración de la lucha contra ETA, uno de los asuntos más conflictivos en las relaciones bilaterales[37].

CONCLUSIONES

La investigación ha servido para comprobar la evolución del discurso del RPR sobre la adhesión de España a la CEE. Los cambios que se fueron produciendo en sus argumentos dependieron de la situación nacional, del contexto europeo y del resultado de las diferentes citas electorales en Francia.

La posición que adoptó el partido de Jacques Chirac desde su fundación hasta la integración española tuvo, a grandes rasgos, dos fases. La primera de ellas comprendió el periodo 1976-1981. Durante estos años, sobre todo hasta 1981, defendieron la no integración española a través de un discurso sencillo, contundente y en consonancia con las premisas del gaullismo. El objetivo de esas argumentaciones —que como se ha podido comprobar estaban perfectamente estudiadas— era lograr el apoyo del sector agrario del Midi y aumentar la presión contra el Gobierno de Valéry Giscard d'Estaing. María José Canel considera que los partidos deben construir discursos flexibles y abiertos para que un posible cambio en las argumentaciones no afecte a su imagen pública (Canel, 2008: 52). En este caso, la rotundidad de sus premisas iniciales provocó ciertas críticas desde el resto de las organizaciones políticas francesas.

37. *El País*, 6/11/1986; *Le Monde*, 8/11/1986.

La segunda fase se desarrolló entre 1981 y 1986. En esos momentos, el RPR se redefinió a través de un cambio en sus aspectos ideológicos con el objetivo de lograr un mayor respaldo social. Adoptaron el liberalismo económico, lo que supuso el abandono parcial del gaullismo nacionalista que había predominado hasta ese momento. Esto convirtió al partido en una fuerza política homologable al resto de estructuras conservadoras europeas. Ese cambió permitió al RPR apoyar al europeísmo. La modificación de la doctrina oficial (ahora europeísta) y el fracaso del discurso del no a la adhesión fueron los motivos por los que el debate sobre la integración española dejó de ser un arma electoral. Desde esos momentos esta controversia pasó a un lugar secundario en sus discursos (excepto en algunos actos del Midi) y moderaron su opinión. Consideraba que la ampliación de la CEE hacia el Sur era un riesgo para Francia y para el Mercado Común, pero no se negaban a ella. Esa modificación del discurso respondió más al oportunismo político que a un verdadero cambio ideológico.

En definitiva, el análisis de la postura del RPR es una muestra más de que la entrada de España a la CEE fue un proceso muy complejo. Aunque las negociaciones fueron llevadas a cabo por la diplomacia española y europea, alrededor de esos encuentros existieron numerosos factores que influyeron. En este caso, se ha podido observar cómo un partido político, tratando de obtener beneficios electorales, acabó contribuyendo a los retrasos de las negociaciones. El RPR, además de entender que Europa era un *medio* para el desarrollo de Francia, utilizó una cuestión de Estado para obtener réditos políticos y electorales. Una vez lograron el poder en 1986, la perspectiva cambió por completo. A partir de ese momento, Europa pasó a formar parte del programa del partido y España se convirtió en un socio comunitario más. Poco quedó de su "*non à l'Espagne dans la CEE*".

BIBLIOGRAFÍA

ARIAS MALDONADO, Manuel (2016): *La democracia sentimental*, Barcelona, Página Indómita.

ATRUX-TALLAU, Mélanie (2010): *Historie sociale d'un corps intermédiaire: L'Assemblée permanente des chambres d'agriculture (1924-1974)*, tesis doctoral, Universidad Lumière Lyon 2, disponible en http://theses.univ-lyon2.fr/documents/lyon2/2010/atrux-tallau_m#p=0ya=

BLAS-ARROYO, José Luis (2011): *Políticos en conflicto: una aproximación pragmático-discursiva al debate electoral cara a cara*, Bruselas, Peter Lang.

BOSSUAT, Gerard (2005): *Faire l'Europe sans défaire la France, 60 ans de politique d'unité européenne des gouvernements et des présidents de la République française (1973-2003)*, Bruselas, Peter Lang.

BRUNETEAU, Bernard (1992): "La 'participation' payanne: un héritage gaulliste", *Revue française de science politique*, 6, pp. 964-980.

CANEL, Mª José (2008), *Comunicación política. Una guía para su estudio y práctica*, Madrid, Tecnos.

CHIRAC, Jacques (1984): *Oui à l'Europe*, París, Albatros.

— (2009): *Mémoires. Chaque pas doit être un but*, París, Editions Nil.

CHOPIN, Ivan y MAYACE, Pierre (2016): "L'agriculture en representation (s). Luttes médiatiques, luttes syndicales", *Études rurales*, 198, pp. 9-24.

DENÉCHÈRE, Yves (2012): "Louise Weiss et quelques autres: candidates et élues gaullistes au Parlement européen (1979-1989)", *Histoire@Politique. Politique, culture, société*, 17, pp. 1-17.
GUILLAUME, François (1983): *Le pain de la liberté*, París, JClattés.
GUIMONT, Clément y VILALBA, Bruno (2019): "L'espace politique agrícola français, 1945-2015", en G. Chouquer y M.-C. Maurel (eds.), *Les mutations récentes du foncier et des agricultures en Europe*, Besançon, Presses universitaires de Franche-Compté, pp. 53-74.
HAEGEL, Florence (1990): "Mémoire, héritage, filiation. Dire le gaullisme et se dire gaullisme au RPR", *Revue française de science politique*, 40, pp. 864-879.
HAZAREESINGH, Sudhir (2010): *Le mythe gaullien*, París, Gallimard.
HOCHSCHILD, Arlie (1975): "The sociology of feeling and emotion: Selected possibilities", *Sociological Inquiry*, 45, pp. 28-307.
LACHAISE, Bernard (1994), "Le RPR et le gaullisme. Les infortunes d'une fidélité", *Vingtième Siècle*, 44, pp. 25-30.
LAKOFF, George (2007): *No pienses en un elefante*, Madrid, Editorial Complutense.
MARICOT, Bertrand (2010): *Le RPR et la construction européenne: se convertir ou disparaître? (1976-2002)*, París, L'Harmattan.
MILWARD, Alan (1995): *The European rescue of the Nation-State*, Bekeley, University of California Press.
MOLINA GARCÍA, Sergio (2018): "Cuando boicoteaban las lechugas en la frontera. Relaciones franco-españolas ante el debate agrario, 1968-1977", *Historia del presente*, 32, pp. 143-156.
— (2019): "Les problèmes agricoles entre la France et l'Espagne, 1975-1982. Les Pyrénées, une frontière de fruits et légumes", *Siècles*, 47.
— (2020): "¿Competitivas o complementarias? El debate agrario franco-español en la transición democrática, 1975-1982", *Historia Agraria*, 80, pp. 177-207.
— (2020): *Una llave para Europa. El debate agrario franco-español y la adhesión de España a la CEE, 1975-1982*, Madrid, Ministerio de Agricultura.
MOUCHEL, Jean (2016): *Paysan engagé. Souvenirs et réflexions*, Lagres, Terres d'Antan.
MULLER, Pierre (2014 [1984]): *Le technocrate et les paysans. Les lois d'orientation agricole de 1960-1962 et la modernisation de l'agriculture française, 1945-1984*, París, L'Harmattan.
NÚÑEZ PEÑAS, Vanessa (2013): *Entre la reforma y la ampliación, (1976-1986). Las negociaciones hispano-comunitarias en tiempos de transición y approfondissement*, Madrid, tesis doctoral.
PANEBIANCO, Angelo (1995): *Modelos de partido*, Madrid, Alianza.
POZZI, Jérôme (2009): "La famille gaulliste et les élections européennes de juin 1979", *Les Cahiers IRICE*, 4, pp. 102-106.
— (2011): *Les Mouvements gaullistes. Partis, associations et réseaux*, Rennes, Presses universitaires de Rennes.
PROGRAME: UNION DE L'OPPOSITION POUR L'EUROPE ET LA DÉFENSE DES LIBERTÉS (1984).
PROGRAMME ELECTORAL DE DÉFENSE DES INTÉRÊTS DE LA FRANCE EN EUROPE (1979): "Français, française La France, le 10 juin a besoin de vous".
QUAGLIARIELLO, Gaetano (2007): *La Religion gaulliste*, París, Perrin.
RAMIRO TROITIÓ, David; POLESE, Bel y BRAGHIROLI, Stegano (2018), "De Gaulle y Europa. Nacionalismo frente a integración en la construcción europea", *Revista de Occidente*, 443, pp. 87-103.
REVENTÓS, Joan (1993): *Misión en París. Memorias de un embajador*, Barcelona, Península.
RICHARD, Barry (2004): "The emotional déficit in political communication", *Political communication*, 21, pp. 339-352.
RPR (1984): *Libres et responsables. Proyect pour la France*, Saint-Amand-Montrong, Flammarion.
SAINT-OUEN, François (1988): "Le RPR est-il devenu européen?", *Revue politique et parlamentaire*, 1, pp. 51-54.
SCHONFELD, William (1986): "Le RPR et l'UDF à l'épreuve de l'opposition", *Revue française de Science Politique*, 36, pp. 18-20.
TROUVÉ, Matthieu (2005): "Une querelle agricole le Midi de la France et l'adhésion de l'Espagne à la CEE 1975-1986", *Annales du Midi: Revue archéologique, historique et philologique de la France méridionale*, 250, pp. 203-227.
VALDEZ ZEPEDA, Andrés (2012): "El miedo y la ira como estrategia en las campañas electorales", *Reflexión Política*, 27, pp. 134-140.

CAPÍTULO 7

LOS ACTORES REGIONALES Y LOCALES Y LA ADHESION A LAS COMUNIDADES EUROPEAS: LA FRONTERA HISPANO-PORTUGUESA

LUIS DOMÍNGUEZ CASTRO*
Universidade de Vigo

El proceso de integración europea fue pilotado por los Estados nación, desde sus orígenes hasta el presente. Esto es un hecho históricamente incuestionable. No obstante, también lo es que los gobiernos no centrales, sean de ámbito regional o municipal, han estado presentes en el proceso con mayor o menor intensidad según el marco competencial de los diferentes Estados nación que fueron conformando las Comunidades Europeas. España y Portugal vivieron procesos paralelos de aproximación y adhesión a la unificación europea derivados de su tardía incorporación, como consecuencia de sus respectivos regímenes políticos, incompatibles con los valores inspiradores de las comunidades hasta los coetáneos procesos de Transición democrática vividos en los dos estados ibéricos. Tres fueron las ventanas de oportunidad política que permiten entender mejor el papel de los actores regionales y locales de España y Portugal en los años previos e inmediatamente posteriores a la adhesión a las Comunidades Europeas: la emergencia de los poderes regionales, la aproximación a Europa y la construcción de un espacio público democrático en ambos países.

* Luis Domínguez Castro es profesor titular de Historia Contemporánea (Universidad de Vigo). Titular de la Cátedra Jean Monnet Ad Personam de Historia de la construcción europea. Coordinador del European Centre of Excellence Jean Monnet de la Universidad de Vigo. Sus líneas de investigación se centran el proceso de integración europea, en el ámbito de la cooperación territorial y el del europeísmo cultural.

LA EMERGENCIA REGIONAL EN EUROPA

En Europa Occidental se produjo, al mismo tiempo que la integración, una emergencia del poder regional que acabó afectando a las dictaduras peninsulares antes de su propia consunción. Tomaremos como referencia los dos países que más van a influir en los ibéricos: en el caso portugués, Francia y sus regiones administrativas; y en el caso español, Italia y sus regiones especiales y ordinarias. En efecto, Francia, paradigma del estado jacobino construido sobre un férreo centralismo, asiste a una lenta evolución que la llevará a dotarse de regiones administrativas con capacidad para prestar servicios a la ciudadanía y de ejecutar normativas procedentes tanto de las instituciones estatales como de las europeas. El acotado proceso de regionalización francés se enmarca, en parte, en las corrientes tecnocráticas que gozan de gran influencia en ese país tras la II Guerra Mundial (Zaratiegui, 2016: 63-78). Arrancaría con la puesta en marcha de la planificación económica indicativa, a través del comisariado general del plan, en 1946, encabezado como primer titular por Jean Monnet. El éxito editorial que tuvo la obra de Jean-François Gravier *París et le désert français*, en 1947, ayudó sin duda a poner el foco en los desequilibrios regionales y a colocar la ordenación del territorio en la agenda política. Así, en 1955 se crearon las 15 sociedades de desarrollo regional que cubrían todo el país, a excepción de la región parisina, dotadas de un régimen fiscal y financiero privilegiado para permitirles movilizar el ahorro local hacia inversiones empresariales encuadradas en los programas de acción regional, garantizando a los accionistas un dividendo del 5% anual en los primeros 12 años (Parodi, 1961: 69). Al año siguiente nacieron las 22 regiones de planificación, ubicadas en la metrópoli, como delimitaciones geográficas sobre las que aplicar los programas de acción regional, siempre bajo un enfoque centralizador que se vio asentado con la creación de la Délégation à l'Aménagement du Territoire et à l'Action Régionale (DATAR), en 1963, una Administración de misión, en tanto que no gestionaba los proyectos que elaboraba, y dependiente directamente del gabinete del primer ministro (Coppin, 2001: 6).

No será hasta 1972, tras el fracaso del referéndum sobre la regionalización que había impulsado De Gaulle en 1969, cuando estas regiones se conviertan en entidades administrativas competentes en cuestiones relacionadas con el desarrollo económico, si bien con competencias limitadas y ninguna de gestión. La crisis del modelo de desarrollo económico heredado de la Revolución Industrial que puso fin a los Treinta Gloriosos está en el origen de la descentralización regional de 1982, a la búsqueda de una mayor competitividad. Las regiones son equiparadas a los departamentos y a las comunas municipales y se procede a un reparto de competencias en materia de desarrollo económico entre las tres administraciones. Las regiones pasan a tener al frente a una Presidencia del Consejo Regional electa

(Coppin, 2001: 8-9). No es difícil ver la huella del modelo francés de regiones de planificación en las Regiões de Planeamento creadas en Portugal por el Gobierno de Marcelo Caetano, en 1969, en el marco del III Plan de Fomento (1968-1973) (González-Fernández, 2019: 68-71). De hecho, a través de un acuerdo de asistencia técnica con la OCDE, Pierre Viot, jefe de servicio de planificación regional en el comisariado general del plan, formó a los técnicos portugueses (Barros Caetano, 2010; 10). Estas Comissões son el origen de las cinco Comissões de Coordenação Regional que se constituyen en 1979 en el territorio continental portugués (Brandão Alves, 1996; 257) y que van a ser los actores regionales que participen, a su manera y sin capacidad de autogobierno ni legislativa propia, en la cooperación transfronteriza entre España y Portugal.

En el caso español, la huella no se vería tanto en la regionalización como en la planificación económica y la intervención pública en la corrección de los desequilibrios regionales. En efecto, siguiendo el modelo francés (Sánchez Carreira, 2009: 3), y en el marco de los planes de desarrollo impulsados por los equipos de López Rodó, se van a crear la Sociedades de Desarrollo Industrial. La gallega (SODIGA) será la primera, en 1972. Le seguirán la andaluza (SODIAN) y la canaria (SODICAN), en 1976. La extremeña (SODIEX) aparecerá en 1977 y ya más tarde las de Castilla-La Mancha (SODICAMAN) y Castilla y León (SODICAL), en 1981, y la de Aragón (SODIAR), en 1983. El órgano que asumía el liderazgo era el Instituto Nacional de Industria, con al menos el 51% de las acciones, completadas con la participación de las cajas de ahorro, las diputaciones provinciales y otras entidades financieras. Sus ambiciones y sus resultados fueron asaz modestos, con un muy reducido impacto sobre el desarrollo industrial de sus demarcaciones, orientándose hacia la pequeña y mediana empresa en sectores intensivos en mano de obra y con escasa inversión en I+D, concentrando el 32% de sus inversiones en el sector agroalimentario (Esteban Alonso, 1985: 64-66). El fracaso de la experiencia tuvo mucho que ver con su falta de encaje en el nuevo modelo territorial emanado de la constitución de 1978, que transfirió las políticas industriales a las comunidades autónomas, pero fundamentalmente se debió a la escasa cuantía de las inversiones, a los insuficientes recursos y a la falta de estrategias sectoriales (Sánchez Carreira, 2009: 3).

Italia sale de la II Guerra Mundial convertida en una república. Su constitución de 1947 reconoce el hecho regional y distingue dos tipos de regiones. Por una parte, las cinco regiones de estatuto especial: Sicilia en 1947, Cerdeña, Valle de Aosta y Trentino-Alto Adigio desde 1948, y Friuli-Venecia Julia desde 1963. Por la otra, las 15 regiones ordinarias que no empezarían su desarrollo institucional hasta 1968 como consecuencia de la intensa confrontación política y partidista de los años posteriores. En 1970 serán dotadas de parlamentos regionales electos y entre 1975 y 1977 verán reconocidas sus competencias para legislar y en materia de recursos financieros, si bien siempre por debajo de los reconocidos a las regiones de estatuto especial (Caciagli, 2003: 20).

El modelo regional italiano, con su doble vía, fue una de las fuentes de inspiración del ordenamiento territorial emanado de la Constitución española de 1978 (Esteban y González Trevijano, 1994: 119-125). En efecto, la carta magna española prevé dos vías de acceso a la autonomía: la llamada vía rápida, del artículo 151, para aquellas comunidades que habían sometido a sufragio su estatuto durante la II República, aplicando lo establecido en la disposición transitoria segunda (a las que se sumó Andalucía con su referéndum de 1980); y la vía lenta, del artículo 143 para las demás (con la excepción de Madrid, que lo hizo según lo previsto en el artículo 144 y Navarra a través de la disposicion adicional primera). Sin embargo, el pacto autonómico de 1992 entre PSOE y PP tendió a igualar en la práctica el techo competencial de todas las comunidades autónomas —con la excepción constitucional de las haciendas forales que disfrutan Euskadi y Navarra—. Así, España pasó de ser un Estado centralizado a otro de estructura compleja, con 17 comunidades autónomas con autogobierno y parlamentos con capacidad legislativa. Estos serán los actores regionales que participarán en la cooperación territorial en la frontera hispano-lusa.

EL PROCESO DE CONSTRUCCIÓN EUROPEA

La aproximación a Europa que culmina con la entrada en el Consejo de Europa (Portugal en 1976, España en 1977) y en las comunidades, en 1986, fue la segunda ventana de oportunidad política para las regiones y los poderes locales de la península. En efecto, el Consejo de Europa tenía una larga tradición de dar voz a los gobiernos no centrales. De hecho, desde 1957 existe en su seno una Conferencia de Poderes Locales (CPL), si bien no es hasta 1962 cuando adquiere carácter de institución permanente del Consejo. Esta Conferencia tuvo como uno de sus principales impulsores al alcalde de Burdeos, Jacques Chaban-Delmas, figura emblemática del gaullismo que fue su primer presidente, entre 1957 y 1960 (Wassenberg, 2012: 131-133). Chaban-Delmas propuso su creación desde su posición de presidente de la Comisión de Asuntos Municipales y Regionales de la Asamblea Consultiva del Consejo de Europa. La Conferencia era heredera de la Foreningen Norden[1] y de la movilización de los municipios europeos en pro de la reconciliación franco-alemana y del proceso de unificación europea que estaban protagonizando los seis países de la CECA, movilización que se había concretado en torno al Consejo de

1. Organización que agrupaba a las asociaciones nacionales de entidades locales de Dinamarca, Suecia, Noruega, Finlandia e Islandia.

Municipios de Europa (CME)[2], una organización europeísta, federalista y anticomunista que nace en 1951 (Zucca, 2002, 2012). La emergencia regional que ya hemos señalado afecta tanto al Consejo de Municipios de Europa, que pasa a llamarse Consejo de Municipios y Regiones de Europa (CMRE) en 1976, como a la Conferencia de Poderes Locales, que deviene en Conferencia de Poderes Locales y Regionales de Europa (CPLRE) en 1975. La Asamblea Parlamentaria del Consejo de Europa y la CPLRE convocaron sendas convenciones. La primera, en Galway (Irlanda), entre autoridades regionales de la Europa periférica en octubre de 1975, que concluyó con una Declaración que afirmaba las bases del necesario policentrismo que debería presidir la construcción europea con la solidaridad y la cohesión territorial como horizonte imprescindible. La segunda, sobre los problemas de la regionalización en Europa, celebrada en Burdeos en enero y febrero de 1978, que recoge en su Declaración final una anticipación de lo que serían las teorías de la gobernanza multinivel al defender que el necesario protagonismo de las regiones en la construcción europea y en la vida interna de sus estados no solo no significaba una amenaza para su unidad, sino que la reforzaba al tiempo que tampoco implicaba menoscabo alguno de los poderes y competencias de las entidades locales (Clotet i Miró, 1992: 389-391).

Por su parte, el Comité de Ministros, la otra institución primigenia del Consejo de Europa, aprueba, en 1968, la constitución de la Conferencia Europea de Ministros responsables de política regional y ordenación del territorio (CEMAT), lo que sirve de estímulo para la creación de toda una serie de comisiones bilaterales para la ordenación territorial transfronteriza[3]. En 1975 el Comité de Ministros decide constituir la Conferencia de ministros responsables de entidades locales, que se reúne en París ese mismo año, en Atenas (1976), en Estocolmo (1978) y en Madrid (1980), hasta ultimar la Convención-marco sobre cooperación transfronteriza entre autoridades y entidades territoriales. Portugal ratificó esta Convención el 11 de abril de 1989. Poco más de un año después, el 25 de noviembre de 1990 entraba en vigor la ratificación española. Desde ese momento era posible contar con un instrumento jurídico que amparaba la formalización de estructuras de cooperación entre autoridades locales y regionales de ambos lados de la frontera hispano-portuguesa. Ciertamente, ninguno de los dos estados se dio prisa en facilitar este proceso; sin duda, los recelos históricos, no exentos de irredentismo territorial, pesaban lo suyo[4].

2. Entre 1951 y 1953 se adhirieron al Consejo de Municipios de Europa (CME) más de 20.000 entidades locales. 11.000 francesas, 2.400 alemanas, 1.200 italianas y 900 belgas, entre las más numerosas (Palayrat, 2003: 89).
3. Entre Alemania y Holanda (1968), en el Benelux (1969), entre Bélgica y Alemania (1971), entre Alemania y Suiza (1973) o entre Alemania y Austria (1974), (Direction de la Coopération pour la démocratie locale et régionale, 2002: 10).
4. Una visión externa de este problema a autores de los dos países en Sidaway (2004).

Las Comunidades Europeas, aunque más tardíamente, también abrieron su agenda política a los actores regionales y locales. La primera ampliación sirve como acicate para la creación del Fondo Europeo de Desarrollo Regional (FEDER) y la consiguiente puesta en marcha de la política regional que, con el paso del tiempo, se va a convertir en uno de los pilares más activos y legitimadores de la construcción europea. En 1984 el FEDER sufrió una profunda reforma que abrió las puertas a la participación de las entidades regionales y locales en la coordinación transfronteriza del desarrollo regional, en la elaboración de los programas de desarrollo regional y en los programas nacionales de interés comunitario (Huici Sancho, 2003: 33). Los recursos del FEDER se distribuían en dos partidas, una de mayoritario carácter nacional, llamada *quota*, gestionada por cada Estado miembro en función de sus necesidades de cohesión territorial; otra minoritaria de libre disposición, llamada *hors quota* y gestionada por la Comisión Europea, que esta aprovechó para tener interlocución directa con las regiones, puenteando así a las autoridades nacionales (Valente de Oliveira, 2019: 63-64). La partida *hors quota* tenía la ventaja añadida de una mayor contribución financiera de las Comunidades —85% frente al 50% de la partida *quota*—, pero exigía de las regiones tener recursos hacendísticos propios para poder cofinanciar las ayudas concedidas, lo que indirectamente forzaba cambios constitucionales internos. Los Programas Integrados Mediterráneos, puestos en marcha en 1985, sirvieron también para abrir espacios de participación a las regiones y entidades locales, como aconteció en los casos de Italia y Francia (Huici Sancho, 2003: 37-38). La consolidación de la intervención en la política regional se produjo cuando la Comisión Europea creó el Consejo consultivo de los entes regionales y locales en 1988. En ese mismo año tuvo lugar una nueva reforma en profundidad del FEDER y del resto de fondos estructurales, en el marco del llamado paquete Delors I, que incrementó muy considerablemente los recursos financieros de la política regional. De hecho, se suele considerar esta reforma como el verdadero punto de partida de la política regional comunitaria (Bonete y Muñoz Bustillo, 2018: 33).

Al margen del Consejo de Europa y de las Comunidades Europeas, las entidades regionales y locales desarrollaron una importante actividad de asociacionismo en defensa de sus intereses, en el contexto de la unificación europea, entre 1970 y 1990. Ya hemos visto cómo tanto la CPL como el CME añadieron una R de *regional* a sus siglas. La novedad ahora es el activismo de las regiones en este terreno. En 1971 se constituye la Asociación de Regiones Fronterizas Europeas (ARFE), con sede primero en Gronau —municipio situado en la frontera germano-holandesa— y actualmente en Berlín, gracias la apoyo del Consejo de Europa, que le otorga el estatuto consultivo a través de su Comité de Ministros en 1978, y a la integración de las primeras eurorregiones radicadas, fundamentalmente, en la cuenca del Rhin

(Guillermo Ramírez, 2019: 173). Inicialmente fueron 12 las regiones miembros, que ya son 15 para 1981. En 1973 verá la luz la Conferencia de Regiones Periféricas y Marítimas (CRPM), con sede en Rennes (Balme, Brouard y Burbaud, 1996: 52), que cuenta inicialmente con 23 regiones y será la gran adalid de las teorías del equilibrio territorial y del necesario desarrollo policéntrico de Europa para evitar que el ser periférico convierta en insolidario el proceso de construcción europea y que, al igual que ARFE, también logrará el estatuto consultivo del Consejo de Europa en 1978. Ambas organizaciones, junto con otras siete asociaciones regionales y 47 regiones, fundarán en 1985 la Asamblea de Regiones de Europa (ARE), llamada a ser el gran *lobby* para influir en el proceso de construcción europea que se estaba revitalizando con las negociaciones que fraguaron en el Tratado del Acta Única (Hooghe y Marks, 1996).

Sin embargo, la heterogeneidad de lo que en cada Estado se entiende por región y el reflujo de la movilización regional, tras el Tratado de Maastricht y la institucionalización del Comité de las Regiones, no permitieron que la ARE jugase el papel central que se le suponía en su momento fundacional. En el mismo año de 1985 se fundó en Estrasburgo el Centro Europeo para el Desarrollo Regional (CEDRE), una organización de cooperación científica, técnica y económica que integraba a 50 regiones europeas y que debería ser una especie de *think-tank* que no logró consolidarse, disolviéndose en 1994. Tanto Galicia como la Região Norte de Portugal fueron miembros fundadores de ARE y CEDRE y jugaron un papel destacado en la CRPM y en ARFE desde principios de los ochenta.

EL ESPACIO PÚBLICO DEMOCRÁTICO

La tercera ventana de oportunidad política vino dada por la construcción de un espacio público democrático en los dos estados ibéricos tras la caída de sus respectivas dictaduras. Ese espacio público tuvo también su traducción en el ámbito regional, si bien con muy diferente grado de intensidad. Como ya hemos apuntado, en el territorio continental portugués solo se produjo una desconcentración administrativa que no alteró sustancialmente el entramado jacobino de su articulación político-institucional, mientras que en España se llevó a cabo una amplia y verdadera descentralización que se tradujo en el Estado de estructura compleja que emana de la Constitución de 1978. Las nuevas comunidades autónomas generaron una clase política que buscó su legitimación a través de la consolidación o creación de identidades territoriales que sirviesen para identificar a la ciudadanía con esas nuevas o recuperadas realidades político-administrativas.

En Portugal, por razones obvias, no se recorrió ese camino. No obstante, en la Região Norte el perfil del personal político que estuvo al frente tenía un peso y una influencia nacional muy superior al de sus homólogos en las otras cuatro Comissões de Coordenação Regional (CCR). Luis Valente de Oliveira destaca entre todos los primeros presidentes de las recién creadas CCR. Mientras que los demás eran personas sin proyección política anterior, Valente de Oliveira llega a la presidencia de la Região Norte tras haber sido ministro de Educación e Investigación Científica en el cuarto Gobierno constitucional y, tras ejercer de líder regional entre 1979 y 1985, vuelve al Consejo de Ministros del décimo Gobierno constitucional para ocupar la cartera de Planeamiento y Ordenación del Territorio[5]. Es un caso singular de elevado perfil político que puede explicar los tempranos contactos transfronterizos con Galicia.

Su sucesor en el cargo, Luis Braga da Cruz (1986-1995 y 1996-2001), que también será ministro de Economía en el decimocuarto Gobierno constitucional, no ocultará que la CCRN asumió la iniciativa de liderar el proceso de entendimiento con Galicia porque, a pesar de que no se había establecido en Portugal el nivel administrativo regional previsto en la Constitución de 1976, se consideraba con la legitimidad operativa que le conferían tanto el conocimiento de la realidad regional como, especialmente, la capacidad de movilización de los principales agentes de la Região Norte (Braga da Cruz, 1992: 17-18). El periodo entre las dos presidencias de Braga da Cruz fue cubierto por José Silva Penedo, que había sido ministro de Empleo y Seguridad Social en el undécimo y duodécimo gobierno constitucional, siendo compañero de Consejo de Valente de Oliveira. Años más tarde ejercerá la presidencia de la Região Norte otro antiguo ministro, Arlindo Cunha, que había ostentado la cartera de Agricultura, Pesca y Alimentación en el undécimo Gobierno constitucional, en el que coincidió con Silva Penedo y Valente de Oliveira. Sin estas biografías resulta difícil entender el papel jugado por la CCR-N —desde 2003 renombrada, como todas, Comissão de Coordenação e Desenvolvimento Regional (CCDR-N)— en la cooperación territorial europea y transfronteriza, especialmente con Galicia.

La emergencia regional contribuyó a una cierta reterritorialización del espacio europeo, creando nuevas centralidades en muchos casos vinculadas con el asociacionismo regional. La Região Norte y Luis Valente de Oliveira tuvieron un destacado papel en el seno de la CRPM. En efecto, esta organización abrió una célula de prospectiva en Oporto que se mantuvo operativa hasta que los recortes presupuestarios de la organización obligaron a cerrarla en 2007. Por su parte, Valente de

5. Volverá a ser ministro en el undécimo, duodécimo y decimoquinto gobierno constitucional, es decir, será ministro en gobiernos de cuatro décadas, un caso ciertamente excepcional. Compárese con la trayectoria de tres de sus homónimos. Manuel Carlos López Porto, catedrático de Derecho en Coímbra, ejercerá la presidencia de la CCR Centro entre 1977 y 1989 sin haber ejercido cargos relevantes anteriores y siendo diputado europeo a continuación, entre 1989 y 1999. David de Oliveira Assoreira, presidente de la CCR Algarve entre 1980 y 1996, sin haber ejercido cargos públicos o electos de primera fila ni antes ni después. António Carmelo Aires, presidente de la CCR Alentejo, por esos mismos años, veterinario de profesión y antiguo gobernador civil, sin otros cargos políticos de relevancia nacional.

Oliveira fue el primer presidente electo de la CRPM y posteriormente presidente de su Consejo científico. Oporto mantendría esta centralidad al obtener la sede del secretariado técnico del programa Espacio Atlántico de los INTERREG IV y V, entre 2007 y 2020. A su vez, otra ciudad portuguesa, Faro, será la elegida para la creación de la Comisión del Arco Atlántico, dentro de la CRPM, en 1989.

Otra de las consecuencias de la creación del espacio público democrático fue el ejercicio, por parte de los líderes y de las instituciones regionales, de actividades de política exterior, en principio reservadas en exclusiva a los gobiernos nacionales, bajo el paraguas de la acción exterior o de la paradiplomacia[6]. En la frontera hispano-lusa, Galicia y Extremadura se llevarán la palma. El Estatuto de Autonomía de Extremadura fija entre sus objetivos básicos "impulsar el estrechamiento de los vínculos humanos, culturales y económicos con la nación vecina de Portugal"[7]; es el único de los fronterizos que lo hizo desde el primer momento[8]. Una prueba de que los hechos acompañaron a las palabras en estas declaraciones lo tenemos, por ejemplo, en que la mitad de los estudiantes españoles de portugués, en los diferentes niveles escolares, se encuentran en Extremadura, con un crecimiento exponencial entre 1996 y 2001, cercano al 900% (Corrales Romero, 2002: 89).

En el caso de Galicia, la proyección internacional se acelerará con la llegada a la presidencia de la Xunta de Manuel Fraga Iribarne, en 1989. Fraga había sido una personalidad política de primer orden en la esfera nacional y arribaba a Santiago desde su escaño en Estrasburgo. Convencido de su carisma, preparó el asalto a la presidencia de la Asamblea de Regiones de Europa, que como hemos señalado parecía destinada a ser el gran *lobby* del regionalismo europeo. Todo estaba preparado para ganar la elección en la asamblea general que la ARE iba a celebrar en Santiago de Compostela en julio de 1992. No obstante, las ambiciones de Fraga chocaron con las de otro presidente autonómico, Jordi Pujol, que ya había intentado sin éxito alcanzar la vicepresidencia primera de la ARE, desde la vicepresidencia que ostentaba, en la Asamblea de Madeira de 1988 (Antich, 1988). En principio todo parecía claro, Fraga se había embarcado en una larga gira por las regiones

6. De hecho, en la hornada de reformas del Estatuto de Autonomía de los años 2006 y 2007, los de la Comunidad Valenciana, Cataluña, Andalucía, islas Baleares, Aragón y Castilla y León recogen expresamente artículos o apartados que se refieren a sus relaciones con la Unión Europea, por ejemplo (Cordal, 2010: 20).
7. Artículo 6h de la Ley Orgánica 1/1983, de 25 de febrero, del Estatuto de Autonomía de Extremadura (BOE del 26 de febrero de 1983). En la reforma del Estatuto de 2011, la protección en Portugal figura como uno de los elementos diferenciadores de Extremadura (arts. 1-4) y se incluye un artículo 71 que se titula "Cooperación con Portugal", Ley Orgánica 1/2011, de 28 de enero, de reforma del Estatuto de Autonomía de la Comunidad Autónoma de Extremadura (BOE del 29 de enero de 2011).
8. La reforma del Estatuto de Autonomía de Castilla y León, siguiendo el modelo extremeño, contempla el establecimiento de unas relaciones de buena vecindad con las regiones de Portugal (art. 66.2). Ley Orgánica 14/2007, de 30 de noviembre, de reforma del Estatuto de Autonomía de Castilla y León (BOE del 1 de diciembre de 2007).

europeas y semejaba contar con el favor de su familia política, los democristianos europeos, mientras Pujol dejaba caer su renuncia a una segunda candidatura, trabajando en favor de la candidatura de Fraga, y Manuel Chaves se mostraba favorable a apoyar a Fraga, quien a su vez le había apoyado para ser presidente del Consejo consultivo de entes locales y regionales de la Comisión Europea (Antich, 1992). Todo se precipitó en la reunión del buró político de la ARE, celebrada en Cracovia el 8 de mayo de 1992. El democristiano Carlo Bernini, presidente saliente, recordó que cuatro años antes Pujol había renunciado a presentar su candidatura en aras de la unanimidad y le postuló como sucesor, invitando a Fraga a retirarse (cosa que no hizo al considerar lo sucedido como una encerrona)[9]. El resultado de la confrontación fue humillante para Fraga, Pujol se alzó con la mayoría absoluta en la primera votación al obtener 104 votos frente a los 31 de Fraga, gracias al apoyo mayoritario de las regiones alemanas, italianas y francesas (Aguado, 1992). Fraga tendría ocasión de presidir otra asociación regional europea en 1994, la Comisión del Arco Atlántico, pero declinó la oferta del primer presidente de la misma, el líder gaullista y presidente del Consejo Regional del Pays de la Loire, Olivier Guichard[10], de ser su sucesor (Balme, Brouard y Burbaud, 1996: 53).

LA COOPERACIÓN TRANSFRONTERIZA COMO PARADIPLOMACIA: LOS ACTORES

El establecimiento de relaciones de cooperación con las entidades homólogas del otro lado de la frontera va a constituir la principal actividad de paradiplomacia que las regiones y entidades locales desarrollarán en el contexto de la adhesión a las Comunidades Europeas de España y Portugal.

Los primeros pasos en el conocimiento y en la cooperación con el vecino fueron dados, en la Europa de la posguerra, por las autoridades locales, especialmente por los municipios que representan el eslabón organizacional más próximo al ciudadano. La actuación de las corporaciones locales dentro del proceso de construcción europea se incardina en tres ejes de actuación complementaria. Por un lado,

9. La cúpula de la ARE aducía que el pasado franquista de Fraga levantaba demasiados resquemores en varias regiones europeas y, además, Pujol se encontró con el incentivo interno de que su gran rival, Pascual Maragall, acababa de ser elegido, ese mismo día 8 de mayo, presidente del CMRE (Antich y Uria, 1992).

10. Olivier Guichard tenía una larga trayectoria política como ministro que había sido de tres carteras, Educación, Ordenación del Territorio y Justicia. Como una prueba más de la creación de una clase política regional con proyección nacional, en este caso en Francia, repárese en que el sucesor de Guichard en Pays de la Loire será François Fillon, primer ministro con Sarkozy. A su vez, su sucesor en la presidencia de la Comisión del Arco Atlántico, tras la renuncia de Fraga, será Jean-Pierre Raffarin, primer ministro con Chirac.

los municipios presionan a sus respectivas autoridades nacionales en pro de actuaciones en la frontera que beneficien a la ciudadanía de ambas partes; por otro, se unen en experiencias de hermanamiento; y, finalmente, crean asociaciones básicamente bilaterales de cooperación entre entidades situadas a ambos lados de una frontera más o menos disputada. Los municipios de la frontera hispano-lusa, en los años previos y posteriores a la adhesión, desarrollan actuaciones en los tres ejes y siempre lastrados por la asimetría competencial y financiera entre las potentes Câmaras Municipais y los mayoritariamente débiles ayuntamientos de pequeñas dimensiones, que necesitan el aval de sus respectivas diputaciones provinciales.

Solo tenemos documentadas acciones del *lobby* transfronterizo en la frontera sur. El 23 de marzo de 1981 representantes de 18 ayuntamientos andaluces y 23 portugueses, reunidos en Rosal de la Frontera, acuerdan urgir de las autoridades nacionales la mejora de la carretera internacional Sevilla-Lisboa. No parece que el éxito acompañase la demanda. Mejor suerte correría la presión de los municipios de Ayamonte y Vila Real de Santo António para la creación de una Comisión Mixta hispano-portuguesa para el seguimiento de la construcción del puente internacional sobre el Guadiana, previsto desde el convenio firmado en 1970, pero que se demorará hasta 1991 (Peláez Marón, 2002: 127-128).

En lo que hace a los hermanamientos, la llegada de la democracia a ambos países es lo que promueve esta práctica, muy vinculada por otra parte con el proceso de construcción europea (Vion, 2003). Los primeros que hemos documentado en el territorio fronterizo fueron promovidos por municipios salmantinos a lo largo de 1981: Béjar con Guarda, Salamanca con Coímbra y Ciudad Rodrigo con Aveiro, todos ellos con una cierta continuidad, aunque con altibajos. Al año siguiente, en 1982, fueron Ourense y Vila Real, que continúan participando conjuntamente en un premio de poesía, por ejemplo. En 1984 serán los municipios de Xinzo de Limia y Ponte de Lima los que se hermanen unidos por el mismo río y el mismo mito del río del olvido (Lethes), que cruzaron las tropas de Décimo Junio Bruto y cuya relación se ha mantenido intensa. Ayamonte y Vila Real de Santo António se hermanan en 1985. Oporto y Vigo lo harán un año más tarde, en 1986, y pilotarán la creación del Eixo Atlântico, la más veterana y duradera asociación de municipios transfronterizos en 1992. En la frontera extremeña habrá que aguardar hasta 1987 para que lo hagan Elvas y Badajoz y Zafra con Estremoz, con resultados duraderos. No así en el caso de Olivenza y Portalegre, en 1988 o 1989, donde el hermanamiento, como en tantos otros casos, no pasó del banquete inaugural (Nieto Fernández, 2003: 794-795). La decisión del Parlamento Europeo de crear un Fondo Europeo de Hermanamientos, operativo desde 1989, facilitó nuevos hermanamientos con desigual continuidad en el tiempo (Nieto Fernández, 2003: 780-781).

Por último, el protagonismo municipal se tradujo en la creación de estructuras de cooperación transfronteriza en solitario o en compañía de otros actores. En el primer caso, las asociaciones no aparecen hasta la última década del siglo XX. La primera fue el ejemplo singular del Eixo Atlântico del Noroeste Peninsular, que comienza agrupando a las 13 principales ciudades de Galicia y el norte de Portugal (1992) y que no ha dejado de crecer hasta superar la treintena de miembros (Domínguez Castro, 2006). Le seguirían la Asociación Ibérica de Municipios Ribereños del Duero, fundada en 1994, y que reunía a 31 municipios castellano-leoneses y a 21 Câmaras Municipais del Norte y Centro de Portugal[11] y Triurbir (Triángulo Urbano Ibérico Rayano, constituido en 1997 e integrado por Cáceres, Plasencia y Castelo Branco, a los que se unió después Portalegre). Otras experiencias de asociacionismo municipal transfronterizo no gozaron de la longevidad de la tres citadas. En 1995 tenemos documentada la aparición de una Asociación de Municipios Hispano-Lusa llamada ANAS. Contaba con 30 municipios con el objetivo de unir el ámbito costero (Algarve y Huelva). Logró algunos proyectos en la convocatoria INTERREG IIA, pero no pasó de las buenas intenciones y su gestión fue mala (García Delgado, 2002: 182-183). Algo similar aconteció con la Asociación de Pueblos Vivos entre Zamora y Trás-os-Montes (López Trigal, 2002: 62). En el segundo caso, acompañando a actores regionales, empresarios, universidades y entidades financieras, el caso más logrado es la Fundación Rei Afonso Henriques, creada en 1994, en la que participan Zamora y Toro, por parte española, y Porto y Miranda do Douro, por parte portuguesa.

Las regiones (es decir las comunidades autónomas españolas y las Comissões de Coordenação portuguesas) también emplearon la paradiplomacia para relacionarse directamente con sus homólogas del otro lado de la raya. No obstante, si hemos visto que la asimetría competencial entre los muncipios era grande, la existente entre la regiones es de mucha mayor dimensión. De hecho, en Portugal no hay regiones en el sentido político-administrativo del término. A pesar de ello, la paradiplomacia se abrirá camino. El ejemplo de Galicia y norte de Portugal, pioneras en este terreno, puede ilustrarlo bien.

La aproximación e integración en Europa que se produce a escala nacional tienen su correlato en los niveles regionales. Así, la CRPM se va a convertir en un foro de proyección exterior y relacionamiento de las autoridades regionales de los dos países. Prueba de ello serán las conferencias plenarias de la organización que se suceden en Santiago de Compostela (1979) y en Oporto (1982). El presidente de la Xunta de Galicia será quien clausure la reunión conmemorativa del 9º aniversario de la CRPM en septiembre de 1982[12] y será entonces cuando se produzca el

11. También formaban parte la Confederación Hidrográfica del Duero y Caja Duero.
12. *La Voz de Galicia*, 15/07/1983, p. 30.

primer contacto personal entre los dos líderes regionales. Posteriormente, norte de Portugal y Galicia serán dos de las 47 regiones fundadoras de la Asamblea de Regiones de Europa, en 1985, y también serán fundadoras del Centro Europeo para el Desarrollo Regional (CEDRE). El presidente de la CCRN y el ministro regional de Economía y Hacienda de la Xunta de Galicia, presentes en ambos actos, aprovecharon para reunirse y seguir avanzando en temas de cooperación[13].

El inicio formal de contactos institucionales entre las dos regiones tuvo una puesta en escena ciertamente notable que podemos calificar de "cumbres regionales gallaecienses", en clara alusión a las coétaneas "cumbres ibéricas". Tras el primer contacto en la clausura de la Conferencia de la CRPM, en septiembre de 1982, tiene lugar la visita de una delegación del Gobierno de la Xunta de Galicia, con su presidente al frente, a la sede de la CCRN en Oporto, en abril de 1983. La importancia concedida a la reunión queda plasmada en el rango de los políticos presentes. Acompañaban al presidente de la Xunta sus ministros regionales de Economía, Ordenación del Territorio y Cultura; mientras que el presidente de la CCRN estaba acompañado por su vicepresidente, el gobernador civil de Viana y el presidente de la Câmara de Caminha[14]. En julio de 1983 tuvo lugar la devolución de la visita por parte de una delegación de la CCRN, comandada por su presidente, a la sede la Xunta en Santiago. Por parte de la CCRN asisten su presidente y su vicepresidente, acompañados por el gobernador civil de Viana y por el presidente de la Câmara de Caminha, en su calidad de presidente do Agrupamento de Concelhos do Vale de Minho, así como tres altos funcionarios. Por parte de la Xunta están presentes su presidente, cinco ministros regionales y un embajador itinerante del Gobierno español[15].

Las reuniones continuaron al año siguiente. Inicialmente previsto para los meses de enero o febrero, el encuentro no tuvo lugar hasta julio de 1984, en Oporto. No solo hubo un retraso, sino que el rango de autoridades gallegas en la visita fue sensiblemente menor. El presidente de la Xunta solo se hizo acompañar por un ministro regional. Mientras, por parte portuguesa solo causó baja el presidente de la Câmara de Caminha, que se hizo representar. En el terreno de los técnicos se pasó de tres altos funcionarios de la CCRN a seis, incluyendo a representantes de la EDP, de la Direcção Geral de Portos y de la Junta Autónoma de Estradas[16]. Esta asimetría se incrementará en los contactos de los años posteriores, en los que desaparece el

13. El 14 de junio de 1985 ambos coinciden en la reunión del Comité de Dirección del Centro Europeo para el Desarrollo Regional (CEDRE). Véase "Cooperación Xunta de Galicia-Comisión de Coordinación de la Región Norte de Portugal. Situación a 22 de septiembre de 1987", Biblioteca da CCDR-N, Porto, legajo 5098, p. 17.
14. *La Voz de Galicia*, 7/04/1983, p. 36.
15. "Nota sobre a visita do Presidente da CCRN a Santiago de Compostela em 14 e 15 de Julho de 1983", Biblioteca da CCDR-N, Porto, legajo 4654, p. 2.
16. "Nota sobre a visita do Presidente da Xunta de Galicia ao Porto em 6 de Julho de 1984", biblioteca da CCDR-N, Porto, legajo 6428.

presidente de la Xunta de Galicia y ocupará su lugar su ministro regional de Economía y Hacienda, mientras del lado portugués se mantendrá la presencia del presidente de la CCRN[17]. Además, el formato de "cumbres regionales" desaparece. No conocemos las razones concretas de esta desaparición ni de la ausencia del presidente gallego y solo cabe especular, en el primer caso, con alguna llamada de atención desde el Ministerio de Exteriores español y con la diferencia competencial, cada vez más acentuada, entre el Gobierno regional gallego y la Administración regional portuguesa, en el segundo. Es decir, una vez iniciados los contactos y acordados los temas comunes, la representación gallega bajó su nivel político, sin menoscabo de la operatividad y del buen clima de las reuniones.

El formato de las reuniones habidas entre 1985 y 1987 será predominantemente el de reuniones técnicas entre funcionarios de las dos administraciones o redactores de estudios y memorias conjuntas. Cuando se trata de reuniones más institucionales, las presiden el presidente de la CCRN y el ministro regional de Economía y Hacienda, quien inmediatamente reporta al secretario general de Economía y Planificación o al director general de Planificación en Madrid[18]. La moción de censura que hizo caer al Gobierno gallego de Gerardo Fernández Albor, el 23 de septiembre de 1987, supuso un cierto parón en las relaciones transfronterizas. De hecho, estaba previsto celebrar unas Primeras Jornadas Técnicas, con presencia de los agentes sociales de las dos regiones y expertos comunitarios, en diciembre de ese mismo año, pero no tuvieron lugar hasta octubre del año siguiente. No obstante, este ligero parón fue seguido de un fuerte impulso que se acrecentaría con la llegada de Fraga Iribarne a la presidencia gallega, en enero de 1990, culminando con la constitución de la Comunidad de Trabajo Galicia-Norte de Portugal, el 31 de octubre de 1991.

Las otras tres comunidades autónomas no iniciarán sus contactos con autoridades portuguesas hasta que a partir de 1990 confluyan dos elementos facilitadores. Por un lado, la ratificación de la Convención-Marco europea sobre cooperación transfronteriza entre colectividades territoriales del Consejo de Europa por parte de Portugal y de España; por otro, la puesta en marcha de la ayudas comunitarias a la cooperación transfronteriza, a través de la iniciativa INTERREG I. Entre febrero y mayo de 1990 se firman sendas declaraciones de fomento de la cooperación entre Castilla y León y las Regiones Norte y Centro de Portugal, que se traducirán en la creación de la Comunidad de Trabajo Castilla y León-Centro de Portugal (marzo de 1995) y de la Comunidad de Trabajo Castilla y León-Norte (enero de 2000) (Corral Suárez, 2002: 73-79). Extremadura firmará sendos protocolos de cooperación

17. "Cooperación Xunta de Galicia-Comisión de Coordinación de la Región Norte de Portugal", Biblioteca da CCDR-N, Porto, legajo 5098.
18. *Ibidem*, pp. 31-33.

con el Alentejo, en 1992, y con la región centro de Portugal, en 1994, de los que nacerán los Gabinetes de Iniciativas Transfronterizas (GIT) de Mérida, Évora y Coímbra, formados por responsables políticos y por técnicos, que tras unos primeros años de colaboración por separado trabajan de manera tripartita (Corrales Romero, 2002: 87-88). Este hecho constituye una novedad significativa que explica, en parte, el dinamismo de la colaboración en este tramo de la frontera del que ya hemos dado cuenta. Finalmente, Andalucía, dentro del marco de oportunidad del INTERREG II y del INTERREG III, suscribirá sendos protocolos de cooperación con el Algarve —27 de julio de 1995— y con el Alentejo —25 de enero de 2001— (Peláez Marón, 2002: 126-127). A diferencia de los otros espacios fronterizos, aquí la cooperación no llegó a traducirse en la creación de estructuras institucionales.

Los empresarios fueron otro actor interesado en ejercer la paradiplomacia a través de sus organizaciones patronales y corporativas. El incentivo era duplo. Por una parte, preparar conjuntamente el nuevo escenario del mercado único y sus cuatro libertades de circulación; por otra, obtener financiación a través de INTERREG u otros programas comunitarios. Los primeros protocolos de cooperación se suscriben en 1986, entre la Associação Empresarial do Distrito de Bragrança (NERBA) y la Cámara de Comercio e Industria de Zamora (Corral Suárez, 2002: 79) y entre la Associação Empresarial do Distrito de Portalegre y la Confederación de Organizaciones Empresariales de Badajoz. En 1987 se firmó un protocolo de cooperación entre el Núcleo Empresarial del Algarve (NERA) y la Federación de Empresarios de Huelva. Curiosamente, la dinámica frontera luso-galaica será la última en asistir a la firma de procolos entre sus agentes empresariales. De hecho, hemos de esperar hasta el 12 de noviembre de 1987 para que se produzca un encuentro, en Madrid, entre miembros de la comisión de relaciones internacionales de la Confederación de Empresarios de Galicia y el primer ministro portugués, que sirve para la primera toma de contacto con organizaciones empresariales portuguesas (Rodríguez Mantiñán, 1989: 178). En octubre de 1988, aprovechando la celebración de las Primeras Jornadas Técnicas ya comentadas, la Confederación de Empresarios de Galicia y la Associação Industrial Portuense firmaron un acuerdo-marco de colaboración. Nótese que, en este caso, el ámbito de actuación de los firmantes supera el marco provincial que tenían las anteriores organizaciones patronales. Con todo, la cooperación empresarial no va a lograr transformar la frontera en un espacio de concurrencia, más bien se mantendrá como un espacio de competencia.

Por último, debemos referirnos a un cuarto actor, las universidades, que tuvieron en gran medida un papel vicario. Su participación en la cooperación transfronteriza se hará de la mano de sus respectivos gobiernos regionales y rara vez por iniciativa propia. Así, en las primeras "cumbres regionales gallaecienses" están presentes los Rectores de Miño, Oporto y Santiago y representantes del

Instituto universitario de Trás-Os-Montes y de la Católica Portuguesa[19]. Del mismo modo, en 1994 se concluyó un protocolo para la creación de un Polo Universitario de la Comunidad de Castilla y León y la región centro de Portugal que integraba a las universidades portuguesas de Aveiro, Coímbra y Beira Interior, a las españolas de Burgos, León, Valladolid y las dos de Salamanca y a los Institutos Politécnicos de Castelo-Branco, Coímbra, Guarda, Leiría y Viseu (Corral Suárez, 2002: 80). El bagaje de realizaciones fue asaz parco.

LA COOPERACIÓN TRANSFRONTERIZA COMO PARADIPLOMACIA: LA AGENDA

Analizados los actores, vamos a centrarnos en la agenda política de la paradiplomacia local y regional en la frontera hispano-lusa en los años previos e inmeditamente posteriores a la adhesión a las Comunidades Europeas.

En consonancia con lo que aconteció en otras fronteras europeas (Hernández Ulate, 2019), los cursos fluviales fueron objeto de especial interés en la cooperación transfronteriza. En las "cumbres regionales gallaecienses" se acuerda la redacción de una Memoria Común de Infraestructuras de la Cuenca del Miño y Transfronterizas[20], que estará lista en 1985. En ella se recogen las actuaciones necesarias en materia de infraestructuras —puentes internacionales, autopistas, transbordadores, embalses, puertos fluviales, eliminación de la barra como condición necesaria para la construcción de un puerto en Camposancos, en la parte gallega de la desembocadura, y actuaciones para incrementar la actividad pesquera—. En la segunda cumbre, en julio de 1983, se había debatido sobre un proyecto de regularización de la cuenca del Miño y un reglamento sobre la explotación de sus inertes (arena y grava)[21], materiales entonces preciosos en la construcción civil antes de ser sustituidos por los obtenidos en las canteras. El puente internacional sobre el Guadiana, entre Ayamonte y Vila Real de Santo António, fue otro ejemplo claro de la importancia de los cursos fluviales en la agenda política de la paradiplomacia transfronteriza.

La permeabilidad de frontera, con la mejora de las infraestrucuturas y los medios de comunicación, estuvo también presente en la agenda. La frontera Centro-Castilla y León tuvo su protagonismo en las reuniones del Comité internacional para

19. En mayo de 1983 tuvo lugar la devolución de la visita de los dos rectores portugueses a su homólogo gallego, fuera del marco de las "cumbres regionales", pero la iniciativa no tuvo continuidad ni recorrido. Véase "Nota sobre a visita do Presidente da CCRN a Santiago de Compostela em 14 e 15 de Julho de 1983", Biblioteca da CCDR-N, Porto, legajo 4654, p. 2.

20. El índice general de esta Memoria puede verse en *Projectos susceptíveis de consideração conjunta por parte da Galiza e da Região Norte de Portugal*, abril 1986, Porto, Biblioteca da CCDRN, pp. 93-94.

21. "Nota sobre a visita do Presidente da CCRN a Santiago de Compostela em 14 e 15 de Julho de 1983", Porto, Biblioteca da CCDR-N, legajo 4654.

la ordenación de la transeuropea, en Burdeos (1986) y Madrid (1987), donde se fue diseñando el futuro de las TEN-T (1990), que acabó priorizando la ruta europea E80 que unía Lisboa con la frontera turco-iraní atravesando Vilar Formoso-Fuentes de Oñoro. Lo mismo cabría decir de la presión de los municipios para mejorar la carretera Sevilla-Lisboa. En la misma línea, se hace presión para ampliar los pasos fronterizos y su horario de apertura, antes de que el mercado único los convirtiese en obsoletos, para facilitar la circulación de personas y mercancías y los intercambios a los dos lados de la raya[22]. A modo de ejemplo práctico, las carreteras se llevaron el 72,9% del INTERREG I portugués y el 78% del español (Jacinto, 1995: 73).

Las cuestiones medioambientales constituyen un tercer eje de la agenda transfronteriza en aquellos años. Hemos registrado la existencia de un programa experimental de cooperación transfronteriza en esta materia, impulsado desde 1986 por la Dirección General de medioambiente de la Comisión Europea en el marco de la operación *impact littoral*, en colaboración con la CRPM. La CCRA y la Agencia de Medioambiente de la Junta de Andalucía eran las autoridades de gestión del programa (Ricq y da Silva Santos, 1989: 82)[23]. En la segunda Cumbre regional gallaiciense se abordó la conveniencia de prolongar el Parque Nacional Peneda-Gêres a territorio ourensano[24], como antesala del que sería primer parque natural transfronterizo, el Peneda-Gêres-Xurés, acordado el 31 de julio de 1997 (Paül i Carril y Trillo Santamaría, 2019).

El ámbito cultural conformaría un cuarto eje de la agenda política transfronteriza. Los temas abordados fueron de variada índole: intercambio de profesorado y alumnado, colaboración en estudios sanitarios, agropecuarios y arqueológicos[25], creación de un fondo permanente de libros gallegos y portugueses para poder instalar casetas en las respectivas ferias del libro de cada región[26], actividades lúdico-deportivas (Corral Suárez, 2002: 80), enseñanza del portugués en el sistema escolar obligatorio (Corrales Romero, 2002: 89-93), publicaciones conjuntas o la recuperación de patrimonio histórico —sirvan como ejemplo las murallas de Ciudad Rodrigo que tuvieron apoyo del INTERREG I (López Trigal, 2002: 63)—.

En el terreno económico, dos sectores van a destacar. La promoción conjunta del turismo (Corral Suárez, 2002: 80-81) y el estudio conjunto de estrategias de inversión y de desarrollo susceptibles de conseguir financiación FEDER. En este último campo destacan las relaciones entre Galicia y la Región Norte de Portugal. En mayo de 1986 se aprueba el documento base de diagnóstico socioeconómico de las

22. Sirva como ejemplo la demanda del municipio de Montalegre para que la frontera de Sendim permaneciese abierta entre el 6 y el 13 de agosto, periodo de fiesta en la localidad portuguesa. Véase "Nota sobre a visita do Presidente da CCRN...", p. 8.
23. Se trataba de recoger datos sobre las respectivas zonas húmedas litorales y de comparar y compatibilizar los sistemas de información de las dos regiones transfronterizas en materia medioambiental.
24. Véase "Nota sobre a visita do Presidente da CCRN...".
25. *La Voz de Galicia*, 8/04/1983, p. 31.
26. Véase "Nota sobre a visita do Presidente da CCRN...".

dos regiones y de identificación de los campos en los que la cooperación sería fructífera[27]. Finalmente, en julio está terminada la Memoria Conjunta, que marcaba el rumbo de la cooperación en los años venideros[28].

La agenda política paradiplomática de las autoridades locales y regionales chocó contra la realidad del poder de los gobiernos nacionales respectivos. Tomemos como ejemplo las cumbres regionales gallaecienses. Las notas conservadas permiten dar fe del buen clima de relación personal entre las autoridades, la amplia gama de oportunidades de cooperación que se atisban en el horizonte y la escasa capacidad de los reunidos para llevarlas a cabo. En efecto, la CCRN carecía de capacidad legislativa y tenía muy reducida capacidad ejecutiva y la Xunta de Galicia estaba dando sus primeros pasos y negociando la transferencia de competencias; estaba construyendo su autogobierno. Todo ello se deja traslucir en el continuo compromiso a influir en los respectivos gobiernos nacionales para las actuaciones en el río Miño, que escapaban a las competencias regionales, para hacer más permeable la frontera, avanzar en la cooperación en materia pesquera, ampliar el parque natural Peneda-Gêres o impulsar una curiosa anticipación del mercado único, a propuesta del ministro regional de Hacienda de Galicia. De nuevo, la asimetría competencial quedó reflejada en el compromiso firme de mejorar las carreteras fronterizas del suroeste gallego, porque la Xunta tenía competencias y dinero para ello, mientras que del lado portugués se hacía público el compromiso de gestionar el asunto con la Junta Autónoma de Estradas[29]. Otro ejemplo, en el mismo tramo de frontera, lo tenemos en la Memoria Conjunta elaborada en 1986. Los gobiernos centrales de Madrid y Lisboa fueron destinatarios de los documentos y de la petición de apoyo para conseguir los fondos FEDER ansiados. El trabajo de influencia no tuvo éxito. Si hemos de hacer caso a Ricq y da Silva Santos (1989: 79), fue el Gobierno portugués el culpable del fracaso al rechazar la propuesta española de poner en marcha, con financiación conjunta, los proyectos comunes en las zonas fronterizas. Sin embargo, la Xunta de Galicia achacaba el fracaso al Gobierno español, ya que tras más de un año de silencio, le sugerirá al Gobierno regional gallego que replantee la Memoria, orientándola hacia la solicitud de financiación de un estudio preparatorio de una Operación Integrada de Desarrollo o un Programa Nacional de Interés Comunitario[30].

27. "Problemas e perspectivas de desenvolvimento da Galiza e da Região Norte no quadro da adesão à CEE", 1986, Porto, Biblioteca da CCDRN, legajo 6748.
28. Memoria de solicitud de financiación de un estudio global Galicia-Región Norte de Portugal para intervenciones específicas comunitarias, 1986, Porto, Biblioteca da CCDRN, legajo 5141.
29. *La Voz de Galicia*, 16/07/1983, p. 49.
30. Véase Cooperación Xunta de Galicia-Comisión de Coordinación de la Región Norte..., p. 32. La sugerencia del Gobierno central era coherente con la llamada tercera generación de los instrumentos financieros comunitarios derivados de la reforma del FEDER, puesta en marcha al mismo tiempo que la adhesión de los dos países ibéricos.

En su intento de conseguir llevar adelante sus proyectos, las autoridades regionales van a buscar interlocución directa con las instituciones comunitarias. Tal vez su mayor éxito lo obtuvieron con el Parlamento Europeo, al lograr que la Comisión de Política Regional y Ordenación del Territorio encargase y debatiese un informe sobre un Programa de desarrollo para las regiones fronterizas de Portugal y España en julio de 1988. El ponente fue el democristiano italiano Mauro Chiabrando, quien comandó la delegación parlamentaria a diferentes regiones de la frontera[31].

BIBLIOGRAFÍA

AGUADO, Javier (1992): "Pujol derrotó abrumadoramente a Fraga, con el apoyo masivo de los socialistas", *ABC*, 4 de julio.

ANTICH, José (1992): "Fracasan las aspiraciones de Jordi Pujol en la Asamblea de Regiones de Europa", *El País*, 29 de noviembre.

— (1992): "Fraga aspira a presidir la Asamblea de las Regiones europeas con apoyo de Pujol y Chaves", *El País*, 6 de mayo.

ANTICH, Xavier y URIA, Lluis (1992): "Pujol y Fraga se enfrentarán por la dirección de la Asociación de las Regiones de Europa", *El País*, 9 de mayo.

BALME, Richard; BROUARD, Sylvain y BURBAUD, François (1996): "La coopération inter-régionale atlantique et la genèse de l' espace public européen", en R. Balme (dir.), *Les politiques du néo-régionalisme*, París, Económica, pp. 41-67.

BARROS CAETANO, Miguel de (2010): "O planeamento regional em Portugal no periodo do III plano de fomento", en VV AA, *Estudos em homenagem ao Professor Doutor Paulo de Pitta e Cunha*, vol. III, Direito Privado, Direito Público e Vária, Coímbra, Edições Almedina, disponible en https://www.academia.edu/7808457/O_Planeamento_Regional_no_periodo_do_III_Plano_de_Fomento

BONETE, Rafael y MUÑOZ DE BUSTILLO, Rafael (2018): "La reforma de la Política de Cohesión de la Unión Europea en el Horizonte post-2020. Propuestas en perspectiva e impacto potencial para Euskadi", *Cuadernos Europeos de Deusto*, 58, pp. 25-67, doi: http://dx.doi.org/10.18543/ced-58-2018pp25-67

BRAGA DA CRUZ, Luis (1992): "La cooperación transfronteriza entre el norte de Portugal y Galicia. De la experiencia de cooperación interregional a la construcción de una Comunidad de Trabajo Transfronteriza", en C. Otero Díaz (coord.), *Regiones transfronterizas y mercado único europeo*, Santiago de Compostela, Fundación Alfredo Brañas, pp. 13-29.

BRANDÃO ALVES, Manuel (1996): "Desenvolvimento Regional", en F. Rosas y J. M. Brandão de Brito (coords.), *Dicionário de História do Estado Novo*, vol. I, Lisboa, Brentrand Editora, pp. 255-259.

CACIAGLI, Mario (2003): *Regioni d' Europa. Devoluzioni, regionalismi, integrazione europea*, Milán, Il Mulino.

CLOTET I MIRÓ, Maria Ángels (1992): *La cooperación internacional de los municipios en el marco del Consejo de Europa*, Madrid, Civitas.

COPPIN, Olivier (2001): "Les trois temps de l'aménagement du territoire en France", *Documents de Travail*, 44, Dunquerque, Laboratoire Redéploiement Industriel et Innovation, Université du Littoral-Côte d'Opale.

CORDAL RODRÍGUEZ, Constantino (2010): *Regiones, Länder y Comunidades Autónomas en la Unión Europea*, Santiago, Andavira.

CORRAL SUÁREZ, Margarita (2002): "El estado actual de la cooperación entre Castilla y León y las Regiones Norte y Centro de Portugal", en A. Herrero de la Fuente (ed.), *La cooperación transfronteriza Hispano-Portuguesa en 2001*, Madrid, Tecnos, pp. 67-84.

CORRALES ROMERO, Ignacio (2002): "Estado actual y perspectivas de futuro de la cooperación entre Extremadura y Portugal", en A. Herrero de la Fuente (ed.), *La cooperación transfronteriza Hispano-Portuguesa en 2001*, Madrid, Tecnos, pp. 85-96.

DIRECTION DE LA COOPÉRATION POUR LA DÉMOCRATIE LOCALE ET RÉGIONALE (2002): *Rapport sur l'état actuel du cadre administratif et juridique de la coopération transfrontalière en Europe*, Estrasburgo, Conseil de l'Europe.

31. Informe elaborado por la Comisión de Política Regional y de Ordenación del Territorio sobre un programa de desarrollo para las regiones fronterizas entre Portugal y España (informe Chiabrando), Mauro Chiabrando, 1 de julio de 1988, Parlamento Europeo, DOC. A2-0142/88.

DOMÍNGUEZ CASTRO, Luis (2006): "Aproximación histórica al sistema de gobernanza multinivel en Europa: el Eixo Atlântico del noroeste peninsular", en M. C. Silva (org.), *Nação e Estado. Entre o global e o local*, Porto, Edições Afrontamento, pp. 337-356.

ESTEBAN ALONSO, Alfonso de (1985): "Las sociedades de desarrollo industrial (SODI)", *Actas de la IX Reunión de Estudios Regionales "Crisis, autonomías y desarrollo regional"*, Santiago de Compostela, Asociación española de ciencia regional, Asociación galega de ciencia rexional, Universidade de Santiago de Compostela, pp. 53-76.

ESTEBAN, Jorge de y GONZÁLEZ TREVIJANO, Pedro J. (1994): *Curso de derecho constitucional español*, vol. 1, Madrid, UCM.

GARCÍA GONZÁLEZ, Francisco Javier (2002): "Las ciudades en el arco suratlántico onubense-algarví y la cooperación transfronteriza", en A. Herrero de la Fuente (ed.), *La cooperación transfronteriza Hispano-Portuguesa en 2001*, Madrid, Tecnos, pp. 171-186.

GONZÁLEZ-FERNÁNDEZ, Ángeles (2019): *Transiciones a la democracia en Portugal, Grecia y España*, Madrid, Síntesis.

GUILLERMO RAMÍREZ, Martín (2019): "La cooperación transfronteriza a partir de la experiencia de la Asociación de Regiones Fronterizas Europeas (ARFE)", en L. Bendelac Gordon y M. Guillermo Ramírez (coords.), *La cooperación transfronteriza para el desarrollo*, Madrid, Los Libros de la Catarata, pp. 173-188.

HERNÁNDEZ ULATE, Aurora (2019): "Agua, ríos y cuencas internacionales: una apuesta por la gestión transfronteriza", en L. Bendelac Gordon y M. Guillermo Ramírez (coords.), *La cooperación transfronteriza para el desarrollo*, Madrid, Los Libros de la Catarata, pp.106-117.

HOOGHE, Liesbet y MARKS, Gary (1996): "Europe with the Regions: Channels of Regional Representation in the European Union", *Publius: The Journal of Federalism*, 26:1, pp. 73-91.

HUICI SANCHO, Laura (2003): *El Comité de las Regiones: su función en el proceso de integración europea*, Barcelona, Universitat de Barcelona.

JACINTO, Rui (1995): "Perspectivas de cooperação transfronteiriça a partir dos programas comunitários e a administração portuguesa: desenvolvimento da fronteira hispano-portuguesa e cooperação transfronteiriça", *La cooperación de Castilla y León con Portugal*, Valladolid, Cortes de Castilla y León, pp. 49-79.

LÓPEZ TRIGAL, Lorenzo (2002): "Articulación territorial y cooperación transfronteriza de Castilla y León con Portugal", en A. Herrero de la Fuente (ed.), *La cooperación transfronteriza hispano-portuguesa en 2001*, Madrid, Tecnos, pp. 57-65.

NIETO FERNÁNDEZ, María Isabel (2003): "Los hermanamientos en Extremadura", *Revista de Estudios Extremeños*, 59-2, pp. 777-795.

PALAYRAT, Jean-Marie (2003): "De la CECA au Comité des Régions: le Conseil des communes et des régions d'Europe. Un demi siècle de lobbying en faveur de l'Europe des régions", en M.-T. Bitsch (dir.), *Le fait régional et la construction européenne*, Bruselas, Bruylant, pp. 85-113.

PARODI, Marcel (1961): "Rapport National Français. La conversion des entreprises industrielles", en VV AA, *Les politiques nationales de développement régional et de conversion*, Luxemburgo, Communauté Européenne du Charbon et de l'Acier, Haute Autorité, pp. 59-84.

PAÜL I CARRIL, Valerià y TRILLO SANTAMARÍA, Juan Manuel (2019): "Hacia una geografía histórica del Gêres/Xurés: la conformación de una región transfronteriza", *Revista de historiografía*, 30, pp. 119-155.

PELÁEZ MARÓN, José Manuel (2002): "Las bases jurídicas de la cooperación entre Andalucía y el sur de Portugal", en A. Herrero de la Fuente (ed.), *La cooperación transfronteriza Hispano-Portuguesa en 2001*, Madrid, Tecnos, pp. 119-138.

RICQ, Charles y DA SILVA SANTOS, Paulo (1989): "Bilan et perspectivas des institutions transfrontalières hispano-portugaises", *Primeiras Xornadas Técnicas Galicia e a Rexión Norte de Portugal ante 1992*, Santiago de Compostela, Xunta de Galicia, pp. 77-88.

RODRÍGUEZ MANTIÑÁN, José Pablo (1989): "La colaboración de las organizaciones empresariales fronterizas en el desarrollo regional", *Primeiras Xornadas Técnicas Galicia e a Rexión Norte de Portugal ante 1992*, Santiago de Compostela, Xunta de Galicia, pp. 177-180.

SÁNCHEZ CARREIRA, María del Carmen (2009): "El papel de la empresa pública industrial en el desarrollo regional", *Revista Galega de Economía*, 18-1, pp. 1-27.

SIDAWAY, James D. (2004): "The choreographies of European integration", en O. Kramsch y B. Hooper (eds.), *Cross-Border Governance in the European Union*, Londres y Nueva York, Routledge, pp. 173-190.

VALENTE DE OLIVEIRA, Luis (2019): "Os fundos estruturais e de coesão e o desenvolvimento do país", en J. Rosa Lã; A. Cunha y P. de Sampaio Nunes (orgs.), *As décadas da Europa*, Lisboa, Book Builders, pp. 61-79.

VION, Antoine (2003): "L'invention de la tradition des jumelages (1951-1956): mobilisations pour un droit", *Revue française de science politique*, 53-4, pp. 559-582.

WASSENBERG, Birte (2012): *Histoire du Conseil de l' Europe (1949-2009)*, Bruselas,Peter Lang.

ZARATIEGUI, Jesús M. (2016): "Los orígenes ideológicos de la tecnocracia en España (1940-1962)", en A. Cañellas Mas (coord.), *La tecnocracia hispánica. Ideas y proyecto político en Europa y América*, Gijón, Trea, pp. 48-79.

ZUCCA, Fabio (2002): *Autonomie locali e federazione sovranazionale. La battaglia del Conseil des Communes et Régions d'Europe per l'Unitá europea*, Bolonia, Il Mulino.

— (2012): *International Relations of Local Authorities: From Institutional Twinning to the Committee of the Regions: Fifty Years of European Integration History*, Bruselas, Peter Lang.

CAPÍTULO 8

EL PATRONATO PORTUGUÉS Y LA ADHESIÓN A LA CEE. EUROPA, MOTOR DE LA REFORMA CONSTITUCIONAL*

GUILLERMO GARCÍA CRESPO**
Centro de Estudios sobre Dictaduras y Democracias (CEDID-UAB)

INTRODUCCIÓN

La ampliación de la Unión Europea (UE) hacia el sur de Europa realizada en los años ochenta cambió la fisonomía de la construcción europea y puso a prueba la fortaleza del proyecto común para dar entrada a los candidatos mediterráneos (Grecia en 1981, y Portugal y España en 1986) con un nivel socioeconómico significativamente inferior al de los Estados miembros. Frente a la primera ampliación de 1973, la segunda ronda presentaba problemas sectoriales y regionales derivados de economías de reciente industrialización, situación que implicaría un esfuerzo de convergencia centro-periferia y una reorientación de determinadas políticas comunes (fondos estructurales, política agraria, unidad monetaria). Junto al factor económico se sumaba, desde la óptica de los estados originarios, la necesidad de preservar el "equilibrio político", en riesgo por una posible disolución de la homogeneidad y la solidaridad europeas o una modificación sustancial de los mecanismos jurídicos y decisionales de la Comunidad. Pero el escepticismo hacia la ampliación solo podía imputarse parcialmente a los candidatos. Como había mostrado el informe Tindemans (1975), la idea de una Europa unificada había

* Trabajo desarrollado en el marco del proyecto de investigación "España y Portugal ante la segunda ampliación de las Comunidades Europeas. Un estudio comparado (1974-1986)", ref. HAR2017-84957-P.

** Guillermo García Crespo es doctor en Historia por la Universidad Autónoma de Barcelona, miembro del Centro de Estudios sobre Dictaduras y Democracias (CEDID) y del proyecto de investigación "España y Portugal ante la segunda ampliación de las Comunidades Europeas. Un estudio comparado (1974-1986)", en el marco del cual se inscribe este trabajo. Ha publicado el libro *El precio de Europa* (Comares, 2019).

perdido su ímpetu inicial y las instituciones comunitarias mostraban síntomas inquietantes de parálisis. En otras palabras, la duda estribaba en saber si Europa estaba en condiciones de afrontar la ampliación hacia su área ribereña, o bien si esta debía demorarse hasta ver solucionados los problemas internos. Este presunto antagonismo entre profundización y ampliación ejercerá una gran influencia en las negociaciones de los Nueve con los tres países candidatos.

Portugal había contemplado la aproximación a la CEE durante el Estado Novo (1933-1974) como una amenaza a la perdurabilidad del régimen salazarista y a la soberanía que aún ejercía esta nación europea sobre los restos de su imperio colonial, de modo que optó por integrarse en una organización supranacional, la Asociación Europea de Libre Comercio (EFTA, por sus siglas en inglés), que no cuestionaba la naturaleza del régimen ni las relaciones económicas con las colonias (Santos, 2001). Pero el marco de una relación comercial epidérmica con los miembros de la Convención de Estocolmo, que permitía a Portugal conservar un elevado proteccionismo aduanero (2,5 veces superior a la media de los otros miembros)[1], no parecía suficiente para el desarrollo de las fuerzas productivas internas. Durante el Gobierno de Marcelo Caetano (1968-1974) se desarrolla una corriente europeísta donde tienen cabida los sectores políticos y económico-financieros menos interesados en mantener un comercio cada vez más gravoso con las colonias y que ven en Europa el espacio natural para el futuro desarrollo del capitalismo portugués. En 1972, y dentro del contexto de las negociaciones CEE-EFTA, tiene lugar la firma de un acuerdo entre Portugal y los Seis que preveía el establecimiento de una zona de libre cambio industrial por completar en 1985, con algunas concesiones en el terreno agrícola.

El deseo de avanzar hacia una mayor convergencia con los países más desarrollados del occidente europeo difícilmente puede separarse de la modernización de las estructuras productivas que está en marcha en Portugal desde los años sesenta y que pretende atenuar los efectos del nacionalismo autárquico precedente y una Administración colonial seriamente contestada. Paralelamente a las transformaciones económicas, se está operando en el seno de la sociedad civil un proceso de "aculturación" política, donde Europa se identifica con nociones tales como libertad, democracia y estabilidad. Andando en el tiempo, democracia y europeización terminarán por funcionar como las dos caras de una misma moneda: "*A europeização constituiu um fator de consolidação da democracia e a democratização um fator de legitimação da Europa*" (Teixeira, 2017: 20).

Aunque la "reorientación" europea de la sociedad portuguesa se había iniciado, por lo tanto, con anterioridad al estallido el 25 de abril de 1974 de la Revolução dos Cravos, sobre todo en su dimensión socioeconómica a través del comercio y las

1. Rollo (2007: 126).

partidas compensatorias —inversión extranjera, turismo y emigración— (Barreto, 1994: 1051), la política exterior de los gobiernos provisionales (1974-1975) subordinó la profundización de las relaciones con la CEE a la resolución del problema colonial (Castaño, 2015: 12). Desde un punto de vista empresarial, y de la misma manera que sucedía con el Acuerdo Preferencial España-CEE firmado en 1970, estos regímenes comerciales, con sus correspondientes protocolos adicionales, parecían los marcos adecuados para una aproximación paulatina de las economías ibéricas al Mercado Común[2]. No sería hasta la llegada de los gobiernos constitucionales, en 1976, cuando la cuestión europea iba a convertirse en vector fundamental de la política exterior lusa (Cunha, 2015: 52), una vez finalizada la etapa más convulsa y *socialista* del 25 de Abril, y cuando los obstáculos políticos que impedían el acceso a la membresía comunitaria cesaron[3].

El "sueño europeo" también fue compartido por los medios empresariales portugueses que, no obstante, observaron con preocupación las agitaciones de una sociedad en tránsito. Como advierte Ángeles González (2015: 79), "no por acción, pero sí por omisión, los empresarios desempeñaron un papel en los años finales de las dictaduras que ha tenerse en cuenta". Europa apareció en el horizonte de la estrategia empresarial como un salvavidas contra los excesos revolucionarios, promesa de restitución de los bienes nacionalizados y garantía de consolidación de un modelo económico basado en el libre juego de las fuerzas de mercado. Esta situación no impide reconocer la existencia de actitudes contrapuestas frente a la integración en las Comunidades Europeas relacionadas con las perspectivas de asunción de la competencia en el nuevo entorno comercial supranacional. En la posición de cada hombre de negocios frente al reto de la adhesión concurren circunstancias tales como la dimensión y la estructura financiera de la empresa, su orientación exportadora, las perspectivas de la actividad dentro de los planes de reconversión nacionales y comunitarios o las expectativas de cada sector de obtener un acuerdo favorable en Bruselas, sin olvidar otros factores de índole psicológico (maximización de la aversión al riesgo) y de cultura empresarial (asunción de la economía de mercado y los mecanismos del librecambio frente a la permanencia de reflejos proteccionistas y monopolistas). Respecto de esto último, Pedro Ferraz da Costa, presidente del patronato luso CIP (Confederação da Indústria Portuguesa), reconocía durante una visita a Bruselas al frente de una delegación patronal que la fe del empresariado luso en la economía de mercado podía verse comprometida por "*os perigos de uma aplicação não programada*

2. El proceso negociador España-CEE en García Crespo (2019).
3. El cuadro de crisis en Portugal durante la etapa final de la dictadura es complejo y presenta numerosos perfiles que no pueden ser abordados en este trabajo. El malestar social que eclosiona en estos instantes es inseparable de la nefasta gestión gubernamental de la guerra en las colonias, que se salda con un elevado coste humano y material. No obstante, la guerra acelera y *dramatiza* transformaciones socioeconómicas que ya estaban en marcha con anterioridad (Loff, 2007: 147).

dos princípios do liberalismo económico, no momento em que a indústria portuguesa se integra num mercado comum com países altamente desenvolvidos, com una economia tão fraca e tão aberta como a economia portuguesa"[4].

1974: EL NACIMIENTO DE LA CIP EN TIEMPOS CONVULSOS

En Portugal el asociativismo empresarial presentaba históricamente un marcado regionalismo en torno a dos polos industriales (la región lisboeta y Oporto) y una elevada presencia de la pequeña y mediana empresa (PME), que sobrevivía a la sombra de los poderosos conglomerados financiero-industriales como CUF o Champalimaud, un minifundismo empresarial favorecido por el sistema de protección salazarista y por la animadversión de los nuevos rectores revolucionarios hacia el capital monopolista, circunstancias que obligaban a hacer de la nueva confederación gestada en las semanas posteriores al golpe de los "capitanes de abril" una estructura descentralizada y sensible a las demandas del pequeño empresario. Consciente del reto que asumía y de las acusaciones de ser un instrumento al servicio de las grandes corporaciones, que serán las más perjudicadas en la ola de nacionalizaciones y expropiaciones, la dirección de la CIP, a cuyo frente se situó António Vasco de Mello, miembro de la poderosa dinastía de empresarios de la CUF, quiso manifestar su voluntad de alumbrar un nuevo asociacionismo de carácter inclusivo y descentralizado: *"Um associativismo de bases, que não um associativismo de cúpulas; um associativismo que respeite os princípios democráticos e não sistemas hierarquisantes com associados de primeira ou de segunda"*[5].

No obstante, como advierte Philippe C. Schmitter (1985: 452), estas organizaciones "no son solo recipientes pasivos de los intereses ya formados de sus miembros, sino que pueden jugar un papel muy activo en la identificación y formación de esos intereses", al tiempo que "gobiernan activa y coercitivamente el comportamiento de sus miembros"[6]. La tensión entre dos lógicas institucionales —participación y representatividad— está presente en la constitución de la nueva *peak association* de la industria portuguesa que nace en julio de 1974, poco después de consumarse el golpe de la joven oficialidad del MFA contra el Gobierno marcelista. La voluntad descentralizadora reflejada en el doble esquema representativo de la CIP —asociaciones regionales y sectoriales— no debía generar dinámicas centrífugas, puesto que *"qualquer estrutura empresarial que multiplique as associações sectoriais, imprimindo, também aqui, um acentuado cariz regionalista, só pode concorrer*

4. *Indústria em revista*, órgano oficial de la CIP, diciembre de 1981.
5. "Algumas notas sobre Associativismo", *CIP Boletim*, nº 3, 1975.
6. Una síntesis de la literatura y los diferentes enfoques teóricos sobre los grupos de presión en Medina (2009).

aceleradamente para o divisionismo e a fraqueza na defesa dos pontos de vista da indústria privada"[7].

El nacimiento de la principal organización patronal[8] también está íntimamente unido a la desaparición de la estructura corporativa del salazarismo y a la sensación de orfandad que deja en el empresariado, mientras se extiende en la sociedad un clima de hostilidad contra el llamado "capitalismo monopolista", en manos de la alta burguesía lusa. El pseudorreformismo de Marcelo Caetano, más preocupado por parar la "guerra subversiva" de la izquierda internacional que por administrar una apertura política creíble del Estado Novo, había conducido a una situación de colapso que provocaría finalmente el golpe militar (Torre, 2007: 100).

Con el objetivo de la fusión, se reunían en mayo de 1974 las asociaciones empresariales preexistentes, entre ellas la Associação Industrial Portuguesa (AIP) y la Associação Industrial do Porto (conocida como "la Portuense"), que habían mantenido sus actividades en el edificio corporativista de la dictadura, un sistema cuya "asimetría" representativa permitía un amplio margen de maniobra a los *grémios* empresariales (Costa Pinto, 2010: 120), pero que "tuvo siempre como contrapartida una tutela político-burocrática que recubría los intereses hegemónicos con el interés autónomo del Estado" (Sousa, 2017: 78).

Al hilo de esto último, coincidiendo con el X Aniversario de la CIP, el propio Vasco de Mello reconocía las dificultades que rodearon su fundación, motivadas en parte por las divisiones presentes en el seno del movimiento empresarial: la CIP nació, según la visión de su primer presidente, porque las organizaciones preexistentes

> [...] *não quiseram, o não foram capazes, de se reorganizar e reestruturar para assumirem, nessa altura, a função de representantes de Classe, assumindo obviamente os riscos, mas também os direitos inerentes a essa qualidade. Preferiam afastar-se do problema circunscrevendo a sua actividade às áreas das feiras [...] e de uma actuação moderada tipo 'consultor' (passe o termo) dos sucessivos Governos*[9].

La división que presentó el asociacionismo empresarial portugués en los años de la Transición a la democracia es uno de los factores que permiten explicar la actitud defensiva que exhibe el empresariado en su pulso con el Estado o su incapacidad para pactar con los sindicatos en el marco de la concertación social. A la relativa autonomía de federaciones sectoriales y asociaciones territoriales, que a menudo defienden sus intereses sin comprometerse como confederación (Roseta, 1985: 792), se sumó la disputa de la *grey* empresarial entre la CIP y la AIP,

7. "Regionalização e associações empresariais", *CIP Boletim*, nº 11, 1975.
8. La estructura asociativa del empresariado luso culmina después de largas negociaciones en 2011, cuando la CIP se fusiona con la Associação Empresarial de Portugal y la AIP-Confederação Empresarial para crear la actual organización cúpula CIP-Confederação Empresarial de Portugal.
9. "Dez anos a trabalhar por um futuro melhor", *Indústria em revista*, julio-agosto de 1984.

consecuencia en parte de una "divergencia" de fondo: la AIP esperaba que la Confederação restringiese su papel a la acción patronal, es decir, a la confrontación con las centrales sindicales y la negociación colectiva, dejando a la centenaria asociación la defensa de los intereses empresariales en el exterior y en el ámbito de la política económica de los gobiernos. Esta división de funciones no satisface a los dirigentes de la CIP, que acusarán a la AIP, debilitada como grupo de presión después de la nacionalización de sus grandes empresas, de estar al dictado de los poderes públicos (Gaspar y Lucena, 1991: 901).

En cualquier caso, el mundo empresarial, desorientado y con poco margen de maniobra, asistió impotente a los acontecimientos del Processo Revolucionário em Curso (PREC). Cuando a finales de 1975 se daba por concluida la fase aguda del proceso y Vasco Gonçalves abandonaba la jefatura del Gobierno, su "proyecto de revolución proletaria" se había completado en lo esencial. La reforma agraria bajo la dirección del Partido Comunista, iniciada en el último trimestre de 1974 con las primeras ocupaciones de latifundios, en su mayor parte localizadas al sur del Tajo, llegará a su momento álgido en la segunda mitad de 1975, cuando las denominadas Unidades Colectivas de Producción se extiendan al 87% del total de las tierras expropiadas (Barreto, 1988: 420).

De manera simultánea, el programa de nacionalización de los sectores básicos de la economía, que se superpone en algunos casos a la autogestión obrera de los centros de trabajo, significó el inicio del control estatal de los medios de producción y el fin de los grandes grupos monopolistas, gestionados desde finales de marzo de 1975 por el Instituto das Participações do Estado. Junto a los bancos y las compañías aseguradoras, actividades como la siderurgia integral, los transportes (línea área TAP, ferrocarriles, navieras), el sector energético, las industrias petroquímicas, la minería, los astilleros, etc., donde en ocasiones ya existía previamente una participación mínima estatal desde la etapa salazarista, quedarán ahora completamente bajo dominio público. Aunque la inversión extranjera directa estaba legalmente protegida de las nacionalizaciones, muchas empresas controladas por el capital foráneo suspendieron temporalmente o cesaron sus actividades debido a los acuerdos salariales impuestos o a causa de las ocupaciones obreras (Baklanoff, 1996: 931). A pesar de esta protección, algunos intereses españoles quedaron dañados por las expropiaciones, y las reclamaciones de empresas como Eléctrica del Lima, la aseguradora La Equitativa o los bancos Popular y Urquijo enturbiaron las relaciones lusoespañolas en los siguientes años.

Sumada a la ola nacionalizadora, los llamados "gobiernos provisionales" aprobaron una legislación laboral muy favorable a los trabajadores, con normas muy restrictivas en materia de despido colectivo, así como la introducción del salario mínimo y la reducción de la jornada laboral, medidas que serían consolidadas en la Constitución de 1976 (Royo, 2012). Estos cambios y la dualidad de poderes (Estado y control obrero) provocaron finalmente la alarma en la burguesía portuguesa, que hasta entonces había confiado en una moderación del proceso por la influencia de los sectores más conservadores del Ejército. El golpe fallido del 11 de marzo de 1975, encabezado por Antonio de Spínola, puede interpretarse como un intento desesperado de un sector de la burguesía portuguesa para derrotar la revolución con un golpe de naturaleza bonapartista (Varela *et al.*, 2014: 146).

Junto con la fuga de capitales, durante el periodo preconstitucional tiene lugar otro "éxodo", el de miembros importantes de la elite económica (la mayoría hacia Brasil, aunque retornaron entre 1976 y 1980) que habían ocupado cargos relevantes en el aparato del Estado, desde el que definían y ejecutaban la política económica del país. Tras las "purgas" en el Ejército y en la clase política y la burocracia de la dictadura, una segunda ola afectaría a empresarios y cuadros directivos, algunos de los cuales buscaron ayuda en el país vecino o se exiliaron en Brasil. El Estado procedió a nombrar nuevos gestores en las empresas intervenidas. Las sustituciones se concentraron en las grandes firmas de los sectores financiero y asegurador del área lisboeta y en Setúbal, aunque afectaron en menor medida al sector textil del norte, debido en parte a la mayor debilidad de los sindicatos y las comisiones de obreros en esa región (Costa Pinto, 2009: 148). Además del control directo sobre las grandes compañías, el Estado pudo entrar en el accionariado de numerosas empresas que estaban controladas directamente, o mediante participaciones cruzadas, por los bancos, símbolos de la concentración de poder en manos de unos pocos grupos financiero-industriales: en los días posteriores al golpe de Spínola, cuando se nacionalizan las entidades bancarias, el Estado pasará a controlar de manera indirecta 1.300 empresas (Baklanoff, 1996: 930).

El rápido derrumbamiento del Estado autoritario y la deriva marxista del PREC iban a demostrar la necesidad de reagrupar las fuerzas del capital tras el brusco despertar de la larga noche del salazarismo. La solución unitaria en torno a la CIP, que agrupará en adelante a los sectores de la industria y los servicios, se presenta como un bastión contra los planes de colectivización de la economía y frente a los "excesos" de lo que denomina peyorativamente el "folclórico verbalismo revolucionario". Al éxito de la iniciativa contribuyó su rápido reconocimiento internacional y el apoyo financiero otorgado por la OIE.

En los momentos posteriores del 25 de Abril la AIP había ofrecido su "completo e incondicional apoyo" a la Junta de Salvação Nacional, como se refleja en una nota oficial remitida por el Comité Ejecutivo de la AIP al órgano militar en los primeros días de mayo. Entre otros argumentos, se reconocía la oportunidad que se abría para acabar con las limitaciones impuestas por el Estado Novo a la libre organización de los intereses profesionales. Dejando a un lado la oportuna dosis de tacticismo que puede explicar la posición de la AIP, interesa a efectos de nuestro trabajo la asociación de ideas entre democracia, defensa de la libre iniciativa e integración en la Comunidad Europea (Lemenhe, 2010: 90):

Que a democratização das instituições nacionais no âmbito da livre iniciativa, é considerada por esta Associação como o primeiro passo indispensável ao progresso da economia nacional e à necessária associação à Comunidade Económica Europeia.

Tanto la CIP como la AIP continuaron mostrando su colaboración al apoyar la agenda de "reformas revolucionarias" que contenía el Programa de Política Económica e Social, presentado por el Gobierno provisional con el apoyo de la facción moderada del MFA el 7 de febrero de 1975. La *terceira via* entre el modelo de capitalismo hegemónico en Europa Occidental y el colectivismo del bloque comunista, contenida en el plan socioeconómico elaborado por Melo Antunes y una comisión compuesta por miembros de la órbita del Partido Socialista, fue acogida con optimismo en la Associação, puesto que atribuía un importante papel a la iniciativa privada, evitaba rupturas comprometedoras del sistema económico y parecía impedir alteraciones radicales del ordenamiento jurídico, particularmente en los derechos de propiedad[10]. A pesar de la ambigüedad del texto y del sesgo intervencionista que atribuía al Estado, el "vasto campo" para la actuación de los empresarios según las reglas de la economía de mercado y la libre competencia, que a juicio de la AIP abría el programa, hacía albergar esperanzas de una atemperación del proceso revolucionario. Sin embargo, tanto el Plan Melo Antunes como los intentos de participación empresarial en la configuración de un marco económico de perfil socialdemócrata fueron rápidamente sobrepasados por los acontecimientos del 11 de Março y el inicio de las nacionalizaciones a gran escala.

La salida de los ministros socialistas del IV Gobierno provisional y la profundización del programa de máximos auspiciada por el Consejo de la Revolución obligó al movimiento empresarial a pasar a *la defensiva* (la sede de la CIP fue asaltada el 12 de marzo de 1975, tan solo unas horas después de que fracasase el golpe de las fuerzas conservadoras lideradas por Spínola y que, en el relato empresarial, no fue sino una muestra de la paranoia revolucionaria que vistió el acontecimiento con *o "travesti" do fascismo*)[11]. En pleno repliegue estratégico (la CIP reconoce, en virtud de los condicionamientos políticos, la falta de resultados palpables en su lucha contra lo que se considera una alteración violenta de la función empresarial y el deterioro de la vida en los centros de trabajo), las líneas de actuación del

10. *AIP Informação*, Boletín de noticias de la AIP, nº 2/75. Las características del programa explicadas por Melo Antunes en Rezola (2012).
11. "1975: Transição para o socialismo ou para o caos económico?", *Indústria em revista*, julio-agosto de 1984.

patronato se orientaron al fortalecimiento interno de la organización: dinamización de la red asociativa, aumento de los medios técnicos y humanos, optimización de los servicios de consultoría jurídica y laboral, mejora de la preparación técnica y la estrategia de las organizaciones sectoriales en los procesos de negociación colectiva, etc.[12].

La salida traumática de la dictadura de Salazar implicará para los medios económicos una visión dual de la democracia, en la que se combina la protección de las libertades individuales inherentes al estado liberal —cualidad desdeñada por los mismos empresarios durante la dictadura— con la garantía de un entorno de seguridad para la actividad privada y la reprivatización total o parcial de las empresas. Para los medios empresariales no hay dudas sobre la interrelación que existe entre una refundación del sistema económico bajo la lógica capitalista y la consolidación democrática:

A estabilização da Democracia no nosso País depende essencialmente da recuperação da nossa economia [...] Pensamos ainda que essa recuperação só pode ser obtida com uma activa participação do sector privado [...] Para nos —CIP— os partidos democráticos mais representativos terão que aceitar a completa existência duma economia de mercado e das suas regras em Portugal como sucede em todos os países europeus do Ocidente[13].

No obstante, ¿tenía motivos la burguesía portuguesa para confiar en que los gobiernos democráticos, o bien el Consejo de la Revolución, herencia del fracasado golpe de Spínola, procederían *motu proprio* a la restitución del patrimonio estatalizado o que retrocederían los avances en los derechos y garantías de la clase trabajadora basados en el principio de la democracia participativa y el control obrero de las empresas? Los acontecimientos posteriores demostraron que fue la crisis y la necesidad de homologación al modelo occidental capitalista ante la perspectiva del ingreso en las Comunidades Europeas los factores decisivos en la reforma de las estructuras socioeconómicas que tuvo lugar en los años siguientes.

En términos generales, la práctica seguida en materia económica por los gobiernos constitucionales indica una orientación cada vez más nítida hacia una economía mixta, característica de las democracias europeas desde el final de la II Guerra Mundial, "*tendendo a pôr-se em surdina os aspectos caracterizadores do esquema de transição para o socialismo*" (Cunha, 1979). El mismo texto constitucional de 1976 consagra la existencia de un "Estado social con economía abierta" que apunta a un "sistema capitalista imperfecto [...] basado en los esquemas de la economía mixta" (Oliveira, 1988: 758). Este sistema, que combina la intervención estatal y los principios del

12. "Relatório da actividade da CIP em 1975", *CIP Boletim*, nº especial, marzo de 1976.
13. "A iniciativa privada é o principal agente da recuperação económica e social", *CIP Boletim*, nº especial, abril de 1976.

libre mercado, está en permanente tensión, pues como señala J. Stiglitz (2003: 12), es necesario definir constantemente las fronteras entre las actividades públicas y las privadas, aspecto que será hábilmente explotado por la retórica patronal.

Además, las reiteradas críticas de los ideólogos patronales al "desarrollo de las relaciones socialistas de producción" previsto en la Constitución encuentran un campo abonado en la batalla de las ideas que se ha iniciado en Occidente en los años setenta. En medio de una doble perturbación generada por el agotamiento del modelo expansivo de posguerra y las dudas sobre la gobernabilidad de las democracias occidentales, el debate acerca del grado de intervención estatal en la economía o sobre los límites de los Estados de bienestar estaba en boga entre economistas y politólogos. Se abría de este modo el camino a la legitimación de la solución neoliberal de la siguiente década, a la que no fueron ajenos los esfuerzos del mundo empresarial por impugnar las recetas keynesianas de expansión de la demanda y por privar de validez al consenso socialdemocrático, que habían sido la base de la llamada "segunda edad de oro" del capitalismo (1946-1973), consenso al que quizá se habían sumado a regañadientes[14].

En plena travesía del desierto, el I Congreso de la Industria portuguesa, celebrado en dos fases a lo largo de 1975 (la primera en Lisboa durante la segunda semana de julio y la segunda en Oporto, los días 19 a 21 de diciembre) y al que acuden un centenar de organizaciones intermedias, debe servir a la CIP para fortalecer su estructura asociativa y reforzar el monopolio representativo al que aspira ante sus bases y frente al resto de interlocutores. A nivel interno, la CIP atraviesa un proceso de racionalización y profesionalización que termina a finales de 1976 con la aprobación de unos nuevos estatutos. Mientras tanto, la dirección del patronato asume que la gravedad del momento obliga a posponer la definición programática y doctrinal de la organización en aras de una actuación coyuntural motivada por la crisis y los acontecimientos políticos.

En este sentido, desde la CIP se espera que la asistencia de varios miembros del Gobierno y del Consejo de la Revolución a las sesiones del congreso permita establecer una vía de diálogo con los poderes públicos para la aplicación de un plan de medidas inmediatas con el fin de relanzar la actividad industrial a corto y medio plazo, programa en el que deben figurar, entre otras medidas, el final de la discriminación del sector privado, una suspensión temporal de las reivindicaciones salariales mientras se produce la estabilización de la economía, un aumento de las ayudas a la exportación o el pago de indemnizaciones por los bienes nacionalizados. Todo ello sin descuidar una atención preferente al problema de la PME, en lo que parece un guiño de la CIP para defenderse de las acusaciones de estar al servicio del gran capital, en especial de la CUF, pero que también era una respuesta a la

14. Una radiografía de la crisis del modelo de crecimiento de posguerra en Caparrós (1999).

afirmación de Rosa Coutinho, conocido como el almirante Vermelho y miembro del CR, de que "*os pequenos e médios industrias cabem no projecto socialista*"[15].

El patronato también aprovecha el congreso para advertir de que está en juego en Occidente algo que va más allá de resolver una "crisis económico-financiera más o menos cíclica"; se trata de repensar y adaptar los medios de producción a la nueva realidad socioeconómica de la empresa, además de abrir el debate sobre el peso relativo que se otorga al concepto de prosperidad frente al de seguridad[16]. Estas tesis entroncan con un periodo de reflexión en las sociedades industriales sobre las relaciones jerárquicas y los procesos de decisión y participación en los centros de trabajo, todo ello dentro de una idea global —la democratización de las empresas—, cuyo debate en Francia ha estallado ese mismo año tras conocerse las recomendaciones de la Comisión Sudreau para la reforma de la empresa. Estas apremian a mejorar las condiciones de los trabajadores y reconsiderar el factor humano y social frente a la racionalidad de los beneficios empresariales, una mejora de los derechos de los asalariados acogida con "inquietud e irritación" por el patronato francés, hasta que el informe Sudreau "se hunde en la arena" (Weber, 1987: 241).

EL PATRONATO CONTRA LOS GOBIERNOS CONSTITUCIONALES

El año 1976 fue decisivo en la historia de la CIP y en la propia reorganización del movimiento empresarial portugués tras el 25 de Abril. En realidad, fue un año clave en la construcción de la democracia portuguesa. El 2 de abril de ese año la Asamblea Constituyente aprobaba la carta magna, la cual, pese a sancionar el proceso de nacionalizaciones y de reforma agraria junto con la propiedad privada, dejaba expedita la vía portuguesa hacia el socialismo. Unas semanas más tarde, el Partido Socialista resultaba vencedor en los comicios legislativos y Mário Soares formaba el primer Gobierno de los llamados "constitucionales". La etapa de transición que debía conducir a la plena democratización del país se vio obstaculizada por la crisis económica, la inestabilidad política (con una media de un Gobierno al año hasta 1985) y una continua interferencia militar sobre el poder civil a través de dos órganos con amplias atribuciones: el Consejo de la Revolución ("herencia de la autonomía militar" del periodo revolucionario, finalmente disuelto en 1982) y la Presidencia de la República, donde el general Ramalho Eanes se mantuvo en el poder hasta 1986 (Sánchez, 1998: 120).

En el terreno macroeconómico, al periodo de intensa industrialización de los años sesenta le sucede, tras la crisis energética de 1973 y los efectos del proceso

15. "A indústria portuguesa faz o seu Congresso" y "A CIP e as PME", *CIP Boletim*, nº 7-8, 1975.
16. "O fim do deserto está à vista para os empresários portugueses?", *CIP Boletim*, nº 12, 1975.

revolucionario, una etapa marcada por la desaceleración (el crecimiento del PIB del 7,2% entre 1965 y 1972 se reduce a un 3,5% entre 1973 y 1980)[17], un déficit comercial creciente y una débil productividad, mientras tiene lugar a nivel sectorial el tránsito de la industria básica (química, metalúrgica, transportes) a la industria ligera (textil, alimentación) en un contexto de apertura al exterior y mayor dependencia de las economías capitalistas, en paralelo a la disminución del peso del comercio colonial. Esta transformación estructural está vinculada al rápido crecimiento demográfico como consecuencia del fin de la emigración y el retorno de población de ultramar. En cuanto a la política económica, se asiste a un notable aumento del sector público y a una intervención decidida del Estado en la economía (en parte heredada del Estado Novo) a través de inversiones en determinados sectores y la reglamentación de los mercados de bienes y factores, sin olvidar el control político sobre los precios y la financiación de las empresas (Lains, 1994: 952).

En este contexto político y económico se produce un cambio en la estrategia de la CIP: el discurso de la organización insistirá ahora "*em que o problema da economia portuguesa é sobretudo político*", siendo el Estado y su posición dominante en la economía la principal causa de la crisis (Lucena y Gaspar, 1991: 893-894). El presidente Vasco de Mello fue categórico al afirmar que "*não somos apolíticos, na medida em que defendemos a iniciativa privada. Para a CIP não há hipótese de sobrevivência económica se se menosprezar a acção da iniciativa privada*"[18]. La polarización social de este periodo es, por lo tanto, inseparable de la ofensiva patronal contra los sucesivos gobiernos, quizá con el interludio del gabinete conservador de Francisco Sá Carneiro (1980). La llegada del líder del Partido Social Demócrata al Palácio de São Bento despertó las esperanzas del mundo de los negocios, que confiaba en los gobiernos conservadores para orientar la economía en la senda del libre mercado. Sá Carneiro se fijó como objetivo el relanzamiento de la inversión productiva, reservando un papel relevante a la iniciativa privada dentro de unas directrices enfocadas hacia el ingreso de Portugal en la CEE, política que atrajo la confianza de los medios económicos, como demuestra el fuerte aumento ese año de la inversión extranjera. Sin embargo, su muerte prematura, unida al desastre electoral del candidato de la coalición de centroderecha Soares Carneiro a la presidencia de la República, ahogaron las expectativas.

Trasladar el campo de batalla al terreno político permitió a la CIP consolidar y reforzar su liderazgo en los siguientes años frente a la *progubernamental* AIP, una vez finalizadas las perturbaciones de la "fase caliente" revolucionaria, cuando su legitimidad quedó seriamente en entredicho. Se esperaba que el régimen democrático permitiera vehicular los intereses empresariales y abrir los procesos de

17. Lains (1994: 939).
18. "A indústria portuguesa faz o seu Congresso", *CIP Boletim*, nº 7-8, 1975.

toma de decisiones a la participación de los agentes sociales. En esta estrategia, la construcción de una "conciencia" colectiva empresarial a partir de la identificación de elementos cohesionadores e identitarios y su contraposición con los intereses de otros agentes del cuerpo social se juzga imprescindible para canalizar las demandas de clase ante las instituciones y los poderes públicos. Por ello, la beligerancia contra dichos poderes y la amplificación de los antagonismos de clase se contemplan como una oportunidad para la creación de esa identidad colectiva en un momento en el que la figura del hombre de negocios está fuertemente cuestionada por la opinión pública. Sin embargo, la imposibilidad de anexionar en una estructura unitaria a las asociaciones regionales (AIP y Portuense), que mantienen posturas diferentes en determinados temas (intervencionismo estatal, política económica, integración en Europa...), junto con los conflictos internos de la Confederación del Comercio y los Servicios (CCP), dificultan la creación de un frente común empresarial (Royo, 2012: 157).

Los llamamientos de la CIP para desarrollar las competencias consultivas previstas en la Constitución y poner en marcha el diálogo social también forman parte de esta estrategia[19], que persigue influir en el diseño de la nueva arquitectura económica, fiscal y laboral, mientras se explora la posibilidad de atraer a los sindicatos obreros a una "paz social" basada en la contención de las expectativas de los trabajadores (los salarios reales habían experimentado una fuerte subida durante el periodo revolucionario) y el cumplimiento de las medidas de austeridad. Estas últimas son iniciadas por el primer gabinete de Soares, quien no duda en afirmar que "o esto o Chile" cuando el Partido Comunista lo acusa de "someterse a los intereses y las exigencias de los grandes capitalistas"[20]. La necesidad de obtener financiación externa también avalaba la adopción de una política enérgica de ajuste, tal y como recomendaba el Fondo Monetario Internacional, que negociaba en 1978 con el Gobierno de Soares la concesión de un crédito. En opinión del embajador español, el objetivo era claro: "Mentalizar a la opinión pública sobre la necesidad de engullir todas las píldoras recetadas por el Fondo"[21].

En ausencia de pactos sociales, la definición del sistema de relaciones industriales avanzó lentamente durante los primeros años. No ayudaba el monopolio que ejercía en el mundo obrero la Intersindical Nacional bajo la órbita del Partido Comunista, poco proclive a llegar a acuerdos con las confederaciones empresariales en un contexto de fuerte conflictividad social, pero tampoco la "fragmentación organizativa de los intereses empresariales" (Sánchez Mosquera, 2016: 338). Esta

19. "CIP propõe contrato social entre Governo, Sindicatos e Empresários", Asamblea General de la CIP, 28 de febrero de 1976, *CIP Boletim*, nº especial, marzo de 1976.
20. *El País*, 12/09/1976.
21. Archivo Renovado del Ministerio de Asuntos Exteriores (en adelante AMAE-R), leg. 14616, exp. 45.56 (P), 3/02/1978, despacho de la Embajada de España en Lisboa.

situación variará tras la fundación en octubre de 1978 de la União Geral de Trabalhadores, la central obrera afín al PS y al PSD. Pese a todo, el desarrollo neocorporatista portugués deberá esperar hasta la siguiente década, un proceso que se verá estimulado por la integración de Portugal en la CEE. La creación en 1984 del Conselho Permanente de Concertação Social, iniciativa gubernamental del llamado "bloque central" (PS y PSD), facilitó la celebración de los primeros acuerdos entre los agentes sociales ya durante el X Gabinete constitucional del conservador Aníbal Cavaco Silva (el primero de los cuales, relativo a los precios y salarios, firman en 1986 el Gobierno, la UGT y las tres confederaciones patronales).

EUROPA Y LA REVISIÓN CONSTITUCIONAL

La reforma de la Constitución y la adhesión de Portugal a las Comunidades Europeas, dos procesos que mantienen una interrelación constante, un vínculo que se estrecha cada vez más y que incluso se extiende después de consumarse la integración en la CEE el 1 de enero de 1986, serán dos elementos preferentes de la nueva agenda empresarial. Junto con la salida de la crisis económica, aspecto que también guarda una estrecha relación con los anteriores, forman los ejes de actuación prioritaria de la organización patronal en los años de consolidación del proceso democratizador.

El dilema de la adhesión pareció resolverse el 28 de marzo de 1977, cuando el Gobierno de Mário Soares, a través del embajador en Bruselas, Antonio de Siqueira, solicitó formalmente convertir al país en un nuevo miembro de la Comunidad. El mes de septiembre anterior, la homologación democrática de Portugal en la esfera internacional recibía un espaldarazo con la admisión de este país en el Consejo de Europa. Por las mismas fechas, Portugal firmaba un protocolo adicional al acuerdo de 1972 que mejoraba las condiciones del desarme arancelario, completado con ventajas para los productos agrícolas, y un trato preferente a los trabajadores portugueses, más la concesión de un empréstito del Banco Europeo de Inversiones. El rediseño de la política exterior de Soares y su ministro Medeiros Ferreira, basado en el anclaje portugués en Europa y en la OTAN, así como el abandono de las tesis "tercermundistas", comenzaba a dar sus frutos.

Solventados los obstáculos políticos y contando con el plácet de la Comisión Europea y de los Nueve —que no oculta la existencia de posturas matizadas en relación con los problemas económicos y de cohesión interna que provocarán un Mercado Común ampliado—, la adhesión a la CEE, que contaba con un elevado grado de consenso en la sociedad portuguesa y entre los partidos políticos, con excepción del Partido Comunista de Álvaro Cunhal (reacio a alinearse con esa "moda pasajera" del eurocomunismo), se configurará para el capitalismo luso como el escenario idóneo que haría inevitable la adopción de un marco legal para la economía que respetase la iniciativa privada, la libertad empresarial y el papel regulador de los mercados.

La voluntad de marchar por la senda europea contará en los inicios con el apoyo decidido del patronato portugués. La Asamblea General de la CIP, celebrada en noviembre de 1976, muestra un respaldo unánime a la solicitud de adhesión y acuerda "*exigir do Governo a formalização imediata do pedido de adesão de Portugal à CEE ao abrigo do artigo 237 do Tratado de Roma*", asumiendo que las dificultades económicas y sociales "*só encontrarão solução natural em esquemas de integração europeia*". Una vez desaparecidos los condicionamientos políticos, desde el patronato se insiste en que la adhesión solo exigía la aceptación sin reservas de las reglas y los objetivos previstos en los tres tratados comunitarios[22].

Cuestión aparte era distinguir entre los principios del *acquis communautaire* que verdaderamente interesaban y aquellos cuya aplicación convenía impedir o retrasar. Como ejemplo de los primeros, la CIP no entendía cómo se podía acceder al Mercado Común con un sector financiero completamente nacionalizado, un monopolio que calificaban como anticonstitucional. Ciertamente existían entidades de crédito estatales en países miembros, pero en ellos el sector también estaba abierto a la cohabitación con la actividad privada. De concretarse la adhesión, señalaban fuentes patronales, el Gobierno se vería obligado a liberalizar los servicios bancarios[23]. Esta actitud mudaba cuando se trataba de adoptar las normas comunitarias en otras materias consideradas lesivas, como el cese de las ayudas estatales a la exportación y de los subsidios a sectores en dificultades, o bien la introducción del IVA ("inoportuna e injusta") o las reglas europeas sobre propiedad industrial, una actitud que revela la falta de confianza en las posibilidades de la industria portuguesa para competir en los nuevos mercados, pero también la ausencia de estímulos para abandonar el manto protector del Estado.

Desde el punto de vista de la apertura a los mercados internacionales, la propia evolución del comercio exterior portugués apremiaba a una colaboración más estrecha con Europa. Los intercambios con los países de la EFTA y la CEE representaban el 50% de la exportación global a principios de los sesenta y sobrepasarían el 60% a principios de la década de los setenta, antes de la descolonización. Con Portugal ya dentro de la CEE, estos países serían el destino de más del 80% del comercio internacional portugués. Por contraste, los intercambios con las colonias africanas cayeron bruscamente del 25% al 15% en la década de 1950 a 1960, para

22. "Espaço Europeu", *CIP Boletim*, nº 20, julio a diciembre de 1976.
23. "O Plano e o Orçamento para 1977 e a Iniciativa Privada", *CIP Boletim*, nº 20, julio a diciembre de 1976.

situarse en el 10% en los setenta, antes de la independencia (Barreto, 1994: 1051). Esta basculación de los flujos comerciales justificaría por sí sola que el sector empresarial más beneficiado por la apertura al exterior durante la dictadura y vinculado a los grandes capitales extranjeros, bien representado en las cúpulas de las empresas, interpretase el mantenimiento de las colonias más como una "cuestión ideológica que económica" y apostara por la vía europea (González Fernández, 2010: 194).

Como señala Sebastián Royo (2012: 175), el efecto más importante de la europeización consistió en fomentar la apertura de la economía portuguesa a la competencia, un proceso que ha llevado a la reducción de las regulaciones estatales y la reestructuración de los sectores productivos. La práctica totalidad de actividades se abrió al capital privado, tanto nacional como extranjero, y se revirtieron muchas de las nacionalizaciones del periodo revolucionario. Y aunque los primeros años de Portugal en la CEE no vieron una disminución de la intervención estatal en la economía, "ni la revolución ni el corporativismo salazarista se reconocerían en las instituciones y los modelos económicos" posteriores a la integración (Barreto, 1994: 1060). Se trataba, en suma, de objetivos acariciados por buena parte de los operadores privados, lo que invita a preguntarse por qué, en la última etapa de las negociaciones lusocomunitarias, una organización como la CIP optó por subrayar los inconvenientes de la adhesión frente a los efectos dinámicos que se derivarían del acceso a un mercado más amplio y de la aplicación de economías de escala.

El patronato defendía, bajo la perspectiva de la integración, modificaciones en las reglas de funcionamiento del sistema, una política que permitiese la viabilidad de los sectores en crisis y la aplicación de las iniciativas legislativas "necesarias para el resurgimiento de la economía con la participación de la iniciativa privada". Además, consideraba que el sistema de libre iniciativa privada llevaba demasiado tiempo en tela de juicio y las empresas habían estado sujetas a un clima de sospechas y coacción psicológica casi insoportable, situación que producía la inhibición del capital privado en el proceso de recuperación de la economía nacional[24].

La memoria de la experiencia revolucionaria es duramente atacada durante la etapa de los gobiernos conservadores. Con ocasión del II Congresso das Actividades Económicas, que reúne en abril de 1981 a la patronales de la industria y el comercio —CIP y CCP—, junto con las centenarias asociaciones regionales —AIP, Portuense— y las asociaciones comerciales de Oporto y Lisboa encuadradas en el *antagonista* Conselho Nacional das Associações Empresariais (CNAE), el primer ministro Pinto Balsemão se lamenta de los costes que soportará el país durante muchos años

24. AMAE-R, leg. 14616, exp. 45.56 (P), 13 de marzo de 1978, despacho de la Embajada de España en Lisboa.

por el asalto *gonçalvista* al poder político y empresarial. De manera oportuna, el congreso se vertebra alrededor de dos ejes temáticos —la revisión de la Constitución de 1976 y la adhesión a la CEE— y los empleadores esperan que la hipoteca revolucionaria sea aliviada con el proyecto de revisión constitucional de la coalición gubernamental Alianza Democrática, que contempla la supresión en el articulado de los principios ideológicos marxistas y el final de la discriminación del sector privado en la economía. En pleno homenaje a los *empresários resistentes*, el ministro da Integração Europeia, Álvaro Barreto, cuantifica en más de un millar las disposiciones que serán objeto de revisión por efecto de la entrada de Portugal en el Mercado Común, con especial énfasis en temas de competencia, delimitación de los sectores público y privado, monopolios e inversión extranjera[25].

Es interesante señalar cómo el embajador español en Lisboa, Fernando Rodríguez-Porrero, parece compartir esta visión negativa de los efectos del 25 de Abril. A las puertas de las presidenciales de diciembre de 1980, el diplomático observa el clima de desencanto entre los portugueses, una sociedad que ya no quería "ni Frentes Populares, con ribetes de *gonçalvismo* ni tampoco aventurismos":

> El pueblo portugués es también realista y, desde el 25 de Abril, ha sufrido muchos desencantos. Pudo pensar en un principio y en la euforia que siguió al derrocamiento del antiguo régimen, que la felicidad, la justicia y la paz social resultarían automáticamente de la caída de los feudos y de los grupos financieros reinantes, sustituyendo radicalmente la iniciativa privada por la colectividad y por la intervención del Estado y nacionalizando todas, o casi todas, las fuentes de riqueza nacional. Fue el fiasco más absoluto y se demostró enseguida que la marginación de los antiguos empresarios y propietarios, y la intervención popular, no trajeron más que déficits y quiebras. No hubo una sola empresa de autogestión que resultase rentable, ni una sola nacionalización sin tremendas pérdidas para el Estado y por consiguiente para el país[26].

La etapa abierta en la CIP en 1981, tras el fallecimiento de Sá Carneiro y las dudas del patronato sobre la voluntad reformista de su sucesor, Pinto Balsemão, refleja la personalidad de su nuevo presidente, Ferraz da Costa, quien no dudará en desafiar al Gobierno conservador asegurando que "se opondrían con todos los medios a su alcance" al ingreso mientras la industria lusa continuara en condiciones de inferioridad. El estilo radical que impone Ferraz da Costa en defensa del modelo económico liberal está en consonancia con la contrarrevolución conservadora de Reagan y Thatcher y la difusión de la doctrina monetarista. Sin ceder a los cantos de sirena de un "liberalismo atenuado", el nuevo presidente, que no duda en

25. II Congresso das Actividades Económicas. *Indústria em revista*, nº 5, mayo de 1981.
26. AMAE-R, leg. 22665, exp. 7, 6 de octubre de 1980, despacho de la Embajada de España en Lisboa.

afirmar que la CIP es "*a única representante da Indústria e dos Servicios*" en el país[27], exigirá "la apertura a la empresa privada de todos los sectores sin excepción, la abolición de todos los privilegios de que goza el sector público, la revisión de las leyes laborales, la compensación justa de los empresarios expropiados, así como la adopción de medidas estrictas de estabilización económica y equilibrio financiero necesarias para la reanudación de inversiones" (Lucena y Gaspar, 1991: 899).

Como he avanzado, la postura del patronato frente a la integración se fue ensombreciendo según se acercaba el final de las negociaciones. Detrás de este cambio de actitud había un claro intento por influir en el ánimo del Gobierno y controlar las cesiones que se realizaban en Bruselas, sin ocultar el sesgo económico nacionalista, que nunca había desaparecido en la organización y que ahora se veía reforzado por un rebrote de las presiones proteccionistas en las sociedades industriales, ni la decepción provocada por la *tímida* revisión constitucional de 1982. Ferraz da Costa, también preocupado por los réditos electorales que podía obtener de la adhesión el nuevo Ejecutivo de Soares (1983-1985), llegó a pedir la suspensión de las negociaciones, por razón de "*na defesa prioritária dos interesses económicos, e sociais do País, da sua dignidade e integridade nacional e do seu verdadeiro progresso e desenvolvimento*"[28].

La creciente oposición de la CIP, palpable también en otras organizaciones empresariales (la Confederación de Agricultores —CAP— llegará a solicitar un referéndum que avale la adhesión), que se alimentaba del agotamiento de un sector de la opinión pública portuguesa por la falta de progresos relacionados en parte con el dossier hispanocomunitario, pero también con la crisis agropresupuestaria de la CEE, llevó al máximo dirigente de la AIP, Jorge Rocha de Matos, a pedir al presidente de la Comisión, Gaston Thorn, que diera un impulso a las negociaciones: "*Os portugueses vão-se esquecendo, pouco a pouco, da ideia europeia. E o que é, no nosso entender, ainda mais grave, é que alguns sectores da indústria começam também, timidamente, a opor-se à entrada de Portugal no Mercado Comum. [...] Una aceleração nas negociações pode ajudar a destruir esta tendência*"[29].

La oposición a la ley fundamental portuguesa de 1976 será una constante en el argumentario patronal, en especial contra las disposiciones de la llamada "Constitución económica" (31 artículos). La voluntad de consenso entre las fuerzas políticas que permitió frenar el potencial revolucionario no impidió que el texto sancionara el supremo objetivo de la transición de la República al socialismo y a la sociedad sin clases, consagrando la irreversibilidad de las nacionalizaciones de

27. "Render da guarda na CIP. Uma nova direcção para o desenvolvimento", *Indústria em revista*, nº 7-8, julio/agosto de 1981. La CIP representa en aquel momento a más de 35 mil empresas.
28. "CIP entende necessário suspender as negociações de integração na CEE", *Indústria em revista*, nº 10, octubre de 1984.
29. Carta de Rocha de Matos a G. Thorn, 23 de noviembre de 1983, *AIP informação*, nº 1, enero de 1984.

1975. Tampoco que se consolidasen derechos laborales como el subsidio de desempleo, la limitación de la jornada de trabajo, las vacaciones anuales pagadas y el descanso semanal, así como el reconocimiento a los sindicatos de una influencia efectiva sobre las decisiones económicas[30].

En los años siguientes, la exigencia de una revisión que terminase "con el modelo colectivista marxista impuesto a los portugueses después de la revolución", considerado por estos sectores como "la causa principal de todos los males", se convirtió en el elemento central de la retórica patronal[31]. Mientras, el Consejo de la Revolución, "cuyos miembros más conspicuos no han traspasado la barrera ideológico-revolucionaria de los capitanes del 25 de Abril"[32] y que ostentaba competencias en materia legislativa, se dedicaba a bloquear aquellas iniciativas del Gobierno que buscaban delimitar los sectores público y privado. En 1980, la derrota del general Soares Carneiro fue un duro golpe para aquellos que esperaban una profunda transformación del texto constitucional que eliminase su carga revolucionaria y limitara la intervención estatal. A pesar de las promesas del Gobierno de Pinto Balsemão, la revisión constitucional de 1982, cuyo objetivo prioritario será la rectificación ideológica e institucional —en particular de órganos como el Consejo de la Revolución (CR) vinculados al MFA—, no modificó en lo sustancial el *statu quo* socioeconómico y el legislador siguió abogando por el modelo de una economía mixta con fuerte presencia estatal (Pérez Ayala, 2007: 94).

Desde la óptica del patronato portugués, la adhesión se convirtió en la coartada perfecta para forzar a los sucesivos gobiernos a una revisión del estatismo económico y del marco legislativo laboral en favor de su flexibilización, desregulación normativa, introducción de nuevas figuras de contratación y movilidad de la mano de obra. Aunque podía argumentarse que las normas sociales comunitarias "salvaguardan siempre los regímenes más favorables a los trabajadores ya vigentes en cada estado" (Barros, 1988: 814), Ferraz da Costa se mostró convencido de que la integración en sí misma impondría a Portugal las reglas de una economía de mercado y convertiría en "superfluo" el programa de socialización constitucional. En cierta manera, tenía razón. El propio Mário Soares reconocería públicamente que la construcción del socialismo prevista en el texto constitucional tendría que posponerse debido a la crisis económica y a la deseada entrada de Portugal en la CEE (Lucena, 2002: 19). La clase política, a excepción de la extrema izquierda, pareció aceptar la tesis de la incompatibilidad de la Constitución con la apertura de la economía lusa y la adhesión a las Comunidades Europeas. También Bruselas parecía admitir problemas de armonización. Un informe de los servicios jurídicos de la

30. Un análisis del articulado social y laboral en la Constitución de 1976 en Barros (1988).
31. Declaraciones del presidente de la CIP, Ferraz da Costa. *El País*, 1/04/1982.
32. AMAE-R, leg. 22665, exp. 7, 21 de mayo de 1980, despacho de la Embajada de España en Lisboa.

Comisión Europea sobre la compatibilidad de la norma suprema española de 1978 subrayaba la distancia que existía con su equivalente portuguesa: "*L'on ne peut en effet que réaffirmer la quasi 'neutralité économique' d'un texte qui, sans souffrir de comparaison avec son homologue portugais...*"[33].

El contexto de las negociaciones lusocomunitarias sirvió de estímulo para que los sucesivos gobiernos aprobaran medidas destinadas a hacer retroceder la reforma agraria o a abrir a la iniciativa privada sectores como el financiero, el asegurador o el cementero, que formaban parte del monopolio estatal (Decreto-Ley 406/83). Consciente de esta situación, el presidente de la CIP fue más allá y declaró la inconstitucionalidad de todas las nacionalizaciones realizadas desde 1974 y amenazó, mientras se negociaban los últimos flecos del tratado de adhesión, con "denunciar al Estado portugués ante la Comisión de los Derechos Humanos del Consejo de Europa por violación de las convenciones europeas ratificadas por Portugal"[34].

Si el sesgo radicalmente progresista que inspiró la norma constitucional portuguesa de 1976 se vio favorecido por el constitucionalismo social europeo de la época (Pérez Ayala, 2007: 69), los años ochenta vieron un desplazamiento estratégico en el pensamiento socioeconómico dominante. La doctrina neoliberal se dejará sentir en el corpus jurídico europeo a partir de la firma en 1986 del Acta Única Europea, y de manera más acusada en 1992 con ocasión del Tratado de Maastricht, donde se introduce por vez primera una referencia explícita al sistema económico: "Los Estados miembros y la Comunidad actuarán respetando el principio de una economía de mercado abierta y de libre competencia" (art. 98). Dentro de un contexto internacional de crisis del modelo de acumulación capitalista, se establece en los años ochenta una "alianza estratégica entre las empresas y la Comisión Europea" (Etxezarreta, 2005: 102), que tiene su correlato en el nuevo rumbo impuesto por Bruselas para la armonización de las políticas económicas de los Estados miembros.

Con el cambio de paradigma, el diseño de la política económica pasó de ser una competencia exclusiva de las autoridades a reforzar el mercado como ente regulador, cuya centralidad en el sistema se fortalecía en paralelo con la crisis del estado social. Esta reorientación se dejará sentir en aspectos como la liberalización de los servicios públicos, la privatización de empresas estatales, el refuerzo de los mecanismos de control de la competencia o la introducción del principio de estabilidad presupuestaria. Por ello, no puede obviarse una relación causal en la nueva reforma de la Constitución lusa en 1989. Ya con Portugal como integrante de la CEE-12, la revisión de la carta magna bajo el Gobierno de centroderecha de Aníbal

33. "La nouvelle constitution espagnole et la demande d'adhésion de l'Espagne aux communautés européennes", informe de Ph. Couvreur, noviembre de 1978, p. 9, disponible en https://ec.europa.eu/historical_archives/archisplus/getPU.cfm?id=QkFDLTAxNDctMTk5MSowMDA4

34. *El País*, 17/03/1985.

Cavaco Silva (1985-1995) permitirá la derogación del citado principio de irreversibilidad y las referencias a la sociedad sin clases, mientras se establece el marco legal que iniciaría el proceso de *devolución* de las propiedades nacionalizadas. El primer ministro avalaba la orientación europea de los cambios introducidos, que permitirían acelerar las reformas estructurales para adaptar la economía lusa a los "desafíos de la integración y del mercado único europeo"[35]. Los diarios anunciaban aquellos días la querella contra el Estado del gran magnate de la industria financiera António Champalimaud, que reclamaba una indemnización por las expropiaciones del 11 de Marzo. En 2004 aparecía en el puesto 153 de la lista de las mayores fortunas del mundo de la revista *Forbes*. Cuatro años antes había alcanzado un acuerdo con el Banco Santander para vender la mayor parte de sus empresas, recompradas al Estado tras su regreso a Portugal en 1992.

CONCLUSIONES

El día 12 de junio de 1985, en un solemne acto celebrado en el Monasterio de los Jerónimos de Lisboa, Portugal rubricaba su ingreso en las Comunidades Europeas. A la ceremonia no asistieron los representantes del patronato, un hecho sorprendente del que dio cumplida cuenta la prensa. Pero ¿podía considerarse una ausencia inesperada, después de que el presidente Ferraz da Costa exclamase tras el anuncio del final de las negociaciones que "*estamos aonde queríamos estar, mas estamos como não queríamos nem deveríamos estar*"?

Y lo cierto es que, una década atrás, la perspectiva del ingreso en la CEE apareció en el horizonte en un momento oportuno para los intereses del capitalismo portugués, estremecido por la furia revolucionaria de una sociedad que, hasta poco antes, parecía adormecida tras años de paternalismo del piadoso y austero Salazar. Las terribles imágenes de la guerra colonial que llegaban a los domicilios de los portugueses *continentales* o la incapacidad del marcelismo para atajar los estragos de la crisis económica estaban muy presentes cuando comenzaron a sonar los primeros acordes de "Grândola, Vila Morena", la señal pactada para dar inicio a la Revolución de los Claveles.

La amenaza de la competencia extranjera, la pérdida de los monopolios, el final del lucrativo comercio con las colonias o la desaparición de la protección del Estado —argumentos habituales de hombres de negocios reacios a abandonar la comodidad de un mercado protegido y una fuerza laboral barata y coaccionada que les permitía producir con pocos riesgos— pasaron a un segundo plano justo en el

35. *El País*, 1/06/1989.

momento en que ya no había nada, o casi nada, que perder: Vasco Gonçalves y el MFA habían desmantelado en pocos meses una historia de décadas, quizá de siglos.

Se iniciaba así el "sueño europeo" del empresariado luso, inducido por una nueva generación de dirigentes patronales que observó impotente la nacionalización de sus empresas. Europa sería en lo sucesivo la garantía contra la vía del socialismo a la portuguesa, atemperación de los excesos revolucionarios y palanca del cambio constitucional. Ciertamente, esto no borró las dudas que persistían en numerosos sectores sobre las posibilidades de supervivencia en un entorno competitivo como el Mercado Común, una actitud que reapareció cuando más cerca se encontraba Portugal de llegar a la meta.

Es plausible pensar que la oposición a la entrada en la CEE que exhibió el patronato en esta etapa final de las negociaciones respondiese más a la idea de presionar al Gobierno para que adoptara una posición de firmeza en Bruselas que a una posición de principios, o bien para que procediese a una nueva revisión constitucional como *conditio sine qua non* para apoyar la adhesión. En cualquier caso, es innegable que la estrategia de las elites económicas portuguesas respondió fielmente a la defensa de unos intereses de clase, presentándose a menudo como los portavoces de los intereses del conjunto del país.

BIBLIOGRAFÍA

Baklanoff, Eric (1996): "Breve experiência de socialismo em Portugal: o sector das empresas estatais", *Análise Social*, vol. XXXI, 138, pp. 925-947.

Barreto, Antonio (1988): "Reforma agraria y revolución en Portugal, 1974-76", *Revista de Estudios Políticos*, 60-61, pp. 413-429.

— (1994): "Portugal, a Europa e a democracia", *Análise Social*, vol. XXIX (129), pp. 1051-1069.

Barros, José (1988): "La Constitución portuguesa y los trabajadores. De la revolución a la integración en la CEE", *Revista de Estudios Políticos*, 60-61, pp. 765-815.

Boltanski, Luc y Chiapello, Ève (2002): *El nuevo espíritu del capitalismo*, Madrid, Akal.

Caparrós, Rafael (1999): "La crisis del modelo de crecimiento de la postguerra y su repercusión en la viabilidad del modelo social europeo", *Revista de Estudios Políticos (Nueva Época)*, 105, pp. 97-146.

Castaño, David (2015): "Socialismo, Europa e Democracia transição e integração europeia: o caso Português", *Relações Internacionais*, 48, pp. 9-24.

Costa Pinto, Antonio (2009): "Legado autoritario, justicia transicional, y crisis del Estado en la democratización de Portugal", en S. Baby, O. Compagnon y E. González (eds.), *Violencia y transiciones políticas a finales del siglo XX. Europa del Sur-América Latina*, Madrid, Casa de Velázquez, pp. 131-156.

— (2010): "The 'Corporatist Revolution' of the Portuguese New State: An introduction", en D. Musiedlak (ed.), *Les expériences corporatives dans l'aire latine*, Berna, Peter Lang, pp. 117-124.

Cunha, Alice (2015): "Underwriting Democracy: Portugal and European Economic Community's Accession", *Cahiers de la Méditerranée*, 90, pp. 47-58.

Cunha, Paulo P. (1979): "O enquadramento constitucional do sistema económico na perspetiva do ingresso no Mercado Comum", *Revista da Ordem dos Advogados*, vol. III, septiembre-diciembre, pp. 563-579, disponible en https://portal.oa.pt/upl/%7B9f71ca96-2d59-407c-bdb0-ab7157387cae%7D.pdf

Etxezarreta, Mirem (2005): "Una aproximación crítica a la economía de la Unión Europea", *Revista de Economía Crítica*, vol. 3, pp. 97-127.

García Crespo, Guillermo (2019): *El precio de Europa. Estrategias empresariales ante el Mercado Común y la transición a la democracia en España (1957-1986)*, Granada, Comares.

García Echevarría, Santiago (1980): *Economía social de mercado*, Madrid, ESIC.

González Fernández, Ángeles (2010): "Los empresarios antes los procesos democratizadores: las experiencias portuguesa y española", en E. Lemus, F. Rosas y R. Varela (coords.), *El fin de las dictaduras ibéricas (1974-1978)*, Sevilla, Centro de Estudios Andaluces-Edições Pluma, pp. 185-208.

— (2015): "La gabela democrática. La crisis de las dictaduras ibéricas y el mundo de los negocios", *Ayer*, 99, pp. 75-99.

Gordillo, L. Ignacio y Canedo, J. Ramón (2013): "La Constitución económica de la Unión Europea. Bases de un modelo en continua evolución", *Cuadernos de Derecho Transnacional*, vol. 5, nº 1, pp. 163-183.

Herrero de Miñón, Miguel (1999): "La Constitución económica: desde la ambigüedad a la integración", *Revista Española de Derecho Constitucional*, nº 57, pp. 11-32.

Lains, Pedro (1994): "O Estado e a industrialização em Portugal, 1945-1990", *Análise Social*, vol. XXIX (128), pp. 923-958.

Lemenhe, M. Auxiliadora (2010): "Empresários portugueses e a'causa europeia': interesses e ideologias, consensos e dissensos", *Revista de Ciências Sociais* (UFC), vol. 41-2, pp. 83-105.

Loff, Manuel (2007): "Marcelismo e ruptura democrática no contexto da transformação social portuguesa dos anos 1960 e 1970", *Espacio, Tiempo y Forma, Serie V, Historia Contemporánea*, 19, pp. 145-184.

Lucena, Manuel de (2002): "Reflexões sobre a queda do regime salazarista e o que se lhe seguiu", *Análise Social*, vol. XXXVII, 162, pp. 7-46.

Lucena, Manuel de y Gaspar, Carlos (1991): "Metamorfoses corporativas? —associações de interesses económicos e institucionalização da democracia em Portugal (I)", *Análise Social*, vol. XXVI, nº 114, pp. 847-903.

Medina, Iván (2009): "¿Cómo medir la influencia de los grupos de interés? Propuestas desde el pluralismo, el elitismo y el nuevo institucionalismo", *WP n. 279*, Institut de Ciències Polítiques i Socials, UAB.

Moreira, Diogo *et al.* (2010): "Attitudes of the Portuguese Elites towards the European Union", *South European Society and Politics*, vol. 15, n. 1, pp. 57-77.

Oliveira, Guilherme de (1988): "La Constitución económica portuguesa: del programa a la mediación", *Revista de Estudios Políticos*, 60-61, pp. 741-763.

Pérez Ayala, Andoni (2007): "Tres décadas de evolución constitucional en Portugal (1976-2006)", *Revista de Derecho Político*, 70, pp. 65-134.

Rezola, M. Inácia (2012): "Um projeto alternativo de esquerda", *Ler História*, 63, pp. 33-48.

Rollo, Maria Fernanda (2007): "Marcelo Caetano: política económica e modernização", *Espacio, Tiempo y Forma, Serie V, Historia Contemporánea*, t. 19, pp. 115-144.

Roseta, Agostinho (1985): "Dos grémios à Confederação Nacional do Patronato: hesitações e ambiguidades", *Análise Social*, vol. XXI, 87-89, pp. 785-799.

Royo, Sebastián (2012): "The Europeanization of Portuguese Interest Groups? Trade Unions and Employers' Organizations", en A. Costa y N. S. Teixeira (eds.), *The europeanization of portuguese democracy*, Nueva York, Columbia University Press, pp. 139-182.

Ruivo, João Pedro *et al.* (2012): "Portuguese Political Elites and the European Union", en A. Costa y N. S. Teixeira (eds.), *The europeanization of portuguese democracy*, Nueva York, Columbia University Press, pp. 27-60.

Sánchez Mosquera, Marcial (2016): "Concertación social y transición a la democracia en la península ibérica. Un análisis comparado del corporatismo en España y Portugal, 1976-1986", *Revista de la Historia de la Economía y de la Empresa*, 10, pp. 321-342.

Santos, Elsa (2001): *O processo negocial da adesão de Portugal à EFTA (1956-1960)*, tesis doctoral, Lisboa, Universidade Nova.

Schmitter, Philippe C. (1985): "Reflexiones sobre adónde ha ido la teoría del neo-corporativismo y sobre adónde podrá ir la praxis del neo-corporativismo", *Papeles de Economía Española*, 22, pp. 451-463.

Sousa, Boaventura de (2017): *La difícil democracia. Una mirada desde la periferia europea*, Madrid, Akal.

Stiglitz, Joseph E. (2003): *La economía del sector público*, 3ª ed., Barcelona, Antoni Bosch.

Teixeira, Nuno Severiano (2017): "Portugal e a integração europeia, 1974-2015: uma introdução histórica", en A. Costa y N. S. Teixeira (coords.), *A europeização da Democracia Portuguesa*, Lisboa, Imprensa de Ciências Sociais, pp. 19-34.

Torre, Hipólito de la (2007): "Marcelo Caetano: últimas razones del Estado Novo", *Espacio, Tiempo y Forma, Serie V, Historia Contemporánea*, t. 19, pp. 75-101.

Varela, Raquel; Simões do Paço, António y Alcântara, Jana (2014): "O controlo operário na Revolução Portuguesa 1974-1975", *Marx e o Marxismo*, vol. 2, nº 2, pp. 139-168.

Weber, Henri (1987): *El partido de los patronos*, Madrid, Ministerio de Trabajo y Seguridad Social.

CAPÍTULO 9

CENTRO Y PERIFERIA EN LA TRANSICIÓN ESPAÑOLA*

JULIO PONCE ALBERCA**
Universidad de Sevilla

CENTRO, PERIFERIA Y CAMBIO POLÍTICO

Los ángulos locales nos ofrecen unos panoramas ricos en matizaciones y detalles sobre procesos históricos de nuestro pasado. Estamos acostumbrados —quizás demasiado— a contemplar las transformaciones desde una perspectiva general, a modo de gran angular donde el pasado siempre tiende a estar en movimiento porque el cambio es lo que predomina. Véase, por ejemplo, la atención centrada en coyunturas como las de 1923, 1931 o 1939, cuando unos regímenes dejan paso a otros y parece que todo se altera. Sin embargo, es en lo local donde se aprecian con mayor nitidez otras realidades como las continuidades, el limitado alcance de los cambios y las formas en las que se concretaron las transformaciones registradas a escala nacional. Una muestra de ello son las aportaciones que ofrece esta dimensión local para procesos como el de la guerra civil y la represión. Como ha señalado Pedro Payá, fueron dos las agencias productoras de la violencia en aquellos años: la estatal y la local. Y ambas se encontraban interrelacionadas. Así, la represión judicial promovida desde

---

* Este capítulo es uno de los resultados del proyecto de investigación dirigido por el autor (HAR2015-63662-P) bajo financiación de fondos FEDER y Gobierno de España.

** Julio Ponce Alberca es profesor titular de Historia Contemporánea en la Universidad de Sevilla. Sus estudios se han dirigido fundamentalmente hacia la historia política desde la óptica de la biografía y el estudio de las instituciones. En esa línea publicó *Guerra, Franquismo y Transición. Los gobernadores civiles en Andalucía, 1936-1979* (2008). Desde 2010 dirige proyectos de investigación sobre las relaciones centro-periferia en la España del siglo XX.

los poderes públicos requirió de la cooperación local concreta (materializada en venganza privada) para el funcionamiento eficaz de aquella maquinaria. El Estado podía legislar, detener y castigar, pero era precisa la colaboración de unos vecinos dispuestos a acusar a otros. El resorte clave fueron las denuncias, eslabón fundamental para que actuasen los juzgados militares. Ello generó una simbiosis letal para las víctimas pero bien fructífera para los que querían apuntarse a la función de aliados del sistema:

> Si el Estado obtenía la información necesaria para dar a su labor apariencia de justicia, permitía a cambio que algunos ciudadanos se sirvieran de su formidable poder en beneficio propio, en una alianza sobre la que se edificó todo un proceso de violencia que debemos entender como selectiva (Payá, 2018: 39).

Este ángulo de análisis merecería ser explorado para reconstruir el mapa de la represión más allá de los nombres de las víctimas o de su contabilización. Tras la tragedia de los castigos y las ejecuciones se ocultan un buen número de favorecidos y beneficiados. La delación se pagaba a precios variados que iban desde la promoción personal (cargos públicos, puestos de trabajo) hasta la obtención irregular de tierras y propiedades, pasando por la súbita cancelación de deudas o la satisfacción vengativa de agravios pasados (Payá, 2018: 40). Nos equivocaríamos si pensásemos que los beneficiados no eran más que un puñado de militares, terratenientes o industriales. Las cosas fueron más complejas: basta explorar el funcionamiento de las comisiones de depuración de funcionarios en las que el espíritu corporativo se enlazaba con las ambiciones de aquellos que querían ascender cubriendo las oportunas vacantes del escalafón. Abundaron los espontáneos a la caza de beneficios o de simples recursos de supervivencia. Y es significativo que haya estudios disponibles para otros países, pero ninguno para España (Payá, 2018: 40-41).

La prolongada dictadura franquista muestra también interesantes matices cuando se analiza desde otras perspectivas. Basta observar los estudios realizados sobre la adaptación ideológica para seguir conservando influencias y capitales (Cazorla y Rodríguez, 2008). También es interesante repasar el panorama cultural (desde *El verdugo* hasta la biografía de Jaime Gil de Biedma) o aproximarnos a las diferencias provinciales bajo un régimen que se ofrecía como presuntamente homogeneizador (Ponce, 2012). Desde este ángulo se entiende mejor el valor de lo que se denomina el "segundo franquismo" (*grosso modo* desde finales de los cincuenta) para comprender algunas de las claves de la Transición. Lo cual no significa que la democracia surgiera del franquismo, sino que durante los últimos lustros de este se iniciaron procesos de modernización y aparecieron elementos novedosos que contribuyeron al cambio político. Al respecto fue bien elocuente la situación de las estructuras provinciales del Movimiento a mediados los setenta, cuando ya había dirigentes que ni siquiera se sentían identificados con el falangismo original, según reconocía la propia Delegación Nacional de Provincias (Ponce, 2015).

Así pues, creemos que el tránsito político que se produjo en la segunda mitad de la década de los setenta merece un análisis local para intentar comprenderlo en toda su extensión. En primer lugar, cabe destacar que la democratización en las provincias y los entornos rurales registró un ritmo distinto y unas formas diversas con respecto a lo que aconteció en las grandes ciudades. No arraigó del mismo modo la práctica del ejercicio democrático en Madrid, Barcelona, Sevilla o Bilbao que en los pueblos, por no hablar de las diferencias regionales (véase el caso del País Vasco y el entorno de terrorismo que le acompañó durante lustros con respecto a otras comunidades menos afectadas por semejante lacra). El hecho de que las primeras elecciones democráticas locales se celebrasen con un notable retraso (abril de 1979) refleja la diferencia de compases entre lo que ocurría en el centro y la periferia.

Ahora bien, eso no significa que lo que podríamos llamar la España "rural" asistiera pasivamente al cambio político, como si fuera una especie de convidado de piedra. Por el contrario, también allí se registraron protestas, movilizaciones y reivindicaciones. No eran cuantitativamente comparables a las que se producían en las ciudades y quizás podían tener otro sentido y objetivos, pero no puede negarse la presión social creciente sobre las corporaciones locales —en unos lugares más soportables que en otros— para hallar soluciones a los problemas dentro de un marco nuevo de relaciones entre el Ayuntamiento y la vecindad. Tampoco permanecieron impasibles aquellas corporaciones que —no lo olvidemos— procedían aún de la dictadura y no habían sido renovadas en la mayor parte del país. Muchos munícipes querían dimitir de unos cargos no remunerados y de escaso prestigio. Hubo casos en los que el ministro de la Gobernación, Rodolfo Martín Villa, no tuvo más remedio que reemplazar a la Corporación por una comisión gestora interina que llevase los asuntos municipales hasta que se celebrasen las elecciones locales. Pero en la inmensa mayoría del país los gobernadores civiles pusieron todo el empeño en evitar una oleada de dimisiones de alcaldes y concejales, de acuerdo con las indicaciones del Gobierno, para no añadir más inestabilidad a una coyuntura tan delicada como la que se vivió entre 1976 y 1979. Lo cierto es que la mayor parte de las corporaciones, muchas de ellas obligadas a permanecer en el Gobierno de los municipios, prestaron su servicio lo mejor que supieron y pudieron hasta que llegó la fecha de su reemplazo democrático.

Solo por lo expuesto es difícil poner en duda que el tránsito político adquiere nuevos colores a través del cristal del mundo local. De las múltiples facetas de ese mundo nos interesa destacar especialmente el papel del Estado o, más precisamente, de las instituciones locales —que son también Estado— como los ayuntamientos o las diputaciones. Ciertamente existen otros ángulos de análisis como el auge de los movimientos sociales o la incidencia de la crisis económica, por no hablar de las múltiples propuestas que se pueden hacer desde la historia cultural. Pero creemos que las instituciones del Estado ocuparon un lugar central en el proceso de transformación política y de ahí la importancia de su estudio en aquella coyuntura. Coincidimos con la afirmación de Linz y Stepan cuando señalaron que sin la existencia de un Estado suficientemente operativo hubiera resultado imposible el establecimiento de un régimen democrático consolidado (1996: 7). Si esa premisa se cumple, otros factores clave pueden desarrollarse de manera interconectada para consolidar un sistema democrático como son: la presencia activa de una sociedad civil, una comunidad política, el respeto a la ley como garantía de libertades y derechos, una burocracia relativamente sólida y un modelo económico institucionalizado. Sin Estado, sin unas estructuras administrativas estables y eficaces, y sin una burocracia leal no se conocen sistemas democráticos estables. La España que dejó Franco, pese a todas sus deficiencias, disponía de esos elementos y transitó de un régimen dictatorial a otro democrático desde la estabilidad proporcionada por el Estado. Los regímenes políticos podían ser contingentes, pero el Estado era la base de la estabilidad siempre que fuese capaz de resistir suficientemente las tensiones (protestas obreras, presencia de nacionalismos periféricos, terrorismo, etc.). De ahí la importancia —e insistencia— de efectuar el tránsito "de la ley a la ley", en palabras de Torcuato Fernández-Miranda, un hombre que fue un firme defensor del Estado desde su actividad académica y política (Ponce, 2016). A partir de la consecución del cambio político, los estados se transformarán y evolucionarán por el propio paso del tiempo, continuarán los efectos de la democratización y se producirá el ingreso de nuevas generaciones de funcionarios, capaces de incorporar nuevas ideas, nuevos talantes y otras culturas administrativas. Pero lo que parece claro es que la estabilidad del Estado es una condición necesaria (aunque no suficiente) durante el tránsito de un régimen a otro, tal y como señaló Robert Fishman (1990) en su comparación de las transiciones en el sur de Europa.

Nótese que no estamos proponiendo solo el estudio de los diversos escenarios locales (algo que no está al alcance de ningún investigador individual). El ámbito de análisis sugerido es la intersección entre las esferas central y periféricas a través de las estructuras del Estado. Y esto sí está al alcance de investigadores que se lancen a la aventura de sintetizar los estudios disponibles. Hay además motivos de estrategia y metodología de la investigación que avalan esta perspectiva. El más destacable es la disponibilidad de archivos locales razonablemente organizados y accesibles que van desde los municipales (habitualmente localizados en los ayuntamientos) hasta los provinciales (archivos históricos de las provincias que suelen albergar la documentación de las diputaciones y, en bastantes casos, los de los gobiernos civiles, entre otros fondos). Ello nos brinda la oportunidad de promover estudios locales más precisos que, dependiendo de su enfoque y amplitud, pueden ser temas de encargo para trabajos de fin de grado, máster y doctorado. Es todo un campo a explorar en beneficio de las carreras de los jóvenes investigadores.

Una vez apuntadas algunas de las utilidades de este enfoque historiográfico, volvamos a nuestro tema para exponer qué sabemos (y qué desconocemos aún) del funcionamiento del Estado y de su articulación centro-periferia durante la Transición. Para ello vamos a destacar una serie de aspectos a modo de epígrafes, advirtiendo que entenderemos por "Transición" en este trabajo —y *grosso modo*— los años comprendidos en la década de los setenta. Los aspectos que trataremos (y la lista podría extenderse si no dispusiéramos de límites) serán: la situación de la Administración local, el papel de las estructuras del Movimiento, la actitud general de los funcionarios y la actuación de los gobiernos civiles. Nuestro propósito no es tanto ofrecer una imagen concluyente de estos objetos de estudio (y menos aún definitiva) como sugerir líneas de investigación e invitar a la exploración de campos hasta ahora poco transitados.

LA ADMINISTRACIÓN LOCAL: DE LA DICTADURA A LA DEMOCRACIA

Si hay un nivel institucional de gobernanza en el que puede percibirse la diferencia entre los conceptos de régimen y de Estado, ese es probablemente el local. La Administración local y sus órganos formaban parte del Estado, pero hasta las primeras elecciones democráticas mantenía una relación de relativa distancia con respecto a la esfera de lo que se entiende como régimen político. La Administración local era Estado, pero ¿hasta qué extremo era "régimen"? Si definimos "régimen" como el conjunto de instituciones —dotadas de normas y procedimientos— que regulan el acceso y usufructo del poder, los ayuntamientos y diputaciones bajo el franquismo carecían de verdadera significación al respecto. Los alcaldes eran nombrados por los gobernadores civiles y, en las capitales de provincia y ciudades mayores de 10.000 habitantes, directamente por el ministro de la Gobernación (base 6ª de la Ley, de 17 de julio de 1945, de Bases de Régimen Local). Los alcaldes eran autoridades con poder delegado, pero no eran depositarios originales de poder institucional y carecían de legitimidad directa ante los ciudadanos, pues su nombramiento era de carácter gubernativo. Por lo tanto, en ausencia de un verdadero régimen local, que llegaría tras las elecciones de 1979, los ayuntamientos no formaban parte del núcleo del régimen político, aunque sí eran el Estado a nivel local, siempre que entendamos a este como la organización política compuesta por un conjunto de instituciones político-administrativas dotado de territorio, población y ejercicio de soberanía o control. No nos resistimos a recordar aquí la dócil imagen típica del alcalde franquista ante la visita de un gobernador o, incluso, la de un mero delegado procedente de la capital. Luis García Berlanga lo retrató magistralmente en su *Bienvenido, Mister Marshall*.

El no formar parte del núcleo del régimen era perfectamente compatible con la lealtad al mismo de los alcaldes y demás munícipes y con la fidelidad al jefe de Estado (el general Franco) en términos de adhesión incondicional, tal y como estilaban las fórmulas protocolarias al uso en los discursos públicos de la época. La subordinación suscita la tentación del servilismo, incluso encuadrados en un partido en el cual no todos creían de la misma manera. Y es que los alcaldes eran jefes locales del Movimiento y no faltaban miembros del partido entre concejales y diputados provinciales, pero hacia el final de la dictadura era evidente que se veían a sí mismos más como cargos del Estado que del régimen, por mucho que se pretendiera una identidad perfecta entre ambos. No faltaban alcaldes de municipios pequeños rurales que apenas pisaban la Jefatura Local del Movimiento, si es que existía. Los políticos locales no regulaban el acceso y usufructo del poder dentro de un régimen dictatorial en el que ellos jugaban el papel de autoridades delegadas dentro de una pirámide fuertemente jerarquizada. Es más, los alcaldes no solo estaban bajo la presión del verdadero poder que los había nombrado, sino que también estaban sujetos a las presiones del poder local no-institucionalizado (grupos de influencia). A las alturas de los años setenta resultaba muy evidente que gran parte de las instituciones locales ya no estaban en las manos de los grupos oligárquicos de otros tiempos. Dirigir el Ayuntamiento o la Diputación no era tan preciso para esos grupos cuando había un sistema político que garantizaba plenamente los derechos de propiedad y la generación de beneficios: los mesócratas y los técnicos podían desempeñar ya ese papel.

Lo que no se cuestionaba era que los ayuntamientos y diputaciones fuesen Administración local. Pese a que eran instituciones político-administrativas simbolizadas en el órgano directivo —Corporación— y en el organismo administrativo, lo cierto es que primaba esta segunda faceta sobre la primera. En otras palabras: sin Corporación podía funcionar el municipio durante semanas, pero la Administración era precisa todos los días para vigilar las calles, retirar la basura o regular la luz y el agua. La importancia de lo administrativo era tal que, en municipios pequeños, los que llevaban el día a día del Ayuntamiento solían ser el secretario y el interventor (cabezas del resto de los funcionarios) y el alcalde se limitaba a una ligera supervisión de los asuntos en una tarea que ni estaba directamente remunerada ni era a tiempo completo. Los concejales habitualmente seguían en sus ocupaciones para ganarse la vida. Naturalmente, la situación cambiaba en las grandes ciudades y allí podían encontrarse políticos locales con ambición y algunos con proyección; pero la carrera política exigía seguir un *cursus honorum* en la Administración central cuya máxima meta desembocaba en un cargo en Madrid. La alcaldía no era el objetivo político; como mucho era un peldaño.

Si a ello sumamos que los recursos económicos destinados a los ayuntamientos y diputaciones eran más que escasos, tenemos el cuadro de dependencia de los entes locales en los años setenta. Los ayuntamientos no eran instituciones potentes ni como órganos ni como organismos: su dependencia política corría pareja a su dependencia económica. Ni siquiera estaban libres de críticas a partir de la Ley de Prensa de 1966: nadie se atrevía a criticar abiertamente a un ministro o a un gobernador civil (pertenecientes ambos al Gobierno central), pero sí se abrió la posibilidad de que alcaldes y munícipes fuesen los pararrayos del descontento provocado por socavones, inundaciones o servicios deficientes. No cabía duda de que la Administración local era la pariente pobre de la Administración.

El broche de cierre de aquel panorama local era la ausencia de legitimidad democrática por más que un tercio de los concejales fuesen elegidos por los cabezas de familia. Ciertamente, las estructuras legales habían cobrado carta de naturaleza tras el paso del tiempo y la consolidación de la dictadura. De hecho, el régimen se preocupó de dotarse de leyes y hechos consumados para adquirir una legitimidad de la que carecía por su origen. Pero lo que no podía ocultarse era la ausencia de una legitimidad auténticamente democrática cuando los alcaldes eran producto del deseo gubernativo. Tan evidentes eran esa y otras deficiencias que los responsables de la Administración local venían reclamando desde hacía tiempo una reforma local, especialmente después de la publicación de la Ley Orgánica del Estado (LOE) de 1967. En este sentido, hay que reconocer que muchos de los alcaldes, concejales y diputados provinciales intentaban llevar a cabo su cometido lo mejor posible, trabajaban para mejorar sus ciudades y pueblos y ansiaban un marco de mayor representatividad. Lo que muchos no terminaban de entender es que el nombramiento de los alcaldes estuviera a cargo del Gobierno, sin contar con los vecinos o, por lo menos, con los concejales. Precisamente, la Ley de Bases del Estatuto de Régimen Local (LBERL), de 19 de noviembre de 1975, estableció —por fin— que al alcalde no fuese de nombramiento gubernativo, sino que fuera elegido por los concejales de la Corporación. Era un tímido avance; más tímido aún si tenemos en cuenta que salió publicada en el BOE el 21 de noviembre, justo un día después de la muerte de Franco. Demasiado tarde.

A través de dos obras podemos acercarnos al universo local de los últimos años del franquismo. Una es la tesis de Antonio Martínez Marín sobre la representatividad municipal en España (defendida en diciembre de 1974 y publicada con modificaciones muchos años más tarde), que contiene un interesante capítulo elaborado a partir de unas encuestas que llevó a cabo en una muestra de municipios sobre la percepción vecinal de sus ayuntamientos. La otra es el pequeño pero interesante opúsculo de Pasqual Maragall sobre el funcionamiento y transformación de los municipios bajo el sistema democrático frente a la situación precedente. Es una aportación significativa por cuanto Maragall —al igual que su hermano Ernest— fue empleado en el Ayuntamiento de la Ciudad Condal durante el franquismo y posteriormente fue concejal del mismo en la etapa democrática. La primera obra nos muestra la visión que tenían los vecinos de municipios rurales de sus ayuntamientos; la segunda ilustra las complejas formas tecnocráticas que habían adquirido los ayuntamientos, especialmente los de las grandes capitales, sin llegar a acertar en la solución de los problemas.

La muestra utilizada por Martínez Marín comprendía una veintena de municipios entre 3.500 y 5.500 habitantes, en torno a la media de la época (la encuesta se realizó en 1972-1973). De sus conclusiones puede desprenderse una imagen bastante aproximada a la realidad municipal de aquellos años. En primer lugar, los vecinos conocían relativamente poco a los concejales (en torno al 20% de los vecinos encuestados no los conocían en absoluto) y, en cambio, casi todos sabían quién era el alcalde. Muchos encuestados no sabían a ciencia cierta cuántos años duraba el mandato de alcalde, pero tenían claro que esa figura era la que mandaba en el Ayuntamiento, frente a la escasa relevancia de unos concejales que, con frecuencia, dejaban de asistir a las sesiones (Martínez, 1989: 144-147). Muchas veces era el secretario quien se encargaba de llevar los asuntos diarios del municipio, siendo tan solo supervisado con la firma del alcalde que, además, debía encargarse de su trabajo. Con esa débil estructura directora debían resolverse un número importante de problemas. Uno de ellos era la emigración: los vecinos más jóvenes se marchaban al extranjero (Alemania, Suiza, Francia u Holanda) o a las grandes ciudades españolas. La percepción de este problema era especialmente notable en los municipios del sur agrícola afectados por el desempleo y por la insuficiencia del sector primario a la hora de generar puestos de trabajo. Vinculado con ello estaba el tema de la pobreza: la mitad de los encuestados no dudaban en afirmar que había familias que vivían "mísera y lastimosamente". El analfabetismo, aunque se había reducido sensiblemente, aún estaba presente y un 53% de los concejales y un 69% de los vecinos así lo reconocía. No resulta, pues, extraño que la participación fuese muy baja y que el caciquismo fuese reconocido como un problema existente para más de la mitad de los concejales. Uno de ellos, concejal en un pueblo castellano, indicó que:

El caciquismo va en vías de desaparecer; sin embargo y a pesar del tiempo, subsiste y en gran escala. Aún quedan en nuestros pueblos los personajes que, carentes de cultura y con buena posición económica, quieren ser los feudales de nuestra era de desarrollo. Ello es muy difícil, pero por desgracia aún sigue siendo don dinero poderoso caballero. Tienen gran cantidad de dinero y un número elevado de obreros a su servicio; con ello ya tienen aseguradas siempre las elecciones y el Ayuntamiento no se renueva; si entra alguno nuevo y no de su gusto, van a por él. ¿Qué hacer? Sería muy conveniente que la autoridad gubernativa tomara contacto con los plenos de los Ayuntamientos y dictara órdenes al respecto, y si no pueden ser personales [sic], al menos delegados propios del Gobierno; para que vieran y comprobaran las injusticias y atropellos que se cometen aún en nuestros pueblos (Martínez, 1989: 151).

De esas circunstancias se derivaban ineficientes servicios públicos municipales, entre los que destacaban: la falta de agua corriente potable y el alumbrado, además de ausencia de servicios sanitarios, parques de bomberos, parques infantiles u hogares para ancianos (Martínez, 1989: 152). Curiosamente, la solución a tales problemas no encontraba un consenso entre los entrevistados. Una mayoría culpabilizaba a la propia realidad económica y a las instrucciones emanadas de las instituciones locales y estatales. Pero latía una reclamación general por tener unos ayuntamientos más eficientes, algo que compartían tanto los vecinos como los propios responsables municipales. La mayor parte de los vecinos reclamaba de los concejales apoyo, ayuda, diligencia y dinero; por el contrario, la mayor parte de los concejales pedía colaboración a los vecinos (Martínez, 1989: 155). Todos se mostraban de acuerdo en la identificación de los principales problemas, pero diferían tanto en la asunción de culpa como en las propuestas de solución. Eso, al menos, nos viene a decir aquel estudio de Martínez Marín realizado —no lo olvidemos— cuando aún vivía Franco y las respuestas se encontraban condicionadas. Con todo, los resultados son interesantes porque, al parecer, la principal reclamación de los vecinos de los pueblos de aquella muestra no radicaba en la apertura para unas mayores libertades, la amnistía o el establecimiento de un sistema democrático. Es decir: aunque había sectores que reclamaban más libertad y una mayor representatividad local, parece ser que esas reivindicaciones no eran prioritarias para buena parte de la población. El disponer de agua potable y de luz, por ejemplo, resultaba mucho más acuciante a las altura de 1973, lo cual nos sitúa ante un marco local más matizado en el cual no todo eran movilizaciones articuladas por asociaciones emanadas de la sociedad civil. Y ello era perfectamente compatible con el hecho de que más del 60% de los vecinos encuestados opinase que el alcalde debía ser elegido por los vecinos, no por el gobernador civil o por el conjunto de concejales (Martínez, 1989: 160).

Lo que sí sabemos es que la mayor parte de los problemas locales no terminaban solucionándose con rapidez y eficacia. La sujeción jerárquica de las autoridades locales y la falta de recursos no fue paliada ni siquiera en las grandes ciudades con la introducción de mecanismos tecnocráticos. Maragall recuerda en su libro cómo en el Ayuntamiento de Barcelona se puso en marcha un complejo sistema de planificación. Allí pretendieron estudiar las necesidades a partir de mediciones que computaban el *estándar real* y el *estándar deseado*; la diferencia entre ambas magnitudes fijaba la "necesidad" que había de un bien o de un determinado servicio municipal. La asignación de los limitados recursos, por tanto, se hacía a partir de conceptos como los de costes de crecimiento (costes que mantenían el estándar si crecía la población, por ejemplo) o costes de desarrollo (los necesarios para alcanzar el estándar deseado). Naturalmente, la mayor parte de los recursos se destinaban a cubrir los costes de crecimiento y para el debido desarrollo apenas llegaban fondos. Hasta los propios economistas del Ayuntamiento barcelonés eran conscientes de los fallos de aquel sistema que, básicamente, eran dos: no contaban con el parecer de los destinatarios del bien o servicio y, además, había notables imperfecciones en los sistemas de medición (Maragall, 1997: 46-47).

A la vista de estas obras podemos extraer una cierta imagen de la situación de las administraciones locales al llegar el año 1975: un mundo local afectado por una ineficacia municipal general, una notable resignación enlazada con una desmovilización que solo llegaba a quebrarse en situaciones excepcionales de protesta, un marco de dependencia jerárquica y económica, y una insatisfacción extendida. Bajo ese conjunto de elementos resultaba difícil que los municipios fuesen la vanguardia del cambio político y del impulso de las reformas, pero era comprensible que se sumasen a la corriente favorable al tránsito político y a la búsqueda de soluciones. Teniendo esto en cuenta, se entiende que los gobiernos de Adolfo Suárez optasen por retrasar la Transición local. Y lo hicieron así porque la presión local era soportable y porque otros asuntos eran prioritarios: el establecimiento de un marco de libertades, la configuración de unas Cortes y la elaboración de una Constitución democrática. De ahí que las corporaciones franquistas —salvo excepciones— fuesen sostenidas hasta las elecciones locales de abril de 1979. Con ello se ganaba tiempo para organizar la implantación local de los partidos, preservar la estabilidad de una Administración local necesaria en tiempos de mudanza y evitar una renovación precipitada de los ayuntamientos que podía resultar arriesgada a la luz de la experiencia de 1931.

Todavía está por hacer un estudio profundo sobre los ayuntamientos en el periodo 1976-1979, aunque ya disponemos de algunas aportaciones como la de Quirosa-Cheyrouze y Fernández Amador (2010). Resultaba llamativo que aquellas corporaciones heredadas del franquismo no abandonasen sus ayuntamientos en desbandada. No solo eso: en su mayor parte intentaron hacer lo mejor posible su trabajo municipal dentro de unas circunstancias adversas e incluso cuando sabían que no iban a presentarse a las siguientes elecciones. Ciertamente, el Ministerio de la Gobernación hizo todo lo posible por mantener la lealtad de los munícipes utilizando para ello la batuta de los gobernadores civiles. Pero ello no explica por completo su actitud: tuvo que haber otros factores. Y tal vez sea preciso tener en cuenta tanto el descenso de políticos locales, estrechamente identificados con el partido único, como la extensión de posiciones a favor de la reforma local entre los propios concejales que conocían de primera mano las deficiencias de las administraciones municipales. Las entidades locales no conformaron un frente antidemocrático contra las reformas que posibilitaron el tránsito político. Probablemente, muchos concejales y alcaldes fueron conscientes de la imposibilidad de mantener el régimen personal de Franco tras la desaparición de su titular. Quizás no tuvieran otra alternativa. Pero lo cierto es que no obstaculizaron el cambio. Ni lo hicieron ellos ni lo hicieron los funcionarios. Todos ellos formaban parte de un Estado y su identificación con el partido único no era ya la divisa preferente.

EL MOVIMIENTO EN CRISIS

Por aquellas mismas fechas, la Delegación Nacional de Provincias (DNP) analizó la situación del Movimiento a escala local para intentar controlar los procesos electorales, especialmente los de consejeros nacionales. La radiografía de aquella situación la conocemos bien a partir de la documentación personal de Fernando Azancot Fuentes, un destacado cargo de Falange que ocupó la Secretaría de la DNP entre febrero de 1974 y septiembre de 1976. Azancot ingresó en el Movimiento en 1950 y en los años sesenta se convirtió en jefe de la Organización Juvenil Española (OJE) en Badajoz. De ahí pasó a formar parte de la Delegación Provincial de Juventudes en Zamora, llegando a ser subjefe de aquella provincia. En febrero de 1972 se trasladó a Madrid para desempeñar la dirección del Departamento Nacional de Formación y dos años más tarde llegó a la DNP. Uno de sus cometidos fue la confección de una serie de fichas de información (una por provincia) para conocer el posicionamiento político y el grado de adhesión de las principales autoridades y responsables del Movimiento. Con ello se buscaba conocer el estado del Movimiento tras la constitución del último Consejo Nacional (enero de 1972) para preparar "adecuadamente" las siguientes elecciones de una parte de los consejeros que tendría que haber tenido lugar en 1976 (Giménez, 2015; Ysàs, 2013)[1]. No en vano se consignaban observaciones y comentarios sobre los posibles candidatos a consejeros nacionales por cada provincia (Ponce, 2015).

¿Cuál era la imagen que reflejaban aquellas fichas? Según su propia documentación interna, no parecía que el Movimiento tuviese la estructura de un partido fascista monolítico hacia mediados de los años setenta. El Consejo Nacional del Movimiento había sido debilitado frente a la Secretaría General desde algunos años antes, cuando Torcuato Fernández-Miranda se hizo cargo de la misma (1969-1974). La lectura de las mencionadas fichas muestra un abigarrado conjunto de ideologías y pareceres diversos entre alcaldes, presidentes de Diputación o consejeros provinciales. Los cargos eran clasificados en tres grupos: los no adictos al régimen, los adictos al régimen y los adictos

1. Sobre el funcionamiento del Consejo: Ley 43/1967, de 28 de junio, Orgánica del Movimiento y de su Consejo Nacional.

al régimen e integrados en el Movimiento. A cada una de las personalidades consignadas en la ficha se les otorgaba una puntuación en cada campo: un "1" si era bajo; un "2" si era medio y un "3" como máxima calificación. Como era de esperar, el primer grupo era el minoritario y la inmensa mayoría de las autoridades tenían vacía la casilla de "no adicto". Pero, con todo, hubo excepciones en el 16% de las provincias. Eran casos relativamente aislados como el del procurador familiar por Gerona, Juan Botanch Dausa (quien recibió un 3, un 1 y un 1 en cada campo); el consejero nacional Enrique Sánchez de León (Badajoz, 1-2-1); o el procurador familiar José Meliá (Baleares, 1-2-1). Todos ellos se integrarían posteriormente en las filas lideradas por Adolfo Suárez y alguno de ellos terminaría en Alianza Popular (AP). Es decir, los responsables más heterodoxos del Movimiento se identificaban con el centro-derecha y con la democratización. Pero más significativo fue que la mayor parte de las autoridades recibieron habitualmente sus mayores puntuaciones en el segundo campo, no en el tercero. En otras palabras: las autoridades provinciales del franquismo tardío estaban más identificadas con el régimen que con el Movimiento. Eran fieles y leales al franquismo, pero ello no implicaba un nivel de intensidad falangista parejo. Esa actitud era acorde con sus autopercepciones: sabían que la capacidad para perdurar en los cargos y tener una carrera política dependía más de su desempeño leal con respecto al Estado franquista que con respecto al Movimiento (Ponce, 2015: 195).

Pueden formularse objeciones a esta interpretación. Una de ellas es que hasta cierto punto resulta difícil deslindar lo que era la adhesión al régimen franquista de la adhesión al Movimiento en los cargos públicos de los años setenta. Ser alcalde llevaba aparejada la condición de jefe local del Movimiento en los pueblos, del mismo modo que la condición de gobernador civil se enlazaba con la de jefe provincial. La pertenencia al Movimiento resultaba requisito imprescindible para ocupar determinados cargos públicos. Todo ello es cierto, pero eso no situaba al partido único y al Estado en un mismo plano. Los mismos protagonistas eran conscientes de que su responsabilidad al frente de un cargo público en el Estado era superior a la que podían tener en el Movimiento. Un gobernador civil, por ejemplo, se veía a sí mismo como la máxima figura representativa del Gobierno en la provincia, en un rango superior a la de su posición como jefe provincial de un Movimiento que, por añadidura, carecía de vitalidad y presencia en muchas provincias. Naturalmente, eso no significa que todos sintieran esos matices con la misma intensidad. Hubo procuradores en Cortes muy identificados con el Movimiento, habitualmente figuras con cierta edad que habían sido cargos ejecutivos del Gobierno muchos años antes. Un ejemplo fue el del consejero nacional Carlos Pinilla Turiño, que fue gobernador civil en los primeros años de la dictadura y llegó a convertirse en subsecretario del Ministerio de Trabajo (1945-1951). A partir de su salida del Ministerio ocuparía fundamentalmente cargos representativos (Cortes,

Consejo Nacional) hasta 1977. Lo característico es que estos casos —los más identificados con el Movimiento— no solían ocupar cargos ejecutivos en la Administración hacia mediados de los setenta.

Sin duda, el transcurrir del tiempo y la incorporación de políticos jóvenes que no habían hecho la guerra fueron renovando y modelando las estructuras del Movimiento. Este se hizo cada vez más heterogéneo en la medida en que la sociedad se modernizaba y se hacía más compleja. Ni siquiera allí donde el partido estaba más presente (nos referimos a la Organización Sindical Española, OSE) dejaron de percibirse los cambios. La incorporación de CC OO a través de las elecciones sindicales desde los años sesenta fue toda una muestra de la incapacidad de los mecanismos del Movimiento para articular una sola voz, en este caso la de los "productores". Tampoco los empresarios tocaban la misma melodía y algunos apostaban por una apertura ordenada (Aresti, 1977; Olarra, 1977). Lo mismo había venido ocurriendo a través de las vías de representación —sobre todo por el tercio familiar— en las elecciones locales y, a partir de 1967, en las de procuradores en Cortes. Para los últimos lustros del régimen franquista, Carlos Domper ha detectado cómo el número de miembros de FET-JONS registró una sensible disminución (Domper, 2019). Pese a los limitadísimos márgenes de pluralismo, participación y posibilidades de expresión abiertas por leyes como la de prensa (1966) o la LOE (1967), esto ya fue suficiente para que otras sensibilidades y actitudes se fueran abriendo paso. Los procesos electorales intentaban estar controlados al máximo, pero resultaba imposible impedir que candidaturas poco identificadas con el partido único pudiesen alcanzar el triunfo. Así surgieron otras voces entre representantes sindicales o concejales, amplificadas en su caso por una prensa que comenzaba a distender la mordaza de la censura.

Como consecuencia, el Movimiento no podía considerarse un bloque homogéneo a la altura de 1970. Probablemente nunca lo fue en puridad, pues ya el Decreto de Unificación de 1937 integró a la fuerza un racimo de organizaciones diversas que, eso sí, tenían como común denominador su aversión a la II República. El tiempo y la evolución se encargarían de hacerlo tan heterogéneo que ni los más conspicuos líderes podían negar las diversas "sensibilidades" que latían en su seno. De ahí los intentos de legalizar las asociaciones políticas, como ensayó el propio presidente Carlos Arias Navarro en 1974, bajo lo que se denominó el "espíritu del 12 de febrero". Ni siquiera se hablaba de partidos al tratarse del "encauzamiento" del "contraste de pareceres" dentro del Movimiento, pero la iniciativa fue interpretada como una traición inadmisible para los opositores del búnker (testimoniada en el denominado "Gironazo", el famoso artículo que José Antonio Girón de Velasco publicó en *Arriba* el 28 de abril de 1974). No sería hasta la Ley 21/1976, de 14 de junio, cuando se aprobase el derecho de establecer asociaciones políticas y un registro de control cuya responsabilidad, por fin, recaería en el Ministerio de la Gobernación, no en el Movimiento.

Un Girón de Velasco o un Carlos Pinilla podían seguir representando las esencias del Movimiento, pero no ocupaban cargos ejecutivos y, además, el partido estaba infiltrado de una legión de personalidades que estaban convencidas de que el futuro no pasaba por el pasado. Torcuato Fernández-Miranda fue un exponente de ese modo de pensar y sembró el desmantelamiento progresivo del régimen desde la Secretaría General del Movimiento en 1970 y, años después, desde la presidencia de las Cortes y del Consejo del Reino. A él se debe el facilitar la selección de Suárez dentro de la terna que iba a someterse al rey en el verano de 1976. Entre las tácticas adoptadas para posibilitar la estrategia del cambio político se contó con la modificación parcial —casi imperceptible— de las normas vigentes con el fin de ir introduciendo herramientas útiles para el desmontaje del régimen. Y ahí prestaron su colaboración sectores del Movimiento, tal y como ocurrió con la aprobación de la Ley 21/1976 o la de la reforma política.

El panorama descrito encaja a escala provincial con los contenidos de las fichas de la DNP. Los cuadros dirigentes del Movimiento se identificaban con el régimen franquista, considerado este como la dirección vigente del Estado en aquellas fechas. Ahora bien, una vez desaparecido el general Franco, la inmensa mayoría de ellos estaba dispuesta a seguir las indicaciones del nuevo jefe del Estado (el rey Juan Carlos) y, en su caso, a proseguir una carrera política en un nuevo marco. Lo que prácticamente nadie estaba dispuesto a hacer era dar la batalla en contra del tránsito político, salvo los miembros del irreductible búnker. Y esa ausencia de oposición frontal al cambio tuvo lugar bien porque consideraban que valía la pena cambiar para sobrevivir, bien porque el horizonte planteado no parecía tan peligroso, o bien porque había demasiadas diferencias y fragmentación en grupos reducidos que ya no sabían cómo actuar al encontrarse sin un líder incontestable. Ni siquiera el recurso de contrafuero prosperó en el seno del Consejo Nacional[2]. Sea como fuere, lo cierto es que ni las Cortes franquistas se opusieron a la apertura democratizadora ni tampoco lo hicieron las corporaciones locales que aún tendrían que gestionar los municipios hasta la celebración de las primeras elecciones. Merecería la pena analizar con más detalle los motivos de aquellos comportamientos de tolerancia —activa o pasiva, entusiasta o resignada— ante las reformas políticas. Más aún teniendo en cuenta que buena parte de los procuradores, concejales o consejeros nacionales del tardofranquismo no tendría una dilatada vida política posterior.

2. El recurso de contrafuero era un mecanismo contemplado en la LOE de 1966 "contra todo acto legislativo o disposición general del Gobierno que vulnere los Principios del Movimiento Nacional o las demás Leyes Fundamentales del Reino" (regulado por la Ley 8/1968, de 5 de abril). Cualquier español podía dirigirse al Consejo Nacional o a las Cortes para que estas promovieran el recurso que debía ser tramitado por el Consejo del Reino. Significativamente, el Consejo Nacional rechazó los recursos de contrafuero que se le presentaron tanto contra la Ley de Asociaciones Políticas de junio de 1976 como contra el referéndum sobre la Ley para la Reforma Política (*El País*, 10/08/1976 y 19/01/1977, respectivamente).

LA DIMENSIÓN SOCIAL DE LA ADMINISTRACIÓN: LOS FUNCIONARIOS

La aludida tolerancia al cambio no fue exclusiva de los políticos. También los empleados públicos facilitaron el cambio, bien de una forma activa, bien porque no opusieron una fuerza contraria significativa. Gracias a eso, el Estado —a todos los niveles— mantuvo una estabilidad que resultó fundamental para que la Transición fuese un éxito en términos de sustitución de un régimen por otro, pese a los costes derivados de la misma. Obviamente, hablar de empleados públicos supone abordar un conjunto muy amplio formado por más de un millón de personas en 1975. Entre ellos podían encontrarse funcionarios y laborales, de diversos grupos y niveles, dedicados a actividades muy dispares (educación, sanidad) y en niveles administrativos diferentes (local, provincial, central). No podemos ocuparnos aquí de hacer un amplio estudio sobre este tema, que sería de interés para comprender mejor el proceso democratizador. Pero sí caben señalarse algunas claves de interés para futuras líneas de investigación.

Hay un primer asunto sobre el que se debería trabajar, especialmente a escala provincial, para reconstruir algunas de las redes sociales de apoyo al cambio. Me refiero al subgrupo relevante de empleados compuesto por los empleados de la OSE y del Movimiento. Un buen número era considerado como funcionarios (por ejemplo, los funcionarios sindicales), pero también había personal eventual y alcanzaban, según Canales Aliende, la cifra de unos 37.000 efectivos (2013: 88). Este conjunto pasó a formar parte de un organismo público creado en octubre de 1976 bajo la eufemística denominación de Administración Institucional de Servicios Socioprofesionales (AISS). La fecha es importante porque su creación fue anterior a la aprobación de la Ley para la Reforma Política y tenía por objetivo implícito el desmantelamiento del Movimiento, algo que sucedería en la primavera del siguiente año. La integración de aquellos empleados en la AISS era beneficiosa para ellos porque equivalía a una especie de funcionarización y, de hecho, prestaron su colaboración para la organización del referéndum de diciembre de 1976. Seis meses más tarde, en junio de 1977, todo aquel personal se integró en la Administración General del Estado, con un sueldo y una posición de carácter permanente. Las estructuras del Movimiento desaparecieron, pero su personal alcanzó la condición de funcionario (de organismo autónomo) sin oposiciones o, cuando menos, se le garantizó la continuidad de su régimen laboral de forma indefinida. Las ventajas eran tan evidentes que aquellos antiguos servidores de Falange no protestaron en público de la llegada de la democracia; por lo que si organizaron acciones de protesta fue por su futuro laboral[3].

3. *El País*, 03/06/1977.

Otro sector que convendría explorar es el de los funcionarios de la Administración y, dentro de estos, los pertenecientes a cuerpos de elite. Afortunadamente, contamos con un nutrido número de estudios sobre la burocracia durante el franquismo y la Transición, lo que facilita la tarea de análisis en profundidad (Baena, 1999; Bañón, 1978; Beltrán, 1977; Román, 1997, o Crespo, 2001, por ejemplo). Gracias a los resultados de estos trabajos sabemos que los funcionarios se veían a sí mismos como servidores de un Estado, no de un régimen concreto. La propia modernización que se registró en las administraciones desde los años cincuenta facilitó una distancia creciente entre régimen y Estado, al incorporarse personas que no habían hecho la guerra:

> La presencia de estos nuevos funcionarios se debió a que a partir del inicio de la década de los setenta fueron ingresando, principalmente en los cuerpos superiores, jóvenes universitarios de mentalidad, ideología, incluso militancia política o sindical, que nada tenían que ver con la oficial. No puede afirmarse que en aquella época una estricta identificación entre la Función Pública superior y el magma confuso-ideológico (sic) del Movimiento Nacional. Aunque ello no signifique que los funcionarios de estos cuerpos, salvo contadas excepciones, se dedicaran de una manera permanente, activa e intensa, a atacar o socavar los cimientos del régimen franquista (Crespo, 2001).

Esa posición de los funcionarios tiene otras implicaciones si tenemos en cuenta las estrechas relaciones entre el mundo de la política y los funcionarios. Gran parte de los políticos —ayer y hoy— proceden del funcionariado, en virtud de una legislación que lo facilita a través de la comisión de servicios especiales y la reserva de puesto, sin contar con la consolidación de niveles u otras ventajas económicas. Baste repasar, por ejemplo, la procedencia de los ministros de Arias Navarro o los de Adolfo Suárez. Pero aún más relevante resulta comprobar la alta presencia de funcionarios entre subsecretarios, directores generales, presidentes de empresas públicas u organismos autónomos, gobernadores civiles, etc. Entre ellos se repetían con frecuencia funcionarios pertenecientes a determinados cuerpos entre los que se contaban: abogados del Estado, técnicos de la Administración Civil, técnicos de Comercio Exterior, ingenieros de caminos, diplomáticos, magistrados, fiscales, etc. Lo cual nos lleva a plantearnos la conveniencia de realizar trabajos en estos cuerpos y nos conduce a cuestionarnos hasta qué punto aquellos cargos políticos podían sentirse ante todo miembros del Movimiento. Probablemente —y lo apuntamos como hipótesis— aquellos funcionarios se identificaban más con el servicio público de un modo genérico que era perfectamente compatible con la defensa de intereses corporativos específicos.

Desde esta óptica puede entenderse mejor cómo se operó una Transición política en la que, pese a todas las reformas, los intereses corporativos fueron preservados. Por ejemplo, el acceso a algunos sectores de la Administración siguió siendo patrimonio de ciertos cuerpos. Por otra parte, se fue generando un pacto tácito entre políticos que eran funcionarios y funcionarios que pasaban a ocupar puestos de confianza —la célebre "libre designación"—, que fue haciendo cada vez más difícil la fiscalización de iniciativas políticas de dudosa legalidad. Como contraprestación, la necesidad de acometer una reforma en profundidad de la Administración se cumplió solo de una forma parcial y muchos de los problemas organizativos y técnicos (retribuciones congeladas, corporativismo, opacidad, ausencia de motivación, inexistencia de una carrera administrativa...) fueron mutando, pero sin resolverse del todo (Canales, 2013: 83). Los funcionarios podían mantener su "tranquilidad" a cambio de dejar hacer a los políticos, salvo en el caso de flagrante y grave ilegalidad.

La Transición, además, se logró a través de unas reformas jurídicas cuidadosamente calculadas, siempre elaboradas por especialistas en Derecho (la formación más habitual entre los responsables políticos). Es bien conocida la elaboración de la Ley para la Reforma Política, llevada a cabo por Torcuato Fernández-Miranda, pero no menos importancia tuvieron otras normas (buena parte decretos-leyes) que fueron desmontando al Movimiento, paso a paso, de manera imperceptible pero eficaz (recordemos la creación de la AISS). Y ello nos invita a preguntarnos hasta qué extremo el proceso de tránsito político se hizo sin un plan previo. Parece plausible la argumentación que establece la ausencia de una hoja de ruta precisa para la Transición. Era tal la cantidad de factores estructurales y fortuitos sobre el escenario que resultaba muy difícil seguir un camino prediseñado. Ahora bien, si la estrategia democratizadora fue ganando en audacia y alcance, ello no excluye que los pasos tácticos a dar estuvieran muy calculados. Y algunos de ellos han sido expuestos en estas páginas.

En otro nivel administrativo, y volviendo a la periferia, resultaría esclarecedor el papel desempeñado por los altos funcionarios locales en los ayuntamientos desde los años setenta. Concretamente, me refiero a los secretarios e interventores de la Administración local con habilitación nacional. Ellos acompañaron a las últimas corporaciones franquistas y fueron ellos también los que tuvieron que ilustrar y aconsejar a los primeros ayuntamientos democráticos. Fueron los garantes de la legalidad en los ayuntamientos y diputaciones y no obstaculizaron el proceso democratizador (al igual que las corporaciones), pues el cambio se hizo "de la ley a la ley". Otra cosa sería la irrupción de los nuevos ayuntamientos democráticos, que abrió en muchos municipios una nueva etapa en las relaciones entre políticos y funcionarios, no exenta de tensiones. La recopilación de memorias y testimonios de este tipo de funcionarios sería de enorme interés. Lo mismo cabría decir de los secretarios generales de gobiernos civiles, otros funcionarios clave en la provincia (véase Millán, 1994).

Por último, tras lo expuesto parece pertinente reclamar trabajos sobre cultura administrativa, un territorio poco explorado en nuestra historiografía, no así en otros países (Guerrero, 2007-2008; Jamil-Askvik-Hossain, 2013). El hecho de cambiar de régimen sin que el Estado se transformase de inmediato es suficientemente llamativo de por sí. Los funcionarios siguieron siendo los mismos que habían obtenido su plaza bajo la dictadura y así lo permitieron los propios artífices del cambio político. Haber procedido a depuraciones masivas entre el funcionariado con toda probabilidad habría cambiado el curso y el resultado final del proceso. Como hemos indicado, los empleados públicos no se identificaban con el Movimiento de forma preferente, pero del mismo modo nada hace presuponer que abrazaran las ideas democráticas incondicionalmente. ¿Cuáles eran los rasgos principales de sus culturas administrativas? ¿Cómo percibían la prestación de sus servicios? ¿Cómo era la relación con el resto de los ciudadanos? ¿Qué pensaban de los cambios que se estaban operando?

FACILITAR EL CAMBIO: LA RED DE GOBERNADORES CIVILES

Hablar de periferia exige referirnos también a una figura clave como eran los gobernadores civiles. En ellos se encarnaba la máxima autoridad provincial, es decir, el poder delegado del Gobierno central en ese ámbito. No existían aún las comunidades autónomas y el concepto "periferia" remitía a la provincia, huyendo de cualquier tipo de regionalización con ingredientes políticos o identitarios. A las alturas de 1976 la prioridad era la consecución de la reforma política, no el reconocimiento de autonomías de base regional. Y los gobiernos eran tan conscientes de ello como de la importancia de los gobiernos civiles para el control del territorio. No fue casual que la renovación de gobernadores civiles fuese prácticamente completa entre 1974 y 1977; o bien se reclutaron nuevos gobernadores, o bien cambiaron de provincia los que ya tenían una experiencia acreditada. Y, por supuesto, los hubo que dejaron de serlo: unos porque fueron promocionados a mayores responsabilidades; otros, sencillamente, porque abandonaron la carrera política tras enseñarles la puerta de salida.

Todo pasaba por el gobernador civil, de ahí su importancia. Era la última instancia a la que recurrir; proyectaba una imagen de enorme poder ante la ciudadanía (que, en parte, era infundada). Era, también, el fiel transmisor de las consignas de Madrid. Se encontraban, por lo tanto, entre las órdenes del Gobierno central y los deseos, intereses y presiones locales. Lo cual les conducía a desarrollar una notable diplomacia si pensaban permanecer al frente de su Gobierno Civil: ni podían ponerse al lado de los intereses provinciales ni debían enfrentarse a ellos generando un problema que podía llegar a salpicar al Gobierno. Dicha diplomacia, dicha mano izquierda, se conjugaba con una notable autoridad, especialmente ante las instituciones locales. Pues bien, ese amplio margen de autoridad sería utilizado por los gobiernos —sobre todo los de Suárez— para llevar a cabo sus propósitos.

El Gobierno de Arias Navarro ya recurrió a la renovación de gobernadores para disponer de una red capaz de introducir las tímidas reformas derivadas del espíritu del 12 de febrero o las asociaciones políticas. Y en esta tendencia le siguió con fidelidad el primer Gobierno de Adolfo Suárez: en el mismo verano de 1976 renovó a gran parte de los gobernadores y los reunió a finales de agosto para darles cuenta de los objetivos del Gobierno y lo que se requería de ellos. Y todo podía resumirse en pocas palabras: se iba a acometer una reforma política de calado que debía ser refrendada en consulta y necesitaba de los gobernadores para que el resultado del referéndum fuese muy favorable (para los contenidos y referencia de este epígrafe véase Ponce, 2014).

Favorecer la reforma política exigía una mayor apertura y un mayor tacto con posibles fuerzas de oposición (fuesen políticas o sindicales). Pero siempre —eso sí— sin perder el control de la provincia y garantizando el orden público. El cambio debía ser ordenado y dentro de la ley vigente. Todos los gobernadores siguieron con fidelidad las consignas del Gobierno y consiguieron un resultado extraordinario en el referéndum de la Ley para la Reforma Política celebrado el 15 de diciembre de 1976. Los datos no admitían dudas: la participación fue muy alta (cerca de un 80%) y los votos favorables superaron el 90%. El revés que recibió la oposición apenas podía disimularse: los "noes" no habían alcanzado ni el 3% y la abstención —reclamada precisamente por la oposición— se quedó en torno a un modesto 20%. Al igual que el Gobierno supo manejar bien a unas Cortes que estaban acostumbradas a obedecer, los gobernadores supieron hacer su labor en las provincias. Eso sí, los métodos utilizados fueron muy variados, en función de las circunstancias de cada provincia y del parecer de cada gobernador. En unas se recurrió a la seducción de los votantes mediante conferencias y actos públicos, pero en otras se puso el acento en impedir por todos los medios las voces opositoras que apelaban a la abstención. Y, si era necesario, se encerraba temporalmente a los líderes opositores.

Es interesante señalar que aquellos gobernadores —que a la sazón eran también jefes provinciales del Movimiento— no mostraron otra cosa que fidelidad al Gobierno en cuanto este era la dirección del Estado, y no tanto como expresión de una posición ideológica concreta. Por supuesto, eran fieles al Gobierno que los nombró y muchos desembocaron en la Unión del Centro Democrático (UCD), pero otros decidieron militar en otros partidos (sobre todo en Alianza Popular, AP) o, llegado el caso, abandonar la política activa. En otras palabras: el perfil de los gobernadores —muchos de ellos funcionarios— viene a ratificar la diferencia entre régimen y Estado que hemos aludido en varias ocasiones. Prácticamente ninguno dimitió cuando Suárez legalizó el Partido Comunista de España (PCE).

Pero la organización del referéndum no fue el único servicio prestado por los gobernadores. Fueron garantes de la estabilidad en la medida en que mantuvieron las corporaciones locales, evitando una peligrosa desbandada. Y, del mismo modo, coadyuvaron a la formación de candidaturas electorales en la primavera de 1977, aunque dentro de un marco de neutralidad formal. Es decir, las elecciones no iban a ser objeto de manipulación, pero ello no impedía que la UCD o la AP se organizaran a nivel provincial con una cierta ayuda del Gobierno Civil en términos de cooptación y coordinación. Naturalmente, en cada provincia se organizaron las candidaturas de forma diferente, pero hubo algunos denominadores comunes que merecen ser destacados. Uno es que los gobiernos civiles apenas se preocuparon de fomentar fuerzas de izquierda, más allá de cumplir con los reconocimientos derivados de su legalización y permitirles mítines y actos públicos. Su objetivo sería otro bien distinto: el fomento de fuerzas de centro o conservadoras. Otro denominador común fue que el ministro del Interior, Rodolfo Martín Villa, se encargó de impulsar la creación de candidaturas en las provincias bajo diversos métodos y uno de ellos fue apoyarse en el gobernador civil correspondiente.

De los buenos oficios desplegados da cuenta la amplitud del número de candidaturas de la UCD, que llegó a cubrir la práctica totalidad del territorio nacional. No solo eso: la UCD sería la candidatura ganadora. Un partido con poco más de un mes de vida. Centro y periferia habían alcanzado un grado más que aceptable de coordinación a la hora de satisfacer los deseos del Gobierno central. Asunto muy distinto sería el de la democratización local de los ayuntamientos, que aún debería esperar.

BIBLIOGRAFÍA

ARESTI, Javier (1977): *Spain: the current situation*, Madrid, Espasa-Calpe.

BAENA DEL ALCÁZAR, Mariano (1999): *Elites y conjuntos de poder en España (1939-1992). Un estudio cuantitativo sobre Parlamento, Gobierno y Administración y gran empresa*, Madrid, Tecnos.

BAÑÓN MARTÍNEZ, Rafael (1978): *Poder de la burocracia y Cortes franquistas (1943-1971)*, Madrid, INAP.

BELTRÁN VILLALBA, Miguel (1977): *La elite burocrática española*, Madrid, Ariel-Fundación Juan March.

CANALES ALIENDE, José Manuel (2013): "La Administración y la Función Pública durante la Transición española (1975-1978): una aproximación y unas lecciones aprendidas", *Res Pública: Revista de Filosofía Política*, nº 30, pp. 77-92.

CAZORLA SÁNCHEZ, Antonio y RODRÍGUEZ BARREIRA, Óscar (2008): "Hoy Azaña, mañana... Franco: una microhistoria de caciquismo en democracia y dictadura. Berja (Almería), 1931-1945", *Hispania*, nº 229, pp. 471-501.

CRESPO MONTES, Luis Fernando (2001): *La función pública española 1976-1986. De la transición al cambio*, Madrid, MAP.

DOMPER LASÚS, Carlos (2019): *Dictatorship and the Electoral Vote. Francoism and the Portuguese New State Regime in Comparative Perspective, 1945-1975*, Brighton-Chicago-Toronto, Sussex Academic Press.

FISHMAN, Robert M. (1990): "Rethinking State and Regime: Southern Europe's Transition to Democracy", *World Politics*, vol. 42, nº 3, pp. 422-440.

GIMÉNEZ MARTÍNEZ, Miguel Ángel (2015): "El Consejo Nacional del Movimiento: la 'cámara de las ideas' del franquismo", *Investigaciones Históricas*, nº 35, pp. 271-298.

GUERRERO, Omar (2007-2008): "Acerca de la cultura administrativa", *Anuario. Seminario de Cultura Mexicana*, nº 0, pp. 57-89.

JAMIL, Ishtiaq; ASKVIK, Steinar y HOSSAIN, Farhad (2013): "Understanding Administrative Culture: Some Theoretical and Methodological Remarks", *International Journal of Public Administration*, nº 36, pp. 900-909.

LINZ, Juan J. y STEPAN, Alfred (1996): *Problems of democratic transition and consolidation: Southern Europe, South America, and Post-Communist Europe*, Baltimore, Johns Hopkins University Press.

MARAGALL, Pasqual (1997): *Los ayuntamientos*, Barcelona, Destino.

MARTÍNEZ MARÍN, Antonio (1989): *La representatividad municipal española. Historia legislativa y régimen vigente*, Murcia, Universidad de Murcia.

MILLÁN LÓPEZ, Adolfo Enrique (1994): *Mis queridos poncios: diario nada íntimo de un Secretario General de Gobierno Civil*, Castellón, Ayuntamiento.

OLARRA UGARTEMENDÍA, Luis (1977): *Postfranquismo: proyecto de futuro*, Bilbao, Ediciones Deusto.

PAYÁ LÓPEZ, Pedro (2018): "Después de la victoria: la represión judicial franquista tras la guerra civil", en R. Moreno Fonseret y P. Payá López (eds.), *Memoria y justicia transicional en Europa y América Latina*, Granada, Comares, pp. 25-59.

PONCE ALBERCA, Julio (2012): "Poder, adaptación y conflicto. Gobernadores civiles e intereses locales en la España de Franco (1939-1975)", en A. Segura, A. Mayayo y T. Abelló (eds.), *La dictadura franquista: la institucionalización de un régimen*, Barcelona, Universitat de Barcelona, pp. 96-109.

— (2014): "Más allá de Madrid. El tránsito político en las provincias tras la dictadura de Franco", *Historia 396*, nº 2, pp. 289-317.

— (2015): "El régimen al final del régimen. Cambio social y último franquismo desde la Delegación Nacional de Provincias", *Alcores. Revista de Historia Contemporánea*, nº 19, pp. 175-206.

— (2016): "Torcuato Fernández-Miranda", en J. F. Jiménez Díaz y S. Delgado Fernández (coords.), *Political Leadership in the Spanish Trasition to Democracy (1975-1982)*, Nueva York, Nova Science Publishers, pp. 23-40.

QUIROSA-CHEYROUZE, Rafael y FERNÁNDEZ AMADOR, Mónica (2010): *Poder local y transición a la democracia en España*, Granada, Centro de Estudios Municipales.

ROMÁN MASEDO, Laura (1997): *Funcionarios y función pública en la Transición española*, Madrid, CEPC.

YSÀS, Pere (2013): "El Consejo Nacional del Movimiento en el franquismo tardío", en M. A. Ruiz Carnicer (coord.), *Falange, las culturas políticas del fascismo en la España de Franco (1936-1975)*, Zaragoza, Institución Fernando el Católico CSIC, pp. 365-380.

CAPÍTULO 10

ENTRE LA APERTURA POLÍTICA Y EL PUÑO DE HIERRO. LAS ELECCIONES DE 1967 Y LA DEMOCRACIA 'A LA ESPAÑOLA'

CARLOS DOMPER LASÚS*
Universidad de Zaragoza

Entre finales de los cincuenta y finales de los sesenta las menciones al carácter democrático del franquismo y a su capacidad para evolucionar hacia formas más representativas de Gobierno constituyeron un elemento importante del discurso político del régimen. De hecho, esa narrativa no solo acabó siendo asumida por muchos de quienes consideraban que la dictadura debía de evolucionar hacia un modelo más representativo e, incluso, en algunos casos, hacia la democracia, sino por una parte no menor de la opinión pública del país. En ese contexto, muchos vieron en las primeras elecciones a procuradores familiares en las Cortes españolas, celebradas en octubre de 1967, la prueba de fuego que habría de mostrar el grado de apertura real que habían introducido en el sistema institucional de la dictadura las medidas aprobadas por el Gobierno en los años precedentes (Ley de Prensa, Ley Orgánica del Estado, Ley de Representación Familiar, etc.).

Las siguientes páginas abordan dos cuestiones interrelacionadas. Primero, sitúan dentro del proceso de apertura que intentó llevar a cabo la dictadura durante los años sesenta la reintroducción en el lenguaje político del término *democracia*.

* Carlos Domper Lasús es investigador postdoctoral "Juan de la Cierva" en el Departamento de Historia de la Universidad de Zaragoza y miembro del proyecto de investigación HAR2017-85967-P.. Doctor europeo en Historia Política Comparada por la Libera Università Internazionali degli Studi Sociali "Guido Carl" de Roma. Entre sus publicaciones destaca *Dictatorship and the electoral vote. Francoism and the Portuguese New State in comparative perspective, 1945-1975* (Sussex Academic Press, 2020).

Después, centrando la atención en las consecuencias políticas que se derivaron de la celebración de las elecciones de 1967, muestran los límites que esa conceptualización tenía con respecto a la estructura institucional y los pilares ideológicos del régimen. Así, el capítulo se divide en cuatro partes. La primera define brevemente a qué se referían las autoridades franquistas cuando utilizaban el concepto "democracia" y lo sitúa dentro de la evolución política del régimen. La segunda explica la razón por la cual el autor considera las elecciones a procuradores familiares de 1967 el momento culminante de la democracia "a la española" y muestra la distancia existente entre el discurso oficial, que subrayaba la capacidad del régimen para implementar mecanismos que permitiesen aumentar la representatividad de los españoles, y la realidad de las elecciones que más lejos llevaron ese intento. Finalmente, la tercera y la cuarta se apoyan en el relato de los gobernadores civiles y en lo sucedido con los procuradores "trashumantes", para dar cuenta de los estrechos límites que mostró de inmediato la puesta en marcha de tal mecanismo electoral con respecto a la estructura institucional y política de la dictadura.

LA DEMOCRACIA 'A LA ESPAÑOLA'

Los intentos por calificar el franquismo como una democracia particular no comenzaron en la década de los sesenta. El régimen había estado trabajando en esa estrategia con especial ahínco, al menos, desde la segunda mitad de la década de los cuarenta. En este sentido, al margen de algunas menciones esporádicas al carácter democrático de la dictadura realizadas por diferentes autoridades de la misma durante la primera mitad de los cuarenta, las cabezas visibles de la dictadura comenzaron a definirla con verdadera intensidad como "democracia orgánica" a partir de 1945. Como ya hemos explicado de forma comparada, en aquel momento el recurso a la conceptualización como democracia orgánica no solo permitió al régimen justificar su carácter dictatorial y la represión de la oposición, sino también integrarse en una nueva comunidad internacional donde el concepto de democracia se encontraba en disputa[1].

En abril de 1945 el diario *Arriba* resumió, en un editorial dedicado a la democracia española, cuál era el punto del que partían las autoridades de la dictadura para defender que aquella era una democracia. Para el periódico falangista España tenía "un estilo natural de democracia capaz de desarrollarse ampliamente sin desnaturalizarse" o, dicho de otro modo, el franquismo era "uno más de los 20 tipos de democracia registrados a lo largo de la historia y diseñados por

1. Domper Lasús (2019).

planificadores políticos hasta nuestros tiempos"[2]. En este sentido, Franco había repetido en más de una ocasión que "las formas, conceptos y matices que al correr de los años vienen definiendo a las democracias, varían con los caracteres y circunstancias políticas y económicas de cada pueblo", por lo que podían encontrarse "tantas democracias como países"[3]. Por lo tanto, y de acuerdo con lo estipulado tanto en la Carta del Atlántico Norte como en los Tratados de Yalta, las peculiaridades del régimen franquista debían de ser respetadas.

La defensa del franquismo como sistema de Gobierno democrático no quedó circunscrita a la inmediata posguerra. En 1957 Carrero Blanco recuperó este asunto durante su intervención en las Cortes para defender la ley de "régimen jurídico de la Administración del Estado" que el Gobierno había enviado para su aprobación por la cámara. Allí, Carrero afirmó que el franquismo era una "democracia orgánica representativa en la que el individuo interviene en la gobernación del Estado a través de sus órganos naturales de representación, que son la familia, el municipio y el sindicato, y disfruta de todas las libertades sin más limitaciones que las que impongan las exigencias del bien común"[4].

En ese mismo discurso, Carrero Blanco dejó claro que la "democracia orgánica" nada tenía que ver ni con el liberalismo, basado en la "democracia inorgánica y partidos políticos, con un concepto de libertad que supedita el bien común a las libertades individuales" ni con el totalitarismo, "que somete, como en la URSS y sus satélites, al individuo a la esclavitud de un estado todopoderoso"[5]. La "democracia orgánica" era algo distinto. Como explicó Franco en un discurso en Huelva en 1956, su concepto de democracia implicaba "la participación real del hombre en las tareas del Estado". Sin embargo, para ser eficaz esa participación debía producirse a través de las organizaciones naturales que estructuraban, según ellos, la sociedad; es decir, la familia, el municipio y el sindicato, y no "con aquella democracia falsa y explotadora que hoy pedía el voto para engañarnos mañana. Esa democracia la repudiamos"[6].

No obstante, ¿por qué España no era una democracia exactamente igual que el resto de las existentes en Europa Occidental? La respuesta, de acuerdo con el relato desarrollado al respecto por el régimen, tenía que ver tanto con el pasado como con el presente. Por lo que respecta al primero, el franquismo hizo hincapié en el carácter individualista y extremista de los españoles. Así, Franco estaba seguro de que "el carácter individual de los españoles conduce frecuentemente al egoísmo y

2. *Cit.* en Payne (1987: 355).
3. Boletín Oficial de las Cortes Españolas (en adelante, BOCE), nº 151, 14 de mayo de 1946, p. 2.980.
4. BOCE, nº 563, 15 de junio de 1957, p. 11.453.
5. *Ibidem*, p. 11.453.
6. *La Vanguardia*, 25/04/1956, p. 1.

a la anarquía"[7]. En una sociedad así, la introducción de los partidos había llevado a España al peor momento de su historia, según Franco.

En relación con la situación existente durante la segunda mitad de los años cuarenta, la democracia orgánica debía de cumplir una función esencial que necesariamente la hacía distinta de las democracias liberales: debía ser capaz de hacer frente a la amenaza comunista. De hecho, como Franco había advertido a los procuradores de las Cortes españolas en 1946, la democracia liberal no era más que el instrumento que el comunismo utilizaba para intentar penetrar en las sociedades europeas con el permiso de estas[8]. Para lograr este objetivo, lo fundamental era mantener la unidad y el orden. Franco lo resumió con claridad cuando dijo: "Nosotros no negamos la libertad ni las esencias de la democracia; nosotros no rehuimos la intervención del hombre en las tareas del Estado, que tiene entre nosotros más de un milenio de existencia. Nosotros lo que queremos es hacer compatible la libertad con el orden"[9].

En definitiva, como reconoció Franco en 1946, el final de la guerra había precipitado "un periodo de transición en la vida política del mundo" a cuyas necesidades debían subordinarse las instituciones políticas. De este modo, aquellos que se empeñaran en perpetuar "lo que ayer estaba inservible y agotado sin transformarlo con arreglo a las necesidades modernas" serían irremediablemente arrastrados a "la anarquía y la violencia"[10]. La "democracia orgánica" desarrollada por el franquismo constituía, según sus creadores, esa adaptación de la democracia liberal a las nuevas necesidades de la sociedad occidental provocadas por la exigencia de frenar el avance del comunismo. Frente a las democracias liberales, que diagnosticaban el problema, pero proponían un tratamiento que no solo no curaba al enfermo, sino que destruía sus defensas naturales, la solución propuesta por España de acuerdo con Carrero Blanco sería mucho más efectiva en la lucha contra el comunismo que la propia OTAN, la cual, a la hora de la verdad, tendría que "poner armas en las manos de hombres de los que una mayoría puede creer que el atacante es quien tiene razón"[11].

Durante la primera mitad de los años sesenta la idea de que el franquismo era un régimen democrático peculiar como consecuencia de su adaptación tanto a la historia como a las necesidades específicas del país volvió a ocupar un espacio relevante en el discurso público de la dictadura. Al calor de los intentos por adaptar tanto el sistema político como su estructura institucional a los cambios sociales y culturales que había traído consigo el crecimiento económico, las autoridades aprovecharon el paraguas de la celebración de los 25 años de paz para desarrollar

7. La frase de Franco en el BOCE, nº 151, 14 de mayo de 1946, pp. 2.983-2.984.
8. BOCE, nº 151, 14 de mayo de 1946, p. 2.987.
9. *La Vanguardia*, 2/10/1946, p. 3.
10. BOCE, nº 151, 14 de mayo de 1946, p. 2.984.
11. BOCE, nº 563, 15 de junio de 1957, p. 11.455.

una "terminología política más acorde al sistema democrático y a la herencia jurídica de la ilustración", incorporando términos como "libertades", "Constitución", "Estado de derecho" o, por lo que aquí interesa, "democracia", desnaturalizándolos y conectándolos con lo que ellos denominaban como la "tradición española"[12]. El propio Franco hizo alusión a ella en muchas ocasiones, por ejemplo durante el discurso que pronunció en Valencia el 18 de junio de 1962. Allí, el jefe de Estado afirmó que era necesario

> [...] rechazar ese concepto exclusivista con el que se pretende monopolizar el vocablo democracia. [...] Nuestra democracia es mucho más sincera y efectiva que la que en gran parte del mundo se lleva. [...] Podrá gustar o no gustar fuera lo que en España tenemos, pero es incomparablemente más democrático en esencia y práctica que los otros sistemas que en el mundo se llevan[13].

Ahora bien, el proceso de adaptación al que nos acabamos de referir giró alrededor de la necesidad de garantizar la supervivencia del régimen tras la muerte de Franco, para lo cual todos coincidían en que era imprescindible lograr integrar dentro del mismo a las generaciones nacidas después de la guerra y afectadas por los cambios económicos, sociales y culturales que tuvieron lugar durante su proceso de socialización política. En este sentido, hubo dentro del régimen dos estrategias distintas. Por un lado, tanto Carrero Blanco desde el Ministerio de la Presidencia del Gobierno como los tecnócratas apoyados por él pretendían convertir la dictadura en una monarquía tradicional en la que el desarrollo económico actuase como elemento legitimador del régimen. Por otra, una parte importante de FET-JONS, con su secretario general Solís Ruiz a la cabeza, aspiraba a conectar con la sociedad y aumentar su apoyo social mediante la apertura de cauces que permitieran a los españoles participar en la vida política de la dictadura a través del marco limitador de sus propias estructuras. De hecho, es en este contexto donde hay que situar la publicación por las Ediciones del Movimiento de un conjunto de obras que llevaban en su título la palabra *democracia*: *Nueva Democracia y eficacia sindical*, *Ley Orgánica. Movimiento y Democracia*, *La vía española a la democracia*[14].

Finalmente, conviene señalar que, al igual que sucedió a mediados de los cuarenta, el contexto histórico de los años sesenta influyó en la conceptualización que el régimen hizo de su propia naturaleza democrática. De este modo, la democracia franquista ya no solo era particular porque estaba adaptada a la idiosincrasia de los españoles y al cumplimiento de su destino en lo universal (es decir, la lucha contra el comunismo en defensa de la religión católica). Ahora, además, incluía la capacidad

12. Sesma (2006).
13. *La Vanguardia española*, 19/06/1962.
14. Molinero e Ysàs (2008: 65).

de facilitar una mayor participación política de los españoles manteniendo intactos los principios del 18 de julio. El propio Franco subrayó esa dualidad durante la inauguración de un monumento en la memoria de José Calvo Sotelo:

> Yo me atrevo a afirmar que entre el mundo de la esclavitud soviética y el de la democracia inorgánica caben soluciones modernas democráticas más eficaces y justas, y que nuestro Régimen [...], salvando lo esencial de nuestras libertades, logra que la nación discurra en un régimen de unidad, de autoridad, de continuidad y de eficacia, en la que la democracia tiene una realidad sincera y eficaz a través de las organizaciones naturales en las que el hombre se encuadra[15].

DE LAS PALABRAS A LOS HECHOS

Existen tres razones por las cuales consideramos que las primeras elecciones a procuradores familiares en Cortes, celebradas en octubre de 1967, constituyeron el punto más lejano al que llegaron los intentos del régimen por implementar la democracia "a la española". En primer lugar, la organización de dichos comicios fue establecida por la Ley Orgánica del Estado (en adelante, LOE) en el apartado f) de su disposición final tercera, que recogió así la preocupación existente dentro de varios sectores del régimen por implementar cauces que permitieran aumentar la representación de la población en el Estado. En segundo lugar, las elecciones a procuradores familiares fueron las primeras desde la Guerra Civil que permitieron a una parte relevante de la población elegir a sus representantes en una institución del Estado de ámbito nacional, a pesar de que dichos representantes fuesen minoritarios respecto del total de los miembros de la Cámara y de que la misma careciese de poder ejecutivo. Por último, la coyuntura en la que se celebraron aquellos comicios fue especialmente favorable. Por un lado, tuvieron lugar en un clima de verdadera expectación entre la población políticamente informada, ante la posibilidad de que la dictadura pudiese evolucionar hacia algo distinto al calor de las reformas adoptadas durante la primera mitad de los años sesenta. José María del Moral describió muy bien ese ambiente al afirmar que aquella novedosa cita electoral debía de suponer "el definitivo entronque de nuestro orden político en la nueva democracia que los españoles [...] nos estamos construyendo"[16]. Por otro, la lucha que en aquellos momentos mantenían la Vicepresidencia del Gobierno (Carrero y tecnócratas) con FET-JONS por el control del Estado minó —que no eliminó— la capacidad del partido para controlar completamente el proceso electoral.

15. *Cit.* en Molinero e Ysàs (2005: 65).
16. *Arriba*, 16/09/1967.

Sin embargo, tan pronto como los preparativos para la celebración de las elecciones comenzaron, la defensa que muchas autoridades e intelectuales venían realizando del carácter democrático de la dictadura y su capacidad para avanzar hacia formas de representación mucho más amplias chocó frontalmente con la realidad institucional de los mecanismos que el régimen utilizaba desde 1948 para controlar el desarrollo y resultado de los comicios para escoger a los concejales representantes de los cabezas de familia. La utilización de esos dispositivos fue posible gracias a que todos ellos estaban recogidos en los textos legales que articularon la celebración de dichas elecciones, es decir, la Ley 26/1967 de Representación Familiar en Cortes y el Decreto 1796/1967. De hecho, las disposiciones finales del último establecían incluso que para todos aquellos aspectos no tratados específicamente en dicho texto regía lo establecido por la Ley Electoral de 1907, al igual que sucedía en la legislación que regulaba los comicios a concejales por el tercio de representación familiar.

De acuerdo con dicha legislación, la implementación y gestión de los mismos estuvo en manos de diversos organismos del Ministerio de la Gobernación y de FET-JONS. Por lo que respecta al primero, la Dirección General de Política Interior, la Dirección General de la Administración Local y los gobiernos civiles fueron los que asumieron directamente la responsabilidad. En relación con el segundo, las tareas fueron dejadas en manos de la Delegación Nacional de Provincias y las jefaturas provinciales y locales del Movimiento. No obstante, como sucedió durante los cuarenta y los cincuenta, fueron los organismos de la Administración Periférica del Estado, encabezados y dirigidos por los gobernadores civiles, los que llevaron el peso principal de la gestión de estos mecanismos de control[17].

No obstante, documentar las acciones concretas en las que se materializó el control del régimen sobre todos los aspectos de la organización y recuento de las citadas elecciones es una tarea realmente compleja. Esto se debe a que los gobernadores civiles recibieron instrucciones para mantener ese tipo de actividades en el más estricto secreto[18] y transmitir las órdenes necesarias para ponerlas en práctica durante las reuniones de coordinación, evitando en la medida de lo posible dejarlas por escrito[19]. A pesar de ello, a continuación se muestran algunas de ellas que, sin ser suficientes para dar cuenta del fenómeno en toda su extensión y profundidad, permiten al menos intuir cuáles fueron sus principales características y objetivos.

En un artículo remitido a la prensa, el candidato por Madrid Jesús García Valcárcel criticaba que los candidatos tuviesen que sacar uno por uno y de un único

17. Véase Domper Lasús (2020).
18. Archivo del Ministerio del Interior (en adelante AMI), expediente 1.336, signatura 12.030, mayo de 1970, documento número VI.
19. Archivo General de la Administración (en adelante AGA) (8) 53/1285, 19 de mayo de 1970, "Campañas electorales. Cuestiones a plantear a los gobernadores civiles".

ejemplar del censo electoral los nombres de los posibles votantes a los que entregar su propaganda. Asimismo, denunciaba que Correos no tramitase cartas sin distrito postal, la imposibilidad de colocar a los interventores en todos los colegios (pues cada uno de ellos tenía que estar domiciliado en la sección de su actuación) y la brevedad del periodo durante el que los ayuntamientos prestaban los locales para realizar actos[20]. Con respecto a la cesión de dichos locales, el Ministerio de la Gobernación recomendó a los alcaldes cederlos con "cierto criterio de oportunidad", lo que según Eduardo Tarragona se traducía en la utilización de los espacios públicos como arma política importante en contra de los candidatos no oficiales. En su caso, el Ayuntamiento de Barcelona respondió a su petición para que se le asignasen dichos locales cuatro días antes de las elecciones, concediéndole entonces lugares de muy poca capacidad, lo que le llevó a no hacer uso de ellos[21].

De igual modo, Miguel Ángel Giménez da cuenta de diferentes estrategias para "asegurar la victoria de los candidatos oficiales y marginar a los críticos o independientes", apuntando el caso del que fuese integrante del Instituto de Estudios Políticos, exprocurador y futuro ministro de la Presidencia, Antonio Carro. Este retiró su candidatura por la provincia de Lugo antes de que los comicios tuviesen lugar, rendido ante un "boicot" promovido desde el Gobierno Civil según instrucciones recibidas desde Madrid[22]. En la misma línea estuvo el testimonio al semanario *Criba* del fundador y director de la revista *SP*, Rodrigo Royo, quien tras ser derrotado en la provincia de Valencia se quejó de que había "votado gente sin derecho a voto y se han producido infinidad de votos ilegales"[23]. Unas afirmaciones que debieron ser compartidas por muchos más candidatos, a juzgar por la presencia de impugnaciones en casi todas las provincias para denunciar la falsificación de las actas y la existencia de un número más alto de votantes que de electores[24]. Con todo, estas solo tuvieron efectos reales en Sevilla, donde la candidata del Movimiento, Ana Bravo, fue desbancada en favor de la candidatura de Santiago Martínez Caro, propugnada por López Rodó; y en Badajoz, donde la Junta Central del Censo anuló los votos de todas las secciones de la provincia cuando se descubrió que, al ir a realizar el escrutinio de los votos[25], aparecieron sobres abiertos en la mayoría de las secciones.

Los propios gobernadores civiles recogieron algunas quejas similares de candidatos en los informes sobre el desarrollo de las elecciones de 1967 que enviaron

20. Diario *YA*, 07/07/1967.
21. Cobo Pulido (2000: 318-319).
22. Giménez Martínez (2002: 141).
23. Díaz Nosty (1972: 149).
24. Ruiz de Azua (1987: 469).
25. Vanaclocha (1977: 74).

al Ministerio de la Gobernación[26]. Así, el gobernador civil de Jaén admitió en su informe que la Junta Provincial del Censo había abierto en secreto y no de forma pública los sobres que le habían sido remitidos por los presidentes de las mesas electorales. De igual modo, la máxima autoridad de la provincia de Soria apuntó cómo Fidel Carazo Hernández, uno de los candidatos derrotados, había impugnado las elecciones "ante numerosas irregularidades en la jornada electoral", así como "ante fundados temores de que puedan haber sido alteradas y estar alterándose aún actas de resultados electorales". Asimismo, el gobernador civil de Lugo escribió que era "opinión general que los resultados de la elección en la zona rural fueron inflados". Finalmente, el gobernador civil de Albacete señaló que varios medios locales vinculados a uno de los candidatos derrotados habían hablado de "hipotéticas presiones por parte de las autoridades locales (alcalde y jefes locales)".

Ante semejante situación, muchos de los candidatos afectados no dudaron en impugnar los resultados de las elecciones ante las juntas provinciales del Censo. En este sentido, el estudio de las impugnaciones presentadas a la Junta Electoral Central en las elecciones a procuradores de 1967, llevado a cabo por Vanaclocha, reveló que fueron tantas las irregularidades cometidas durante la campaña y los escrutinios electorales que no es posible achacarlas a la carencia de medios, sino a la existencia de claros intentos de manipulación electoral y fraude[27]. Por esta última circunstancia, la Junta Electoral Central invalidó los resultados de 11 distritos de Almería, 7 de Ávila, 32 municipios de A Coruña, 12 secciones de Santa Cruz, 11 de Segovia y 5 de Soria[28]. No obstante, el caso más paradigmático fue posiblemente el de Jaén, cuyas elecciones fueron anuladas por las razones aludidas anteriormente.

Sin embargo, entre los citados informes de los gobernadores civiles hay uno que, sin dejar de constituir un caso anecdótico, sí pone de manifiesto un problema que debería ser tenido muy en cuenta en caso de poder confirmarse en otros lugares. ¿Hasta qué punto controlaban los gobiernos civiles el conjunto de organismos que dependían de ellos? En concreto, el informe del gobernador civil de Badajoz desvela que durante la campaña electoral varias organizaciones dependientes de dicha institución se coordinaron para apoyar la campaña de uno de los candidatos sin que el gobernador civil hubiese ordenado o autorizado tal actuación.

En este sentido, la máxima autoridad de la provincia extremeña señala en su relato que el candidato que obtuvo mayor número de votos en aquellas elecciones, el delegado provincial de mutualidades laborales Antonio Cuellar Salduero, había contado durante la campaña electoral con "el apoyo decidido y abierto de todos los organismos dependientes del Ministerio de Trabajo", así como de "casi todo el

26. Todos estos informes pueden ser localizados en AMI, signatura 4.613.
27. Vanaclocha (1977: 73-75).
28. Moreno Fonseret (1999: 156-157).

personal del Instituto Nacional de Previsión". De esta forma, el personal de los citados organismos no solo había "confeccionando sobres y listas de electores, desplazándose a los pueblos y repartiendo cientos de millares de papeletas y de carteles y propaganda a su favor", además, las mismas personas habían recorrido las zonas rurales de la provincia amenazando a los residentes con que "el que no votase a dicho candidato no cobraría la pensión mutualista". Todo ello sin la previa autorización del gobernador civil y "siguiendo órdenes e instrucciones de algún Ministerio". Una situación que, de manera mucho más superficial e indirecta, también fue descrita por el gobernador civil de Orense, quien afirmó que la mayoría de los candidatos "fueron apoyados y respaldados por la diversidad de entes oficiales o particulares". Asimismo, el gobernador civil de Zamora reconoció en su informe que "cuando el candidato forma parte de algún organismo oficial o relacionado con las actividades públicas, cuenta con el apoyo más o menos velado de los miembros de la organización", lo que resultaba difícil de evitar debido a que no era "posible deslindar cuándo estos actúan como tales y cuándo como simples particulares".

Con todo, las elecciones de 1967 sí presentaron un aspecto innovador que encajaba dentro del discurso aperturista al que hemos aludido en la primera parte de este capítulo. Nos referimos a la legalización de las campañas electorales a través de los artículos 14, 15, 17, 18 y 19 del Decreto 1796/1967. En general, dichas campañas permitieron la entrada del nuevo mundo de la publicidad[29] en el ámbito electoral del franquismo y se dividieron en dos modalidades: divulgación de oficio, gratuita; y divulgación por iniciativa de los candidatos, a cargo de ellos. La difusión oficial, que se venía realizando desde 1948 pese a no estar regularizada, se hacía a través de los periódicos de la capital de cada provincia en los que se insertaban, el mismo día y con idénticos caracteres gráficos, la fotografía, el historial y el programa (de no más de 500 palabras) de cada aspirante. También incluía una alocución de radio en las emisoras no oficiales de la provincia.

No obstante, los que montaban su campaña por cuenta propia fueron los que tuvieron más éxito, ya que podían utilizar el ingenio de los publicistas o el suyo propio para llegar a sus potenciales votantes. Así, además de inundar la vía pública con carteles con su foto o colocar publicidad en la prensa escrita y en la radio, los aspirantes no dudaron en montar megáfonos en los vehículos particulares de sus simpatizantes y recorrer los barrios solicitando el voto y llamando a los actos previstos de la campaña. En Toledo, por ejemplo, se introdujeron en su casco histórico varios camellos equipados con grandes cartelones y montados por

29. Parece que fue en el referéndum celebrado el año anterior cuando se comenzó a recurrir a expertos en publicidad para dinamizar la campaña del sí, la única que hubo. A este respecto, véase la tesis doctoral de Romero Pérez (2009: 208-224). Las primeras instrucciones sobre cómo articular la propaganda electoral del régimen en televisión aparecen en las elecciones municipales de 1963. AGA (8) 53/1225, "Elecciones municipales".

jóvenes disfrazados, que circularon por las calles animando a participar a los ciudadanos[30].

La legalización de las campañas electorales permitió, al calor de la aprobación el año anterior de la Ley de Prensa, que tanto los candidatos como sus propuestas cobraran un gran protagonismo en los medios de comunicación durante las semanas previas a la elección. Sin embargo, la masiva presencia de los candidatos en las páginas de los periódicos, los programas de la radio y en gran cantidad de espacios públicos no implicaron que las elecciones despertasen un gran interés en la gran mayoría de la población española. Los informes de los gobernadores civiles señalan que ese interés existió únicamente entre los minoritarios sectores informados e interesados en la vida política, pero fuera de ahí parece que la desidia y la apatía fueron la realidad dominante.

De hecho, el gobernador civil de Pontevedra no dudó en afirmar que "salvo en sectores minoritarios más o menos conscientes del significado y consecuencias del acto electoral", el clima general debía calificarse como de "una indiferencia absoluta". En este sentido, a la hora de explicar semejante "frialdad" la máxima autoridad de la provincia gallega hizo especial hincapié en tres factores: la ignorancia "casi total acerca de la verdadera esencia del acto electoral", el desconocimiento "de la verdadera personalidad de los candidatos" y, finalmente, el "confusionismo sensible respecto del mecanismo electoral".

No obstante, de acuerdo con la mayoría de los informes redactados por los gobernadores civiles, para interpretar convincentemente la indiferencia que el grueso de la población mostró hacia la convocatoria electoral de 1967 hay que hacer alusión a un elemento que fue claramente destacado por el gobernador civil de Sevilla. En su opinión, tal pasividad se debía fundamentalmente "a la creencia de un dirigismo electoral, al convencimiento del idéntico matiz de la totalidad de los candidatos —ya que sus respectivos programas presentan diferencias inapreciables de matización— y a que la campaña electoral queda montada sobre premisas personalistas y no sobre programas profesionales, gremiales, etcétera".

En ese contexto, los gobernadores civiles no dudaron en llevar a cabo "una activa e intensa preparación" con el objetivo de "despertar la conciencia política de los electores"[31] y evitar que las elecciones, que debían confirmar el éxito de la política aperturista del régimen, arrojaran bajos porcentajes de participación ciudadana. Para lograrlo, consideraron oportuno "implicar de manera directa a los alcaldes" para que desarrollasen "una campaña propagandística" a través de la cual hacer saber a todos los electores "la trascendencia de la jornada política que se iba

30. Giménez Martínez (2012: 134).
31. Informe del gobernador civil de Ciudad Real.

a desarrollar, así como de la obligación cívica de participar activamente por medio de la emisión del voto"[32]. No obstante, las autoridades locales no solo debían animar a los votantes a ejercer el derecho al voto, tal y como hicieron en Navarra bajo el eslogan: "Que vote la gente a quien quiera, pero que voten". Además, como recordó el gobernador civil de Badajoz, debían hacer lo posible por "hacerles ver la obligación que tienen [...] de emitir el sufragio".

LOS GOBERNADORES CIVILES ANTE LA DEMOCRACIA 'A LA ESPAÑOLA'

Una vez finalizadas las elecciones, el Ministerio de la Gobernación ordenó a los gobernadores civiles que redactaran un informe sobre cómo se había desarrollado la primera experiencia electoral de este calado en cada una de sus provincias. A decir verdad, todos ellos tenían claro que dichos comicios habían traído consigo beneficios innegables entre los cuales conviene destacar fundamentalmente tres. En primer lugar, el gobernador civil de Castellón señaló que las elecciones habían permitido llevar "a la práctica el espíritu y la letra de la Ley Orgánica del Estado aprobada clamorosamente en el referéndum de 14 de diciembre del pasado año". De hecho, según el gobernador civil de Málaga, no cabía duda de que los electores se habían percatado de que "estas elecciones constituían uno de los pasos más importantes en el desarrollo de una nueva etapa política cuyo punto de partida es la Ley Orgánica del Estado".

En segundo lugar, el gobernador civil de Cáceres apuntó que los recientes comicios habían permitido que "el propio pueblo sienta que en cierto modo es protagonista y por tanto responsable del quehacer político". El gobernador civil de Álava lo expresó de la siguiente manera:

> La ventaja principal del sistema electoral de representación familiar estriba en haber creado un clima de flexibilidad política que [...] forma un ambiente propicio para que la gente considere que, a partir de su aplicación, tiene una más activa y decidida participación en la vida pública de la nación, perfeccionándose en cierta manera, el vigente sistema de Estado de Derecho y, en particular, dando una mayor independencia en su funcionamiento a las Cortes Españolas.

Finalmente, el mecanismo electoral recién inaugurado dio lugar, en opinión del gobernador civil de Cáceres, a

32. Informe del gobernador civil de Teruel.

[...] la imprescindible incorporación de hombres nuevos a las tareas de la actividad y de la creación política, incorporación tan necesaria a la hora de preparar el futuro, por cuanto parece indiscutible la conveniencia y la necesidad de que se abran las puertas de la responsabilidad política a todos aquellos que teniendo una vocación de servicio tienen también algo que decir y algo que hacer en bien de la comunidad.

De este modo, como indicó el gobernador civil de Álava, "muchas personas que permanecen al margen de la preocupación política, cobran conciencia de su importancia y pueden incorporarse activamente al Movimiento Nacional", eso sí, siempre y cuando "los candidatos sean políticamente adeptos dentro del amplio y legítimo concepto del Movimiento".

No obstante, esos beneficios de ningún modo podían compensar los peligros que subyacían ante la posibilidad de que "al amparo de las elecciones para procuradores en Cortes de Representación Familiar [...] pudieran surgir tendencias de partidismo político, tan radicalmente contrarias a nuestro sistema político [...]"[33]. En este sentido, el gobernador civil de Toledo advirtió al Ministerio de la Gobernación que "hemos pasado bruscamente de un periodo de autoritarismo (en líneas generales tan eficaz) [...] a una etapa que [...] está empezando a otorgar poder decisorio a la masa insensible e inorgánica, y a los que utilizando las técnicas de su dominio, se apoderan de sus votos". Una situación realmente peligrosa en una sociedad donde, según el informe del gobernador civil de Lugo, existía "una gran masa de población [...] ignorante, analfabeta, desconocedora en absoluto de la estructura orgánica del Estado, cuyo voto no tiene más valor que el numérico" que era "muy sensible a tanta propaganda demagógica" y que, por lo tanto, podía provocar que la elección acabase recayendo "en personas no idóneas no solo política sino moral e intelectualmente".

Bajo esas premisas, era lógico que el gobernador civil de Toledo se mostrase preocupado frente a la posibilidad de que cualquier intento de apertura que aspirase a lograr "un robustecimiento de la autoridad por una mayor implicación del pueblo y un perfeccionamiento técnico al entender mejor los pareceres y los intereses de los hombres", quedase "desvirtuado por una ideología que se adueña del país e interpreta estas innovaciones más que como necesidades del perfeccionamiento interno, como política de concesiones extrañas a la propia naturaleza del sistema". De hecho, en su opinión, "la propaganda democratizante y liberal" estaba ya abriéndose paso

[...] a través de importantes diarios españoles, sembrando la confusión ideológica y preparando el terreno para conquistas peligrosas: alcaldes electivos; intervención de los procuradores en

33. Informe del gobernador civil de Cáceres.

asuntos político-administrativos provinciales; debilitamiento de la autoridad y de los resortes ejecutivos, crítica destructiva, fomento de grupos oligárquicos nada representativos, pero eficacísimos defensores de intereses propios [...].

En este contexto, la gran mayoría de los gobernadores civiles coincidieron a la hora de apuntar el principal problema que la celebración de las elecciones de 1967 había puesto de manifiesto. Desde su punto de vista, la legalización de las campañas electorales había convertido la propaganda electoral en un elemento decisivo en la obtención de la victoria. En palabras del gobernador civil de Badajoz, se podía afirmar que "todo aquel que ha hecho una intensa propaganda, ha obtenido un mayor número de votos [...]". Uno de los principales ejemplos de la importancia que había tenido la propaganda electoral en el triunfo de la mayoría de los candidatos es, sin duda, el caso de Adolfo Suárez González. Según el informe del gobernador civil de Ávila, por aquel entonces el abogado abulense era "prácticamente desconocido en la provincia". Sin embargo, gracias a una intensa campaña electoral en la que recurrió al uso de "fotografías, murales, adhesivos, eslóganes orales, cartas a todos los electores, octavillas, un cortometraje cinematográfico, etcétera", logró alcanzar una gran popularidad en un corto periodo de tiempo, lo que le permitió hacerse con el triunfo electoral.

Ahora bien, como reconocieron la mayoría de los representantes de la Administración central en las provincias, la importancia que las campañas electorales habían cobrado planteó dos graves problemas. El primero de ellos fue puesto de manifiesto por el gobernador civil de Valencia, quien advirtió sobre "lo fácil que puede resultar subvencionar una candidatura con fondos procedentes de organismos que busquen, por el camino de la ley, la destrucción de España". El segundo no era menos importante: se trataba del alto desembolso económico que era necesario realizar para poder llevar a cabo una campaña electoral eficaz. Una situación, por cierto, de la que se derivaban otros dos importantes inconvenientes. Por un lado, el gobernador civil de Las Palmas señaló que "el hombre sin posibilidades económicas quedaba invalidado para presentarse a las elecciones". Por otro, la necesidad de invertir semejantes sumas de dinero podía provocar, en palabras del gobernador civil de Castellón, "la eclosión de grupos de presión y políticos, o sus organizaciones más o menos larvadas, que serían las únicas que podrán aportar de entre sus conmilitones o partidarios el dinero suficiente". Un asunto que no era en absoluto menor para las autoridades franquistas, puesto que, como bien resumió el gobernador civil de Ávila, aquellos candidatos que resultasen elegidos y cuyas campañas hubiesen sido financiadas por tales grupos representarían "más que a la familia a los grupos de presión que le han ayudado en su elección".

De este modo, el verdadero problema que subyacía a la celebración de las elecciones a procuradores familiares en las Cortes españolas no era tanto que el alto coste de las campañas impidiese acceder al cargo a quienes no pudiesen pagar las grandes sumas de dinero que costaban las campañas, sino, como reconoció el gobernador civil de Córdoba, la "[...] aparición de grupos políticos más o menos enmascarados, en derredor de las personas de los candidatos [...]". Por lo tanto, al menos bajo la perspectiva de los gobernadores civiles, la amenaza que planteaba el nuevo mecanismo electoral afectaba directamente a uno de los principios fundacionales del régimen: el rechazo absoluto al pluripartidismo.

De hecho, si uno lee los mencionados informes se da cuenta de inmediato de que conforme sus autores van avanzando en la descripción y valoración de lo acontecido en sus provincias durante octubre de 1967, la mayoría de ellos acaba llegando a la misma conclusión: el verdadero problema de aquellas elecciones eran las elecciones en sí mismas, una posición que distaba mucho del discurso aperturista que dichos comicios supuestamente debían confirmar. Quizás, uno de los que más claramente lo explicitó fue el gobernador civil de Álava, para quien, "al no utilizarse un sistema de auténtica representación orgánica de la familia [...]", las elecciones para escoger a sus representantes quedaban altamente politizadas. De hecho, para ejemplificar lo que eso significaba recurría a la narración de lo sucedido en su propia provincia. Allí dos candidatos se habían presentado de forma conjunta diciendo aspirar a representar los intereses tradicionalistas de la provincia y, pese a ser derrotados, lograron aglutinar a su alrededor el voto de todos los sectores "javieristas". Algo similar ocurrió en Navarra, donde los tradicionalistas Zubiaur y Goñi se presentaron de manera conjunta contra otros cuatro candidatos, defendiendo su carácter carlista y pidiendo el voto a todos aquellos que se consideraban como tales, una táctica que les permitió hacerse con los dos puestos en disputa. En este sentido, el gobernador civil de la provincia no dudó que la estrategia de ambos candidatos había sido totalmente "coherente con una verdadera técnica de partido político", algo que calificó como "mal ejemplo" que había despertado "el fantasma —siempre latente— de la nostalgia de los partidos políticos [...]".

A decir verdad, el pluripartidismo no era el único fantasma del franquismo que habían despertado los citados comicios. En la opinión de los gobernadores, el caciquismo también había hecho acto de aparición como consecuencia de la necesidad de los candidatos tanto de contrarrestar las campañas de los demás como de reforzar las propias. De hecho, el gobernador civil de Álava no dudaba en afirmar que uno de los fenómenos que debían ser tenidos en cuenta a la hora de valorar el funcionamiento del nuevo mecanismo electoral era "la constatación de la supervivencia de los cacicatos locales". En la misma dirección, el gobernador civil de Lugo explicaba que en esa provincia los candidatos habían invertido grandes esfuerzos en lograr el favor de "personas intermedias" que gozaban "de un prestigio personal o profesional o de una capacidad económica", que les permitía "hacer que los paisanos actúen en la forma que les señalen".

No obstante, no solo se trataba de que aquellas elecciones hubiesen abierto peligrosamente la puerta al regreso de los partidos políticos y los caciques, sino que podían conducir nuevamente al enfrentamiento entre españoles. Así, el gobernador civil de Ciudad Real no dudó en recurrir al viejo mantra del "ardiente y apasionado temperamento hispano" para responsabilizar a las elecciones recién celebradas de crear "un estado de animosidad" que no revestía "el carácter temporal y limitado que cabría esperar", sino que fomentaba "una especie de rencor o ánimo de revancha, que en cierto modo disocia en fracciones a la colectividad", alejándola del "ambiente constructivo y de unidad que caracteriza nuestra ordenación política después de la Cruzada". En la misma línea, el gobernador civil de Ávila reconocía que "dada nuestra idiosincrasia, el planteamiento y desarrollo de unas elecciones como las recientemente celebradas pueden conducir, y de hecho así ha ocurrido, a una excesiva personalización de posturas y situaciones, con la consiguiente reavivación de enconos y pasiones locales."

Como consecuencia de todo lo anterior, los gobernadores civiles consideraban mayoritariamente que sería "más responsable, legalmente representativo y no menos democrático"[34] llevar el sistema de democracia orgánica hasta sus últimas consecuencias, sustituyendo la elección directa de los candidatos por el voto de compromisarios. De hecho, muchos de los informantes aprovecharon sus exposiciones para proponer diferentes métodos a través de los cuales articular esta opción. Una de las propuestas que mejor resumía el conjunto de las realizadas fue la del gobernador civil de Navarra, que se basaba en que cada colegio electoral eligiese un compromisario que, a su vez, sería el que votase a los candidatos que fuesen finalmente proclamados por las juntas provinciales del Censo. No obstante, aunque esa solución permitía eliminar el "injerto de carácter inorgánico"[35] que suponían las elecciones a procuradores familiares en Cortes tal y como estaban diseñadas en la Ley de Representación Familiar, dejaba sin resolver otro importante problema que había sido convenientemente apuntado por los gobernadores civiles de Granada y Murcia. Aun cuando se implementase un sistema de elección en segundo grado, los candidatos continuarían careciendo de plataformas que, sin romper la unidad política y social, actuasen como mecanismo de conexión entre el candidato y el cuerpo social al que debía representar (en este caso, las familias).

Esa fue la razón por la cual muchos de los gobernadores civiles sugirieron que los candidatos debían "proceder de las propias Asociaciones Familiares y [ser]

34. Informe del gobernador civil de Álava.
35. *Ibidem*.

propuestos por las mismas"[36]. De este modo, al convertir dichas asociaciones en las organizaciones encargadas de articular la selección de los candidatos no solo se conseguiría conectar estrechamente a los representantes y a los representados, sino que se obtendrían dos importantes beneficios adicionales. Por un lado, permitiría que los candidatos fueran seleccionados "lenta y naturalmente a través de las instituciones", facultando al poder político para "eliminar a elementos carentes completamente de fidelidad al Movimiento Nacional"[37] y evitando la aparición de "individualismos francotiradores" dispuestos a hacer "la guerra por su cuenta"[38]. Por otro lado, frenaría "las influencias de todo orden de los grupos de presión, económicos, políticos o de cualquier otro matiz", tendentes a condicionar "todos los aspectos de la vida política española"[39].

A decir verdad, la defensa que muchos gobernadores civiles hicieron de las asociaciones familiares como instrumentos clave para la selección de los candidatos era la reivindicación de una demanda de FET-JONS no satisfecha. En este sentido, cabe recordar que cuando a principios de 1967 se inició el proceso de redacción de la Ley de Representación Familiar, que debía articular los mecanismos que permitirían la celebración de las elecciones a procuradores familiares en las Cortes españolas, FET-JONS no dudó en intentar que las asociaciones familiares que se habían creado en su interior desde finales de los cincuenta se convirtiesen en las únicas plataformas con capacidad para presentar candidatos. La estrategia falangista fue entendida de inmediato por Carrero y los tecnócratas que eran conscientes de la ventaja que tal medida otorgaría a sus rivales. Por esa razón, se opusieron desde el principio a que tales asociaciones tuvieran un papel tan importante en los futuros comicios, algo que finalmente lograron evitar, puesto que la ley dejó fuera de su articulado a las asociaciones familiares[40].

A la luz de lo anterior, no resulta extraño que el gobernador civil de Sevilla se quejase en su informe del

> [...] absurdo de que mientras grupos y sectores diversos [...] han actuado de manera directa y sin que dicha acción haya podido ser criticada, puesto que respondía a criterios y actitudes 'personales' y no 'de partidos', el Movimiento —los propios hombres del Movimiento— han estado presos por su condición de militantes, para efectuar labor alguna relacionada con el hecho electoral.

De hecho, en la misma línea, el gobernador civil de Alicante consideraba que el Movimiento debía encargarse de "permitir el nacimiento y ejercicio de la

36. Informe del gobernador civil de Granada.
37. Informe del gobernador civil de Soria.
38. Informe del gobernador civil de Pontevedra.
39. *Ibidem*.
40. Véase Domper Lasús (2019: 72-78).

vocación política espumando las personalidades y dándoles notoriedad en la comunidad social". De este modo, el corto periodo de la campaña electoral serviría únicamente para "la concreción de los programas, toda vez que es rigurosamente imposible proyectar, propagar y hacer sentir al electorado, en tan corto espacio de tiempo, razones de adhesión que aporten votos a los candidatos". Así, FET-JONS podría hacer realidad el "principio de igualdad de oportunidades" durante la campaña y actuar como "preservador nacional de las tendencias partidistas". En el caso de no conseguirlo, el gobernador civil de Soria no dudaba en afirmar que el partido se convertiría en "un aparato ortopédico que embaraza toda acción honestamente sentida e inmoviliza la capacidad de consejo y dirección que el poder debe tener en la salvaguarda del orden constituido y la promoción de los más capaces e idóneos para estos puestos."

EL GOBIERNO ANTE LAS CORTES TRASHUMANTES

Los gobernadores civiles no fueron los únicos que se opusieron a las escasas consecuencias que las elecciones a procuradores familiares de 1967 tuvieron en relación con el aumento de la representatividad. La Administración central, concretamente el Gobierno, boicoteó sin complejos la actuación de las Cortes trashumantes, una de las principales secuelas de carácter aperturista que tuvieron los comicios de 1967. En este sentido, conviene no olvidar que numerosos candidatos fieles al régimen, pero que aspiraban a tener una actuación independiente y a ser la voz de sus votantes en las Cortes, se presentaron a las elecciones de 1967 al calor de las esperanzas de cambio que había producido en los sectores informados de la dictadura el clima aperturista vivido desde principios de la década.

De este modo, aun cuando pocos de ellos fueron elegidos y no se conocían previamente entre sí, el trabajo conjunto en torno a la discusión de importantes leyes y la aspiración a lograr la aprobación de otras que consideraban necesarias sirvieron para unirles. A pesar de que no coincidían plenamente en sus planteamientos políticos, tenían en común la independencia, la carencia de un departamento técnico que les auxiliase en su trabajo y el deseo de contribuir a que los españoles estuvieran, de algún modo, más presentes en las Cortes. En esas circunstancias pronto se dieron cuenta de algo que había apuntado el gobernador civil de Alicante en el informe que redactó inmediatamente después de la celebración de las elecciones. De acuerdo con su análisis, los elegidos "harán bien en organizarse en sus actividades legislativas y de relación con el público de tal forma que, aunque un tanto al margen de su específica competencia, sean capaces de atender lo que el electorado, en su parcial ignorancia de tal misión, trate de alcanzar por ellos de los niveles ejecutivos". En otras palabras, los nuevos procuradores debían "compaginar su auténtica actividad con la conveniencia de conservar en el público una idea de eficacia positiva de su acción".

Así las cosas, en el espacio de interacción entre todos ellos creado por ese deseo de colaboración surgió la iniciativa de organizar periódicamente reuniones de trabajo en sus casas particulares para fijar posiciones conjuntas en relación con las diferentes leyes sobre las que debían pronunciarse. La primera de ellas tuvo lugar en Pamplona en enero de 1968, prolongándose los encuentros hasta septiembre de ese año con alguna cita esporádica posterior por diversos puntos de la geografía española. En ellos, los procuradores familiares asistentes abordaron temas candentes de la actualidad española, en muchos casos incómodos para el régimen. Entre ellos cabe destacar la modificación del Reglamento de las Cortes, la rehabilitación de los funcionarios depurados tras la Guerra Civil, la concesión de un sueldo a los militares que habían luchado en el bando republicano, las asociaciones políticas, la libertad de prensa o las críticas abiertas al Movimiento por sufragar con fondos públicos a los candidatos falangistas.

En definitiva, se trataba de la apertura de un cauce de expresión política insospechado por las propias leyes fundamentales, que se mantuvo siempre bajo un espíritu crítico de servicio a España y al régimen. A decir verdad, aquellas reuniones gozaron de un eco inusitado en la prensa, que pronto las catalogó como "Cortes trashumantes", en buena medida porque los informadores tuvieron unas facilidades desconocidas hasta entonces para acceder a ellas, sus contenidos y sus protagonistas. La gente comenzó a interesarse por lo que decía aquel pequeño grupo de procuradores familiares y pronto empezó a hablarse del nacimiento de una nueva "conciencia parlamentaria" que se plasmaba diariamente en múltiples intervenciones públicas de sus protagonistas. Con todo, lo que más preocupaba a la Administración no eran los temas abordados, sino que esos encuentros terminaran convirtiéndose en una especie de cámara política cuyas deliberaciones derivaran en la formación de una conciencia popular imposible de controlar por el poder político. Muchos llegaron a ver en la constitución de este grupo una oposición legalizada al Gobierno, aunque su deseo era sencillamente cumplir en la medida de sus posibilidades con su labor de control de la Administración[41].

Fuesen lo que fuesen, lo cierto es que su actuación se produjo en el peor momento. Por un lado, a la altura de 1968 las tensiones dentro del personal político franquista eran cada vez más agudas, puesto que ante la extensión de la contestación social, algunos sectores del régimen comenzaron a obviar el deseo de transmitir una imagen de actualización que habían comenzado a abrigar a principios de

41. Véase Álvarez Puga (1971: 17).

los sesenta. Por otro lado, durante aquellos meses se produjo una revitalización del debate sobre el asociacionismo político como consecuencia de la aprobación por el Consejo Nacional del Movimiento del Estatuto Orgánico del Movimiento, que volvía a situar las asociaciones como agentes de participación política de los españoles dentro del restringido marco del partido único y, por tanto, del contraste de pareceres entre los adictos[42].

En este contexto, la estrategia del Gobierno, frente a lo que consideraba un grupo independiente e intolerablemente incómodo, fue clara: enviar a las reuniones de los trashumantes procuradores familiares afines que, con sus posturas, trataran de desviar el interés político de los encuentros hacia cuestiones puramente técnicas del proceso legislativo. De este modo, mientras en la primera reunión de Pamplona se dieron cita 17 procuradores, en la segunda, que tuvo lugar en Salamanca, se congregaron 37 de los cuales 13 tenían un cargo en la Administración, a diferencia de lo que ocurrió en la capital navarra, donde tan solo uno de los presentes estaba vinculado al Ejecutivo. Los procuradores más independientes se dieron cuenta de la maniobra del Gobierno de inmediato, como lo demuestran las palabras que José María Zaldívar, procurador por Zaragoza, le dirigió a Josefina Veglisón cuando esta propuso celebrar la siguiente reunión en Madrid. "¡Dejadnos libres!" le espetó, "no queráis que vayamos a Madrid para escamotearnos de nuevo las elecciones y salgan elegidos otra vez los enchufados, como algunos de los que hay aquí"[43].

Dado que la estrategia no logró ni rebajar la frecuencia e impacto mediático de las reuniones ni evitar que en ellas se abordaran temas incómodos para el régimen, el Gobierno decidió actuar de manera más contundente. El 29 de septiembre de 1968, las "Cortes trashumantes" debían reunirse en Ceuta. Sin embargo, pocas horas antes el comandante militar de la plaza se presentó en el domicilio del procurador encargado de organizar el encuentro, Serafín Becerra Lagos, para hacerle entrega de un telegrama enviado por el ministro del Interior en el que este ordenaba la suspensión de la reunión, amenazando incluso con enviar a la policía si aquella finalmente se producía. A pesar de las protestas iniciales, los procuradores desistieron y la cita fue cancelada. Lejos de encontrar apoyo y comprensión por parte de sus compañeros de cámara, los trashumantes vieron cómo en pocas semanas la Comisión Permanente de las Cortes emitió un dictamen por el que se prohibía expresamente toda asamblea de procuradores en el ejercicio de sus funciones fuera del Palacio de las Cortes[44].

Tras aquella experiencia no volvieron a intentarse iniciativas a este tenor. En definitiva, lo que de haber persistido podría haber sido un interesante fenómeno

42. Véase Molinero e Ysàs (2008: 123-124).
43. Álvarez Puga (1971: 17-19).
44. BOCE, nº 1.028, 9 de noviembre de 1968, p. 22.022.

renovador se dio de bruces con los límites de un sistema político incapaz de integrar cualquier actividad o comportamiento que fuese en contra de los deseos del Gobierno. El procurador familiar por Valladolid, Joaquín Luaces Saavedra, lo explicó lúcidamente en una entrevista concedida a *El Norte de Castilla* poco antes de las elecciones de 1971: "Los clásicos santones del régimen —comentaba— a medida que nosotros pedíamos una apertura, un desarrollo de las propias proporciones de la LOE, nos trataban de heréticos y consideraban que al atacar sus posiciones personales se atacaban las bases y la estabilidad del régimen"[45].

CONCLUSIONES

El régimen franquista se autocalificó como una democracia de carácter particular de manera consistente desde mediados de los años cuarenta, cuando dicho discurso le fue de gran utilidad para facilitar su proceso de integración en una Europa Occidental donde el concepto de democracia estaba en disputa. A partir de los años sesenta, y especialmente al calor de las celebraciones de los 25 años de paz, la dictadura volvió a situar la narrativa sobre su carácter particularmente democrático en la primera línea de su discurso público. Sin embargo, por aquel entonces los alegatos a favor de la naturaleza democrática del régimen se solaparon con el proceso de adaptación a los cambios económicos, sociales y culturales que el mismo había emprendido desde principios de los sesenta. Como parte de ese proceso de adaptación, el Gobierno implementó una serie de medidas que aspiraban a actualizar el régimen sin restarle un ápice de su control sobre el Estado y la sociedad, entre las que cabe destacar la Ley de Prensa, la Ley Orgánica del Estado o la Ley de Representación Familiar, que implementó la organización de las elecciones a procuradores familiares en las Cortes españolas. En ese contexto, el discurso sobre el carácter democrático del régimen pasó a incluir un nuevo rasgo característico de la democracia franquista: su capacidad para evolucionar hacia formas institucionales más representativas sin traicionar por ello los principios fundacionales del 18 de julio.

El referéndum de 1966 y las elecciones a procuradores familiares en las Cortes españolas fueron, de algún modo, los momentos cumbre del citado proceso de adaptación y también dos de las principales muestras de esa democracia franquista capaz de combinar representación y orden. No obstante, las segundas, al abrir la puerta a personas elegidas por voto directo de la ciudadanía en una institución que a pesar de no tener poder ejecutivo era de carácter nacional, mostraron los estrechos límites de la democracia "a la española" y la imposibilidad de llevar a

45. Díaz Nosty (1972: 97).

cabo cualquier tipo de apertura de carácter político sin dejar atrás los principios fundamentales del régimen. Así, la autorización de unas pequeñas campañas electorales, en un momento en el que FET-JONS no pudo ejercer un control tan estrecho sobre las elecciones como consecuencia de su disputa con los tecnócratas, condujo a una situación completamente novedosa. Por un lado, permitió que los candidatos recurriesen a todo tipo de ayudas económicas para financiar sus campañas, que además se demostraron útiles a la hora de obtener la victoria. Por otro, dio la oportunidad a un pequeño número de personas de acceder a las Cortes españolas que, sin oponerse al régimen, aspiraban a representar a las personas que les habían votado y llevar sus principales demandas a una de las instituciones del Estado.

Los gobernadores civiles fueron los primeros en advertir la seria amenaza que constituía para el Estado la posibilidad de que diferentes grupos de presión lograran imponer a sus candidatos gracias a su disponibilidad económica. Semejante eventualidad no solo podía llevar a las Cortes a personas opuestas a la dictadura, sino que, sobre todo, abría claramente la puerta a la vuelta de los partidos políticos. Por ello propusieron de inmediato medidas encaminadas a terminar con la elección directa de los procuradores y su elección a través de organizaciones controladas por el régimen. Por su parte, el Gobierno no dudó en aplastar sin miramientos al pequeño grupo de procuradores que, esgrimiendo la legitimidad que le daban los votos de la ciudadanía, trató de organizarse para llevar a las Cortes las principales preocupaciones de sus votantes. En definitiva, el discurso de la democracia "a la española" y su capacidad para proporcionar un aumento de la representatividad sin alterar los principios fundacionales del régimen se demostró claramente inviable, puesto que el franquismo era completamente incompatible con cualquier mecanismo que erosionase su capacidad de controlar totalmente todos los resortes del Estado. Por lo tanto, cualquier iniciativa surgida desde el interior de la dictadura sería siempre antiliberal, antipluralista, anticomunista y antidemocrática. Franco se lo resumió con toda claridad su primo Pacón en 1963: "Es inimaginable —le dijo— que los vencedores de una guerra cedan el poder a los vencidos diciendo aquí no ha pasado nada y todo debe volver al punto de partida, o sea, cuando se instauró la nefasta república. Esto sería un abuso y una traición a la Patria y a los muertos en la Cruzada para salvar a España"[46].

46. Franco Salgado-Araujo (1976: 369).

BIBLIOGRAFÍA

ÁLVAREZ PUGA, Eduardo (1971): "Los familiares. Una apertura limitada", *Dossier Mundo*, septiembre, pp. 2-36.

COBO PULIDO, Pedro (2000): *Representación familiar en la España de Franco (1945-1974): Un caso en la evolución de un régimen autoritario*, Universidad de Málaga, tesis doctoral inédita, disponible en http://www.biblioteca.uma.es/bbldoc/tesisuma/16279517.pdf

DÍAZ NOSTY, Bernardo (1972): *Las Cortes de Franco: 30 años orgánicos*, Barcelona, DOPESA.

DOMPER LASÚS, Carlos (2019): "Ni liberales ni comunistas. La 'democracia orgánica' y la integración del franquismo y el Estado Novo en la europa posterior a 1945", *Espacio Tiempo y Forma, Serie V, Historia Contemporánea*, 31, pp. 151-72, disponible en https://doi.org/https://doi.org/10.5944/etfv.31.2019.24281

— "Voting under Franco: The Elections to the Family Procuradores to the Cortes and the Limits to the Opening up of Francoism", en M. A. Ruiz Carnicer (ed.), *From Franco to Freedom. The Roots of the Transition to Democracy in Spain, 1962-1963*, Eastbourne, Sussex Academic Press, pp. 70-100.

— (2020): *Dictatorship and the Electoral Vote. Francoism and the Portuguese New State Regime in Comparative Perspective, 1945-1975*, Brighton/Chicago/Toronto, Sussex Academic Press.

FRANCO SALGADO-ARAUJO, Francisco (1976): *Mis conversaciones privadas con Franco*, Barcelona, Planeta.

GIMÉNEZ MARTÍNEZ, Miguel Ángel (2012): *Las Cortes españolas en el régimen de Franco: Nacimiento, desarrollo y extinción de una Cámara orgánica*, Madrid, Congreso de los Diputados.

MOLINERO, Carme e YSÀS, Pere (2008): *La anatomía del franquismo. de la supervivencia a la agonía, 1945-1977*, Barcelona, Crítica.

MORENO FONSERET, Roque (1999): "Las consultas populares franquistas: la ficción plebiscitaria", en R. Moreno Fonsered y F. Sevillano (eds.), *El Franquismo. Visiones y Balances*, Alicante, Prensas de la Universidad de Alicante, pp. 77-175.

PAYNE, Stanley (1987): *The Franco Regime: 1936-1975*, Madison, University of Wisconsin.

ROMERO PÉREZ, Fernando (2009): *Campañas de Propaganda En Dictadura y Democracia. Referendos y Elecciones de 1947 a 1978*, Universidad Nacional de Educación a Distancia, tesis doctoral inédita, disponible en e-spacio.uned.es/fez/eserv/tesisuned:CiencPolSoc-Fromero/Documento.pdf

RUIZ DE AZUA, Miguel Ángel (1987): *Las elecciones a las Cortes de Franco, 1942-1975*, Madrid, UCM, tesis doctoral inédita.

SESMA, Nicolás (2006): "Franquismo, ¿Estado de derecho? Notas sobre la renovación del lenguaje de la dictadura durante los años sesenta", *Pasado y Memoria: Revista de Historia Contemporánea*, 5, pp. 45-58.

VANACLOCHA, Francisco J. (1977): "Las elecciones de representación familiar en las Cortes españolas (1967-1971) como elecciones no competitivas", *Cuadernos Económicos del ICE*, 1, pp. 59-76.

CAPÍTULO 11

'LA ERA DE LA NUEVA VALENCIA': EL MUNICIPIO COMO ACTOR PROTAGONISTA EN EL CAMBIO DE RÉGIMEN (1958-1979)

JUAN CARLOS COLOMER RUBIO*
Universitat de València

> "Tenemos que seguir mereciendo una atenta y amplia comprensión de nuestros problemas ciudadanos y que, en prenda de correspondencia, debemos hacerles a todos conocedores de nuestros afanes y trabajos por una Valencia grande que, no hay que decirlo, miran también a una España mejor".
> ADOLFO RINCÓN DE ARELLANO GARCÍA (alcalde de Valencia de 1958 a 1969)

El Ayuntamiento para el franquismo lo fue todo: desde una institución local que controlaba todas las esferas de la localidad hasta el eje de poder desde el cual dirimir los intereses y lealtades en torno a la dictadura (Fernández, 2018). Así, no es de extrañar que, una vez iniciado el cambio de régimen, especialmente tras la muerte del presidente del Gobierno, Luis Carrero Blanco, estos centros institucionales devinieran en un espacio protagonista. Fue el caso de las grandes ciudades como Barcelona o Valencia, pero también de pequeños municipios o localidades, donde la política de proximidad resultó fundamental en la Transición (Colomer, 2017; Marín, 2005). De hecho, como afirmó Encarna Nicolás en un trabajo ya clásico: "La Transición se hizo en los pueblos" (Nicolás, 2007).

Desde el mundo de la historiografía, el estudio del poder local en la dictadura franquista se realizó paralelamente a un creciente interés por la investigación de los sectores sociales que habían mostrado su apoyo a la instauración y permanencia del sistema político iniciado en la Guerra Civil. Así, en los años setenta del siglo XX aparecieron una serie de trabajos, impulsados fundamentalmente por politólogos y sociólogos que, por medio de un novedoso trabajo cuantitativo, trazaron la

* Juan Carlos Colomer Rubio es doctor en Historia por la Universitat de València, máster interuniversitario en Historia Contemporánea y máster en investigación en Didácticas Específicas por la misma institución. Ha sido becario FPU del ministerio de Educación en el Departamento de Historia Contemporánea de la Universitat de València. Especializado en historia reciente, sus publicaciones se han ocupado sobre la instauración del franquismo en la ciudad de Valencia y el funcionamiento interno de sus instituciones locales.

procedencia socioeconómica y política de esta elite política que apoyó al régimen, especialmente en su fase de instauración (Viver, 1978; Jerez, 1981). Estos estudios supusieron la base sobre la cual cuajaron investigaciones posteriores que permitieron avanzar en el conocimiento del franquismo, de su crisis y de la Transición resultante a la democracia desde las localidades.

Así, con el presente capítulo pretendemos dos objetivos. Por un lado, poner de relieve la importancia de las instituciones locales franquistas en el marco del cambio de régimen político para comprender su peso dentro de la Transición. Para ello partimos de la idea que la construcción del Estado franquista no solo se realizó "desde arriba", de hecho, su implantación y consolidación solo fue posible mediante el establecimiento de alianzas locales muy concretas. Acuerdos que serían reflejo de los apoyos sociales sobre los que el régimen se asentaba y que pueden verse, por ejemplo, en los ayuntamientos de la dictadura. Estas relaciones se irían poniendo a prueba a medida que el franquismo evolucionara hasta su agotamiento final, especialmente a partir de 1973 (Del Arco, 2007; Colomer, 2017). Estas alianzas ¿pervivieron muerto el dictador?, ¿qué incidencia tuvieron en la Transición?

Junto con lo anterior, por otro lado pretendemos destacar la propia estructura de la dictadura que descansaba sobre una gran red de instituciones locales y que vio fundamental el control, incluso iniciada la Transición, de toda personalidad política adscrita a las mismas. La explicación, como veremos posteriormente, del ejemplo del Ayuntamiento de Valencia, es síntoma y prueba de todo lo anterior. Dicho control facilitó, sin duda, el propio proceso de cambio político con ejemplos como la propia formación de la UCD, prácticamente de la nada, y que cooptó a gran parte del personal político de estos ayuntamientos (Gascó, 2009) o la deriva del propio proceso autonómico en casos como el de Valencia y posterior Comunidad Valenciana (Flor, 2011). La municipalidad aporta, por tanto, claves que no pueden obviarse desde la historiografía académica ni tampoco, como iremos viendo, a la hora de explicar el proceso transicional español.

MARCO TEÓRICO. ¿QUÉ SABEMOS SOBRE LOS PODERES LOCALES FRANQUISTAS?

El estudio de los poderes locales desde diferentes ámbitos —especialmente el rural— se multiplicó en la última década del siglo XX e inicios del XXI motivado por el deseo de comprender los apoyos sociales sobre los que el régimen se había asentado tras finalizar la guerra (Calzado, 2005; Torres, 2005).

Unas investigaciones que se vieron de inmediato inmersas en el clásico debate sobre la continuidad o no de los poderes locales acabada la contienda civil, debate que podemos afirmar que aún no se ha cerrado totalmente, pues las pluralidades de realidades locales con situaciones contrarias al modelo general han imposibilitado resultados de consenso (Sanz, 2009: 54-55). Así, detectamos trabajos que enfatizan la pervivencia del modelo franquista por el nuevo personal político surgido tras la guerra que vino a suplir a los anteriores líderes políticos, mientras que otros estudios insisten en la continuidad de esos poderes locales para comprender la sincronía ideológica con otras culturas políticas anteriores al conflicto armado.

Junto con ello, como ha sintetizado Julián Sanz (2009: 21-57), la mayoría de los trabajos de estos años plantearon en sus resultados una serie de aspectos sobre los cuales seguir avanzando. Uno de ellos, el más importante a nuestro parecer, resulta de la necesidad de comprender qué sucedía con los centros de poder local en el segundo franquismo o la Transición —la mayoría de investigaciones se limitaban cronológicamente a la primera etapa del régimen—. Pese a todo, el aumento de los estudios sobre poder local, muchos centrados en el ámbito municipal, ha permitido al historiador no solo hacer historia política, sino también historia económico-social, institucional y cultural. Mezcla de tendencias y herramientas que han contribuido al desarrollo historiográfico (Encinas, 2008; Larraza, 2005; Marín, 2000; Martín, 2006, Martínez, 2004; Quirosa-Cheyrouze y Fernández, 2010; Sanchez y Ponce, 2011).

Años después, especialmente en los inicios de la década de los 2000, se multiplicaron los estudios que intentaron superar las deficiencias detectadas en trabajos anteriores. Así aparecieron investigaciones que estudiaban el mundo local o municipal especialmente en los últimos años del régimen y que fueron abriendo un camino nuevo que enriqueció nuestro conocimiento sobre lo ocurrido en la dictadura. Estos trabajos académicos abarcaron especialmente el marco cronológico de 1958-1979 (Sáinz, 2017) y permitieron comprender el largo desarrollo de las políticas franquistas que explican el propio mantenimiento de la dictadura o el peso de determinados contrapoderes locales de las localidades como el asociacionismo vecinal, el movimiento obrero o el estudiantil. Con todo ello no debemos desdeñar el aumento de los estudios sobre las actitudes sociales dentro del franquismo, lo que completa, junto con el trabajo sobre las instituciones, el análisis de la evolución final de la dictadura (Fuertes, 2017).

Dentro de estos trabajos recientes cabe destacar los que se ocupan directamente del papel de los alcaldes o primeros ediles, como ya realizó el propio Martí Marín en Barcelona con la figura de Porcioles. Los alcaldes, conectados directamente con las políticas de los sucesivos gobiernos, administraron los recursos provenientes del Estado y gestionaron las políticas públicas en nombre del régimen. En segundo lugar, muchos de estos estudios insistieron en la propia ideología del alcalde al frente del consistorio, por el peso del mismo en la Administración municipal, que marcó la evolución de estas políticas públicas puestas en marcha y condicionaron, por tanto, la propia evolución de las ciudades tanto política como social o urbanísticamente (Martí, 2005; Sáinz, 2017).

Finalmente, estos estudios han señalado, como iremos viendo a lo largo de este capítulo, que la esfera local es un ámbito con una cierta autonomía en este proceso transicional, con sus propias dinámicas y con capacidad de determinar las decisiones de ámbito regional o nacional. Es cierto que en muchas ocasiones los pactos, acuerdos o leyes que surgieron a escala macro sirvieron de marco de referencia ante el que reclamar el cumplimiento de determinadas políticas, pero esto no restó valor a muchas acciones autónomas llevadas a cabo en los municipios o en las zonas rurales cuyas lógicas, en ocasiones, escapaban a la mera reproducción de los comportamientos a escala nacional por parte del mando político. Los propios ayuntamientos y, en especial, los alcaldes que los presidieron, ¿fueron participes activos del sistema u observadores pasivos del mismo? El espacio local puede aportar las respuestas. Así, el relato escrito del franquismo o de la transición a la democracia realizado desde Madrid puede no coincidir con lo observado si desplazamos nuestra atención a la periferia u a otras realidades del Estado.

LOS AYUNTAMIENTOS FRANQUISTAS EN TRÁNSITO: DE LA INSTAURACIÓN AL CAMBIO

> "La dictadura militar de Franco facilitó el reencuentro de los diversos poderes locales, abanderados por la ideología nacionalcatólica que legitimó los contenidos contrarrevolucionarios del nuevo régimen" (Nicolás, 1999).

Las investigaciones más recientes, como señala la referencia anterior, destacan cómo el ámbito de la institución provincial y municipal devino fundamental y su ordenación fue clave una vez el ejército franquista iba avanzando y conquistando posiciones en el territorio durante la Guerra Civil. Así se ha constatado en la mayoría de realidades locales una vez se ha accedido a mayor documentación tras la apertura de nuevos archivos y fondos documentales. El franquismo presentó una legislación adaptada a las nuevas formas de ejercicio del poder que seguía un doble objetivo: por un lado, acabar con cualquier tipo de representación democrática institucional y, por otro, buscar y cooptar un personal político que fuera leal a los principios fundamentales del movimiento, subordinado al poder central y que sirviera de manera "fiel" y "desinteresada" al caudillo.

En definitiva, esta red de instituciones locales resultó clave en una nueva realidad donde había que hacer las cosas de manera diferente a la etapa política republicana. Así se impulsó un proyecto político monolítico, depurador y centralizador que se concretó en un cambio en los mecanismos para acceder al control de los centros donde se hacía la política. Por tanto, terminar con el sistema electoral precedente y el control de acceso era, para la lógica del franquismo, la mejor forma de cerrar el paso a reivindicaciones democráticas del pasado.

El texto legal clave de regulación de esta institución fue la Ley de Bases de Régimen Local, aprobada el 17 de julio de 1945. Su redacción tuvo lugar en la fase de reordenación, fijación legal y revisión estatal que caracterizó a los años centrales de la década de los cuarenta y que se inició con la aprobación de la Ley de Creación de las Cortes Españolas en 1942. En este sentido, durante esa etapa también fueron promulgados el Reglamento Provisional de las Cortes (1943), el Fuero de los Españoles (1945), la Ley de Referéndum (1945) y la Ley de Sucesión en la Jefatura del Estado (1947). El texto legislativo que regulaba el marco municipal se alteró en contadas ocasiones, entre ellas la nueva Ley de Régimen Local, que modificó la anterior y que, aprobada en 1975, prácticamente no se desarrolló.

Con la dictadura, todos los principales cargos municipales fueron ocupados por nombramiento directo y superior, estableciéndose una relación de confianza y dependencia de arriba a abajo que solo podía ser desquebrajada en la misma dirección, incluso en el supuesto de una dimisión o destitución (Cazorla, 2000: 44). Esta jerarquización que caracterizaba al régimen franquista, como base ideológica para el mantenimiento de la homogeneidad política, es el hilo explicativo de la limitación de las atribuciones municipales, último peldaño de este sistema jerárquico.

En este contexto, la figura del alcalde era, más bien, la de un delegado gubernamental que la de un representante del municipio ante otras instancias de poder. Pese a ello, la figura pública del máximo representante municipal ganó peso en el franquismo convirtiéndose en el verdadero líder local junto con el gobernador civil, al que algunos historiadores denominan el verdadero "Poncio" (Reig, 2007). Este hecho presentó una continuidad cronológica ya que cuando se realizaron, a partir de 1948, las elecciones municipales por tercios, el principal administrador consistorial nunca dejó de ser designado por la superioridad, como también sucedió con el presidente de la diputación o el mismo gobernador. Estas elecciones por tercios constituyeron, desde 1948, una cita clave para entender la relativa renovación municipal del franquismo. Llama la atención, por tanto, los escasos estudios sobre estos procesos electorales, consecuencia clara de la ausencia de documentación relevante sobre el tema en archivos locales o estatales.

Además del alcalde, los ayuntamientos franquistas estaban compuestos por un número de concejales proporcional al conjunto de residentes en el término municipal correspondiente. La escala utilizada favorecía a los municipios menores donde la relación edil/vecinos era más representativa que en las poblaciones mayores. Pero lo cierto es que estos ediles tenían escasa capacidad de decisión política y resultaban, más bien, delegados de los alcaldes en determinadas barriadas o asuntos municipales por él establecidos. La última decisión en todos los aspectos de la vida municipal era competencia del alcalde, principal administrador de las prebendas y sobre el que recayó la última responsabilidad de Gobierno. Aunque esta realidad fue así durante todo el régimen, lo cierto es que la elección de estos concejales fue utilizada como una forma de establecer los principios de la democracia orgánica que este propugnaba. Así, a partir de 1948 hasta 1973 se sucedieron, como hemos señalado, las elecciones municipales por tercios para renovar a parte de los concejales, siendo las del tercio familiar fundamentales para entender la evolución y composición diversa de los consistorios del franquismo.

Todo ello indica cómo el municipio, junto con la familia y el sindicato, suponía uno de los pilares de la democracia orgánica propugnada desde el organicismo político de la dictadura. Es por ello que su gestión y organización fue una de las preocupaciones fundamentales y, a su vez, generó una serie de problemas sociales y políticos que afectaban a la mayoría de municipios peninsulares, especialmente los de las grandes ciudades. Estas dificultades fueron en aumento una vez el régimen llegaba a su fase final. Por ello, desde la instauración de la dictadura se decidió impulsar varias instituciones o servicios destinados al asesoramiento para la búsqueda de soluciones a los problemas que podían generarse en la política municipal. Así, en primer lugar, se creó el Instituto de Estudios de Administración Local en 1940, que se complementó con el Centro de Formación y Perfeccionamiento de Funcionarios en 1958. Ambos institutos reflexionaron sobre los problemas municipales que, a tenor de la dictadura, sufrían los municipios españoles y la manera de solventarlos.

A la tarea de ambos centros se sumó, desde 1960, la iniciativa más importante de reflexión sobre las problemáticas de gestión de los municipios en el franquismo: los cursos "Problemas políticos de la vida local" (Colomer, 2011). Estas jornadas, de una o dos semanas de duración dependiendo de la edición, tuvieron lugar una vez al año hasta 1976. A ellas fueron convocados todos aquellos que desarrollaban cualquier tipo de labor en una institución pública del país. Así, a la presencia de alcaldes, presidentes de diputación y algún gobernador civil se sumaba la asistencia de funcionarios locales como secretarios, interventores, trabajadores de ayuntamientos y diputaciones. La mayoría acudían al curso de formación becados y muchos, gracias a su presencia, hacían méritos para ascender dentro de la carrera política. No olvidemos que Peñíscola favorecía el trato entre miembros de diferentes puntos geográficos con la consecuente relación política que se establecía entre ellos y, por tanto, la posibilidad de labrarse un buen futuro profesional. El programa del curso establecía cinco o seis horas de trabajo continuado articulado en una serie de ponencias magistrales y, posteriormente, los asistentes participaban de unos seminarios de discusión y debate propuestos por la organización. Esta iniciativa, impulsada por Fernando Herrero Tejedor cuando ocupaba la Delegación Nacional de Provincias del Movimiento Nacional, supuso una enumeración de las principales preocupaciones de gestión que tenía el régimen con respecto a las diferentes ciudades, como por ejemplo la representación municipal, el regionalismo o las políticas urbanísticas. Además, lo que cada vez parece más cierto y palpable es que la formación intelectual de parte de la elite, canalizada en estos cursos, fue permitiendo, poco a poco, cierta apertura política o asimilación de las transformaciones que se iban dando, posibilitando que los cambios se produjesen de la forma y manera en que se produjeron en algunos municipios.

Por tanto, tal y como hemos venido señalando, estas iniciativas del régimen desarrolladas desde las localidades reúnen las perspectivas, ideología y aspiraciones de un sector del franquismo que, en consonancia con otros centros y figuras políticas "con gran capacidad de integración de las coyunturas menos favorables del sistema", permitieron crear auténticos espacios de debate dentro de la dictadura (Palomares, 2006).

'UNA GESTIÓN PARA GANAR LA ABSOLUCIÓN': EL CASO DEL AYUNTAMIENTO DE VALENCIA (1958-1979)

La importancia del municipio franquista es a todas luces incuestionable, especialmente en la fase final del régimen, como hemos destacado en este capítulo y pudimos comprobar recientemente en nuestro estudio sobre el Ayuntamiento de Valencia entre los años 1958 y 1979 (Colomer, 2017). En aquel caso proporcionamos un conocimiento, con fuentes que hasta ese momento no habían sido exploradas —especialmente archivos privados—, de los alcaldes y del Ayuntamiento de la ciudad de Valencia en el tardofranquismo y los inicios de la Transición para intentar responder a las siguientes cuestiones: ¿qué tipo de elite política lo dirigió? o ¿cómo se planteó y llevó a cabo el ejercicio del poder que ostentaba?

Así, se rescató un estudio de los alcaldes también como gestores de la ciudad, vinculando estrechamente su personalidad ideológica con las políticas concretas de Administración municipal. El alcalde no lo entendíamos solo como mero gestor, sino como una figura que estaba ampliamente relacionada con su posición ideológica y política dentro del régimen. Aquí, la introducción del estudio biográfico resultó clave para delimitar bien los perfiles ideológicos divergentes de la elite al frente del Ayuntamiento. Ello permitió además detectar dos fases en la propia evolución del régimen municipal franquista de la ciudad de Valencia. Por un lado, el proyecto propiamente falangista de gestión urbana del municipio de Adolfo Rincón de Arellano (primer edil de 1958 a 1969) y seguido por su sucesor Vicente López Rosat (alcalde de 1969 a 1973), y finalmente el proyecto más vinculado al regionalismo de Miguel Ramón Izquierdo (alcalde de 1973 hasta el final del franquismo).

El caso de Rincón de Arellano, impulsor de la Falange valenciana y representante falangista de la elite local, resultó fundamental para comprender el peso del franquismo valenciano y la puesta en marcha de proyectos renovadores destinados a cambiar la ciudad. El análisis de esta figura posibilitó también comprender las formas de gestión del municipio. Unos modos de funcionamiento limitados por el contexto del sistema franquista, pero que el alcalde podía moldear en función de su personalidad política. En el trasfondo de la gestión de Rincón de Arellano detectamos su base ideológica, con su rechazo del liberalismo parlamentario y las soluciones de partido, planteando una tercera vía: una "izquierda del régimen", un populismo aperturista y ciertas dosis de anticlericalismo. De ese corpus ideológico surgió el planteamiento, según él "revolucionario", de una nueva urbe transformada, el cambio en la gestión de determinados servicios —como el transporte urbano— y la explotación del turismo en la ciudad como herramienta generadora de "riqueza nacional". Su acción política no puede desligarse de sus orígenes ideológicos, del contexto de la dictadura en la ciudad —tras la riada del Turia de 1957— y de la posición que tenía Falange dentro del régimen en los sesenta (Colomer, 2013).

Los ciudadanos observaron ciertos cambios de estilo en la acción de gobierno, especialmente en la forma de actuar de su sucesor, López Rosat, que podían hacer pensar en ciertas transformaciones del municipio y de su gestión. Pese a todo, el papel del alcalde siguió siendo el mismo que anteriormente, sometido a la autoridad del gobernador civil, con una legislación que no había cambiado desde la instauración del régimen y una ausencia de voluntad política de cambio por parte de los principales mandatarios locales. La alcaldía de López Rosat se caracterizó por una continuidad de proyectos y de cierta apertura política, pero fue discreta en realizaciones concretas de mejora y ello tuvo importantes efectos posteriores. Entre sus aportaciones cabe destacar el lanzamiento de una amplia encuesta municipal a los ciudadanos que incluía cuestiones abiertas sobre participación política, lengua oficial o elección del alcalde. No es de extrañar que estas cuestiones le costaran el cargo en poco tiempo.

Así, el conflicto generado por este populismo falangista o por el propio intento de liberalizar los cauces de representación municipal dentro de la alcaldía de López Rosat fue una de las causas que contribuyeron al final del proyecto. La sustitución de esa línea política, en septiembre de 1973, y el recambio por Miguel Ramón Izquierdo trajeron a escena a unos nuevos líderes, servidores del Estado y "profesionales de la gestión", no tanto socializados en las líneas maestras de la dictadura franquista como sí en la administración municipal. Este cambio es sustancial y se constata especialmente en el abandono por parte de la municipalidad de, entre otros, el discurso identitario falangista para abrazar un regionalismo y enfatizarlo políticamente utilizando festividades, organizaciones afines y el control municipal. Todo esto vio la luz en la fundación, siendo todavía alcalde Miguel Ramón Izquierdo, de Unió Regional Valenciana, partido de escaso éxito electoral, pero base de Unión Valenciana, de gran rédito político en la democracia una vez el discurso regionalista triunfó socialmente gracias, en parte, a la presión de otras fuerzas políticas como la UCD. Este alcalde enfatizará este discurso consecuente con su origen y acusará al centro y a la izquierda de "sustituir la identidad valenciana por la catalana" al querer imponer unos símbolos y una lengua distinta y extraña a la identidad de los valencianos. Dicha defensa del regionalismo caló hondo en la ciudad y generó un auténtico movimiento anticatalanista, conocido como "blaverismo" que condicionaría el proceso estatutario y autonomista. La pervivencia del discurso regionalista auspiciado desde la municipalidad franquista marcó el mandato del último alcalde franquista de la capital, sobre todo entre 1977-1979, y perviviría políticamente en la democracia (Colomer, 2012; Cucó, 2002).

Por tanto, la vinculación estrecha que marcamos en nuestro estudio entre alcaldes, percepción ideológica y gestión municipal constituyeron una novedad para la explicación del cambio en el Ayuntamiento de Valencia. Para ello partíamos del análisis de una clase dirigente al frente del consistorio en la posguerra que no era nueva, sino que más bien era una amalgama de grupos políticos anteriores y cuya legitimidad provenía de su papel activo en la Guerra Civil en apoyo al bando sublevado. El personal político que instauró el franquismo en Valencia fue heterogéneo y poliédrico, de orígenes diversos, pero con una confluencia de intereses palpable en el seguidismo al caudillo y en la implantación de las políticas de la victoria. La vinculación estrecha de su origen ideológico y de su política concreta permitió comprender la incidencia real de las diferentes alcaldías y su trascendencia, que fue más allá del propio periodo 1958-1979.

El estudio realizado rastreaba especialmente lo que se ha considerado como años fundamentales en los municipios españoles: de 1977 a 1979. Nuestro punto de partida es que en este marco cronológico las corporaciones municipales que no habían sido elegidas democráticamente compartían su espacio de gestión con un Gobierno y un parlamento democrático a escala nacional. Y esa convivencia no fue fácil ni mucho menos sencilla, condicionando las políticas locales y la propia democratización. Los años que transcurrieron desde las elecciones democráticas de junio de 1977 hasta la convocatoria de las primeras elecciones municipales de abril de 1979 tuvieron especial relevancia, pues convivieron en la misma esfera local multitud de intereses y una creciente oposición que determinaba cada una de las políticas de la alcaldía. Así, no es baladí que en estos años en la ciudad de Valencia se dieran conflictos urbanísticos que se saldaron con una victoria de los movimientos sociales —como "El Saler per al poble" o la conversión del lecho del río Turia en parque urbano—, o que se endureciera el discurso de control y esencialista de la alcaldía que transitó del franquismo a un "regionalismo bien entendido" sin solución de continuidad. Pese a todo, la alcaldía nunca se desvinculó de los presupuestos de la democracia orgánica y de los principios esenciales del régimen que decían representar. Y esa contradicción es la que merecería, sin lugar a dudas, mayor profundización y estudios comparativos con otras realidades locales, en cualquier caso.

Por último, el estudio elaborado sobre el Ayuntamiento de Valencia indica el espacio ocupado por la institución municipal como un organismo no alejado de otras instituciones, especialmente del Gobierno Civil, del cual dependía, y la Diputación, con la cual trabajó en cuanto a representación de los consistorios y fue gestora de muchos de los servicios públicos provinciales. Por tanto, es de sumo interés las relaciones establecidas desde la institución municipal con otras instituciones locales y estatales y las claras influencias de las mismas, no solo dentro del Ayuntamiento, sino en la propia ciudad de Valencia. Sin lugar a dudas, las relaciones personales y políticas, incluido el proyecto político que decían representar, de los líderes locales resultaban a todas luces fundamentales para permitir la continuidad de mando dentro de un municipio, más concretamente de una localidad, que estaba saliendo de una dictadura y cuyo horizonte estaba por vislumbrar.

CONCLUSIONES

Tal y como hemos señalado en nuestro trabajo, los ayuntamientos en el régimen franquista se constituyeron en un centro fundamental que merece una atención más profunda por parte de la historiografía. Para su construcción debemos señalar la elaboración de un complejo marco legal que estuvo en la base de la consideración de la entidad municipal como una de las principales referencias políticas del franquismo. Hemos indagado en la importancia de los ayuntamientos españoles, especialmente en los alcaldes, en el proceso del final de la dictadura franquista y de la democratización, sobre todo teniendo en cuenta su propia evolución institucional y los problemas a los cuales tuvieron que enfrentarse. Pese a todo, habría que reducir la escala de observación a un enfoque más micro para detectar enfoques que escapan a los marcos generales, pero que favorezcan la comparación entre otras instituciones o municipios en el mismo contexto histórico, como el ya realizado para ciudades como Barcelona, Valencia, Sevilla, Valladolid o Murcia.

Los ayuntamientos del Estado, en la realidad en la que se desarrolló el final de la dictadura, se movieron en su propia dinámica local, pero influidos por el contexto general de un régimen en crisis, especialmente tras 1973. Ello llevó a sus dirigentes a posicionarse ante un creciente contrapoder vecinal que carecía de representación, junto con otros poderes locales y del poder franquista del cual emanaba su legitimidad. Muchos de estos líderes transitaron a los partidos de la reforma institucional, especialmente UCD, pero también a otros grupos de signo más conservador o regionalista, lo que les permitió permanecer en el poder tras las primeras elecciones municipales en 1979.

Esa preeminencia convirtió a las municipalidades en los centros políticos e instituciones de la transición a la democracia, especialmente entre 1977 a 1979, años en los que ya había un Gobierno en Madrid constituido bajo unas elecciones generales, mientras que los municipios continuaban regidos bajo la óptica franquista y con unos ediles procedentes de la etapa anterior. Y esa convivencia no fue sencilla, condicionando, a nuestro parecer, la Transición. Como hemos señalado para el caso del Ayuntamiento de Valencia, los años que transcurrieron desde las elecciones democráticas de junio de 1977 y la convocatoria de las primeras elecciones municipales de abril de 1979 tuvieron especial relevancia en la política local y en la propia evolución de la alcaldía. La insistencia que el alcalde Miguel Ramón Izquierdo realizó del discurso regionalista atacando a enemigos interiores y exteriores o el control político e ideológico de la fiesta, en este caso las Fallas, afectaron a la evolución democrática del municipio y dinamitaron de lleno el debate de la construcción autonómica.

Esta realidad inmovilista de los últimos alcaldes, en muchos casos, llevó inexorablemente a un aumento de los deseos de cambio en las localidades que se tradujo en un claro triunfo de los partidos de izquierda en muchas capitales de provincia, como fue el caso de Valencia, en abril de 1979. La victoria de estos grupos políticos aumentó un deseo de cambio y transformación municipal que fue desde las festividades propias a las políticas urbanísticas, pero que conllevó, por otro lado, el tropiezo con la herencia recibida del franquismo. Los primeros alcaldes de la etapa democrática asumieron los problemas de las administraciones anteriores, entre ellos la elevada deuda municipal que, unida a la inacción política inicial, provocó un amplio descontento entre capas amplias de la población. Así, podemos afirmar sin temor a equivocarnos que el denominado "desencanto de la Transición" puede observarse y medirse desde las localidades y puede constituir una importante vía de estudio en los próximos años.

Así, el consistorio fue la principal referencia política de la ciudadanía, y los líderes que ostentaron la responsabilidad política de dirigirlos en el franquismo condicionaron las políticas llevadas a cabo por ellos. De hecho, la salida de los últimos líderes locales de la dictadura produjo una renovación del poder municipal. La entrada de la democracia en los municipios cambió formas de funcionamiento, auditó la política diaria del consistorio y cambió el sentido de las políticas municipales. Pese a todo, la gestión de la ciudad planteó nuevos problemas y la democracia, lejos de consolidarse plenamente, sufrió ciertas dificultades en el marco local.

Finalmente, la historia de la dictadura franquista no solo fue resultado del apoyo de la elite, de la evolución política de los cargos más relevantes e incluso de la trayectoria personal del dictador. El presente análisis ha pretendido indagar en el camino de unos dirigentes dentro de los centros políticos locales en una época de cambio y transformación. La historia del franquismo, y también de la Transición, es la historia de los ayuntamientos que la protagonizaron.

BIBLIOGRAFÍA

CALZADO, Antonio (2005): *Entre la nit i el marasme: la Vall d'Albaida, 1939-1952*, Alzira, Germanía.

CAZORLA, Antonio (2000): *Las políticas de la victoria: la consolidación del nuevo Estado franquista (1938-1953)*, Madrid, Marcial Pons.

COLOMER, Juan Carlos (2011): "Los cursos 'problemas políticos de la vida local': una respuesta del franquismo a la gestión municipal en tiempos de cambio (1960-1977)", en R. Quirosa, L. C. Navarro y M. Fernández (coords.), *V Congreso Internacional. Historia de la Transición En España. Las organizaciones políticas*, Almería, Universidad de Almería, pp. 35-56.

— (2012): "El regionalismo bien entendido: Una política de construcción nacional", en I. Saz y F. Archilés (coords.), *La nación de los españoles. Discursos y prácticas del nacionalismo español en la época contemporánea*, Valencia, Publicaciones de la Universitat de València, pp. 379-392.

— (2013): "'Una izquierda del régimen': Adolfo Rincón de Arellano y el franquismo (Valencia, 1939-1976)", *Pasado y Memoria*, 12, pp. 179-204.

— (2017): *Gobernar la ciudad. Alcaldes y poder local en Valencia (1958-1979)*, Valencia, Publicaciones de la Universitat de València.

CUCÓ, Alfons (2002): *Roig i Blau. La transició democràtica valenciana*, Valencia, Tàndem.

DEL ARCO, Miguel Ángel (2007): "'Hombres nuevos'. El personal político del primer franquismo en el mundo rural del sureste español (1936-1951)", *Ayer*, 65, pp. 238-239.

ENCINAS, David (2008): *El Ayuntamiento de Valladolid en la Transición (1973-1987). Política y gestión*, Valladolid, Universidad de Valladolid, tesis doctoral inédita.

FERNÁNDEZ, Mónica (2018): "Ayuntamientos en dictadura y en libertad: Las corporaciones locales durante la Dictadura y la Transición", *Andalucía en la Historia*, 59, pp. 32-36.

FLOR, Vicent (2011): *Noves glòries a Espanya. Anticatalanisme i identitat valenciana*, Catarroja, Afers.

FUERTES, Carlos (2017): *Viviendo en dictadura. La evolución de las actitudes sociales hacia el franquismo*, Granada, Comares.

GASCÓ, Patricia (2009): *UCD-Valencia: Estrategias y grupos de poder político*, Valencia, Publicaciones de la Universitat de València.

JEREZ, Miguel (1982): *Élites políticas y centros de extracción en España, 1938-1957*, Madrid, Centro de Investigaciones Sociológicas.

LARRAZA, Mª del Mar (2005): "El ayuntamiento pamplonés en el tardofranquismo", en VV AA, *Actas del Congreso "La transición de la dictadura franquista a la democracia"*, Barcelona, CEEFID, pp. 68-79.

MARÍN, Martí (2000): *Els ajuntaments franquistes a Catalunya: política i administració municipal, 1938-1979*, Lleida, Pagès.

— (2005): *Josep Maria de Porcioles: catalanisme, clientelisme i franquisme*, Barcelona, Base.

MARTÍN, Óscar (2006): *Albacete en Transición: el Ayuntamiento y el cambio político, 1970-1979*, Albacete, Instituto de Estudios Albacetenses.

Martínez, Mª del Carmen (2004): "Fin del régimen franquista e inicio de la Transición en la Diputación de Córdoba: 1972-1979", en VV AA, *La transición a la Democracia en España. Historia y Fuentes Documentales*, Albacete, ANABAD, pp. 1-17.

Nicolás, Encarna (1999): "Los poderes locales y la consolidación de la dictadura franquista", *Ayer*, 33, pp. 65-86.

— (2007): "La Transición se hizo en los pueblos: la vida política en Murcia (1968-1977)", en R. Quirosa (coord.), *Historia de la transición en España: los inicios del proceso democratizador*, Madrid, Biblioteca Nueva, pp. 251-267.

Palomares, Cristina (2006): *Sobrevivir después de Franco: evolución y triunfo del reformismo, 1964-1977*, Madrid, Alianza.

Quirosa-Cheyrouze, Rafael y Fernández, Mónica (2010): *Poder local y transición a la democracia en España*, Granada, CEMCI.

Reig, Ramiro (2007): "València 1875-1930", en VV AA, *València 1808-1991: en trànsit a gran ciutat*, Valencia, Biblioteca Valenciana, pp. 46-240.

Sáinz, Zuriñe (2017): *Conflicto y poder municipal: pamplona 1963-1976*, Navarra, Universidad Pública de Navarra, tesis doctoral inédita.

Sánchez, Carlos y Ponce, Julio (2011): "Difficult Years in the ayuntamientos, 1969-1979. The Transition to Democracy in Spanish Municipalities", *Bulletin for Spanish and Portuguese Historical Studies*, 36, pp. 110-129.

Sanz, Julián (2009): *La construcción de la dictadura franquista en Cantabria: instituciones, personal político y apoyos sociales (1937-1951)*, Santander, Universidad de Cantabria.

Torres, Ricard Camil (2005): *Por el imperio hacia el campo: el franquisme en una comunitat rural, la Ribera Baixa, 1939-1975*, Valencia, Afers.

Viver, Carles (1978): *El personal político de Franco (1936-1945): contribución empírica a una teoría del régimen franquista*, Barcelona, Vicens Vives.

CAPÍTULO 12

MOVILIZACIÓN VECINAL, SUS ACTORES Y ESTRATEGIAS EN LAS PERIFERIAS DE MADRID. EL EJEMPLO DEL BARRIO DE MORATALAZ

ANNA PELKA*
Universität Regensburg

Los últimos años sesenta y setenta, con la formación de asociaciones de vecinos y protestas en el área metropolitana, han sido uno de los temas más tratados en la reciente historia urbana de España. Dado que muchos militantes de grupos políticos ilegales y de grupos críticos al sistema se unieron a las asociaciones de vecinos, desde donde exigieron un cambio en la situación política, estos estudios históricos se conciben principalmente desde la perspectiva del desarrollo de la oposición política y su contribución a la democratización del país. Por lo tanto, la investigación más reciente se ocupa en gran medida de cuestiones políticas en un sentido estricto. Sin embargo, este trabajo no se centra en la historia política del franquismo, sino en el desarrollo y la transformación del espacio urbano, por lo que no analiza solo los cambios fisícos, sino también los procesos sociales básicos y la esfera pública urbana. El caso del barrio de Moratalaz en el sureste de Madrid (en el distrito de Vallecas), comenzado a levantar por la empresa URBIS en 1958 como parte del Plan de Urgencia Social de Madrid, demostrará cómo la Asociación de Vecinos, a través de su revista, intentó crear una identidad local y movilizar a los vecinos en la lucha por las mejoras en el barrio. La revista se hizo eco de las deficiencias y falta de infraestructuras, a la vez que cumplió una función aglutinadora al crear una identidad común para todos los habitantes del barrio. Estaba encaminada a conectar a

* Anna Pelka es doctora en Historia del Arte por la Ruhr Universität Bochum (Alemania). Fue becaria de investigación postdoctoral en la Universidad Autónoma de Barcelona e investigadora de la Cátedra de Historia Europea de los siglos XIX y XX de la Universidad Ludwig-Maximilian de Múnich. Actualmente ejerce la docencia en la Universidad de Ratisbona. Está especializada en los estudios comparados de las dictaduras europeas del siglo XX, en las áreas de arte y cultura, historia social e historia urbana.

los vecinos tratando de involucrarlos en los asuntos del barrio, las instituciones y los comercios, atraerlos a las ofertas de ocio y consumo allí localizadas y, por último, crear una identificación de los residentes con el lugar a través de la delimitación espacial del barrio, con un enfoque en los objetivos y experiencias comunes, pero sin posicionamientos políticos, creando así una identidad local. En este sentido, la revista se convirtió en un actor importante en el proceso de urbanización. A continuación, trato de presentar brevemente a los actores y explicar los métodos de movilización.

LA EMPRESA CONSTRUCTORA URBIS

La empresa URBIS se fundó en 1946 en el marco de los beneficios fiscales estatales[1], destinados a ayudar a combatir la escasez de viviendas en la posguerra. Un primer paso lo constituyó la Ley de Reforma Tributaria de 1940, que pretendía estimular la constitución de nuevas empresas constructoras por medio de incentivos fiscales[2]. Sin embargo, tanto la escasez de materiales de construcción como los precios máximos asociados desfavorecían a las empresas constructoras[3], por lo cual el Estado trató de persuadirlas para que construyeran diferentes tipos de viviendas con la ayuda de subsidios de las llamadas "viviendas bonificables" de 1944. Con estas iniciativas se pretendía ayudar a reducir el desempleo entre los trabajadores y proporcionar una vivienda a las clases medias[4]. Como resultado de estas reformas, entre 1941 y 1947 surgieron muchas nuevas empresas constructoras[5]. Una de ellas fue URBIS, centrada en sus inicios en la construcción de edificios de apartamentos para la clase media en las afueras. Debido a las pérdidas, se decidió un cambio de rumbo mediante el nombramiento de un nuevo gerente: Manuel de la Quintana y Ferguson, abogado y profesor de Derecho Civil de la Universidad de Madrid[6]. Bajo sus auspicios la empresa pasó a construir apartamentos para todo tipo de clientes[7].

1. Llordén Miñambres, Moisés, "La política de vivienda del régimen franquista: nacimiento y despegue de los grandes constructores y promotores inmobiliarios en España, 1939-1960", *Los empresarios de Franco. Política y economía en España, 1936-1957*, ed. Glicerio Sánchez Recio, Julio Tascón Fernández, Barcelona, 2003, p. 163.
2. Jefatura del Estado, Ley, de 16 de diciembre de 1940, de Reforma Tributaria, BOE, 22/12/1940, nº 357, pp. 8746-8770.
3. Eugenio Torres Villanueva, "La empresa en la autarquía, 1939-1959. Iniciativa pública *versus* iniciativa privada", *Autarquía y mercado negro*, p. 187.
4. "La construcción de viviendas como medio para emplear mano de obra", *Vivienda y paro*, nº 36, 1954, pp. 18-20; "Dos grandes objetivos del Movimiento: Menos paro y más viviendas", *Vivienda y paro*, nº 48, 1955, pp. 13-14; Fernando Roch Peña, "Algunas notas sobre el sistema inmobiliario madrileño en la década de los 50", *La vivienda en Madrid en la década de los 50*, Madrid, 1999, p. 92.
5. Torres Villanueva, *ibidem*, p. 174.
6. Manuel de la Quintana, "Franco no es repetible, pero si continuable", *ABC Sevilla*, 07/10/1973, pp. 25-26.
7. Roch Peña, "Algunas notas sobre el sistema inmobiliario madrileño en la década de los 50", *La vivienda en Madrid en la década de los 50*, Madrid, 1999, pp. 109-110.

La constructora adquirió grandes extensiones de terrenos agrícolas al sureste del Retiro, urbanizando las partes más próximas al parque, lo que a su vez produjo una revalorización del resto de los terrenos[8]. Esta fue, en definitiva, la receta de su éxito: la compra de grandes extensiones a bajo precio colindantes con otras previamente adquiridas y pendientes de urbanizar, comenzando a construir en estas y especulando con el consiguiente aumento del valor de las restantes parcelas. De esta manera, URBIS expandió el espacio urbano cada vez más hacia la periferia.

Así, a finales de los años cincuenta se levantaron los dos primeros asentamientos destinados a la clase media y alta, según el proyecto y bajo la dirección técnica del arquitecto José Antonio Domínguez Salazar: el Niño Jesús, situado al sureste del parque del Retiro, y el Estrella, más al este. Sin embargo, la implicación de URBIS en la construcción de viviendas sociales no se produjo hasta después de 1956, con la aprobación del Plan de Emergencia Social de Madrid y el anuncio de la construcción de 60.000 viviendas baratas en un periodo de dos años[9]. El régimen prometió a las empresas constructoras privadas terrenos baratos y beneficios adicionales para acabar con el crecimiento urbano "caótico e incontrolado"[10]. URBIS acudió a este llamamiento, adquiriendo en 1957 parcelas agrícolas al sureste de los asentamientos de Niño Jesús y Estrella, donde entre 1958 y 1960 levantó el primer bloque de apartamentos de Moratalaz. De esta forma pasó a convertirse en un actor importante del Plan de Emergencia, haciéndose cargo de más del 30% de los proyectos de construcción previstos[11].

La expansión de Moratalaz fue continuada por URBIS debido a la fuerte demanda ocasionada por la creciente inmigración. Sus proyectos se vieron facilitados por la liberalización del mercado de suelo en el marco del Plan General de Ordenación del Área Metropolitana de 1963, a través del cual Madrid y sus 22 municipios circundantes se unieron para formar la Región Metropolitana de Madrid, sometiéndose a una planificación conjunta[12]. Contrariamente a la regulación anterior, según la cual los terrenos necesarios para la construcción se obtenían mediante la expropiación y se ponían a disposición de las empresas constructoras privadas a un precio fijo establecido por las autoridades, el nuevo plan permitía al sector privado participar en la

8. Carlos Sambricio, Urbis, *Un siglo de vivienda social 1903-2003*, tomo 1, Madrid, 2003, pp. 268-270.
9. Jefatura de Estado, Ley, de 13 de noviembre de 1957, sobre Plan de Urgencia Social de Madrid, BOE, 14 de noviembre de 1957, nº 286, pp. 1085-1088.
10. Jefatura de Estado, Ley, de 13 de noviembre de 1957, sobre Plan de Urgencia Social de Madrid, BOE, 14 de noviembre de 1957, nº 286, p. 1085.
11. Sambricio, *ibidem*, p. 270.
12. Sobre el Plan General: Pedro Bidagor Lasarte, "El desarrollo urbanístico de Madrid", *Madrid 1964. Evolución demográfica, desarrollo urbanístico, economía y servicios*, ed. Instituto de Estudios de Administración Local, Madrid, 1963, pp. 98-101; Julio Vinuesa Angulo, "Distintas delimitaciones del Area Metropolitana de Madrid", *Revista Internacional de Sociología*, nº 23, 1977, pp. 441-458; Elia Canosa Zamora, *La promoción inmobiliaria en la periferia noreste de Madrid*, Madrid, 1995, pp. 193-196; Fernando de Terán, *El pasado activo. Del uso interesado de la historia para el entendimiento y la construcción de la ciudad*, Madrid, 2009, pp. 209-211.

compra de los terrenos por su cuenta. Además, se autorizaba a los propietarios de al menos el 60% de aquellos terrenos, para cuyo desarollo estaba prevista la elaboración de un plan parcial, a elaborar ellos mismos dicho plan y a ejecutarlo tras su aprobación por la Administración local y central.

En el curso de estas medidas de (des)regulación se elaboró el plan de desarrollo parcial Moratalaz Oeste, que fue aprobado para la totalidad de los terrenos de URBIS en 1964. Con eslóganes publicitarios como "La vivienda que Madrid necesita para su clase media" o "No se apure... su coche tiene espacio en Moratalaz"[13], la constructora dirigió su oferta principalmente a la creciente clase media al albur de la pujanza económica. Su poder adquisitivo le permitió hacer frente a la constante subida del precio de la vivienda como consecuencia de la subida del precio del suelo. En efecto, el suelo se encareció un 740% entre 1965 y 1974 y resultó en un aumento del 300% en los precios de la vivienda, debido principalmente a la especulación por parte de las compañías inmobiliarias como resultado de la liberalización del mercado del suelo[14].

Entre 1958 y 1972, URBIS construyó el núcleo occidental del distrito de Moratalaz (Moratalaz Oeste). Siguiendo el proyecto de José Antonio Domínguez Salazar, Moratalaz fue circundada por un anillo vial y dividida internamente en polígonos, designados por letras (A, C, E, V, F, G, H, I, X, Z, S, Y). Había un total de 12 polígonos, cada uno con superficie de 115.000 metros cuadrados y capacidad para 1.612 viviendas de media. En el mayor de estos asentamientos (G) había 3.196 viviendas sobre 217.360 metros cuadrados; el más pequeño (Y) tenía 674 viviendas sobre 54.560 metros cuadrados en bloques de diversas formas, alturas y calidades[15]. En 1972 el distrito tenía una superficie total de casi 1,7 millones de metros cuadrados, en los que vivían 80.000 personas en 19.348 viviendas. Más del 60% de los residentes eran trabajadores y funcionarios de rango inferior[16].

Con la construcción de Moratalaz URBIS se convirtió en una empresa inmobiliaria de éxito. URBIS se constituyó con un capital fundacional de 30 millones de pesetas, que en 1973 ya superaba los 1.300 millones. Fruto de su estrategia de comprar parcelas agrícolas y así reunir grandes extensiones de terreno la constructora era propietaria de más de 5 millones de metros cuadrados de suelo edificable solo en Madrid, lo que correspondía a la totalidad de los barrios de Niño Jesús, Estrella y casi todo Moratalaz[17].

---

13. Maite Cabrerizo, *El Avance de Moratalaz. Un barrio de todos*, Madrid, 1995, p. 14.
14. Mercè Sala Schnorkowski, "El sector inmobiliario en Cataluña", *Ciudad y Territorio*, nº 3, 1977, p. 64.
15. Isabel Rodríguez Chumillas, *Vivienda y promoción inmobiliaria en Madrid*, Lleida, 2001, pp. 50-51.
16. Fernando Porras, "De 0 a 90.000 vecinos: Moratalaz 1960-1970", *Un siglo de vivienda social*, tomo 2, p. 182.
17. Rodríguez Chumillas, *ibidem*, pp. 48-49.

LA ASOCIACIÓN DE VECINOS Y SU REVISTA

Mientras que URBIS era premiada como una "empresa de liberación del hombre" por el régimen por su "compromiso social", los vecinos padecían la baja calidad de las viviendas y la falta de infraestructuras básicas del barrio. Esta autopercepción era expresión de una "crisis de la ciudad" que había sido diagnosticada internacionalmente en la esfera pública urbana desde finales de los años sesenta. Esta crisis se refería principalmente a las graves carencias en infraestructuras urbanas, pero también deploraba los cambios en las formas de coexistencia y relaciones sociales de la población urbana. En particular, se observó el individualismo y la desaparición de las relaciones de vecindad y la vida colectiva, que iban a caracterizar la sociedad urbana de los años sesenta y setenta[18]. En esta autopercepción el barrio de Moratalaz pertenece así a uno de los lugares donde los síntomas de la crisis urbana se materializaron.

La Asociación de Vecinos de Moratalaz intentaba luchar contra estos mismos síntomas. La asociación tuvo sus orígenes en un grupo de vecinos que, inmediatamente después de mudarse en septiembre de 1961, se habían organizado en una Asociación de Propietarios y Vecinos de Moratalaz, registrada oficialmente, para presentar una queja conjunta contra URBIS y exigir mejoras[19]. En aquel momento una asociación solo podía ser autorizada e inscrita tras cerciorarse las autoridades de la lealtad política de sus miembros ("políticamente no sospechosos")[20]. En este sentido, la Asociación de Vecinos era en un principio un medio de denuncia de los problemas del barrio y de la empresa constructora, pero sin ninguna intencionalidad política. Su primer presidente, el obrero Emilio Menéndez de la Vega Seco (en los primeros años de fundación, entre 1961 y 1970)[21], quien era a su vez delegado del Movimiento Nacional en el distrito, destacó en una entrevista de los años ochenta que "tenía más en cuenta el bienestar del distrito que la política en general" y que quería trabajar exclusivamente por los intereses de este[22]. Así, la asociación se quejaba de la mala calidad de las viviendas, afectadas por humedades, o de la ausencia de transporte público: las paradas más próximas solo se alcanzaban tras una larga caminata[23].

Durante el proceso de construcción posterior se acumularon las quejas. El plan parcial de desarrollo de 1964, que debía especificar y aplicar las disposiciones del plan general, en cambio se le oponía en gran medida. Para el área de Moratalaz Oeste el plan general reservaba 12 hectáreas de terreno para zonas verdes; pese a

18. Manuel Castells, *Ciudad, democracia y socialismo. La experiencia de las Asociaciones de vecinos de Madrid*, Madrid, 1977, pp. 39-47; Miguel Fisac, "Mi enemigo vecino", *ABC*, 05/04/1972, p. 13.
19. José Díaz, *Historia de Moratalaz*, Madrid, 1981, pp. 169-170.
20. Radcliff, Pamela Beth, *Making Democratic Citizens in Spain. Civil Society and the Popular Origins of the Transition, 1960-78*, Basingstoke, 2011, p. 99.
21. Díaz, *ibidem*, pp. 172-174.
22. Ebd., pp. 172-173.
23. "Nuestro presidente, D. José Luis Pérez Gómez, contesta a nuestra pregunta", *Moratalaz*, nº 25, 1970, p. 4.

ello, URBIS levantó adicionalmente 50 bloques de 15 pisos cada uno con un total de 1.740 viviendas[24], reduciendo la superficie destinada a zonas verdes a menos de un tercio. La densidad de población también superó ampliamente las disposiciones del plan general: contraria a la previsión de 40.000 habitantes para el año 2000, el número de habitantes ya superaba los 100.000[25]. A pesar de estas importantes desviaciones del plan general, el plan parcial fue aprobado por las administraciones competentes. Por un lado, esto se explica tanto por los numerosos contactos personales de De la Quintana con el aparato del régimen, que había fortalecido desde 1966, como por su liderazgo dentro del comité de construcción y materiales de construcción del segundo plan de desarrollo económico y social[26]. Por otra parte, el Ayuntamiento de Madrid también estaba más interesado en aprobar el proyecto de construcción y, por lo tanto, en obtener ingresos adicionales con que cubrir su insuficiente financiación, que en el cumplimiento de las normas de planificación urbana. A pesar de la regulación particular otorgada por ley especial de Madrid, que concedía mayores prerrogativas al alcalde[27], en la práctica la capital se enfrentó a un enorme déficit financiero. Casi una veintena de autoridades estatales diferentes promovieron urbanizaciones de forma independiente y sin el visto bueno municipal, estando exentas del pago de tasas municipales[28]. Sin embargo, el Ayuntamiento era responsable de dotar de infraestructuras y servicios a todas las unidades de vivienda construidas, por lo que este estaba sobrecargado financieramente. En este sentido, la construcción sobre zonas reservadas por parte de URBIS, por ejemplo, en parcelas destinadas a zonas verdes, suponía un beneficio económico adicional para el municipio[29].

Sin embargo, URBIS ejecutó diversas infraestructuras básicas como aceras, colegios, guarderías, centros de salud, alguna instalación deportiva (por lo general privada) y aparcamientos. Aunque URBIS trató así de maquillar la finalidad especulativa de su negocio inmobiliario apoyando iniciativas sociales[30], la empresa se concentró principalmente en la construcción del mayor número posible de apartamentos y en el establecimiento de instalaciones comerciales propias como gasolineras, tiendas, cines (por ejemplo, el Moratalaz) o escuelas privadas[31], buscando la

24. *Moratalaz*, nº 25, 1970, p. 5.
25. "Las raíces del problema", *Moratalaz*, nº 49, 1973, p. 2; "El expolio del parque de Moratalaz", en *Moratalaz*, nº 65, 1977, p. 4.
26. Jefatura del Estado, Ley 1/1969, de 11 de febrero, por la que se aprueba el II Plan de Desarrollo Económico y Social, BOE, 12/02/1969, nº 37, pp. 2137-2142.
27. Manuel Pérez Olea, *Problemas de Madrid ante su Ley especial*, Madrid, 1964.
28. Madrid/Barrios 1975, ed. CIDUR, Madrid 1976, pp. 91-99; Víctor Simancas, José Elizalde, El mito del Gran Madrid, Madrid 1969, pp. 100-112.
29. Miguel Fisac, "Ayuntamientos rumiantes", *ABC*, 21/06/1974, p. 23; Fernando de Terán, *Planeamiento urbano en la España contemporánea (1900-1980)*, Madrid, 1982, pp. 459-468.
30. "¡Cooperemos!", *Moratalaz*, nº 12, 1968, p. 4.
31. "Urbis, una gran empresa con tres barrios gigantescos en su haber: Niño Jesús, La Estrella y Moratalaz", *El Alcázar*, 04/03/1965, p. 6; "Historia contemporánea de Moratalaz", *Moratalaz*, nº 51, 1974, p. 6.

rentabilidad. La falta de plazas escolares en relación con el número de niños del distrito era la principal preocupación. Según estimaciones de la Asociación de Vecinos, a principios de la década de 1970 faltaban más de 12.000 plazas escolares[32]. Esta escasez solo podría compensarse con la introducción de la enseñanza por turnos en las pocas escuelas existentes y, en parte, con clases particulares en el hogar[33].

Si bien la asociación consiguió con relativa rapidez que se dotase al barrio con transporte público gracias a su compromiso y a que la empresa constructora pagase las multas correspondientes y ejecutase reparaciones en los pisos actuando ante el Ministerio de Vivienda[34], la demanda de un parque público y de más escuelas e instalaciones deportivas fue una constante. Sobre el papel, la Ley de Suelo de 1956 autorizaba al municipio a retirar la licencia de construcción concedida en caso de que la empresa constructora infringiera el plan urbanístico. La Gerencia Municipal de Urbanismo de Madrid (GMUM) asumió esta tarea en Madrid, sustituyendo a la anterior Comisaría para la Ordenación Urbana de Madrid (COUM) en 1963 como parte del Plan General, que era responsable de gestionar el desarrollo urbano a nivel municipal[35]. Sin embargo, la retirada de la licencia de construcción obligaba a la administración municipal a pagar una indemnización a la empresa inmobiliaria[36], lo que resultaba contraproducente en vista de la financiación insuficiente del municipio y de la práctica de ventas de licencias. Bajo estas premisas, el Ayuntamiento rechazó las quejas de los residentes, argumentando la falta de disponibilidad de parcelas libres para nuevas infraestructuras porque, incumpliendo sus obligaciones, URBIS no había dejado ninguna parcela libre[37].

Debido a la buena reputación de URBIS ante las autoridades administrativas centrales, las reclamaciones de la asociación fracasaron inicialmente, pues si bien se admitieron las irregularidades en la aplicación de la ley, estas se justificaron en la falta de mecanismos de control y sanción[38]. La autoridad provincial del Ministerio de Vivienda encargada del seguimiento del desarrollo urbanístico de Madrid se quejó de su falta de competencias y de los problemas de coordinación con los órganos centrales del Ministerio. La COPLACO (Comisión de Planeamiento y Coordinación del Área Metropolitana de Madrid)[39], creada en 1963 como parte del plan general del ordenamiento urbano de la región metropolitana, no disponía

32. *Moratalaz*, nº 25, 1970, p. 5.
33. "Mesa redonda sobre el problema de la enseñanza", *Moratalaz*, nº 51, 1974, p. 8.
34. *Moratalaz*, nº 25, 1970, p. 4.
35. "La Gerencia Municipal de Urbanismo", *Villa de Madrid*, nº 31, 1971, pp. 150-157; Manuel F. Clavero Arévalo, *La Gerencia Municipal de Urbanismo*, Madrid, 1964.
36. Terán, *Planeamiento urbano*, p. 463.
37. "Moratalaz: latifundio de Urbis", *Moratalaz*, nº 89, 1980, p. 4; *Moratalaz*, nº 25, 1970, p. 5.
38. "Las raíces del problema", *Moratalaz*, nº 49, 1973, p. 2.
39. *Composición y funciones de la Comisión del Planeamiento y Coordinacion del Area Metropolitana de Madrid*, ed. COPLACO, Madrid, 1977; *Problemas y perspectivas del Area Metropolitana de Madrid*, ed. Ministerio de Obras Públicas y Urbanismo, COPLACO, Madrid, 1978.

de instrumentos suficientes para ejercer funciones de control. De este modo, la autoridad estatal trasladaba el problema a la autoridad local, pues era ella la que debía proporcionar las infraestructuras públicas necesarias. En general, ninguno de estos actores estaba seriamente interesado en satisfacer las demandas de la Asociación de Vecinos, ya que el mercado inmobiliario era extremadamente lucrativo. En vista de la alta demanda, la construcción de viviendas era la solución más rentable no solo para la empresa inmobiliaria, sino también para las autoridades públicas: la política social del Estado se legitimaba con la construcción de viviendas y el municipio obtenía ingresos adicionales sin incurrir en costes derivados de la dotación de nuevas infraestructuras.

Estos problemas, así como la pasividad de las autoridades públicas, alentaron a la Asociación de Vecinos a comenzar una lucha a largo plazo por el bienestar del barrio. Mientras que el discurso de la crisis urbana se refería a la falta de urbanización, infraestructuras inadecuadas y, además, a los modos de vida y las relaciones sociales[40], la asociación también descargaba culpas en los vecinos por el fracaso hasta esa fecha. Según los representantes de la asociación, la lucha podría tener éxito si los habitantes no fueran tan "apolíticos", si los miembros fueran "más numerosos" y si la "mayoría en Moratalaz no esperara los cambios positivos en el distrito sin querer comprometerse constructivamente por ellos". El problema, desde el punto de vista de la asociación, era que los vecinos "da[ba]n importancia al yo frente a la comunidad"[41].

ESTRATEGIAS DE MOVILIZACIÓN

En este contexto, la Asociación de Vecinos de Moratalaz justificó sus esfuerzos de movilización en el hecho de que los problemas individuales en relación con el barrio eran al mismo tiempo problemas colectivos, cuya solución debía lograrse entre todos[42]. El intento de la asociación de atraer al mayor número posible de residentes no se limitaba a un interés por captar nuevos afiliados, utilizadas mayormente para costear las acciones legales contra URBIS[43], sino a la suposición de que una acción aislada de un individuo era poco efectiva, considerando, en cambio, que un número elevado de miembros era una clara señal de fuerza frente a la empresa[44].

La revista de distrito *Moratalaz* apareció por vez primera en agosto de 1967 bajo el título *Familia*[45], que tuvo que ser cambiado poco después por motivos legales

40. Castells, *Ciudad, democracia y socialismo*, p. 74.
41. "Cartas de los socios", *Moratalaz*, nº 14, 1969, p. 13.
42. "Editorial", *Moratalaz*, nº 19, 1970, p. 1.
43. "Los socios también comentan", *Moratalaz*, nº 25, 1970, p. 6.
44. *Moratalaz*, nº 25, 1970, pp. 4-5.
45. Díaz, *Historia de Moratalaz*, p. 262

(tal título ya existía en España)[46]. Emilio Menéndez de la Vega, fundador de la revista y primer presidente de la Asociación de Vecinos, destacó que tanto el título "Familia" como el posterior de "Moratalaz" tenían el mismo objetivo: mejorar el bienestar general de quienes viven o van a vivir en el asentamiento[47]. Así, desde el principio la revista, al igual que la propia Asociación de Vecinos, tuvo como objetivo criticar a la empresa constructora URBIS y defender los intereses de los vecinos. Como medio de la asociación, la revista dedicó gran parte de sus reportajes a la descripción de las actividades de la asociación en su lucha contra la empresa constructora. También se trató el estado de los litigios y de los progresos en la urbanización del barrio. La revista se enfocaba a aquellos vecinos que aún no eran miembros de la asociación para lograr captar nuevos asociados[48]. Esta misión se puede ver en el artículo "Los árboles tienen miedo"[49] .

El texto se refería al trabajo sistemático de tala ejecutado por URBIS para la construcción de nuevas viviendas. Según el autor del artículo, estos árboles, que son naturalmente pacifistas y no quieren hacer daño a nadie, tienen miedo de las dragas, que a su vez "odian los árboles y los jardines". El autor enfatizaba que los árboles mal podían defenderse cuando eran muy pocos y estaban tan dispersos en el distrito: "Si los árboles fueran muchos y formaran grandes y espesos bosques, aún se podrían defender unidos, ofreciendo toda clase de obstáculos a la destrucción, incluso el obstáculo del miedo, ese miedo que infunde siempre el misterio de los bosques y que muchas veces se debe, simplemente, a los cuentos y leyendas"[50]. Llamaba así el autor metafóricamente la atención sobre la necesidad de solidaridad y cooperación mutuas[51].

En un sentido similar debe de interpretarse la carta de un asociado, quien se describe como alguien que había sido "apolítico"[52]. Como muchos en este barrio, argumentó, "nunca [había] creído en asociaciones y organizaciones" y, en general, "siempre ha sido muy escéptico con respecto a cualquier tipo de institución en la que unos pocos caballeros ordenan la cooperación para el bien de los demás sobre la base del altruismo puro"[53]. Argumentó que nunca había considerado los llamamientos de la asociación porque creía que esta tenía algo que ver con URBIS, y que URBIS no era de su confianza debido a las muchas carencias del barrio. Sin embargo, después comprendió que la asociación no tenía nada que ver con URBIS, sino que estaba luchando contra ella. En este sentido, su carta subrayaba que la asociación en su conjunto hacía poco, pero teniendo en cuenta el escaso apoyo de los

46. "Editorial", *Moratalaz*, nº 6, 1968, p. 1.
47. Ebd.
48. *Moratalaz*, nº 25, 1970, p. 5.
49. "Los árboles tienen miedo", *Moratalaz*, nº 11, 1968, p. 5.
50. Ebd.
51. "¡Cooperemos!", *Moratalaz*, nº 12, 1968, p. 4.
52. "Es la primera vez", *Moratalaz*, nº 14, 1969, p. 14.
53. Ebd.

residentes, este poco era mucho. No solo es importante un mínimo apoyo financiero, sino sobre todo "el apoyo moral de un barrio todo unido": "No es lo mismo representar a dos mil que a quince mil habitantes", porque todos en el barrio están interesados en las mejoras.

Según el comité de la asociación, la razón del escaso espíritu participativo de los vecinos eran sus discrepancias. La revista perseguía superar esas discrepancias generando un sentimiento colectivo de pertenencia. El sociólogo francés Pierre Bourdieu subraya que, a través de la práctica cultural de la vida, la identidad individual nunca es independiente de la identidad colectiva, es decir, que la identidad colectiva de los individuos se basa en el apego a valores comunes, la memoria de una historia común y la orientación hacia objetivos comunes[54]. En este sentido, el objetivo de la asociación, según esta tesis, era también construir esa identidad colectiva, consiguiendo la implicación de los vecinos, con la ayuda de la revista. Por lo tanto, Moratalaz como lugar social debe definirse por la confluencia de objetivos comunes y la delimitación espacial del barrio.

El objetivo común de todos los vecinos, según la asociación, era dotar al distrito de las infraestructuras que faltaban. Esto se reflejaba, por ejemplo, en una caricatura publicada en la revista bajo el título "Esta es la realidad"[55]. Una delegación de presuntos representantes oficiales recorre la calle principal del barrio —en la que solo se pueden ver varios bloques de pisos altos— y es recibida ceremoniosamente por los residentes. A la orilla de la carretera se ven pintados un parque, una escuela y una instalación deportiva. La obtención de estas tres infraestructuras centró las demandas de la Asociación de Vecinos, promesas siempre incumplidas por parte de las autoridades. Se debía concienciar a los vecinos, a la vista de estas necesidades y objetivos, y animarlos a actuar: "[...] El o los problemas no es el mío ni el tuyo, se convierten en el nuestro o el vuestro, es decir, por lo general en el de todos. [...] Podemos y debemos resolverlos todos no solamente por beneficio propio, sino pensando en nuestros hijos"[56]. La redacción de la revista argumentaba además que era necesario y justo que "todos aporten un grano de arena", porque "si la ganancia es común, también deben ser comunes el esfuerzo y la contribución".

Con el empleo del "nosotros" se intentó subrayar el sentimiento de preocupación compartida y, a la vez, diferenciar al grupo frente al exterior. Así, la revista subrayó que todo el barrio forma una especie de comunidad de destino. Por medio de la retórica del "nosotros", la pertenencia a esta comunidad también se estableció como un hecho indiscutible. Esto se puede ver en el texto "Moratalaz, barrio

54. Pierre Bourdieu, *Die feinen Unterschiede – Kritik der gesellschaftlichen Urteilskraft*, Fráncfort del Meno, 1982, pp. 277-286.
55. "Esta es la realidad", *Moratalaz*, nº 41, 1972, p. 15.
56. "Los socios también comentan", *Moratalaz*, nº 25, 1970, p. 6.

único"[57]. La formación de un sentido colectivo se persiguió mediante un alto grado de emotividad en combinación con los patrones culturales conocidos. El texto fue escrito desde la perspectiva del hermano de una vecina que viene de visita desde un pueblo en las cercanías de Toledo. Frente a los inconvenientes de su casa del pueblo, describe la vivienda de la hermana en el contexto de un "barrio único" con un "pequeño jardín", con una "bella extensión entre los bloques de pisos" y una "parroquia envidiable" y todas las dependencias eclesiásticas pertenecientes a ella. Para él, el barrio era "como una bendición de Dios" en comparación con su casa del pueblo, y los habitantes también eran cariñosos y sensibles, pero no cargantes ni chismosos. Buscaba con ello despertar fuertes emociones positivas entre los lectores sobre el barrio, que también sería su "barrio" si tuviera la suerte de poder venir a Madrid.

El origen del autor debía hacer al lector rememorar las experiencias habidas en sus lugares de origen y enfatizar Moratalaz como signo de su mejora social. Se trataba de crear un vínculo emocional con el barrio, que daría sentido de colectividad a través de experiencias compartidas (su pasado como emigrantes) y de fines (un Moratalaz mejor). Al mismo tiempo, su condición como hermano de una residente facilitó la equiparación de todos los vecinos y garantizó su credibilidad. El objetivo común de mejorar el barrio para el bienestar de los vecinos no era el único punto de unión. Una identidad común precisaba de solidaridad, que fue perfilada por la revista no solo en atención al ámbito espacial, sino también por la evocación de un pasado común como emigrantes. Los habitantes de Moratalaz, como la hermana del visitante toledano citado, procedían de zonas rurales que se habían trasladado a Madrid en busca de trabajo. Esta experiencia compartida era un topos que se repetía constantemente en los textos de la revista. Además de la publicación periódica de columnas bajo el título respectivo de "Los precursores de Moratalaz"[58] y "El emigrante". Esta identidad se destacaba sobremanera, junto a otros, en el poema "Moratalaz-Madrid"[59]:

Madrid, capital de España,
es una ciudad muy bella,
pero vino tanta gente,
que no cabemos en ella.

Al aumentar la ciudad,
con los que vienen de fuera,

57. "Moratalaz, barrio único", *Moratalaz*, nº 31, 1971.
58. "Los precursores de Moratalaz", *Moratalaz*, nº 27, 1971, pp. 16-18.
59. "Moratalaz-Madrid", *Moratalaz*, nº 39, 1972, p. 15.

se han creado unos barrios,
que se llaman la periferia.
Y la Inmobiliaria Urbis
vio su oportunidad,
fundando un hermoso barrio
que llaman Moratalaz.

No creáis que es un barrio
que no tiene importancia,
pues en la actualidad
tiene más de cien mil almas.

Los desafíos del cambio social causado por la inmigración debían superarse compensando la pérdida de continuidad y tradiciones mediante el establecimiento de nuevas costumbres. Aunque estas nuevas costumbres mantenían formas familiares, adquirieron diferentes significados[60]. Por ejemplo, el festival del barrio en honor de Nuestra Señora de Moratalaz cada mes de julio, organizado por representantes del Ayuntamiento, URBIS, la Asociación de Vecinos, pero también por los comerciantes, autoridades y organismos administrativos del barrio[61], debía emular la tradición religiosa de las fiestas populares, pero en nuevas formas urbanas[62]. Los días festivos debían reunir a todos los habitantes de Moratalaz para establecer una identidad común mediante esta celebración conjunta. En palabras de los editores de la revista, los festejos tenían por objeto reunir a aquellos vecinos que aún no se conocían entre sí y así dar pie a entablar amistades, necesarias en una comunidad. Todos los vecinos, independientemente de su ideología o afiliación social, deben estar unidos[63]. De esta manera, la revista contribuyó significativamente a la formación de una identidad en la medida en que la representación de las fiestas, con una descripción detallada de las celebraciones, las normas, las emociones y los patrones de comportamiento, tenía por objeto despertar y fortalecer ese sentimiento de pertenencia.

Los puntos centrales fueron siempre la feria y la santa misa[64]. Sin embargo, a los elementos religiosos se les prestaba poca atención en contraste con la dada a los concursos y actividades para todas las edades. Entre ellas, por ejemplo, la elección de la chica más guapa —Guapa de Moratalaz— y sus dos damas de honor, una carrera ciclista por todo el distrito, partidos de fútbol, fuegos artificiales, peluquería,

60. Wolfgang Kaschuba, *Einführung in die Europäische Ethnologie*, Múnich, 1999, p. 182.
61. "Fiestas en honor de nuestra Señora de Moratalaz", *Moratalaz*, nº 43, 1972, p. 3; *Guía de Moratalaz*, ed. Ayuntamiento de Madrid, Madrid, 1998, p. 27.
62. "Fiestas en Moratalaz", *Moratalaz*, nº 10, 1968, pp. 2-6; "Fiestas", *Moratalaz*, nº 16, 1969, p. 3.
63. "Editorial", *Moratalaz*, nº 23, 1970, p. 1.
64. *Moratalaz*, nº 10, 1968, pp. 2-6; "Fiestas en honor de la Santisíma Virgen", *Moratalaz*, nº 23, 1970, p. 2.

bailes y concursos de albañilería. Todas estas actividades combinaban el entretenimiento con las vivencias colectivas, logrando un sentimiento de pertenencia. Este lado positivo fue subrayado al describir cómo todos hablaban ("el sitio estaba lleno de público bailando al ritmo de las orquestas"[65]), cómo el público aplaudía vívidamente ("cuando se presentaban las chicas más bellas al público, recibían grandes aplausos"[66]) o cómo se emocionaban y se involucraban con pasión ("los numerosos ciclistas estaban ansiosos por mostrar sus habilidades"[67]). No obstante, también hubo tensiones y emociones negativas, como la indignación o la decepción causadas por la falta de infraestructuras ("el comienzo de la romería dio paso a la ira al irse la luz"[68] o "en el partido de fútbol se reunieron unas 3.000 personas en el campo. ¡Cuánta falta nos hace un estadio de fútbol en Moratalaz!"[69]).

La descripción de las reacciones a las celebraciones, descritas como "maravillosas", "divertidas", "verdaderas reuniones", fomentó un código común, confluyendo en un sentimiento de colectividad las emociones positivas, debidas al encuentro entre todos, y las emociones negativas, debidas a los problemas del barrio. De esta manera, las fiestas se convirtieron para la revista en un signo de creación de una comunidad, incluidos los representantes institucionales (que entregaron premios a los ganadores de los concursos) y el comercio local (que donó estos premios). Las fiestas dieron a los vecinos la oportunidad de mostrar públicamente su relación con el lugar. La falta de un sentido de pertenencia en la vida cotidiana fue superada, según la revista, por medio de las celebraciones, de las que esta se hizo eco.

Las actividades deportivas tenían una función similar porque, al igual que las fiestas, según la revista, "unen los corazones"[70]. En este sentido, la revista se involucró, entre otras cosas, en la formación de un equipo juvenil de fútbol con la intención de "crear un equipo para Moratalaz"[71] para dar a los jóvenes la oportunidad de "practicar deporte y entablar amistades entre ellos y con los adultos"[72]. Según los editores, esta iniciativa necesitaba no solo de los futuros deportistas, sino también de los aficionados que animasen al equipo y su espíritu de lucha[73]. En este sentido, los deportes debían ofrecer una vez más a los vecinos una conexión cotidiana con el lugar y la comunidad. La revista intentó despertar ese sentimiento colectivo positivo con numerosos reportajes, describiendo un "campo de deportes

65. *Moratalaz*, nº 10, 1968, p. 2.
66. Ebd.
67. Ebd.
68. Ebd.
69. Ebd.
70. "Crónica del partido, Profesores-Alumnos", *Moratalaz*, nº 12, 1968, p. 10.
71. "Deportes", *Moratalaz*, nº 25, 1970, p. 30.
72. Ebd.
73. Ebd.

abarrotado"[74], "invadido" por una multitud que reaccionaba con entusiasmo, buscando con ello de nuevo crear un sentido de comunidad.

La principal estrategia de la revista para la construcción de una identidad de barrio fue jugar el papel de una plataforma para el encuentro y la cooperación entre vecinos, entre otras formas animándolos a participar en diversas secciones mediante la sugerencia de posibles temas de interés y en la organización de actividades culturales. Bajo el título "Teatro", por ejemplo, la revista se dirigía a los jóvenes de la siguiente manera: "Ahora vuelvo a llamaros por medio de esta sección y modestas líneas para que acudáis. Sois vosotros los que tenéis la palabra. Nosotros os proporcionamos los medios; vosotros tenéis que actuar y dirigir vuestras actividades"[75].

La columna "La mujer en el hogar" intentaba implicar a las mujeres del barrio en la lectura y también en el compromiso social. La columna debía promover el intercambio entre las mujeres en el ámbito del hogar y la cocina, pero también en otras áreas. Sin embargo, el resultado no pareció satisfactorio, como puede verse en la siguiente cita: "Las mujeres no nos leen o tienen algo mejor que hacer que pensar en nuestra revista". La falta de interés percibida se asoció con "nuevos tiempos", es decir, con las consecuencias del cambio social y de la sociedad de consumo moderna:

> Pensamos en labores que, siendo de fácil realización, harían que algunas damas se alegraran de aprender, pero está visto que los plásticos y fibras vegetales son más apropiados y dan menos quebraderos de cabeza. [...] También contábamos con las recetas de cocina, pero está visto que las latas de conservas con los guisos preparados son más rapidos de hacer que tener que estar pensando en tantos gramos de esto u otro, que puede dar lugar a equivocaciones y estropear un guiso[76].

Para que este "rincón de la mujer no desaparezca de la revista", se colaboró incluso con MARPIL, la droguería del barrio, que daba a los lectores consejos de forma gratuita. A las mujeres se les daba la oportunidad de enviar a la redacción de la revista preguntas sobre el cuidado del cuerpo o los productos cosméticos, que eran contestadas por el personal de la droguería[77]. MARPIL y otras tiendas del barrio (autoescuelas, cines, bares, restaurantes, supermercados), además de poner anuncios en la revista[78], también ofrecieron a los miembros de la Asociación de Vecinos descuentos en sus compras. La revista buscaba una simbiosis de los vecinos con su entorno comercial inmediato, naturalmente interesado en atraer y

74. *Moratalaz*, nº 12, 1968, p. 10.
75. "Teatro", *Moratalaz*, nº 13, 1969, p. 12.
76. "La Mujer en el hogar", *Moratalaz*, nº 11, 1968, p. 11.
77. Ebd.
78. "¿Qué es la asociación?", *Moratalaz*, nº 6, 1968, p. 2.

retener clientes locales[79], acompañada de llamamientos editoriales: "¡El negocio que se da a conocer en la revista merece nuestro respeto absoluto!"[80].

La revista pudo financiarse parcialmente a través de los ingresos publicitarios, pero el objetivo principal era conseguir más miembros para la asociación, dando a conocer reducciones de precios según los acuerdos entre las tiendas y la revista, y campañas atractivas. Especialmente en las fiestas y concursos locales, ese esfuerzo colectivo debía lograrse a través de los vecinos, mediante su participación, y de las instituciones locales, a través de donaciones. Un ejemplo es la convocatoria del Tercer Gran Concurso de Dibujo Infantil: "¡Niño, no dejes de participar con tus dibujos! ¡Comerciante, ayude al concurso con sus donaciones!"[81]. O el Gran Concurso de Fotógrafos Aficionados, cuyos premios fueron donados por tiendas locales especializadas en fotografía y óptica[82].

La simbiosis entre la prensa local, los lectores y el comercio, característica de muchos lugares, fue resaltada por la revista en el caso de Moratalaz como algo dotado de idealismo y de especial importancia en la creación de un sentido de comunidad: "El comerciante debe pensar más en los vecinos para que, conviviendo con ellos, estos se preocupen también más por ellos"[83]. Por *comunidad* la revista comprendía a "todos los de Moratalaz", ya fueran "potentados o modestos, intelectuales o simples trabajadores, hombres o mujeres"[84]. "Miembros de esta misma comunidad" eran no solo sus vecinos, sino también las instalaciones e instituciones del barrio. En este sentido, solo el espacio físico del barrio marcaba los límites con el mundo exterior, pero no las diferencias sociales o ideológicas. Esta estrategia vinculada al sitio contribuyó en gran medida a un sentido de arraigo, permitiendo la participación de los vecinos en actividades del barrio al mismo tiempo que tomaban cuenta del comercio local (u otras instituciones) y lo apoyaban. La formación de este sentido colectivo de arraigo se vio favorecida tanto por la publicidad como por la redacción de la revista mediante, por ejemplo, reseñas de las instalaciones del distrito e información de interés (médico de guardia, horarios de apertura, etc.).

Ahora bien, es muy dificil medir el impacto de esta revista entre los propios vecinos. Aunque con una tirada de 5.000 ejemplares, no se puede precisar el número de lectores y su motivación. Como ya se he mencionado, Emilio Menéndez de la Vega Seco fue director de esta revista hasta 1974, pero desde 1970 ya no presidía la asociación. De hecho, en los años ochenta fue acusado de no haber reflejado en su

79. "Industriales", *Moratalaz*, nº 25, 1970, p. 29.
80. *Moratalaz*, nº 6, 1968, p. 15.
81. "III Gran Concurso de Dibujo Infantil", *Moratalaz*, nº 16, 1969, p. 9.
82. "1er Gran Concurso de Fotografía para Aficionados", *Moratalaz*, nº 14, 1969, p. 3.
83. *Moratalaz*, nº 10, 1968, p. 4.
84. "Editorial", *Moratalaz*, nº 25, 1970, p. 1.

revista el cariz cada vez más político de la Asociación de Vecinos al no haberse hecho eco de los cambios en su comité. Así, se le critica por haber dado más preferencia en las páginas de *Moratalaz* a los poemas que a los artículos críticos con la situación política[85]. En efecto, la politización de la Asociación de Vecinos se intensificó considerablemente hacia 1974, cuando el Partido Comunista (PCE) logró afirmarse como la fuerza política dominante en la asociación[86]. Frente a esta tendencia, el redactor jefe de *Moratalaz*, Menéndez, llegó a publicar en 1971 un texto que fue ampliamente percibido como una contramedida periodística contra la creciente politización del barrio y de la asociación. En un editorial escribió que las asociaciones solo podían funcionar legalmente si se orientaban hacia los objetivos establecidos en sus estatutos. Según Menéndez, la tarea de la Asociación de Vecinos era reunir a los habitantes de Moratalaz, que tenían diferentes puntos de vista y sin embargo estaban unidos en un objetivo común, a saber, buscar soluciones a los problemas de la comunidad, siempre de acuerdo con la ley. Al mismo tiempo, criticó que algunos confundieran este objetivo de la Asociación de Vecinos con un "trampolín ideológico" y quisieran imponer sus opiniones a toda la asociación[87].

Si se analizan los textos de la revista, apenas se encuentran hasta 1975 declaraciones de corte político. Más bien contenía críticas a la empresa URBIS. Sin embargo, estaba muy presente el deseo de involucrar a los vecinos en el trabajo de la asociación y de crear una identidad colectiva y un sentido de pertenencia al barrio. En efecto, su objetivo era movilizar a los vecinos en la lucha por el bienestar en el barrio. Tanto la asociación como su revista estaban comprometidas a despertar en los habitantes un espíritu participativo y una voluntad de que estos cogieran los asuntos en sus manos. En este sentido, se debe destacar una cuestión. La mayoría de los estudios sobre las asociaciones de vecinos consideran que la aparición de estructuras propias de una sociedad civil fue posible gracias a la creciente movilización oposicionista. Pamela Radcliff se opone a esta tesis diciendo que no fueron solo los grupos antifranquistas los que hicieron posible una forma de cultura democrática, ya que la creación de las asociaciones de vecinos fue posible precisamente con la ley de asociaciones del año 1964. Por lo tanto, fue la propia administración franquista la que dio pie a los procesos que llevaron al nacimiento de una sociedad civil[88]. En este estudio puede percibirse que dentro del régimen franquista había personas que tenian sus motivos para la implicación de los vecinos, aunque naturalmente sin finalidades políticas. Se trataba de crear una "mentalidad urbana" con un espíritu participativo que, no obstante, serviría de base para formar una sociedad civil.

85. Díaz, *Historia de Moratalaz*, p. 173.
86. Ebd.
87. "Editorial", *Moratalaz*, nº 31, 1971, p. 1.
88. Pamela Radcliff, "La ciudadanía y la transición a la democracia", *De súbditos a ciudadanos. Una historia de la ciudadanía en España*, ed. Manuel Pérez Ledesma, Madrid, 2007, pp. 343-371.

BIBLIOGRAFÍA

AUTOR DESCONOCIDO (1965): "Urbis, una gran empresa con tres barrios gigantescos en su haber: Niño Jesús, La Estrella y Moratalaz", *El Alcázar*, 4 de marzo.

BIDAGOR LASARTE, Pedro (1964): "El desarrollo urbanístico de Madrid", *Madrid 1964. Evolución demográfica, desarrollo urbanístico, economía y servicios*, Madrid, Instituto de Estudios de Administración Local.

BOURDIEU, Pierre (1982): *Die feinen Unterschiede – Kritik der gesellschaftlichen Urteilskraft*, Fráncfort del Meno.

CABRERIZO, Maite (1995): *El Avance de Moratalaz. Un barrio de todos*, Madrid.

CANOSA ZAMORA, Elisa (1995): *La promoción inmobiliaria en la periferia noreste de Madrid*, Madrid, Ministerio de Economía y Hacienda.

CASTELLS, Manuel (1977): *Ciudad, democracia y socialismo. La experiencia de las Asociaciones de vecinos de Madrid*, Madrid, Siglo XXI.

CIDUR (1976): *Madrid/Barrios 1975*, Madrid, Ediciones de la Torre.

CLAVERO ARÉVALO, Manuel (1964): *La Gerencia Municipal de Urbanismo*, Madrid, Ministerio de Fomento.

DE LA QUINTANA, Manuel (1973): "Franco no es repetible, pero si continuable", *ABC Sevilla*, 7 de octubre.

DE TERÁN, Fernando (1982): *Planeamiento urbano en la España contemporánea (1900-1980)*, Madrid, Alianza Universidad.

— (2009): *El pasado activo. Del uso interesado de la historia para el entendimiento y la construcción de la ciudad*, Madrid, Akal.

DÍAZ ESTRELLA, José (1981): *Historia de Moratalaz*, Madrid.

FISAC, Miguel (1972): "Mi enemigo vecino", *ABC*, 5 de abril.

— (1974): "Ayuntamientos rumiantes", *ABC*, 21 de junio.

GONZÁLEZ MOLINA, Mario y MARTÍN HERNÁNDEZ, Paulino (1971): "La Gerencia Municipal de Urbanismo", *Villa de Madrid*, 31.

KASCHUBA, Wolfgang (1999): *Einführung in die Europäische Ethnologie*, Múnich.

LLORDÉN MIÑAMBRES, Moisés (2003): "La política de vivienda del régimen franquista: nacimiento y despegue de los grandes constructores y promotores inmobiliarios en España, 1939-1960", en G. Sánchez Recio y J. Tascón Fernández (eds.), *Los empresarios de Franco. Política y economía en España, 1936-1957*, Crítica, Barcelona, pp. 145-170.

PÉREZ OLEA, Manuel (1964): *Problemas de Madrid ante su Ley especial*, Madrid, Ministerio de la Vivienda.

PORRAS, Fernando (2003): "De 0 a 90.000 vecinos: Moratalaz 1960-1970", *Un siglo de vivienda social 1903-2003*, tomo 2, Madrid, Nerea.

RADCLIFF, Pamela Beth (2011): *Making Democratic Citizens in Spain. Civil Society and the Popular Origins of the Transition, 1960-78*, Basingstoke, Palgrave Macmillan.

REVISTA MORATALAZ n°s 6, 10, 11, 12, 14, 16, 23, 25, 27, 31, 39, 41, 43, 49, 51, 89.

REVISTA VIVIENDA Y PARO n°s 36, 48.

ROCH PEÑA, Fernando (1999): "Algunas notas sobre el sistema inmobiliario madrileño en la década de los 50", *La vivienda en Madrid en la década de los 50*, Electa.

RODRÍGUEZ CHUMILLAS, Isabel (2001): *Vivienda y promoción inmobiliaria en Madrid*, Lleida, Universidad de Lleida.

SALA SCHNORKOWSKI, Mercè (1977): "El sector inmobiliario en Cataluña", *Ciudad y Territorio*, 3.

SAMBRICIO, Carlos (2003): "Urbis", *Un siglo de vivienda social 1903-2003*, tomo 1, Madrid, Nerea.

SIMANCAS, Víctor y ELIZALDE, José (1969): *El mito del Gran Madrid*, Madrid, Guadiana de Publicaciones.

TORRES VILLANUEVA, Eugenio (2003): "La empresa en la autarquía, 1939-1959. Iniciativa pública *versus* iniciativa privada", en C. Barciela López (ed.), *Autarquía y mercado negro: el fracaso económico del primer franquismo*, Crítica, p. 169-216.

VV AA (1977): *Composición y funciones de la Comisión del Planeamiento y Coordinacion del Area Metropolitana de Madrid*, Madrid, COPLACO.

— (1978): *Problemas y perspectivas del Area Metropolitana de Madrid*, Madrid, Ministerio de Obras Públicas y Urbanismo.

VINUESA ANGULO, Julio (1977): "Distintas delimitaciones del Area Metropolitana de Madrid", *Revista Internacional de Sociología*, 23.

CAPÍTULO 13

¿ELECCIONES EN EL TARDOFRANQUISMO? ACTITUDES CONFORMISTAS, OPOSITORAS Y ABSTENCIONISTAS. REFLEXIÓN SOBRE EL CASO LEONÉS

DAVID MARTÍNEZ PÉREZ*

Universidad de León

El análisis de los procesos electorales que se realizaron durante la dictadura franquista es un campo de investigación cada vez más transitado, pese a la impresión extendida de que, como señala Borja de Riquer, "todo en aquellas elecciones era un montaje hecho desde el poder" (2010: 69). Su conocimiento resulta fundamental, ya que la propaganda del régimen trataba de lograr la homologación con las democracias occidentales. Pero no se debe caer en sus argumentaciones: no existía libertad de prensa, se carecía de una oposición al Gobierno y el control del orden público era responsabilidad gubernamental. La historiografía existente comenzó en los primeros momentos de la Transición, mediante el establecimiento de un marco investigador que las clasificaba en elecciones no competitivas o bien semicompetitivas. Posteriormente se conocieron publicaciones de Moreno y Sevillano con una metodología actual. En las últimas décadas se han realizado un gran número de estudios que apenas sobrepasan el ámbito local o provincial (García, 1999; Camarena, 1999; García, 2003; Palomares, 2005; Fernández, 2008; Domper, 2017; Magaldi, 2019). Asimismo, Domper Lasús ha tratado de establecer un nuevo marco investigador que se centre en el análisis de aquellos comicios que obligaron a la dictadura a realizar un mayor esfuerzo para controlarlos, en concreto las elecciones a concejales municipales por el tercio de representación familiar y las que se

* David Martínez Pérez es doctor en Historia por la Universidad de León. Investiga sobre la represión franquista, la dictadura y la Transición. Ha publicado *La transición democrática leonesa: 1975-1977*. Actualmente es profesor en el IES de Carrizo de la Ribera (León).

efectuaron a procuradores familiares en Cortes (Domper, 2018: 116-119). En el caso leonés, varias características resultan reseñables. Por ejemplo, en esta provincia iniciaron su trayectoria política personajes tan importantes como Rodolfo Martín Villa, que tuvo responsabilidades ministeriales durante la Transición democrática, así como Fernando Suárez González, uno de los procuradores en Cortes más conocidos de la etapa final de la dictadura.

En lo que respecta a las instituciones sindicales, de sus filas surgieron diversas personalidades que buscaron controlar al incipiente movimiento obrero encabezado por CC OO. Las actitudes ante estas votaciones impuestas son difíciles de rastrear. Pero cabe adelantar que en las zonas con un elevado porcentaje de obreros tendió a producirse una mayor abstención e incluso un intento de oposición, aunque en casos excepcionales personas que se podrían situar en el antifranquismo trataron de participar de alguna forma en dichos procesos.

En 1966 se realizaron elecciones municipales con la rigidez propia de la legislación municipal franquista, que se evidenció en el momento de regular los comicios. El poder establecido se valió de la ley aprobada en 1907 por el Gobierno de Maura, cuyo articulado se adecuaba a los deseos de la dictadura, si bien realizaron cambios para que concordase con el sistema de tercios establecido previamente. En principio la participación era obligatoria para los vecinos inscritos en el Censo electoral especial de cabezas de familia. La pretensión de controlar los resultados traslucía en una normativa electoral que privilegiaba la concurrencia a los comicios de candidatos oficiales, apoyados por el régimen y en su mayoría designados de entre sus miembros por los dirigentes de FET-JONS. Simultáneamente, se trataba de impedir la presentación y posible elección de independientes. En la década de los sesenta aumentó la inquietud por conocer la ideología de los aspirantes a ediles, por lo que se desarrollaron las formas de control del Ministerio de la Gobernación.

Con el objetivo de imposibilitar la abstención se estableció como un deber de los ciudadanos votar, incluso se imponían sanciones a los abstencionistas, a lo que debemos sumar la insistente propaganda que recordaba la obligación de acudir a las urnas. Pese a todo, los datos del régimen muestran un importante descenso de la participación, que pasó de un 80% registrado en las dos primeras elecciones hasta el 45% de los últimos comicios. Contra este auge abstencionista, acrecentado en la etapa final de la dictadura, las autoridades franquistas intentaron favorecer la afluencia electoral (Quirosa-Cheyrouze, 2010: 65-67, 70, 83 y 85).

El establecimiento de un sistema político que pretendía aparentar ser democrático se alejó del inicial totalitarismo franquista debido, entre otras causas, a las presiones exteriores, como consecuencia de la victoria aliada en la II Guerra Mundial. También para dar satisfacción a los diferentes grupos de la coalición reaccionaria que había ganado la Guerra Civil y que mantenía en el poder a Franco, en particular a los católicos, cuya influencia en el régimen aumentó tras el conflicto internacional. De esta forma surgió la democracia orgánica franquista, caracterizada por unos procesos electorales que trasladaban cierta imagen de participación ciudadana, pero era muy complicado que no se percibiera el control político y administrativo desde el poder.

Los concejales tendrían un mandato de seis años y la renovación de la Corporación se efectuaría por mitades cada tres años. Esto en la práctica impedía cambios radicales en la composición del Ayuntamiento, por tanto, garantizaba la estabilidad dictatorial. Se generaba la impresión de ausencia de renovación de las corporaciones municipales al ser solo un mero cambio de concejales, acompañado por el nombramiento gubernativo de los alcaldes, que era responsabilidad del ministro de la Gobernación en las capitales de provincia y municipios de más de diez mil habitantes y del gobernador civil en los restantes. El mandato del alcalde tenía duración indefinida y no era necesario que hubiese sido elegido concejal, solo debía ser español y mayor de 25 años. Desde 1970 se amplió la capacidad para elegir y ser elegida concejala a las mujeres casadas, que pudieron usar ese derecho en los procesos de 1970 y 1973. El carácter presidencialista de los consistorios motivó que los ediles estuvieran subordinados al alcalde. En la ley de bases de régimen local del 19 de noviembre de 1975 se estableció la elección de alcaldes y presidentes de diputaciones provinciales por concejales y diputados provinciales, respectivamente (García, 2003: 264, 267, 269, 272 y 275; Quirosa-Cheyrouze, 2010: 55).

La elección de los concejales se realizaba por tercios, así se ajustaba a la democracia orgánica establecida en el Fuero de los Españoles. Según su artículo 10, los españoles tenían "derecho a participar en las funciones públicas de carácter representativo, a través de la Familia, el Municipio y el Sindicato", que serían los tres tercios. Una parte de los ediles de cada Ayuntamiento correspondía a los representantes de los vecinos cabezas de familia. De estas personas dependían otras que necesariamente debían vivir en el mismo domicilio. Las características que debía tener un vecino englobaban ser mayor de edad (es decir, superar los 21 años) o menor emancipado que hubiese cumplido los 18; y con residencia mínima no interrumpida de dos años (excepto los funcionarios públicos, que adquirían la vecindad tras la toma de su destino). Igualmente, se incluiría a quienes llevaran en el municipio más de seis meses. Para ser cabeza de familia se requería ser varón casado, viudo, viuda, o soltero y soltera mayor de edad que tuviera vivienda exclusiva o compartida a su cargo. El término "cabeza de familia" se amplió en 1945, cuando se señalaba que las personas dependientes de este no tenían por qué pertenecer a su familia. Además, en 1952 se equiparó a las personas independizadas, que vivían solas, con los cabezas de familia, a efectos electorales (Camarena, 1999: 170-176; García, 1999: 198-204; Quirosa-Cheyrouze, 2010: 52).

Otro de los grupos participantes era el que englobaba a concejales por el tercio de entidades económicas, culturales y profesionales. En este caso, los candidatos eran propuestos por el gobernador civil mediante una lista que incluía, al menos, el triple de elegibles que puestos a cubrir. Por tanto, era decisiva la autoridad gubernativa, lo que facilitaba un fuerte control del proceso. En ocasiones permitía incorporar como concejales a candidatos no elegidos en alguna de las otras dos categorías. Para ser proclamado candidato era necesario dirigirse por escrito a la junta municipal del censo, para lo que había que estar desempeñando el cargo de concejal o haberlo ejercido como mínimo un año. También podía ser candidato el vecino propuesto bien por dos procuradores o exprocuradores en Cortes, por tres diputados o exdiputados provinciales, o incluso por cuatro concejales o exconcejales del mismo Ayuntamiento. Otra opción era ser propuestos por cabezas de familia incluidos en el Censo electoral del respectivo distrito por al menos el 20% de los electores confirmados mediante documento notarial (García, 1999: 278-279; Cerón, 2007, 107-111).

Los candidatos que lograban ser presentados eran "ordenados" con base en su "idoneidad" por el Gobierno Civil. El Ministerio de la Gobernación colocaba a los candidatos proclamados por cada tercio "por el orden en que V. E. estime resultan más idóneos", es decir, el número ocupado en dicha lista mostraba la cercanía al poder franquista, por tanto los primeros puestos eran ocupados por miembros o posibles miembros de su clase política[1].

LAS ELECCIONES MUNICIPALES DE 1966 EN LA PROVINCIA DE LEÓN

La tabla 1 relaciona el porcentaje de votantes en las elecciones municipales para el tercio de cabezas de familia en el ámbito estatal (García, 2003: 284-405; Moreno, 2003: 154-155). Se observa la baja participación en los comicios, que se acentúa en el caso leonés. Todo esto pese a las dificultades impuestas para abstenerse.

Los candidatos electos leoneses en los comicios municipales de 1966 correspondientes al tercio familiar eran, la mayoría, afectos al régimen —si tenemos en cuenta esta terminología franquista—, que de esta manera se aseguraba el control de los electos. En concreto, 148 se encontraban afiliados al partido único, mientras que 166 no lo estaban. Esto nos indica que no era imprescindible formar parte del partido único de la dictadura. Las instituciones represoras consideraban que había 12 concejales indiferentes (cabe intuir que fueran cercanos a la oposición), mientras

1. Archivo de la Subdelegación del Gobierno de León, en adelante ASGL, documentación general, elecciones municipales. Referéndum y elecciones provinciales. Dirección General De Administración Local, 8 de noviembre de 1966, "Circular sobre recogida de resultados de las elecciones municipales".

que tres munícipes eran desafectos de tendencia izquierdista. Resulta sugestivo situar espacialmente a estos últimos y a los conceptuados como indiferentes, ya que muchos proceden de municipios de zonas mineras que podríamos caracterizar como sociológicamente de izquierdas, como Sabero, Páramo del Sil o Fabero. El porcentaje de votantes fue escaso, ya que se emplazó en el 42,38%. En realidad, en la mayoría de ayuntamientos (165) no se votó debido a que se aplicó el artículo 55, por el que, donde hubiera tantos candidatos como puestos a elegir, no se realizaba votación. Además, en otros municipios no correspondía hacer la renovación por tercios[2].

TABLA 1

VOTANTES EN LAS ELECCIONES MUNICIPALES

AÑO DE LAS ELECCIONES	PORCENTAJE DE VOTANTES EN ESPAÑA	PORCENTAJE DE VOTANTES EN LEÓN	CARACTERÍSTICAS
1966	53	42,38	Se observa apatía
1970	48,6	45,07	Votan mujeres casadas por primera vez en día laborable

La selección de los concejales pertenecientes al tercio sindical tenía lugar de forma indirecta a través de compromisarios, que eran diez veces más que el número de concejales a elegir, y a su vez habían sido designados previamente por las juntas sindicales de la localidad. Se consideraba electores para la designación de compromisarios a los vocales de las juntas de sección social y económica de las entidades sindicales existentes en cada término municipal. El número de compromisarios se distribuía equitativamente entre los trabajadores, técnicos y empresarios. Podían serlo hombres y mujeres, con más de 23 años, que supiesen leer y escribir y estuvieran afiliados a la Organización Sindical Española (OSE). Para ser candidato por este tercio, además de los requisitos anteriores, debía ser propuesto por dos procuradores o antiguos procuradores en Cortes de representación sindical. También podía ser propuesto por dos juntas sindicales locales, así como por haber tenido o tener algún cargo electivo sindical o ser propuesto por la vigésima parte de afiliados a la entidad correspondiente. En el momento de la elección de concejales, cada compromisario señalaba tantos nombres de candidatos como ediles hubiese que elegir. Las elecciones por el tercio sindical estaban sometidas a similares restricciones que las correspondientes a los representantes familiares. El momento principal del proceso era la designación de candidatos, escogidos entre los miembros más identificados con las

2. ASGL, documentación general, elecciones municipales. Referéndum y elecciones provinciales, 13 de noviembre de 1966, "Resultado definitivo de las elecciones celebradas el día 13 de noviembre de 1966 para el tercio representativo familiar en la provincia de León".

políticas de la OSE. Una vez elegidos casi no tenía importancia quienes fueran finalmente los más votados (García, 2003: 277-278). En el caso leonés se escogió a 29 concejales considerados indiferentes y a cuatro desafectos entre los elegidos en el tercio de representación sindical. Por tanto, se trató de una cifra escasa, pero superior al tercio familiar. Existió una mayor coincidencia en la procedencia espacial de los concejales, ya que se hallaban en las zonas mineras. Pese a la falta de datos concretos, podría haber ocurrido que, a semejanza de Asturias, algunos de los militantes de la UGT y el PSOE no hubieran seguido las directrices de sus organizaciones y se hubieran presentado a las elecciones (Aroca, 2008: 265-279)[3].

En el ámbito estatal, el abstencionismo predominó en las ciudades con mayor población y nivel de industrialización, al contrario que en las zonas rurales y con menor índice de modernización. Para los opositores al franquismo la escasa participación en los comicios municipales era una muestra del rechazo hacia el régimen. En realidad la cuestión es más compleja, pues la participación social de la población española en los ámbitos asociativos no era demasiado alta. Bien es verdad que en las encuestas electorales se señalaba el predominio del desinterés frente al abstencionismo de la oposición. También hay que tener en cuenta sus limitaciones técnicas en los regímenes dictatoriales. Asimismo, el porcentaje de votantes menores de 35 años disminuía de forma similar a como lo hacía la edad. La mayoría de los electores pertenecían a las clases medias urbanas y al medio rural. Se percibía una superior conciencia política en el ámbito nacional entre las clases media y alta (Quirosa-Cheyrouze, 2010: 88-89; VV AA, 1978: 668-669 y 676).

LAS ELECCIONES DE PROCURADORES PROVINCIALES A CORTES DE 1967

Uno de los cambios aprobados en el referéndum impulsado por el régimen de diciembre de 1966 afectó a la composición de las Cortes, ya que incorporó como novedad la representación familiar, con dos representantes de la "familia" por cada provincia. El mandato de los procuradores fue establecido en cuatro años, pudiendo ser reelegidos. Los comicios de 1967 suscitaron un interés superior al que se había generado en anteriores ocasiones, probablemente debido a la inclusión de los procuradores familiares, lo que podría simular cierta participación de los ciudadanos. A esto cabe añadir la incorporación de las mujeres casadas, a las que se otorgó el derecho a elegir y ser elegidas concejalas. Esta medida casi duplicó el cuerpo electoral. En

3. ASGL, documentación general, elecciones municipales. Referéndum y elecciones provinciales, 13 de noviembre de 1966, "Resultado definitivo de las elecciones celebradas el día 20 de noviembre de 1966 para el tercio representativo sindical en la provincia de León".

las votaciones, que se realizaron en octubre de 1967, influyó la mayor cobertura informativa de la prensa nacional y local, así como la propaganda electoral, comunicados y declaraciones de los candidatos (aunque con un carácter restrictivo, que no garantizaba la igualdad de oportunidades entre estos), si bien es cierto que era más sencilla tras la promulgación de la Ley de Prensa de 1966 (García, 2003: 408, 506 y 509). El estricto control político de los candidatos leoneses nos permite conocer que casi todos eran considerados afectos al régimen, la única diferencia era si se encontraban afiliados al partido único o no. Solo un candidato de la representación sindical fue conceptuado como indiferente, aunque no resultó elegido[4].

Resulta excesivo, como se afirmaba desde el Gobierno Civil leonés, que "el estado de opinión sobre estas elecciones ha sido, en general, favorable" debido a la "apertura democrática que suponen con el extenso estamento familiar". En realidad, los cinco candidatos de la provincia estaban identificados con el Movimiento al ser militantes de Falange. Las divergencias entre ellos consistían en el choque entre unas "ideas y programas más intransigentes hacia una evolución política" y los considerados como "dentro de la línea de la lógica evolución marcada por la Ley Orgánica del Estado". Por tanto, se estaba planteando lo que después se calificaría como "pugna entre inmovilistas y aperturistas". Ejemplo de los últimos fue Fernando Suárez González, quien después de su intervención electoral en León capital logró un considerable apoyo de los trabajadores. Era considerado por el Gobierno Civil como "el más preparado y de mayor categoría" de los presentados, y fue calificado en las postrimerías de la dictadura como "uno de los jóvenes políticos de mayor prestigio". Había ocupado la jefatura del SEU del Distrito Universitario de Oviedo, donde se licenció en Derecho. Fue profesor de Derecho del Trabajo en Madrid, director de la Mutualidad Laboral del Transporte y comentarista de TVE. También fue director del Instituto Español de Emigración en 1973 y desde octubre de 1974 fue secretario general técnico del Ministerio de la Presidencia (ANEPA, 1974: 50; Míguez, 1990: 136; L. R., 1973: 146; L. R., 1975: 100)[5]. El 5 de marzo de 1975 sustituyó a Licinio de la Fuente en el Ministerio de Trabajo. Este presentó su dimisión como ministro de Trabajo debido a la oposición de la mayoría del Gobierno a su proyecto para regularizar los conflictos laborales, lo que suponía un tímido reconocimiento del derecho de huelga (Riquer, 2010: 726-727). De esta manera, formó parte del primer Gobierno de Arias Navarro como vicepresidente tercero. Como ponente de la Ley para la Reforma Política le correspondió buscar el apoyo de los procuradores aperturistas (Miguel, 1975: 38-39 y 88; Fernández-Miranda, 1995: 353).

4. ASGL, documentación general, elecciones municipales. Referéndum y elecciones provinciales, 26 de marzo de 1967, "Resultados de las elecciones provinciales de 1967".
5. ASGL, documentación general, elecciones municipales. Referéndum y elecciones provinciales, 21 de septiembre de 1967, "Minuta del Gobierno Civil de la provincia de León dirigida al Ilmo. sr. director general de política interior-Ministerio de la gobernación-Madrid".

En el medio rural leonés la influencia de ciertos personajes como el alcalde, el médico, el veterinario, el párroco o el maestro era fundamental. Para el Gobierno Civil leonés esto no significaba coacción, lo que evidentemente era falso. Sobre los trabajadores no se conocía su actitud ante las elecciones, excepto el interés por cobrar horas extraordinarias o tener permiso para ejercer el derecho al voto. Cabe intuir que no estaban cómodos en una dictadura. En mayor medida inquietaba a las autoridades franquistas la falta de preocupación por las elecciones en las "clases acomodadas", porque la "clase media en esta provincia no se ha integrado al problema político del país, al menos en comparación con otros sectores"[6]. Resulta verdaderamente interesante esta afirmación, al ser un lugar común en la historiografía la desmovilización de la sociedad durante la dictadura, ya que esta falta de participación lo era en los movimientos sociales opositores, de igual forma que en las escasas oportunidades de intervención en la política franquista. El temor del poder pasaba por la desafección masiva de las clases medias, lo que acabaría conduciendo al final de la dictadura, que no tendría los suficientes apoyos sociales.

El estudio de los resultados muestra la victoria holgada de Maximino González Morán con 59.139 votos, seguido de Fernando Suárez González (42.669). No salieron elegidos Julián Rojo Martín (42.085), Luis García Ojeda (38.670) y Afrodisio Ferrero Pérez (33.483). Fernando Suárez pudo no haber sido elegido debido a la escasa diferencia con Julián Rojo Martín, que se debió a que en el Ayuntamiento de Corullón se suspendió el escrutinio por incidencias en la mesa. Este detalle muestra el poco escrúpulo con el que se hacían los recuentos. Resultan reseñables los datos de la capital, donde ganó Fernando Suárez, mientras que en el medio rural obtuvo peores resultados frente a Maximino González y Julián Rojo.

Los apoyos a Luis García predominaron en El Bierzo, mientras que a Maximino González lo respaldaron sobre todo en la montaña central. Este último era abogado y había sido maestro en Busdongo[7]. Desde 1954 fue secretario provincial del Frente de Juventudes y había sido designado diputado provincial en 1955 como representante de las entidades, en concreto del patronato del conservatorio provincial elemental de música. Fue relevado en 1967, pero siguió siendo concejal del Ayuntamiento de la capital[8]. Julián Rojo Martín también fue diputado provincial desde 1958 y vicepresidente de la máxima institución provincial desde 1961. Asimismo, era abogado y ejerció la docencia en la Facultad de Veterinaria como profesor de formación política en 1955. Además, fue vicepresidente de la junta

6. ASGL, documentación general, elecciones municipales. Referéndum y elecciones provinciales, 26 de octubre de 1967, "Informe sobre las elecciones recientemente celebradas para la representación familiar en las Cortes".
7. *Escuela Española*, 709, 09/09/1954.
8. *ABC*, 20/09/1967.

provincial de protección de menores. Probablemente su presencia en la diputación provincial le proporcionó buenos resultados en el medio rural.

Luis García Ojeda fue apoderado de una empresa minera y posteriormente alcalde de Ponferrada entre 1962 y 1974, momento en el que fue sustituido en la alcaldía por Juan Fernández Buelta y en la diputación en marzo del año siguiente. Juan Fernández Buelta fue alcalde desde diciembre de 1974 hasta abril de 1977, cuando renunció para presentarse a las elecciones generales, lo que no hizo finalmente. Fue sustituido por su primer teniente de alcalde José Morán Rodríguez, que fue elegido concejal en 1973 por el tercio de entidades. Este, a su vez, nombró primer teniente de alcalde a Manuel Ángel Fernández Arias, por otra parte destacado político de la UCD durante la Transición. Afrodisio Ferrero Pérez era abogado y periodista, y fue director del gabinete técnico del servicio nacional de asociaciones familiares (Sen, 1995: 460-463, 476, 733-734 y 740; Courel, 1999)[9].

El porcentaje de votantes no fue demasiado alto: sobrepasó escasamente la mitad del Censo con un 54,31% a pesar de la propaganda oficial que animaba al voto. También fueron usuales las presiones y amenazas de las autoridades para exhibir una elevada participación. Según Borja de Riquer, en España solo votó el 58,6% del Censo, aunque hubo una notable desigualdad provincial (Martín, 2008: 35-36; Riquer, 2010: 511-512)[10].

Para Sheelagh M. Ellwood estos comicios fueron los primeros pasos de una nueva generación de falangistas forjada en el Frente de Juventudes y el SEU, en la que se encuadraron "Fraga, Martín Villa, Suárez González (Adolfo y Fernando)". Estos escalaron puestos en las estructuras del Movimiento para participar desde "dentro en la preparación del posfranquismo". Fernando Suárez estimaba con posterioridad que sus actitudes en las Cortes franquistas fueron entonces consideradas "aperturistas" (Ellwood, 1986: 55-56; Suárez, 2008: 20). En estas perteneció a los procuradores "trashumantes". Este conjunto de representantes se caracterizaron por reunirse en diversas ciudades para preparar iniciativas como enmiendas o interpelaciones en las Cortes franquistas, para que no se percibieran como una institución monolítica. No pretendían ser la voz de la oposición moderada; de hecho, alguno, como el mencionado Fernando Suárez, alcanzaría altas cotas de poder. Tras un intento de reunión en Ceuta, sus asambleas fueron impedidas. Durante la legislatura Suárez dio muestra de ese talante al ser ponente de la Ley sindical aprobada en 1971, una de las más importantes de la etapa final del régimen.

9. ASGL, documentación general, elecciones municipales. Referéndum y elecciones provinciales, 11 de octubre de 1967, "Telegrama oficial del Gobierno Civil de León al director general de política interior". ASGL, documentación general. elecciones provinciales, 23 de marzo de 1967, "Elecciones provinciales 1967". ASGL, documentación general, elecciones municipales. Referéndum y elecciones provinciales, 1973, "Elecciones Municipales. Propuestas a las juntas municipales del censo. Tercio entidades, 1973".

10. ASGL, documentación general, elecciones municipales. Referéndum y elecciones provinciales, 26 de octubre de 1967, "Resultados de las elecciones en Cortes de representación familiar".

Sin embargo, ni dicha ordenanza ni el nuevo decreto regulador de los conflictos colectivos de mayo de 1970 lograron "contener o reducir la conflictividad laboral y el crecimiento del disentimiento obrero" (Molinero, 2008: 129 y 163).

LAS ELECCIONES MUNICIPALES DE 1970 EN LOS TERCIOS SINDICAL Y DE ENTIDADES

Para esta convocatoria electoral se realizaron informes sobre la afiliación política de los candidatos en los municipios de León, Ponferrada y Villablino. La distinción fundamental era entre los militantes del Movimiento y los simples adictos. Solamente el candidato al Ayuntamiento capitalino José-Mauro Acero Martínez, que era el más joven, se consideraba que no se había definido políticamente, pero su familia era de ideas izquierdistas, por lo que lo definían como tibio. También Alberto Quiñones Álvarez era de familia "izquierdista", pero siempre se le había identificado como "persona de orden". Esto muestra que la procedencia familiar para la burocracia dictatorial podía indicar la ideología política. Mientras, en el Ayuntamiento de Ponferrada solo era considerado tibio el ferroviario Luis Vidal Franco. En la capital resultaron elegidos Luis Manuel Martín Villa (publicitario), Alberto Quiñones Álvarez (empleado perteneciente al sindicato de actividades diversas) y Leonardo Ropero García (del sindicato de transportes). En Ponferrada, Manuel Ángel Fernández Arias (del sindicato del metal), Juan Antonio Ramírez Cañas (vinculado al combustible) y Pedro Losada Moreira (del sindicato de agua, gas y electricidad). Cabe señalar que la mayoría eran empresarios. En Villablino, Aquilino Sabugo Álvarez era industrial de la hostelería y Antonio Álvarez Fernández, de la hermandad de labradores. Puede llamar la atención que en una zona eminentemente minera no fuera elegido ninguno. Teniendo en cuenta lo anterior, la extracción de los elegidos en las ciudades era empresarial y campesina, grupos sociales partidarios del régimen en su mayoría.

Los candidatos capitalinos Cipriano Gutiérrez López y Olegario Rodríguez Cascos denunciaron las actividades electorales del concejal Ramiro Ramos Garrido. Lo acusaron de recorrer los barrios de Las Ventas y la Asunción para prometer mejoras en su saneamiento y realizar propaganda para el candidato Carlos Barthe Aza. Además, sustituyó papeletas de los denunciantes por la de este último. Posteriormente, el mismo concejal aseguró en dichos barrios que los reclamantes se habían retirado. Estas acusaciones se probaron ante el Gobierno Civil y la audiencia, pues se aportó un escrito de un grupo de vecinos[11].

11. ASGL, documentación general, elecciones municipales. Referéndum y elecciones provinciales, noviembre de 1970, "Escrito de Cipriano Gutiérrez López y Olegario Rodríguez Cascos".

El control político no fue tan intenso en otros municipios provinciales, pues la "calificación política" de algunos concejales electos no era como adictos en los casos de Bustillo del Páramo, Corbillos de los Oteros, Cubillos del Sil, Folgoso de la Ribera, Quintana del Marco, Roperuelos del Páramo, Rodiezmo, Sobrado y Vallecillo.

En lo que respecta a los elegidos en el tercio sindical, en 1970 destacó en la capital provincial Óscar Rodríguez Cardet como titular mercantil, hijo de Fernando Rodríguez Pandiella, quien fuera presidente de la Cámara de comercio y teniente de alcalde del Ayuntamiento de León[12]. Por tanto, se trataba de una familia vinculada al régimen. En el tercio de entidades concurrieron José Reguera Cañón, sugerido por el colegio oficial de ingenieros técnicos agrícolas y peritos agrícolas de León, y Manuel Díez Ordás que, como veterinario, había sido propuesto por el colegio oficial de veterinarios de León[13]. En marzo de 1971 este último fue designado diputado provincial representando a la capital, y en 1973 el gobernador civil lo nombró alcalde de la principal ciudad provincial. Tanto Óscar Rodríguez Cardet como Manuel Díez Ordás eran considerados por el Gobierno Civil como adictos al régimen, aunque no eran militantes de Falange (Sen, 1995: 471).

LAS ELECCIONES SINDICALES EN EL TARDOFRANQUISMO LEONÉS

A finales de la década de los cincuenta las altas instancias sindicales pedían a los delegados que vigilasen que no se infiltrase en la OSE la oposición. Además, establecieron una clasificación con: afectos, indiferentes y contrarios, que se dividían en otros cuatro grupos. Los primeros eran miembros de la vieja guardia, militantes, excombatientes y adictos. Los indiferentes se subdividían en carentes de afiliación política, procedentes de partidos de izquierda o derecha, y por motivos personales. Finalmente, los contrarios eran condenados por delitos políticos "extremistas", procedentes del Frente Popular y hostiles sin matiz determinado (García, 2002: 811-812).

Las elecciones sindicales del otoño de 1966 fueron afrontadas por CC OO con el objetivo de reforzar su organización y facilitar su extensión, mientras que la OSE trató de integrar al activismo obrero o a la parte que fuera "recuperable". Para ello,

12. *La Hora Leonesa*, 06/04/1979.

13. ASGL, documentación general, elecciones municipales. Referéndum y elecciones provinciales, 13 de noviembre de 1970, "Relación de candidatos a concejales municipales, por el tercio de representación sindical, cuya documentación ha sido presentada en la junta correspondiente con breve calificación política personal". ASGL, documentación general, elecciones municipales. Referéndum y elecciones provinciales, 13 de noviembre de 1970, "Resultado definitivo de las elecciones celebradas para el tercio representativo sindical". ASGL, documentación general. elecciones municipales. Referéndum y elecciones provinciales, 4 de diciembre de 1970, "Resultado definitivo de las elecciones celebradas para el tercio representativo de entidades Económicas, Culturales y Profesionales". ASGL, documentación general, elecciones municipales. Elecciones municipales entidades año 1970, "Resultados de las elecciones municipales en la provincia: Tercios Sindicales 1970".

su lema de campaña era "Votar al mejor", que daba a entender que podrían ser elegidos representantes sin los problemas anteriores. Hubo una elevada participación electoral. En un gran número de empresas las candidaturas de la oposición, la mayoría impulsadas por CC OO, obtuvieron unos buenos resultados. La documentación oficial insiste en el carácter minoritario de los opositores elegidos en España, aunque el éxito de algunas listas de CC OO obligó a los dirigentes sindicales a adoptar medidas para evitar que llegaran a los niveles superiores (Ysás, 2007: 13-14).

La participación en estas votaciones fue elevada en la provincia en todos los sectores productivos, incluso en el minero. Los recién elegidos eran jóvenes "reivindicativos" menores de 30 años, aunque las instancias oficiales se equivocaban al considerar que no estaban "mediatizados" por ideas políticas. La convocatoria electoral sindical permitió la apertura de un espacio donde los nuevos militantes obreros pudieron contactar con el resto de la clase. Casi fue más importante este hecho que el resultado de las elecciones, pues pocos de los opositores elegidos quedarían en el puesto ganado en esos comicios (Doménech, 2008: 325-326)[14].

Para la OSE, RENFE era el centro laboral más politizado en León, aunque no conocían a los opositores. Entre los trabajadores del ferrocarril de Ponferrada a Villablino había militantes de CC OO en los talleres generales de la empresa; no en vano habían aparecido octavillas subversivas. En la minería el único opositor activo en las elecciones fue CC OO, pues no se conocían actividades de la Unión Sindical Obrera (USO). La institución sindical alababa la gestión de CC OO, ya que moderó conflictos ocurridos en Santa Lucía (Hullera Vasco-Leonesa) y en Villablino (MSP). De forma previa a las elecciones de 1971 se detectó una importante presencia de CC OO en Villablino, debida a los emigrantes y a la influencia de Asturias; y también destacaba en Fabero y Ponferrada. En Bembibre y Matarrosa del Sil predominaba la influencia del PCE y del sacerdote Javier Rodríguez Sotuela, quien acompañado por los sacerdotes de Torre y Tremor encabezó la protesta contra el monopolio ejercido por la única empresa de la zona.

Las altas instancias estaban preocupadas ante las elecciones en Hulleras de Sabero por la lucha entre los actuales representantes sindicales y los anteriores. En la MSP de Villablino los representantes sindicales tendrían enfrente a CC OO, mientras que en Antracitas de Fabero los cercanos a CC OO rivalizarían con otros opositores. En Antracitas Gaiztarro competirían los representantes sindicales y CC OO. Pese a esto, resulta sorprendente que se insistiera en que la provincia no estaba politizada, lo que era claramente una consigna.

Ante las elecciones de 1971 en las empresas Victoriano González y Antracitas de Matarrosa, situadas en la cuenca del Sil, se creía que abundaría la abstención. En

14. Archivo histórico provincial de León (en adelante AHPL). Fondo sindicatos, delegación, legajo 10, 7 de noviembre de 1966, "Informe sobre las elecciones de enlaces sindicales y jurados en la provincia de León".

Combustibles de Fabero no se había presentado ningún candidato, mientras que en Luis Menéndez Llaneza y Minas de Fabero se preveía poca animación electoral. En la considerada conflictiva Antonio García Simón se esperaba que los trabajadores no concurrieran a las elecciones. Antracitas de Fabero, que era la empresa más importante de la zona (pues tenía 1.100 trabajadores), destacaba también por ser muy conflictiva. De esta forma chocarían "las organizaciones clandestinas" con los representantes sindicales presentes.

En varias empresas de Bembibre (Antracitas de Igüeña, Carbones San Antonio, Carbones Isidoro Rodrigáñez, Minex y Rafael Alba) se preveía escasa actividad electoral, como había sido tradicionalmente. En Torre del Bierzo (Viloria Hermanos, Malaba y Virgilio Riesco) la abstención sería prácticamente general, excepto en Campomanes Hermanos; al igual que en Antracitas de Brañuelas, ya que algunos miembros del jurado se presentaron a la reelección. En las empresas de Tremor (Alto Bierzo y Carbonífera de la Espina de Tremor) la despreocupación era total con respecto a los comicios. De la misma forma que en Hulleras Oeste de Sabero. En la Hullera Vasco-Leonesa, repetían los actuales representantes sindicales, pero la mayoría de los trabajadores eran partidarios de abstenerse. Sorprende la escasa mención hecha a los representantes de la oposición ilegal, ya que la abstención era la nota común[15].

Al contrario, el comité provincial del PCE mostraba un tono eufórico claramente propagandístico. Los comunistas aseguraban que habían triunfado las candidaturas obreras en empresas importantes como MSP y RENFE o en localidades como Fabero, Matarrosa, Bembibre y Brañuelas. Estas victorias supondrían un primer paso en la coordinación obrera a través de CC OO.

Las reivindicaciones de la comisión obrera provincial de CC OO en el primero de mayo previo a las votaciones de 1971 en lo que respecta al sector minero fueron diversas. En primer lugar, un salario mínimo de diez mil pesetas. Se exigía la creación de una comisión de productividad que controlase el cronometraje y otra de vigilancia de precios de economatos, designadas ambas por los trabajadores. Pedían pagas extra de 30 días en julio y diciembre y de 10 días el primero de mayo[16].

En las elecciones sindicales de 1971 el porcentaje general de participación en León fue del 80%, más reducido en el sector del combustible (62%), si bien es cierto que otros años había sido un 25%. Según Powell, la participación en las elecciones sindicales de 1971 fue desigual, por la fuerte represión y la decepción que

15. AHPL, fondo sindicatos, delegacion, legajo 21, octubre de 1970, "Informes sobre los elegidos en las anteriores elecciones sindicales", y AHPL, fondo sindicatos, delegacion, legajo 21, 9 de noviembre de 1970, "Informes sobre las perspectivas de las elecciones sindicales en las empresas mineras de la provincia".

16. Archivo Histórico del PCE (en adelante, AHPCE), Castilla y León, V. Comité Provincial de León del PCE, v. 1.2 propaganda, caja 69, carpeta 4, junio 1971, "Triunfo de las candidaturas obreras" y AHPCE, Movimiento obrero, XII. Comisiones Obreras de Castilla y León, XII. 2. Organizaciones territoriales, XII. 2.2. León, caja 86, carpeta 4 de 2.2, abril de 1971, "Comunicado ante las elecciones sindicales".

había provocado la Ley Sindical. Se refería a la ley aprobada tras una larga negociación, que desde diversos sectores se entendía que debía ser aperturista, pero que no llegó a serlo. Principalmente porque permitió que continuara la represión contra los representantes obreros (Powell, 2001: 55)[17]. La delegación provincial de la OSE aseguraba que no había detectado ninguna acción organizada de CC OO (solo en RENFE habría algunos candidatos de la oposición), aunque CC OO repartió panfletos aconsejando ir masivamente a las votaciones para "copar los cargos sindicales". Según el análisis oficial de los resultados, 50 enlaces sindicales eran activistas de la oposición, frente a 1.722 de adhesión probada y 688 no clasificados. No conocemos en qué sectores y comarcas se concentraban los opositores, pero, aunque su número resultara reducido —y discutible—, cabe suponer una mayor presencia en las comarcas mineras y en RENFE[18].

En el ámbito estatal las elecciones sindicales de 1975 fueron minuciosamente preparadas por CC OO y otros grupos, que formaron "candidaturas unitarias y democráticas". Tuvieron un gran éxito y llevaron a la OSE al borde del colapso en muchas zonas, al mostrar la potencia del movimiento obrero antifranquista. En el caso provincial es preciso tener en cuenta el alto número de pequeñas empresas que contaban con entre 6 y 25 trabajadores (1.141), que elegían al 42,81% de los enlaces. En el lado opuesto, entre las empresas con más de 1.001 trabajadores solo nos encontramos a RENFE, Minero Siderúrgica de Ponferrada y Hullera Vasco Leonesa, que englobaban al 6,15% de los representantes a nombrar (Molinero, 2001: 236-237; *Diario de León*, 10 de junio de 1975).

Se presentaron 2.138 candidaturas para cubrir los puestos de enlaces en las empresas leonesas de más de 50 trabajadores, lo que supuso un importante incremento en la cantidad con respecto a las registradas en 1971. Esto se percibió en mayor medida en las empresas de más de 500 trabajadores, con un aumento de más del 171%, mientras que en las que superaban los mil obreros ascendió al 192%. El PCE consideraba que había preparado de forma concienzuda las elecciones en las zonas mineras por medio de las asociaciones legales de los trabajadores, donde los comunistas eran auténticos líderes. De allí se esperaba que surgieran las candidaturas obreras (*Diario de León*, 14 de junio de 1975)[19].

En cuanto a los elegidos, la delegación provincial realizó una clasificación basada en integrados —sindicalismo oficial—, oposición e indiferentes. En un gran

17. AHPL, fondo sindicatos, delegación, legajo 23, 1971, "Memoria de actividades de 1.971" y AHPL, fondo sindicatos, Vicesecretaría, legajo 127, "Informe de la Vicesecretaría Provincial de Ordenación Social de la provincia de León".
18. AHPL, fondo sindicatos, delegación, legajo 23, 22 de mayo de 1971, "Informe sobre las elecciones sindicales de 1971", y AHPL, fondo sindicatos, delegación, legajo 21, 1 de julio de 1974, "Cuestionario electoral previo a las elecciones de 1975".
19. AHPCE, Castilla y León. Sig: Jacq. 284, "Información sobre la situación de (1). Datos sobre la provincia, mayo de 1975".

número de empresas la oposición obtuvo muy pocos representantes, aunque alcanzaron algunos más los indiferentes, como se puede comprobar en las fichas comparativas elaboradas en el ámbito nacional para estas elecciones, que muestran el intento de sistematizar la información laboral sobre la oposición. Concretamente, en Antibióticos la oposición ganó un enlace y un vocal en el jurado de empresa, como indiferentes aparecieron nueve enlaces y un jurado, mientras que los integrados fueron 26 enlaces y 10 jurados. En Antracitas de Fabero la oposición no obtuvo representantes. Sin embargo, los indiferentes fueron 9 enlaces y un jurado, frente a los 27 jurados y 11 vocales del jurado de los integrados. En la Empresa Nacional de Electricidad (ENDESA) la oposición no logró representación, aunque fueron elegidos un vocal de empresa y 4 enlaces indiferentes, por lo que primaron los integrados con 32 enlaces y 11 jurados. En Hulleras de Sabero la oposición alcanzó 2 enlaces y un jurado, se consideró como indiferentes a 8 vocales y un jurado, mientras que los integrados fueron 26 enlaces y 10 jurados. En la MSP la oposición no consiguió representación, en tanto que los indiferentes fueron 2 enlaces y 3 jurados. La mayoría correspondió a los integrados con 52 enlaces y 9 jurados[20]. La participación en estas elecciones sindicales fue muy alta, pues llegó en la provincia al 91,10%. Estos resultados oficiales deben ser cuestionados en casos concretos por la enorme conflictividad que había existido en algunas de estas empresas. Por tanto, algunos de los considerados indiferentes eran en realidad miembros de la oposición.

La prensa explicó esta considerable asistencia a las urnas en la amplia campaña informativa con 63 asambleas y ciertas medidas democratizadoras, como la elección de todos los cargos frente al 50% de 1971. La satisfacción con el alto número de votantes del sector minero contrastaba con las elecciones anteriores, en las que había sido escasa la participación. Los cargos fueron la mayoría de nueva elección (78,37%), por tanto, resultaron reelegidos un 21,62%. Las papeletas en blanco supusieron un 6,78% (*Diario de León*, 21 de junio de 1975)[21].

Suscitó cierta controversia la elección del presidente del consejo provincial de trabajadores, puesto que desde el *Diario de León* se hizo visible una pugna entre dos candidatos vinculados al "sindicalismo oficial" y al "extraoficial". El oficialista era el ya presidente Ángel Pardo Albares, mientras que en el segundo aparecería Francisco Aguado Muñoz. La victoria fue del oficial con 66 votos frente a 11.

20. AHPL, fondo sindicatos, delegacion, legajo 25, 1975, "Ficha comparativa elecciones. Provincia León. Empresa Antibióticos S. A."; AHPL, fondo sindicatos, delegacion, legajo 25, 1975, "Ficha comparativa elecciones. Provincia León. Empresa Antracitas de Fabero S.A.", AHPL, Fondo Sindicatos, Delegación, Legajo 25, 1975, "Ficha comparativa elecciones. Provincia León. Empresa Nacional de Electricidad (ENDESA) S.A."; AHPL, fondo sindicatos, delegacion, legajo 25, 1975, "Ficha comparativa elecciones. Provincia León. Hulleras de Sabero S.A.", y AHPL, fondo sindicatos, delegacion, legajo 25, 1975, "Ficha comparativa elecciones. Provincia León. Minero Siderúrgica de Ponferrada (MSP)".

21. AHPL, fondo sindicatos, delegación, legajo 25, 26 de junio de 1975, "Resultados de las elecciones sindicales".

También parte de los sectores cercanos a la oposición trataron de hacerse con el control de una vicepresidencia, pucsto que el militante comunista y de CC OO Manuel González Velasco se presentó para vicepresidente del sector industria, donde perdió con 17 votos frente a los 61 del continuista Florentino Ovín Ovín. Entre los 10 vocales del comité ejecutivo provincial tampoco existían miembros de la oposición (*Diario de León*, 5 y 6 de noviembre de 1975).

CONCLUSIONES

La conocida como "democracia orgánica" trató de dar una imagen exterior a la dictadura franquista que no permitía homologarla con las democracias occidentales. No en vano se trataba de mantener en el poder a la clase política vencedora de la Guerra Civil. En el caso leonés, concurrieron a los comicios cómplices de la represión junto con políticos destacados durante el tardofranquismo, como el ministro Fernando Suárez. Excepcionalmente, trataron de participar personas en cierta medida cercanas a la oposición moderada (sobre todo en municipios rurales), que fueron perfectamente controladas con el propósito de favorecer al partido único. Solo en lo que respecta a los ámbitos municipal y sindical cabe intuir un importante abstencionismo o participación del antifranquismo, que será necesario precisar en investigaciones posteriores. Incluso los contrarios a la dictadura llegaron a alcanzar una alta representatividad en el terreno sindical, que fue contundentemente frenada en los ámbitos superiores. Resulta imprescindible profundizar en este campo de investigación con el propósito de comprender las actitudes sociales ante la dictadura, que se deberían clasificar como conformistas, opositoras y abstencionistas. No solo en relación con el grupo social en el que cabe encuadrar a cada votante, sino también con respecto a la comarca o zona de la provincia.

BIBLIOGRAFÍA

ANEPA (1974): *40 políticos ante el futuro*, Madrid, Edipasa.

AROCA MOHEDANO, Manuela (2008): "Mineros y clandestinidad socialista en Asturias", *Espacio, tiempo y forma. Historia Contemporánea*, 20, pp. 265-279.

CAMARENA MERINO, Vicente (1999): "Las elecciones municipales de 1948: normalización y continuidad del poder local en Guadalajara", en VV AA, *Tiempos de silencio, Actas del IV Encuentro de investigadores del franquismo*, Valencia, Fundació d'Estudis i Inciatives Sociolaborals, pp. 170-176.

CERÓN TORREBLANCA, Cristian (2007): "Institucionalización y legitimación del nuevo Estado. Referéndum y elecciones municipales en Málaga durante el primer franquismo", *Revista de Historia Actual Online*, 12, pp. 107-118.

COUREL, Jesús A. (1999): *Ponferrada. Alcaldes y ediles del siglo XX*, Ponferrada.

DOMÉNECH SAMPERE, Xavier (2008): *Clase obrera, antifranquismo y cambio político. Pequeños grandes cambios, 1956-1969*, Madrid, Los Libros de la Catarata.

DOMPER LASÚS, Carlos (2017): "El partido único y las elecciones en la España franquista. Un análisis local a través del caso de Aragón, 1948-1973", *Historia 396*, 2, pp. 399-428.
(2018): "El franquismo a través de las urnas. Metodología, fuentes y retos para una aproximación electoral al régimen de Franco", *Política y Sociedad*, 55(1), pp. 115-134.
ELLWOOD, Sheelagh M. (1986): "Falange y franquismo", en J. Fontana (ed.), *España bajo el franquismo*, Barcelona, Crítica.
FERNÁNDEZ AMADOR, Mónica (2008): "Las elecciones municipales del tardofranquismo en Almería: ¿representatividad o ficción?", en C. Navajas Zubeldia y D. Iturriaga Barco (eds.), *Crisis, dictaduras, democracia. Actas del I Congreso Internacional de Historia de Nuestro Tiempo*, Logroño, Universidad de La Rioja, pp. 267-278.
FERNÁNDEZ-MIRANDA LOZANA, Pilar y FERNÁNDEZ-MIRANDA CAMPOAMOR, Alfonso (1995): *Lo que el rey me ha pedido. Torcuato Fernández-Miranda y la Reforma Política*, Barcelona, Plaza & Janés.
GARCÍA COLMENARES, Pablo (2002): "Represión obrera y conflictividad laboral. Los mineros de Castilla y León (1940-1962)", *Segon Congrés Recerques. Enfrontaments civils: postguerras i reconstruccions*, vol. II, Lleida, Universidad de Lleida, pp. 797-816.
GARCÍA RAMOS, Domingo (1999): "Una aproximación al personal político del Ayuntamiento de Palencia (1948-1979)", en VV AA, *Tiempos de silencio, Actas del IV Encuentro de investigadores del franquismo*, Valencia, Fundació d'Estudis i Inciatives Sociolaborals, pp. 198-204.
— (2005): *Las instituciones palentinas durante el franquismo*, Palencia, Diputación Provincial de Palencia.
L. R. (1973): "Crónica", *Tierras de León*, 17, pp. 108-149.
— (1975): "Crónica", *Tierras de León*, 21, pp. 86-139.
MAGALDI FERNÁNDEZ, Adrián (2019): "Clientelismo y elecciones: del tercio familiar a La transición. El caso de la provincia de Santander", en J. Cuadrado Bolaños (ed.), *Las huellas del franquismo: pasado y presente*, Granada, Comares, pp. 1517-1533.
MARÍN, Martí (2016): "La democracia orgánica como forma de representación política: un análisis de las fórmulas de cooptación de procuradores en Cortes y de sus resultados", *Corporativismo e doutrinas sociais. Estudos do século XX*, Imprensa da Universidade de Coimbra, pp. 90-112.
MARTÍN GARCÍA, Óscar (2008): *A tientas con la democracia. Movilización, actitudes y cambio en la provincia de Albacete, 1966-1977*, Madrid, Los Libros de la Catarata.
MARTÍNEZ PÉREZ, David (2004): *La transición democrática leonesa: 1975-1977*, León, Universidad de León.
MIGUEL, Amando de (1975): *Sociología del franquismo. Análisis ideológico de los Ministros del Régimen*, Barcelona, Editorial Euros.
MÍGUEZ, Santiago (1990): *La preparación de la transición a la democracia en España*, Zaragoza, Universidad de Zaragoza.
MOLINERO, Carme e YSÁS, Pere (2001): "La dictadura de Franco, 1939-1975", en J. M. Marín, C. Molinero e Y. Pérez, *Historia política de España 1939-2000*, Madrid, Istmo.
— (2008): *La anatomía del franquismo. De la supervivencia a la agonía, 1945-1977*, Barcelona, Crítica.
MORENO FONSERET, Roque (1999): "Las consultas populares franquistas: la ficción plebiscitaria" en R. Moreno y F. Sevillano (eds.), *El franquismo. Visiones y balances*, Alicante, Prensas de la Universidad de Alicante, pp. 77-175.
— (2003): "Las elecciones del tercio familiar en el régimen franquista", en R. Moreno Fonseret, *Plebiscitos y elecciones en las dictaduras del sur de Europa*, Alicante, editorial Marfil.
PALOMARES IBÁÑEZ, Jesús María (2005). "Las elecciones de la democracia orgánica. El Ayuntamiento de Valladolid (1951-1971)", *Investigaciones Históricas, Época moderna y contemporánea*, 25, pp. 211-262.
POWELL, Charles (2001): *España en democracia, 1975-2000. Las claves de la profunda transformación de España*, Barcelona, Plaza & Janés.
QUIROSA-CHEYROUZE Y MUÑOZ, Rafael y FERNÁNDEZ AMADOR, Mónica (2010): *Poder local y transición a la democracia en España*, Granada, CEMCI.
RIQUER, Borja de (2010): *La dictadura de Franco. Historia de España. Vol. 9*, Barcelona, Crítica y Marcial Pons.
SÁNCHEZ FERNÁNDEZ, Carlos (2018): "Los últimos de Filipinas. Corporaciones locales en el tardofranquismo: reformas legales, elecciones y presupuestos precarios", *Memoria y Civilización*, 21, pp. 415-435.
SEN RODRÍGUEZ, Luis Carlos (1995): "La Diputación desde 1946 a la muerte de Franco", en F. Carantoña Álvarez y G. Puente Feliz (dirs.), *Historia de la Diputación de León*, León, Instituto Leonés de Cultura, pp. 447-555.
SEVILLANO, Francisco (2002): "El nuevo Estado y la ilusión de la 'democracia orgánica'. El referéndum de 1947 y las elecciones municipales de 1948 en España", *Historia Contemporánea*, 24, pp. 355-387.
SUÁREZ, Fernando (2008): "Leoneses del año", en VV AA, *75º Aniversario Radio León*, León, Radio León.
VV AA (1978): *Síntesis actualizada del III Informe Foessa*, Madrid, Euramérica.
YSÁS I SOLANES, Pere (2007): "La imposible 'paz social'. El movimiento obrero y la dictadura franquista", *Historia del Presente*, 9, pp. 7-25.

CAPÍTULO 14

DEL TARDOFRANQUISMO A LA TRANSICIÓN: LA MANIPULACIÓN Y LA PERVERSIÓN DE LA NOCIÓN DE DEMOCRACIA EN EL DISCURSO POLÍTICO Y PERIODÍSTICO

XABIER RON FERNÁNDEZ*
IESP Ames / Centro Ramón Piñeiro

IRENE TOMÉ URRESTI**
Universidade de Santiago de Compostela

INTRODUCCIÓN

Este capítulo tiene su origen en una comunicación sobre el asesinato de Enrique Ruano Casanova, perpetrado el 20 de enero de 1969, presentada al último Congreso de la EDISO, celebrado entre los días 5 y 7 de junio de 2019 en Santiago de Compostela[1]. Una vez asesinado, la maquinaria de represión (Eduardo Blanco, Dirección General de Seguridad; Camilo Alonso Vega, ministro de Gobernación) se unió a la de propaganda y desinformación (Manuel Fraga Iribarne, ministro de Información y Turismo; Manuel Quílez, director General de Prensa; Torcuato Luca de Tena, director del *ABC*; Alfredo Semprún, periodista de Tribunales), para ocultar el asesinato bajo una perversa versión

* Xabier Ron Fernández es doctor en Filología Románica por la Universidade de Santiago de Compostela. Autor de trabajos sobre análisis del discurso en el ámbito migratorio y el de la memoria sobre la Guerra Civil, la dictadura franquista y la Transición. En la actualidad es docente de francés en el IESP de Ames.

** Irene Tomé Urresti es licenciada en Periodismo por la Universidad Pontificia de Salamanca, máster en Política y Democracia por la UNED y en Edición Periodística por la Universidade de A Coruña. Desde 2017 forma parte del Grupo de Investigación HISTAGRA de la Universidade de Santiago de Compostela.

1. El punto de partida cronológico concreto lo situamos en las noticias que tratan el estado de excepción, decretado el 24 de enero de 1969, y el punto de llegada en el periodo denominado como Transición. En lo que se refiere a esta aportación, marcaremos el límite en el año 1978, año en el que se aprueba la Constitución española. En resumen, empezaremos con el tardofranquismo, remontándonos a aspectos anteriores que consideramos imprescindibles, y llegaremos a lo que identificamos, si se nos permite el término, como "franquismo transicional".

de "suicidio". Esto sucedía en 1969, durante la supuesta fase "dulce" de la dictadura[2]. Solo aquellos que quieren transitar por un sendero sin espinas desde la dictadura franquista hasta la Transición, o incluso hasta hoy en día, quieren que así sea (Del Águila Torres, 2015).

El asesinato de Ruano entra en relación con un clima de contestación social que se inicia en 1962, con las huelgas mineras de Asturias, y que tiene un especial énfasis en la universidad, sobre todo durante los años 1968 y 1969. Las huelgas universitarias desafiaban al régimen, siendo especial, por su intensidad, la que tuvo lugar el 17 de enero de 1969. Cuando un numeroso grupo de estudiantes celebraba una asamblea en el anfiteatro de la Universidad de Barcelona, varios de ellos se dirigieron al rectorado rompiendo el mobiliario, arrojando a la calle un busto de Franco y quemando una bandera (véase la noticia nº 6). En respuesta a toda esta situación, las autoridades franquistas decretan, el 24 de enero de 1969, el estado de excepción en todo el Estado (Decreto-Ley 1/1969, de 24 de enero). Durante tres meses —al final fueron dos los meses que duró— el estado de excepción suspendería ciertos derechos contenidos en el Fuero de los Españoles (definidos en los artículos 12 [libertad de expresión], 14 [libertad de circulación: autorización para emigrar], 15 [registros en domicilio sin autorización], 16 [libertad de reunión y asociación] y 18 [límite de 72 horas en caso de detención])[3] y regresó la censura previa a publicación que se suprimiera con la Ley de Prensa de 1966. Para justificar el hecho de someter al pueblo a una dictadura dentro de la dictadura[4], el Gobierno y los medios de comunicación amigos establecieron una red conceptual y semántica que convirtió los valores más esenciales de lo que debe ser una democracia en una víctima más. Una red que, de forma perversa, permitía validar y justificar la instauración del estado de excepción.

Hay que tener en cuenta que, en el franquismo, los únicos periódicos que se editaron legalmente eran dirigidos por personas próximas al régimen, así como

2. No olvidemos que en 1963 se crea el Tribunal de Orden Público (TOP) (Ley 154/1963) y empezó a ejercer su política represora en 1964. Sobre las consecuencias que tuvo para la resistencia antifranquista en Galicia recomendamos el trabajo de Redondo Abal (2017), que contabiliza medio millar de gallegos "juzgados" por el TOP. Los agentes y ejecutores de este organismo entraron muy tranquilos en "democracia", de tal forma que 10 de los 16 jueces del TOP se convirtieron en magistrados del Tribunal Supremo o de la Audiencia Nacional. Una demostración más de la continuidad del régimen durante la Transición (Del Águila Torres, 2015).

3. El Fuero de los Españoles es un texto normativo, decretado el 17 de julio de 1945, que los franquistas llegan incluso a denominar constitucional, y en el que se definen supuestamente derechos, deberes y libertades de los españoles. Pero es evidente que este tipo de textos normativos no contaba con garantías de salvaguarda de los derechos subjetivos y se elaboraron para otorgarle un betún de legitimidad institucional a la dictadura (Fernández-Crehuet, 2017).

4. Se produjo la clausura de editoriales progresistas y cierres de la Universidad con la justificación de "acabar con los revoltosos" o frases similares que veremos en los diarios analizados en este trabajo. Pero, lejos de "tranquilizar con el fin de restaurar la democracia", tal y como decían las noticias de prensa, el estado de excepción derivó en la deseada intensificación de las detenciones, de las torturas policiales, de las condenas, persiguiéndose principalmente a obreros y estudiantes que se manifestaban y distribuían panfletos en contra de la situación antidemocrática en que vivían.

por organismos que forman parte de este o lo toleraban. Por eso, hablar de análisis de discurso político franquista es hablar del desarrollo de la idea de la "Nueva España" o de "Cruzada" como una nación que ofrece a la ciudadanía española un destino común frente a la otra opción, "la de los rebeldes"; que, de defensores verdaderos de la legalidad republicana y democrática, se convierten para la maquinaria propagandística del franquismo en "enemigos de la democracia".

Nuestro objetivo en este capítulo es el análisis de las noticias referidas al estado de excepción de 1969, lo cual permitirá que trabajemos de forma interrelacionada sobre los siguientes aspectos temáticos:

a) Desde el punto de vista del discurso analizaremos como se deturpó el recto sentido de la democracia durante el estado de excepción. Describiremos cómo se elaboró este discurso desde las instancias políticas, mas también desde el discurso iusfilosófico. Para esto, analizamos una serie de noticias que recogemos de diferentes medios sobre el estado de excepción entre el 24 de enero y el 23 de marzo de 1969. Estudiaremos los elementos discursivos que fueron necesarios para construir la manipulación necesaria y reflexionaremos sobre los trazos que adquiere la manipulación de la palabra entre propaganda y desinformación. Y veremos si esta idea manipulada de democracia se extiende en el tiempo y llega a lo que denominamos franquismo transicional.
b) Desde el punto de vista historiográfico, veremos de forma breve las características fundamentales del tardofranquismo y del franquismo transicional en lo que se refiere a la construcción de la idea manipulada de democracia.

Desde el punto de vista metodológico, nos centramos en el discurso que empleaban las autoridades franquistas y los medios de comunicación prestando especial atención a los indicadores conceptuales, semánticos y retóricos conforme a la tipología de los Estudios Críticos del Discurso (ECD) de Van Dijk, que podemos definir como un "tipo de investigación analítica sobre el discurso que estudia primariamente el modo en que el abuso del poder social, el dominio y la desigualdad son practicados, reproducidos y ocasionalmente combatidos, por los textos y el habla en el contexto social y político" (1999, 2002: 23), que combinamos con las aportaciones de Philippe Breton (2000), cuyo estudio sobre la manipulación afectiva y cognitiva nos permitió perfilar mucho mejor nuestra tabla analítica; Alex Mucchielli (2002), Patrick Charaudeau (2002, 2005) y Gallardo Paúls (2018), investigadora que emplea conceptos muy interesantes como los efectos de la "expresividad negativa: espectacularización y discurso del odio". Con estas lecturas elaboramos una tabla sinóptica que explica y caracteriza los rasgos esenciales que detectamos en las noticias analizadas.

En el año 1969 estaba en vigor la Ley de Prensa de 1966, que sustituyera a la del año 1938, que había puesto en pie un organigrama informativo dependiente del Ministerio de la Gobernación para controlar las comunicaciones y que justificaba la censura. La Ley de 1966 ponía fin a la censura previa. No obstante, todo escrito que, directa o indirectamente, tendiera a mermar el prestigio de la nación o del régimen, que entorpeciera la labor del Gobierno y que incurriera en desobediencia, sería castigado.

Como es lógico, para todo lo que se refiere a la noción de democracia, no solo miramos lo que contienen las noticias que se produjeron durante el estado de excepción, sino que atendimos a los avances de la Historiografía, mas también los de la Filosofía del Derecho. En este sentido, nos fue de gran ayuda el estudio de Federico Fernández-Crehuet sobre el papel que desarrolló la Filosofía del Derecho en la construcción teórica de la idea del Estado franquista, con especial énfasis en la obra de Luis Legaz Lacambra, cuyo empeño fue "enterrar el viejo y valetudinario Estado de derecho liberal y democrático" (Fernández-Crehuet, 2017: 1).

Las noticias analizadas en nuestra muestra son las siguientes[5]:

1. "Estado de Excepción en toda España", *Nuevo Diario*, 25 de enerro de 1969 / *La Voz de Galicia*, 25 de enero de 1969. Reproducción íntegra del Decreto-Ley 1/1969. Incorpora un "Comentario de Manuel Fraga" dado a los medios en rueda de prensa cuando presentaron el Decreto-Ley.
2. "La libertad difícil", *Pueblo*, 25 de enero de 1969, Emilio Romero.
3. "El día H", *Diario SP*, 26 de enero de 1969.
4. "Destrucción de la Universidad y del Estado, consigna comunista a los universitarios españoles", *Hoja del Lunes*, 27 de enero de 1969, A. J. González Muñiz.
5. "Los mercaderes de la democracia", *Alcázar*, 27 de enero de 1969.
6. "Acto de homenaje a la bandera y al ejército, en Barcelona", *La Voz de Galicia*, 28 de enero de 1969.
7. "Adhesión de Vizcaya y otras provincias a Franco", *La Voz de Galicia*, 29 de enero de 1969.
8. "Para proteger la tranquilidad y el bienestar de todos los españoles, el Gobierno ha tomado las medidas de excepción", *La Voz de Galicia*, 8 de febrero de 1969.
9. "La vuelta a la normalidad política", editorial *ABC*, 23 de marzo de 1969.
10. "Notas políticas", *ABC*, 23 de marzo de 1969, José Baro Quesada.
11. "Balance del Estado de Excepción", *La Voz de Galicia*, 25 de marzo de 1969, (nota del Ministerio de la Gobernación).

5. El número de referencia que antecede a cada una de las noticias es el empleado tanto en la tabla sinóptica como a lo largo del análisis que realizamos de las mismas.

DESCRIPCIÓN Y ANÁLISIS DE LAS NOTICIAS

En las noticias emana siempre el discurso de la necesidad del estado de excepción, una necesidad que es un deber para preservar la integridad del Gobierno (función legitimadora). Se produce una confrontación entre nosotros *vs.* ellos que es significada de maneras diversas, como se recoge en la tabla sinóptica: civismo ejemplar *vs.* posiciones de impunidad; inmensa mayoría (sana, ejemplar) *vs.* grupos minoritarios (subversivos); sentido cristiano *vs.* anarco-comunismo. Contraposición dicotómica y antagónica que tiene lugar en todas las noticias provocando que, al mismo tiempo que se produce la función legitimadora del Gobierno para decretar el estado de excepción, se manifieste una natural función opositora.

En la noticia del *ABC* que da cuenta del final del estado de excepción rozan el paroxismo de la exageración —trazo manipulador— cuando ponen de relieve que el estado de excepción no significó ninguna "anormalidad", pues la acción de las autoridades fue comedida. Circularidad curiosa cuando el titular afirmaba "vuelta a la normalidad política" y cuando ellos mismos se encargarán de enfatizar lo exitoso que fue el estado de excepción al descabezar los movimientos de contestación y de resistencia antifranquista. En las noticias emerge el "fantasma de la democracia", que se refleja en la aseveración de que gracias al Gobierno franquista se preservan derechos y garantías constitucionales. José Baro afirma incluso que el cese del estado de excepción es un retorno a la normalidad constitucional con la defensa de derechos y libertades. Y, en una línea diferente a la editorial, el articulista contrapone la brevedad de este estado de excepción con los que se daban en la II República, definida como "régimen falsamente democrático", amalgama que viene a decir que el franquismo es verdaderamente democrático, y también un encuadre de la mentira detectable en el artículo de Enrique Romero ("construir un Estado democrático") —inquina que se manifiesta también cuando José Baro define a los estados de excepción republicanos como estados de guerra, algo que nunca haría para identificar al recién finalizado de 1969—.

El discurso del miedo está presente en la alusión a las "influencias y maniobras extranjeras", que debemos identificar con el marxismo y el comunismo, esto es, con el "demonio" soviético. Algo que ya figuraba en el propio Decreto-Ley: "estrategia internacional", que son los causantes de los "brotes y anomalías". En el comentario dado en rueda de prensa por Fraga Iribarne queda en evidencia cuál es la línea maestra del discurso manipulador: toda la resistencia es minoritaria ("quiero subrayar lo de acciones minoritarias") y proceden de fuera (discurso del miedo: "acciones claramente concertadas", "ola de confusión y de subversión mundial"). Dicho discurso no tiene desperdicio, ya que contiene elementos propios de la manipulación de los afectos y de la manipulación cognitiva, sobre todo a través de las amalgamas. Alrededor del uso del fantasma de la democracia se originan graduaciones en la desinformación y propaganda, que van desde el encuadre de la mentira hasta la amalgama cognitiva pasando por el reencuadre abusivo —muy evidente en la noticia nº 4— y por el encuadre impositivo que, a nuestro entender, surge cuando se explota la idea de la violencia del Otro para hacer digeribles dos ideas interrelacionadas: el estado de excepción fue necesario y el Gobierno actuó con eficacia porque estaba en peligro el Estado democrático y constitucional.

CONCEPTO	SÍ	COMENTARIO	NOTICIA
		Rasgos discursivos	
Histrionismo discursivo	x	Fraga convierte a toda la nación en "delatora" y "liquidadora" de los pequeños brotes subversivos	1
Personalismo			
Espectacularización	x	La enumeración de los actos considerados "violencia" conducente, ya solo por la reiteración, a producir enfado en el lector y lograr, así, la permisividad hacia el estado de excepción.	4
		Al final del artículo se destaca la puesta en escena de la adhesión a la liturgia franquista y no faltan el himno, la bandera, las consignas patrióticas y de ensalzamiento del caudillo ("Viva Franco", "Arriba España")	6
Categorización negativa	x	El Otro es "malvado" y "ambicioso"	1
		El discurso del gobernador civil representa una contraposición retórica dicotómica entre el bien (nosotros) y el mal (ellos)	6
Reduccionismo	x	La juventud es un mero títere de los agentes subversivos	1, 6
		Los rojos son "oscuros" y "saben a checa"; su nombre se identifica con "pueblo oprimido"	6
		Encuadre: nosotros *vs.* ellos	
Incriminación	x	El Otro es acusado de nihilismo, anarquismo y desobediencia	1, 2, 3, 4, 6, 9, 10
Emocionalidad	x	La apelación a las emociones es constante para subrayar la importancia que tuvo la guerra (el esfuerzo heroico) para acabar con la tiranía, el dolor y la angustia (que se identifican con la República). La reproducción de la violencia, por lo tanto, significa volver a ese estadio de guerra	4, 6
Discurso del odio	x	El Otro siempre es descrito como comunista, marxista, soviético y es quien trae el desorden y la violencia	1, 2 , 3, 4, 6, 9, 10
Encarnación valores en el líder carismático	x	Las proclamas patrióticas que ensalzan la figura del caudillo: "Viva Franco", "Arriba España"	6
		El caudillo es símbolo de paz y justicia	8
Exaltación valores propios	x	Exaltación de los logros económicos, culturales y sociales del Gobierno	1, 6, 8
		Estrategias discurso	
Función coercitiva	x	Fraga "obliga" a toda la nación a ser "delatora" y "liquidadora" de los pequeños brotes subversivos	1
Función legitimadora	x	El estado de excepción es una necesidad y una obligación	1, 2, 3, 4, 6, 8, 9, 10
Función encubridora			

CONCEPTO	SÍ	COMENTARIO	NOTICIA
Función opositora	x	Cada una de las noticias destacadas desarrolla al unísono una función legitimadora y una opositora mediante contraposición dicotómica, esto es, destacando la oposición frontal de la "mayoría", de la gente de bien, que quiere paz y justicia frente a ese Otro, una minoría subversiva compuesta por lo peor del imaginario del "enemigo" de Franco: los comunistas, los marxistas, los (pro/filo)soviéticos	1, 2, 3, 4, 6, 8, 9, 10
Función deslegitimadora	x	No hay alternativa posible a la paz del caudillo, ya que el Otro solo trae desorden, caos y violencia	1, 2, 3, 6, 8, 9, 10
		Manipulación afectiva	
Estilo (claro, breve)	x	A través del eslogan y de la contraposición dicotómica rápida y reduccionista entre nosotros (el bien, la paz) y ellos (el mal, la violencia)	6
Miedo y autoridad	x	El Estado actúa porque hay enemigos que traen la violencia	1, 2, 3, 4, 8, 9, 10
Repetición	x	Se repite una y otra vez, machaconamente, la idea de unos pocos subversivos frente a una mayoría sana y ejemplar	1, 2, 3, 4, 9, 10
Amalgama	x	La violencia es demostración de antidemocracia, por lo tanto el Gobierno franquista es democrático	2, 3, 5
		La expresión de descontento que quiere subvertir el orden establecido es corrupción	8
		Manipulación cognitiva	
Encuadre de la mentira	x	El Estado franquista es democrático	2, 3, 5
Reencuadre abusivo	x	El empleo de palabras-trampa para "demonizar" al Otro, hasta 24 veces vemos los términos "comunista", "marxista"...	4
Encuadre impositivo	x	Este encuadre aparece cuando se impone la idea de denostar al Otro para reforzar la idea que interesa, que el franquismo es una democracia que garantiza los derechos y libertades constitucionales, es decir, que recurre al uso del "fantasma de la democracia"	2, 3, 5, 9, 10
Amalgama cognitiva	x	El Estado ofrece a la sociedad una "economía recuperada", un "progreso ejemplar", un desarrollo cultural y turismo... Contra esto van esos "grupos subversivos" que atentan contra "un país alegre y en paz creadora"	1

ALGUNAS REFLEXIONES

Manipular es construir una imagen de la realidad que semeja ser real, pero que no lo es (Breton, 2000: 18). Eso es lo que manifiestan las diferentes noticias analizadas, tanto las del inicio como las del final del estado de excepción. La manipulación es una violación de la palabra: "*Une action violente et contraignante, qui prive de liberté ceux qui y sont soumis*" (*ibidem*: 23). Por eso, la violencia es antidemocrática por constitución; por lo tanto, la manipulación es antidemocrática. Es lógico que sistemas dictatoriales y totalitarios empleen las herramientas de la manipulación para conseguir sus objetivos, tal como el capitalismo neoliberal, que es, en sí mismo, un poder globalizante y total, pero que cambia la "forma" de ejecutar ese poder, haciéndolo de manera más sofisticada.

Las noticias que estudiamos van y vienen entre la desinformación y la propaganda. La desinformación consiste en validar, en un receptor al que se quiere engañar de forma intencionada, una cierta descripción de la realidad favorable al emisor, haciéndola pasar por segura y verificada, donde lo falso se convierte en verdadero (Breton, 2000: 66). En este rango, a modo de ejemplo, citaremos la intervención de Fraga, ministro de Información y Turismo. La propaganda siempre es usada en un contexto recorrido por el "fantasma de la democracia", expresión feliz que recuperamos de Breton, ya que ese fantasma es el que explica, por una parte, la necesidad de apelar a su noción, y por la otra, a desvestirla de sus rasgos para otorgarle otros que son consustanciales al régimen franquista y a lo que anhelan sus ideólogos. En efecto, el franquismo necesitaba legitimidad institucional, "venderse" como una "no-dictadura", por eso necesitaba a ese *fantasma de la democracia*, un fantasma que, entendemos, llegó hasta el franquismo transicional y que explica las deficiencias de nuestra Constitución y la debilidad de nuestro sistema democrático (Breton, 2000: 68; Fernández-Crehuet, 2017).

Siguiendo en este aspecto a Philippe Breton podemos diferenciar dos tipos esenciales de manipulación: la manipulación de los afectos y la manipulación cognitiva. La manipulación de las emociones o de los afectos no pertenece a una dimensión irracional, ya que las acciones de persuadir-seducir-convencer están en el cierne de la argumentación y del escenario democrático. El peligro viene de la mano de la demagogia, que es camaleónica. Hoy, dominados como estamos por el modo de vida neoliberal, la mentira adquiere una poderosa fisonomía multiforme, multidiscursiva y multisoporte, que algunos denominan posverdad (McIntyre, 2018). La manipulación que ejerce el demagogo se apropia o se introduce en el punto de vista del otro. El estilo, a través de la (supuesta) claridad —más bien simpleza— y de la brevedad puede ejercer también de mecanismo manipulador, ya que nos remite a un estilo en apariencia más convincente (pensemos en el actual estilo Twitter, proclive a la manifestación apasionada, a la rabia y a la irascibilidad, a la acusación infundada o a la culpabilización sin argumentos ni pruebas).

El recurso del miedo y de la autoridad sirve de acelerador de la manipulación y esto es propio de un régimen dictatorial como el franquista. La manipulación emocional usa mucho la repetición (muy evidente en las noticias sobre la "necesidad" del estado de excepción, con la contraposición mayoría ejemplar *vs.* minoría subversiva), que adquiere incluso algunas veces formato eslogan. Las amalgamas discursivas que relacionan elementos sin conexión son también un trazo discursivo de la manipulación emocional, todo con el fin de anular la resistencia que pueda hacer frente a la manipulación (Breton, 2000: 78-100).

La manipulación cognitiva es, en apariencia, más elaborada, se asienta en encuadres textuales que se fundamentan en la desinformación como estrategia discursiva que retuerce los hechos para hacerlos encajar en lo que se quiere hacer pasar como verdadero. Para eso, se usan palabras-trampa ("inmigrante", "terrorista", "anarco-comunista", "marxista", "subversivos"...), eufemismos, gafas estereotópicas, imágenes deformes de la realidad[6]. Las variantes se definen por incidir en una determinada casuística: el encuadre de la mentira por usar la desinformación; el reencuadre abusivo por emplear palabras-trampa y la deformación de la realidad; el encuadre impositivo se define por la estrategia de hacer pasar dos opiniones, una fácil de aceptar e introducir una segunda, la que importa al manipulador (muy evidentes a nuestro entender cuándo se trata de justificar la "democracia" del Estado franquista a través de la violencia del Otro). La amalgama cognitiva representa una unión de una opinión que queremos que sea aceptada y un elemento exterior que no tiene relación con ella. Diferencia diversos tipos de términos: a) virtuosos; b) venenosos; c) autoridad o testimoniales; d) conformidad. Amalgama muy usada hoy en día por la extrema derecha en la asociación entre migración, delincuencia y problemas y en nuestros textos en la evidente relación entre juventud, minoría subversiva y violencia (*ibidem*: 101-129).

La manipulación puede tener éxito si hace uso de la política del miedo. El miedo forma parte importante de la cultura política y es uno de los mecanismos más empleados por el poder. El miedo es constitutivo de la autoridad política. No debemos olvidar el rol que juegan las emociones en el proceso de adhesión, en la creencia y en la legitimidad. Esto es esencial en el caso de una dictadura como la franquista, que impuso su visión totalitaria durante cuatro décadas. En toda forma de tiranía el miedo es omnipresente y se piensa que no tiene cabida en una democracia que vive bajo el imperio del capitalismo. Mas esto es absolutamente falaz. Lo que cambia es la forma de mantener la envoltura sobre la sociedad. Hay un miedo vertical (en el capitalismo de ayer y de hoy, por ejemplo, lo vemos en las desigualdades y estratificaciones, en el miedo a la pobreza desmedida y al hambre y, hoy, en el miedo al paro) y uno horizontal (el miedo a lo que está ahí fuera de los límites de la comunidad: miedo al Otro migrante, hoy; en el franquismo, después de la represión genocida inicial, el miedo al comunista, que significa, tras una profunda estrategia educacional manipuladora, el retorno a la Guerra Civil).

En la manipulación, perversión y vaciado de la noción de democracia intervino toda una estructura de apoyo desde la Filosofía del Derecho y la Administración

6. En la noticia 4, escrita por J. González Muñiz, asistimos al uso perfecto tanto del *encuadre de la mentira*, con la acusación infundada y falaz de que la Guerra Civil fue causada por el Gobierno de la República, como del *reencuadre abusivo*, donde el articulista hace uso de palabras-trampa para crear una realidad distinta y acusar, de forma obsesiva, al Otro de comunista (empleado hasta 16 veces), de marxista (6 veces) o de soviético (2 veces) y de ser causante de todos los disturbios universitarios. La reiteración obsesiva de *comunista* permite la elaboración de una amalgama que relaciona comunismo con violencia, pasando por la infantilización de la juventud universitaria que sería solo un títere del comunismo y de esa "estrategia internacional", capitaneada por Cuba o Moscú, países citados junto con Lenin.

con el fin de construir una idea de Estado a la carta y conveniencia del franquismo. Por arte de magia verbal, el Estado franquista se volvió estado de derecho y régimen constitucional, tal y como se puede comprobar en alguna de las noticias que analizamos. Descontextualizaron los conceptos políticos y apelando al relativismo crearon un eslogan: "España es diferente". Fernández-Crehuet describe cómo el discurso iusfilosófico articuló una filosofía sui generis sobre el Estado de derecho, de garantías constitucionales y democrático que, no obstante, no es capaz de soportar una buena ráfaga de viento crítico y analítico.

Lo más triste es que el franquismo transicional logró que la Constitución de 1978 reconociera como constitucionales a las leyes fundamentales del franquismo, entre ellas la propia Ley para la Reforma Política: "La derogación explícita tiene sobre todo sentido entre normas del mismo rango. Al derogar expresamente las Leyes Fundamentales del franquismo se las está tratando como si fueran el equivalente de la Constitución en tiempo anterior, lo que al fin y al cabo era pretensión de la propia dictadura" (Clavero, 2014: 47). Este hecho entra en perfecta sintonía con el discurso dominante del franquismo y, por desgracia, impregnó la elaboración de la propia Constitución, por mucho que algunos quieran pensar que no. Esa derogación les dio una dignidad constitucional que nunca tuvieron y que no deberían tener.

Uno de esos ideólogos del discurso iusfilosófico del franquismo era Luis Legaz Lacambra, para quien resultaba evidente que las masas habían convertido la democracia en dictadura: "Si la democracia de masas posee estas tendencias dictatoriales y totalitarias, *los regímenes totalitarios auténticos implican una base democrática*, la presencia de una masa de voluntad eficaz" (citado por Fernández-Crehuet, 2017: 31; las cursivas son nuestras). Uno de los conceptos más recurrentes en la década de los sesenta era el de democracia orgánica (coronada) (Cazorla Sánchez, 2017: 30), en un claro deseo de domesticar la noción y de ponerle el traje que Franco quería desde los años cuarenta. No podemos dejar de recordar que será, precisamente en el año 1969, cuando Franco promulgue la Ley de Sucesión, que le garantizaba su supervivencia a la monarquía no solo durante el franquismo, sino *ad futurum* y quién sabe si *sine die*.

Si miramos las noticias seleccionadas reparamos en cómo se contrapone de manera sistemática la mayoría (la que apoya al Gobierno del golpista) a grupos minoritarios subversivos y distinguimos cómo el concepto "masa" sirve de justificación para la acción de un Gobierno que se describe como constitucional y como defensor de derechos y libertades. Mas ciertamente el poder de Franco era arbitrario, de naturaleza carismática y no democrática (Cazorla Sánchez, 2017: 30). La sistemática represión de la resistencia antifranquista, la eliminación de todo vestigio democrático de la II República, la instauración del miedo, la censura, la manipulación, la propaganda y la desinformación como creadora de imaginario servían para apoyar la idea de que la mayoría era franquista (*ibidem*: 35). Cierto es que el franquismo contó con amplios apoyos sociales, por eso no es de extrañar que Fraga Iribarne afirme que cuentan con el apoyo de la "mayoría sana". No obstante, este constructo del "consenso" de la mayoría solo se pudo conseguir con la eliminación de todo vestigio republicano, con la represión sistemática de toda resistencia antifranquista.

No es objetivo de este capítulo el tratamiento de las zonas grises, "zonas de comportamiento borrosas que separaban a las víctimas y a los verdugos" (Prada Rodríguez, 2014a: 14; sobre esas zonas grises, véase Cabana Iglesia, 2014). A pesar del clima de represión, lo cierto es que desde 1956, pero sobre todo en los años sesenta, los trabajadores, a través de su labor en el sindicalismo clandestino, fueron parando las empresas para solicitar mejoras y derechos, hicieron huelgas y el estudiantado paralizó la universidad. Para desmitificar un tanto la zona que va desde la indiferencia de la persona hasta la pasividad crítica en situaciones dictatoriales, recomendamos la lectura del libro de Viktor Frankl, que señala cómo incluso en condiciones extremas —la vida en un campo de exterminio nazi— el ser humano es capaz de tomar decisiones que representan un bien que excede el rango de lo personal para insertarse en el campo del bien común, por ética y responsabilidad. Es la demostración de que la generosidad, la empatía, la solidaridad, la libertad espiritual, la independencia mental emergen en cualquier contexto, por muy traumático que sea (Frankl, 2017: 95). La dictadura franquista ofrece amplios espacios para que se produzca la consciente toma de decisión entre resistencia y aceptación resignada o consentimiento y, lógicamente, la adhesión convencida y entusiasta, incorporando todos los matices posibles (Prada Rodríguez, 2014a: 20). Entre la política de represión total y genocida y la acción implacable de los agentes del franquismo (Iglesia, educación, propaganda, medios de comunicación, alguna medida como el auxilio dedicada a los más empobrecidos [por su culpa]), Prada Rodríguez afirma que "el descontento, la insatisfacción y el desagrado *no podían* transformarse en resistencia activa. La adaptación, en cambio, era *la única alternativa viable* para seguir viviendo" (*ibidem*: 24; las cursivas son nuestras). Matizaríamos ese "no podían", ya que negaría la posibilidad siquiera de la existencia de los guerrilleros, de los actos clandestinos de sabotaje, de las secretas acciones de solidaridad y tantos gestos que demuestran que es posible adoptar dos caras: una pública en que se reconozca esa supuesta adaptación al régimen y una personal en que se podía tratar de subvertir la dictadura.

El estado de excepción quería extirpar esos pequeños brotes porque tenían miedo de que se extendiera la contestación social y de que esta desembocara en un cuestionamiento frontal del caudillo y en una demanda de democracia. El tardofranquismo realizó un duro y constante trabajo de elaboración de un discurso y de un imaginario tendente a hacer creer que la dictadura contenía la semilla de la democracia que precisaba la sociedad española, al mismo tiempo que garantizaban la continuidad legal del franquismo. Esta continuidad quedó muy bien retratada en el dicho que nos acompaña aún, desde que lo pronunciara Franco el 30 de diciembre de 1969, en el que afirmaba que había dejado todo "atado y bien atado, con mi propuesta y la aprobación por las Cortes de la designación como sucesor a título de rey del príncipe don Juan Carlos de Borbón" (Sánchez-Cuenca, 2014: 9). Estamos en el año en que se produjo el estado de excepción y contiene en su formalización una buena síntesis de la realidad que nos tocó vivir y también, al ser propaganda del régimen, mucha distorsión, motivo que conduce a Sánchez-Cuenca a jugar con la afirmación de Franco y transformarla en "atado y mal atado" (Sánchez-Cuenca, 2014)[7].

Una de las ideas recurrentes —y acertadas— del autor es que el "tránsito de la dictadura a la democracia se realizaba, pues, según los procedimientos institucionales del ordenamiento jurídico de la dictadura y lo realizaban las elites políticas de la dictadura" (Sánchez-Cuenca, 2014: 11-12). El autor se refiere, sobre todo, a la Ley para la Reforma Política (LRP), cuya aprobación el 18 de noviembre de 1976 significó, segundo este estudioso, "el suicidio del régimen [...]. Hacía posible la desaparición del sistema político del franquismo". Puede ser. No obstante, a nuestro entender, y considerando la posición de fuerza de las elites franquistas, lo que hubo fue la adopción camaleónica del ropaje de la democracia para mantener los privilegios que la aplicación del capitalismo otorgaba a esas elites. Si por *suicidio* entendemos "final del sistema de gobierno dictatorial encarnado en la figura de un Caudillo", eso por supuesto.

Sánchez-Cuenca recoge la consideración de que, a mayor prosperidad económica, más democracia se anuncia en el horizonte ("España tenía que convertirse en una democracia"), aspecto que para nosotros no es tan evidente (Sánchez-Cuenca, 2014: 17-19; y, en cierto modo, en la misma línea Ballesteros, 2018: 17, 25), a no ser, claro está, que nos refiramos a una democracia representativa endeble, enferma. La idea de prosperidad económica es matizada por De Blas de Ortega y Baranda Leturio (2019), con especial énfasis en la decisiva intervención del Fondo Monetario Internacional (FMI) en el lavado de cara que procuraba a nivel internacional el franquismo. Una prueba más de la importancia que la ortodoxia capitalista tiene en el asentamiento del franquismo transicional: entre 1952 y 1958 inyectaron unos 660 millones de dólares. En febrero de 1959 fue cuando el FMI decidió enviar una serie de emisarios para elaborar con el Gobierno un programa de estabilización, aprobado mediante el Decreto-Ley de Ordenación Económica del 21 de julio.

7. Sánchez-Cuenca se detiene con minuciosidad en el que acontece entre la muerte de Franco, el 20 de noviembre de 1975, y la celebración de las primeras elecciones generales de junio de 1977, entendiendo el autor que el momento crucial de cambio fue la votación del 18 de noviembre de 1976. Para una visión de conjunto, véase la obra de Santos Juliá y, en concreto, en referencia a la expresión de Franco, recomendamos las páginas que le dedica en el capítulo 7 (Juliá, 2017: 308-317).

En la causa de la enfermedad que tiene nuestra democracia está el paso involucionista que se dio entre una "ruptura democrática" y una "ruptura pactada" (Sánchez-Cuenca, 2014: 37-100), capitaneada por las estructuras franquistas que, en el fondo, no fue más que una "reforma a la carta" de los deseos del heredero de Franco, el rey, bien secundado por Adolfo Suárez. La represión del Estado seguía perfectamente engrasada y nada había mudado con la muerte del dictador. Las estructuras de poder franquista planificaron, ejecutaron y consiguieron que nada pusiera en peligro la continuidad legal del franquismo y la estrategia de reforma desde el interior. De hecho, el primer proyecto reformador de Arias-Fraga lograba perfeccionar el vaciado de la idea de democracia a través del engendro "democracia a la española", que combinaba democracia representativa con "democracia orgánica" (Sánchez-Cuenca, 2014: 24).

Tal como analizó Fernández-Crehuet y como ponen de relieve los artículos periodísticos que describimos en este trabajo, una de las líneas de acción del régimen franquista era convencer de que el régimen era, en el fondo, una firme garantía de los derechos y libertades, esto es, que era un Estado constitucional y democrático. El propio Sánchez-Cuenca recoge cómo en 1968 las Ediciones del Movimiento publicaron el libro del procurador Carlos Iglesias Selgas, *La vía española a la democracia*, donde se auguraba una transformación democrática interna: "España ha entrado, de modo decidido, *en una vía que conduce a una democracia* que sea expresión nacional de los principios políticos cristianos" (citado en Sánchez-Cuenca, 2014: 102; la cursiva es nuestra). Todas estas referencias demuestran que las elites franquistas estaban madurando desde hacía años la estrategia para seguir adelante sin Franco, y para eso, además de la represión, asentaron un discurso donde la democracia es tan solo un molde que garantiza la supervivencia del régimen franquista. Por eso no extraña que Manuel Fraga, en una conferencia impartida en el Club Siglo XXI, en febrero de 1976, dijera alto y claro que estaban trabajando para lograr una "transición controlada", esto es, una democracia adaptada a las necesidades del régimen franquista (Sánchez-Cuenca, 2014: 104; véase síntesis divulgativa en Ballesteros, 2018: 49-69)[8].

Lo interesante, en todo caso, es poder demostrar la continuidad entre lo que viene definido en el discurso periodístico y político de finales de los años sesenta,

8. Sánchez-Cuenca manifiesta su asombro ante el intento de crear un concepto nuevo, el de "democracia española", como una amalgama incongruente entre el franquismo y el sistema democrático occidental (Sánchez-Cuenca, 2014: 109). Puede que el concepto lo acuñara Manuel Fraga en ese momento, pero lo que son los mimbres que lo definen fueron desarrollados por la filosofía del derecho desde bastante antes, como demuestra Fernández-Crehuet, y como corroboran los artículos que defienden el estado de excepción de 1969. Hace falta tener en cuenta la creación en julio de 1974 del Gabinete de Orientación y Documentación S. A. (GODSA), grupo con el que Fraga mantendría buenas relaciones que explican la emisión de dos documentos: *Llamamiento para una Reforma Democrática* y *Libro Blanco para la Reforma Democrática* (Prada Rodríguez, 2015: 9-10), que están en el origen del nombre del partido político que creará Fraga, RD-AP.

en pleno tardofranquismo, con la estrategia de "transición controlada" de mediados de los años setenta que tenía Manuel Fraga y que pasaba, ciertamente, por seguir maltratando la idea de democracia, un maltrato que siempre formó parte del ADN político del vilalbés. En el fondo, en el proyecto de reforma de Arias-Fraga latía no solo una continuidad legal del franquismo, sino la continuidad *tout court*, que se expresaría en el mantenimiento del poder (*ibidem*: 114-115). La negativa al proyecto de Arias-Fraga puede deberse más a una cuestión de alineamiento entre las familias del régimen antes que a una verdadera disonancia ideológica, ya que, en el fondo, la idea de todos —también la de Suárez[9]— era mantener el poder. El texto solicitado por Suárez a Fernández-Miranda era breve y sencillo y respetaba escrupulosamente "el procedimiento legal de reforma constitucional del franquismo" (*ibidem*: 178). El *franquismo transicional* tenía muy claro que la democracia no era un fin, sino un medio del que servirse. La aprobación de la LRP dio rango de ley al discurso sobre la democracia en dictadura que los ideólogos fueron elaborando y permitió al régimen dar vida a *su* democracia, no la democracia digna de ese nombre[10]. Antes de las elecciones de junio de 1977, la oposición tuvo un papel muy secundario. Ni ruptura democrática ni ruptura pactada, tan solo un proceso reformista a la carta, decidido en primera instancia por el Gobierno y las Cortes franquistas. De hecho, como dijo Donald Share, y recoge Sánchez-Cuenca, la "ley electoral del 18 de marzo de 1977 fue escrita por los franquistas, aprobada por las Cortes franquistas y puesta en práctica por lo que quedaba del aparato burocrático franquista" (*ibidem*: 312). Por eso, el Gobierno resultante de las elecciones de 1977 no fue un Gobierno parlamentario.

Después de dichas elecciones comienza a discutirse la necesidad de una Constitución (Ballesteros, 2018: 81, 85-90). Pero, como nos recuerda en su interesante e indigesto análisis Bartolomé Clavero, no estamos ante una Asamblea que respondiera a un mandato constituyente, "sino ante unas Cortes ordinarias y bicamerales, con parte del Senado además no procedente del sufragio ciudadano, sino nombrada por la Monarquía, Cortes que se asignaron a sí mismas tal tarea sin pasar por el trámite del escrutinio por la ciudadanía entre alternativas constituyentes mediantes unas elecciones abiertamente tales" (Clavero, 2014: 41).

9. "Fue su mezcla de ambición y pragmatismo ideológico lo que le llevó a comportarse como un inmovilista mientras estuvo al frente del Movimiento y como un reformista cuando accedió a la presidencia" (Sánchez-Cuenca, 2014: 167). En los meses de julio y agosto de 1976, una vez dimitido Arias y elevado Suárez, se concretó el plan de reforma del Gobierno sin participación de la oposición... Ahí vemos en qué consiste en realidad la apelación a la democracia que se hace: no deja de ser aquello de "transición controlada" de Fraga.

10. La aprobación en referéndum popular el 15 de diciembre de 1976 con el 94,2% de los votos positivos y con una participación del censo del 77,4% supuso un espaldarazo a la pareja formada por el rey y Suárez. No podemos olvidar que el rey era un punto de referencia para muchos franquistas, sobre todo porque garantizaba la continuidad del régimen y porque Franco había exigido en su testamento lealtad y obediencia a él (Sánchez-Cuenca, 2014: 270).

Una Constitución que serviría, a través de su estructura normativa, para mantener prerrogativas propias de la dictadura y para señalar la continuidad entre el franquismo y la entrada en los tiempos de la democracia representativa. A tales efectos, reproduciremos la acertada frase de Clavero, a fin de subrayar la presencia de la disposición derogatoria de las Leyes Fundamentales del franquismo en la Constitución de 1978, entre ellas, la LRP: "La Ley para la Reforma Política es el cordón umbilical del parto constitucional respeto a la matriz franquista" (*ibidem*: 44).

CONCLUSIONES

La noción de democracia se vio sometida durante el estado de excepción de 1969 a una perversa manipulación que la vació de contenido real, una estrategia que se remontaba a años anteriores y que llegaría hasta 1978. La argumentación, consustancial a un sistema (realmente) democrático, no existe en una dictadura. En efecto, la democracia procura argumentar, intercambiar la palabra conforme a unos parámetros de equidad (igualdad + inclusión), de simetría y reciprocidad. La palabra quiere expresar, informar y convencer (Breton, 2000: 28-57). En un sistema dictatorial la palabra que queda es la manipulada, la pervertida.

Finalizaremos con las palabras certeras y casi definitivas de Boucheron (2019: 31): "Hacer temer, en vez de hacer creer —sin hacer comprender nunca nada—, esa es seguramente la mejor forma de hacerse obedecer". Aquí está condensado lo que significó la dictadura franquista y por qué una noción como la democracia se manifiesta tan endeble hoy en día. Aún sufre el vaciado al que fue sometido por el franquismo y por la propia Transición... ya que, no podemos olvidarlo, pasamos de una *longa noite de pedra* de 40 años a otros casi 45 años de políticas capitalistas neoliberales.

Para que se dé lo descrito por Boucheron, el régimen debía antes purgar y eliminar los elementos de resistencia para conseguir que los factores de desobediencia se incorporaran a la política del miedo (Cazorla Sánchez, 2017: 28). Solo así la desobediencia será vista como una vulneración a las "normas" y los castigos consecuentes serán entendidos como justos. Ese y no otro es el contexto que envuelve la "necesidad" del estado de excepción de 1969, tal y como simboliza la amenaza de Manuel Fraga Iribarne, "a los incitadores y a quienes les sigan [...], toda la nación reaccionará y colaborará para la liquidación de estos pequeños brotes". Y tuvo razón, la delación funcionó: la represión fue brutal. Resulta evidente que no existe "normalidad" en una dictadura, más bien hábitos y costumbres, porque hace falta (sobre)vivir. Una dictadura es un paréntesis en la expresión de la democracia y un estado de excepción, en una dictadura, es una declaración de guerra a la resistencia (véase Silva Fernández, 2016, para las consecuencias que tiene el estado de excepción en sistemas reconocidos como constitucionales). La violencia que ejerce el poder que se erige en absoluto —o que eso desea— cuando se declara el estado de excepción, convierte la vida del "enemigo" en poco menos que nada.

Desde el punto de vista discursivo, la dictadura franquista es un monólogo que se impone y manipula al receptor apoyándose en su dominio. Recurren al "fantasma de la democracia", pero son incapaces de construir un puente dialógico real, que permita tejer espacios de discusión y debate argumentado[11]. En una democracia digna de ese nombre interviene una "instancia ciudadana" que, si se muestra activa, reivindica, interpela y sanciona al Gobierno (Charaudeau, 2005: 44-47). Eso, lógicamente, es inexistente en una dictadura, y mucho menos en la dictadura que representa un estado de excepción. No obstante, como es evidente, el franquismo y el caudillo tenían que procurar legitimidad como fuera para construir su Nueva España, ya que estaban en el poder después de un golpe de Estado que desembocó en una guerra incivil. Esto es, usurparon el poder, algo que es radicalmente antagónico a la legitimidad (*ibidem*: 58).

Por eso, hacemos nuestras las palabras de Fernández-Crehuet: "Dejarse seducir por una supuesta dulcificación de la dictadura en los cincuenta, por una hegemonía de la tecnocracia y el progreso en los sesenta y por una transición limpia y que no traía consigo instituciones y formas de pensamiento propios de la dictadura supone, a mi juicio, bien una enorme miopía, un desconocimiento o, en el peor de los casos, una maniobra ideológica" (Fernández-Crehuet, 2017: 96).

BIBLIOGRAFÍA

BALLESTEROS, Iván (2018): *Españoles ¡Franco no ha muerto! La Transición como el continuismo de los pilares de la dictadura*, Barcelona, El Viejo Topo.

BOUCHERON, Patrick y ROBIN, Corey (2019): *El miedo. Historia y usos políticos de una emoción*, presentación de Renaud Payre, Madrid, Clave Intelectual.

BRETON, Philippe (2000): *La parole manipulée*, París, La Découverte & Syros.

CABANA IGLESIA, Ana (2014): "Franquistas, antifranquistas y todos los demás. La enorme paleta de grises del consentimiento en la Galicia rural", en J. Prada Rodríguez (dir.), *No solo represión. La construcción del franquismo en Galicia*, Madrid, Biblioteca Nueva, pp. 89-105.

CLAVERO, Bartolomé (2014): *España, 1978. La amnesia constituyente*, Madrid, Marcial Pons Historia.

CAZORLA SÁNCHEZ, Antonio (2017): "Delante del espejo: la España real de 1964", en A. Castro y J. Díaz (coords.), *XXV Años de Paz franquista. Sociedad y cultura en España hacia 1964*, Madrid, Sílex, pp. 25-47.

CHARAUDEAU, Patrick (2002): "¿Para qué sirve analizar el discurso político?", *DeSigniS*, 2, pp. 109-124.

— (2005): *Le discours politique. Les masques du pouvoir*, París, Vuibert.

DE BLAS DE ORTEGA, Jesús y BARANDA LETURIO, José Luis (2019): "'Plan de Estabilización de 1959'. La España franquista bajo supervisión del Fondo Monetario Internacional (FMI)", *Descubrir la Historia*, 22, pp. 12-25.

11. Este monólogo se mantiene de forma inalterada en substancia durante el *franquismo transicional*, hasta las Elecciones de 1977, si bien sus condiciones performativas son incisivas e definitorias en el proceso de elaboración de la Constitución de 1978 (sobre a Ley de Amnistía de 1977 véase Clavero, 2014: 67-68, 103-131. Sobre las disfunciones de ley y de justicia del texto constitucional, *ibid.*: 69-102).

DEL ÁGUILA TORRES, Juan José (2015): "La represión política a través de la jurisdicción de guerra y sucesivas jurisdicciones especiales del franquismo", *Hispania Nova. Revista de Historia Contemporánea*, 1, pp. 211-242.
ECHANIZ ORTÚÑEZ, José Ángel (2005): "El último estado de excepción (Primavera-Verano de 1975)", *Aldaba*, 133, pp. 37-50.
EIROA SAN FRANCISCO, Matilde (2012): "Palabra de Franco. Lenguaje político e ideología en los textos doctrinales", en C. Navajas Zubeldia y D. Iturriaga Barco (eds.), *Coetánea. Actas del III Congreso Internacional de Historia de Nuestro Tiempo*, Logroño, Universidad de La Rioja, pp. 71-88.
FERNÁNDEZ-CREHUET, Federico (2017): *El Leviathan franquista. Notas sobre la teoría del Estado bajo la dictadura*, Granada, Comares.
FRANKL, Viktor (2017): *El hombre en busca de sentido*, 3ª ed., Barcelona, Herder.
GALLARDO PAÚLS, Beatriz (2018): "Discurso político y desplazamientos discursivos", en C. Llamas (ed.), *El análisis del discurso político: género y metodologías*, Pamplona, EUNSA, pp. 13-42.
GRANDÍO SEOANE, Emilio (2015): "La maquinaria de la Transición. Estado y democracia: la UCD en Galicia", *Historia del Presente*, 25, pp. 27-41.
JULIÁ, Santos (2017): *Transición. Historia de una política española (1937-2017)*, Barcelona, Galaxia Gutenberg.
MCINTYRE, Lee (2018): *Posverdad*, Madrid, Cátedra.
PRADA RODRÍGUEZ, Julio (2014a): "Estado de la cuestión. Consentimiento y actitudes sociales durante el primer franquismo", en J. Prada Rodríguez (ed.), *No solo represión. La construcción del franquismo en Galicia*, Madrid, Biblioteca Nueva, pp. 11-28.
— (2014b): "Propaganda y nacionalización de las masas", en J. Prada Rodríguez (ed.), *No solo represión. La construcción del franquismo en Galicia*, Madrid, Biblioteca Nueva, pp. 237-261.
— (2015): "'De dónde venimos y hacia dónde vamos...'. La derecha gallega entre la transición y la consolidación de la democracia", *Historia del Presente*, 25, pp. 9-25.
PRADA RODRÍGUEZ, Julio y GRANDÍO SEOANE, Emilio (2014): "La gestión del poder local: viejas y nuevas elites", en J. Prada Rodríguez (ed.), *No solo represión. La construcción del franquismo en Galicia*, Madrid, Biblioteca Nueva, pp. 29-59.
REDONDO ABAL, Francisco Xabier (2017): *Arelas de liberdade na Galiza. Galegos perante o Tribunal de Orde Pública (TOPGAL, 1964-1976)*, Compostela, Laiovento.
RODRÍGUEZ LÓPEZ, Emmanuel (2015): *Por qué fracasó la democracia en España. La transición y el régimen del 78*, Madrid, Traficantes de Sueños.
SÁNCHEZ-CUENCA, Ignacio (2014): *Atado y mal atado. El suicidio institucional del franquismo y el surgimiento de la democracia*, Madrid, Alianza.
SANTIDRIÁN ARIAS, Víctor Manuel (2015): "PSOE, PCE, UGT y CCOO durante la Transición en Galicia (1975-1981)", *Historia del Presente*, 25, pp. 63-79.
SILVA-FERNÁNDEZ, Roberto (2016): "Los Estados de Excepción como legitimación de un estado de cosas inconstitucional: Expresión del seudoconstitucionalismo", *Revista Eleuthera*, 15, pp. 46-58, doi: 10.17151/eleu.2016.15.4
VAN DIJK, Teun (1999), "El análisis crítico del discurso", *Anthropos: Huellas del conocimiento*, 186, pp. 23-36.
— (2002): "El análisis crítico del discurso y el pensamiento social", *Athenea Digital*, 1, pp. 18-24.
VILLARES, Ramón (2015): "Os herdeiros de Daniel: exilio gallego y autonomía", *Historia del Presente*, 25, pp. 43-61.

CAPÍTULO 15

CIUDAD Y REPRESENTACIÓN: UN ACERCAMIENTO A LAS PRIMERAS ELITES PARLAMENTARIAS DE UCD EN GALICIA

ARTURO REAL LÓPEZ*
Universidad de Santiago de Compostela

INTRODUCCIÓN

Durante el franquismo, y a partir de la Ley de Bases del Estado, una parte de los procuradores en Cortes pasa a ser electiva mediante un sufragio limitado. Esta participación, pese a lo reducido de su número, tiene diversas consecuencias en la vida política española, hasta entonces cerrada para cualquier forma de oposición: serán una pequeña ventana de acción para el aperturismo oficialista del régimen franquista. Un aperturismo que sirvió para dar pie a futuros reformistas de la Transición, que fueron ocupando puestos de poder administrativo e institucional en las Cortes (Giménez Martínez, 2015: 75). Las excepciones a esta realidad, como lo fueron de una manera muy restringida los procuradores, fueron muy contadas; y en general las más toleradas fuera del partido único fueron las vinculadas a sectores católicos críticos. Así, destacan las JOC y HOAC. Pero estas agrupaciones católicas no serán el único núcleo irradiador de oposición desde el interior del sistema durante los años de la dictadura. También las fuerzas vinculadas a la izquierda de la II República utilizarán los cauces representativos limitados que ofreció el franquismo para que fueran la cuña desde la cual introducirse poco a poco en el sistema franquista para subvertirlo, en lo posible, desde dentro.

* Arturo Real López realiza su tesis doctoral en el Programa Interuniversitario de Historia Contemporánea por la Universidad de Santiago de Compostela. Graduado con premio de fin de carrera en Geografía e Historia por la Universidad de Vigo y máster en Historia Contemporánea por la Universidade de Santiago de Compostela. Entre sus líneas de investigación destacan las del extremismo político en la Transición.

De esta manera, aunque de forma limitada de manera estricta por el Estado, la realidad política española fue mutando de cara un espacio con un mínimo de competitividad. Esto no nace por voluntad propia del régimen, sino también como consecuencia de que, tras la II Guerra Mundial, era indispensable para la España franquista dar una pátina de legitimidad y democratización a su organización estatal, y para ello empleó un sistema electoral muy limitado y controlado, pero que servía para salvar las apariencias ante la opinión internacional (Dómper Lasus, 2018: 129-130). Las crónicas de la prensa de la época, que también sufren un estricto control por parte del Estado, resaltan la aparición de un espacio y cauce político donde se permite la discrepancia moderada contra el régimen, lo cual en sí mismo es una pequeña revolución después de años de Movimiento Nacional y democracia inorgánica. Es de reseñar cómo durante la propia etapa de la transición a la democracia, diarios de importante tirada e influencia como *El País* recuperaban el hecho de que hubo resistencias a los representantes oficiales del régimen mediante la configuración de candidaturas alternativas a las de los hombres "del Movimiento Nacional". Lo hacen a guisa de memoria democrática, ante el hecho de que, desde su perspectiva, fomentaban la existencia de una crítica y de una competencia electoral que el franquismo de la línea oficial trató de combatir por todos los medios[1].

De esta manera, la existencia de las elecciones por sufragio ciudadano (aunque no universal) por el tercio familiar en el franquismo, primero solo en lo municipal y posteriormente en las Cortes, permitió crear también un "espacio de experiencia" para los que serían años más tarde los cuadros políticos de la transición a la democracia. Importantes figuras del reformismo democrático de este periodo como Adolfo Suárez, José Luis Meilán, Gabriel Cisneros o Pío Cabanillas ocuparon cargos de representación en las Cortes desde este tercio electivo. Por otro lado, también es notable el hecho de que entre los diputados electos en el total del Estado por la UCD tras los comicios del 15 de junio de 1977, 24 diputados y 18 senadores fueron procuradores en las anteriores legislaturas, con lo cual UCD ocupa el primer puesto en número de parlamentarios que repiten su presencia en las Cortes. 70 es el número de diputados y senadores de UCD que prestaron sus servicios en la Administración[2].

Para el caso de los representantes gallegos, son 3 senadores y 5 diputados de la UCD los que provendrán de esta experiencia política de representación previa del franquismo. Estos ocho representantes políticos durante la legislatura constituyente son:

- Pío Cabanillas Gallas: diputado por Ourense. 53 años, notario y registrador de la propiedad de origen pontevedrés. Procurador en Cortes por el tercio

1. García Hernández, Javier, "Las elecciones del franquismo", *El País*, 23/08/1977.
2. "Estos son los hombres del Centro", *Blanco y Negro*, 06/07/1977, pp. 27-28.

sindical (1958-1961) y luego por nombramiento del jefe del Estado (1961), alternando con serlo por tercio de asociaciones y colegios (1967-1971) y familiar (1971-1977). Ministro de Información y Turismo en 1974.

- Baldomero Fernández Calviño: senador por A Coruña. 51 años, industrial vinculado al mundo de la pesca. Procurador en Cortes por el tercio sindical, representando a las cofradías de pescadores, entre 1971 y 1977.
- Eulogio Gómez Franqueira: diputado por Ourense. 60 años, maestro y empresario. Procurador del tercio familiar entre 1967 y 1977. Fundador y gerente de la poderosa cooperativa agrícola COREN-UTECO y de la Caja Rural de Ahorros.
- José Luis Meilán Gil: diputado por A Coruña. 43 años, ocupa la Cátedra de Derecho Constitucional de la Universidad de Santiago de Compostela. Procurador del tercio familiar por A Coruña entre 1971 y 1977, y responsable de la Secretaría General Técnica de la Presidencia del Gobierno en el Gobierno del año 1969, bajo la batuta de Carrero Blanco. Es miembro fundador y líder del Partido Gallego Independiente.
- David Pérez Puga: senador por Pontevedra. 55 años, abogado pontevedrés. Procurador por el tercio sindical (1965-1970) y por el familiar (1971-1977). Director General de Comercio Interior entre 1970 y 1973.
- Antonio Rosón Pérez: diputado por Lugo. 66 años, licenciado en Derecho. Presidente de la Diputación de Lugo entre 1949 y 1951 y procurador por el tercio familiar entre en 1967 y 1977.
- Jesús Sancho Rof: diputado por Pontevedra. 36 años, es licenciado en Ciencias Químicas. Procurador por el tercio sindical entre 1971 y 1977. Presidente de RTVE (1974-1975) y subsecretario del Ministerio del Interior durante el mandato de Martín Villa. Muñidor de la Federación Social Independiente (FSI) en los compases finales del tardofranquismo.
- Julio Ulloa Vence: senador por Lugo. 46 años, agrónomo. Procurador por el tercio de administraciones entre 1963 y 1965, sus años como presidente de la Diputación de Lugo. En su momento fue la persona más joven ocupando ese cargo en España.

Es por ello que se puede afirmar que la experiencia politizadora del régimen franquista ejerció una influencia destacada sobre estas primeras elites políticas centristas, que sumadas a estos casos deben incluir a antiguos cargos locales o de la Administración como Víctor Moro, Luis González Seara o Perfecto Yebra. Y será una influencia vehiculada a través de los centros de poder urbanos de cada una de estas provincias. Entre estos, destaca como excepción el caso de Eulogio Gómez Franqueira, cuya vinculación social y nicho principal de electores se configuró alrededor de los municipios rurales donde se organizó el entramado de COREN-UTECO[3]. En todo caso, y teniendo en cuenta que la dictadura del general Franco se puede caracterizar por una actitud centralizadora, los polos urbanos que quedaron en la periferia de este Estado cumplieron la función de ser catalizadores sociales, económicos y políticos.

No es objeto de estudio de este trabajo el analizar los pormenores del régimen franquista en el periodo posterior a la muerte de su hasta entonces indiscutido caudillo, pero es necesario abordar el hecho de que, tras el 20 de noviembre de 1975, desde el poder se llevó a cabo una estrategia reformista destinada a conservar, en lo posible, el entramado político franquista con el mínimo cambio social posible. Esta estuvo dirigida inicialmente por el tirante tándem formado por Carlos Arias Navarro en la Presidencia del Gobierno y Manuel Fraga Iribarne en la vicepresidencia. Pero su inmovilismo y la realidad social de la época, especialmente conflictiva y de una fuerte movilización, hicieron que ese Gobierno perdiera la confianza del rey Juan Carlos I. Las reformas de Arias-Fraga "eran en la forma y en el fondo demasiado defensivas para el momento que España vivía: eran muy ambiguos para ser tolerados por el Búnker; era demasiado conservador para ser apoyado por tecnócratas y aperturistas, y menos aún por los reformistas" (Huneeus, 1985: 59). Por ello, el rey le encomendó la tarea del Gobierno a una nueva figura casi desconocida: Adolfo Suárez González, hasta entonces ministro-secretario general del Movimiento Nacional, vinculado de forma circunstancial con el reformismo, pero de origen falangista. Este lleva a cabo una serie de medidas de reforma del régimen, que culminan con la Ley para la Reforma Política de 1976, que lleva a su vez a la convocatoria de elecciones para el 15 de junio de 1977. Como no podía ser de otro modo, las elites reunidas alrededor del Gobierno Suárez, incluido este último, precisan de una plataforma electoral donde poder consolidar su éxito anterior de forma democrática. Y la herramienta para cumplir esa misión será la Unión del Centro Democrático.

APARICIÓN Y DEFINICIÓN DE UCD. SU CONSOLIDACIÓN EN GALICIA

Hay un ensayo del historiador revisionista, y neofranquista declarado, Ricardo de la Cierva, en el que analiza el proceso por el cual nació la —en principio— coalición, y luego partido político *per se*, Unión del Centro Democrático (en adelante, UCD), en el que el autor hace burla de estas siglas tildándolas de "Unión de Clanes Desunidos" (De la Cierva, 1977). Este juego de siglas, con una clara intención

3. Para más información sobre la figura de Franqueira y su organización político-empresarial, véase Collarte Pérez (2006) y Fernández (1975).

desprestigiadora y proveniente, irónicamente, de quien fue senador y diputado por esta formación en varias legislaturas, es una buena muestra de cómo se fraguó el partido gubernamental que apoyó a Suárez, y cuál fue el principal problema que atenazó su afianzamiento como una fuerza estable en el espacio del centro político posterior a 1977. La UCD fue un partido nacido de la conjunción de un número grande de pequeños partidos con una tradición democrática y de oposición (más o menos moderada) al franquismo, entre los que se puede citar a socialdemócratas, democristianos, liberales de diversas corrientes...; con los conocidos en la prensa del momento como "los hombres de Suárez"[4]. Miembros no solo del Gobierno Suárez, sino también vinculados a las propias clientelas políticas de quienes fueron ministros en ese gabinete, como pueden ser antiguos miembros de la Federación Social Independiente (vinculada al propio Suárez y a J. Sancho Rof), el SEU (que fue presidido en los sesenta por Rodolfo Martín Villa), la Unión del Pueblo Español (fundada por el mentor político de Suárez, Herrero Tejedor, y presidida tras su inesperada muerte por este), y un sinfín más de miembros de la Administración franquista reciclados en demócratas ante la necesidad de configurar unos cuadros para un partido inexistente.

Por lo tanto, al hablar de UCD hay que entender que nos referimos a un inestable magma de formaciones y personalidades políticas que, a la altura del periodo electoral de junio de 1977 (y los meses posteriores de precampaña) tuvieron que aglutinarse para alcanzar un verdadero peso político e institucional específico en el Estado. Un magma que tenía de la mano a los resortes del poder que suponía el Estado (*de facto*, el Gobierno Suárez), pero en el que confluían una gran cantidad de intereses. Su base programática estuvo siempre difusa, más allá de manifiestos y declaraciones genéricas en pos de la reforma democrática y constitucional, y la defensa del consenso y la democracia iniciados hasta entonces. En palabras del líder de la Federación de Partidos Demócratas y Liberales, Joaquín Garrigues Walker, que fue una de las formaciones asociadas en UCD, su postura fue la de representar un "punto de convergencia de intereses políticos entre el Gobierno y los partidos de la oposición moderada" (Hopkin, 2000: 108).

La primera base de la UCD, en la que quiero hacer hincapié ahora, es la coalición Centro Democrático. Esta, nacida al calor de esta oposición moderada de la que ya hemos dado ciertas pinceladas, es la alianza que nació alrededor de los partidos socialdemócratas, democristianos y liberales, y de una formación acuñada desde posiciones más cercanas al antiguo poder franquista y reformista: el Partido Popular (PP), presidido y fundado alrededor de dos figurones políticos del reformismo como eran Pío Cabanillas y José María de Areilza. Este partido nació con una clara vocación urbana, vehiculada hacia la captación de elites reformistas como

4. Artículos sobre ello de José Cavero en *La Voz de Galicia*, 08/05/1977, p. 16; y 10/05/1977, p. 12.

podían ser los miembros del Grupo Tácito, con el fin de vehicular una opción política reformista de masas que dirigiera las riendas del cambio político por acontecer. Pero tanto los pequeños "partidos taxi" de ideología democrática citados anteriormente, como el PP, adolecían de una carencia grave: pese a contar con unos importantes cuadros donde se juntaban elites universitarias, económicas y políticas vinculadas al reformismo, carecían de unas bases sociales sustanciales. Su presentación política en solitario hubiera sido, en palabras de Jonathan Hopkin, suicida (*ibidem*, 73). Para ello necesitaban el aparato del Estado en lo que se refiere a medios económicos y de propaganda, mientras que el exitoso y popular Gobierno Suárez necesitaba de una plataforma política con pedigrí democrático que los legitimara democráticamente. Así, y en síntesis, la UCD nace, por su vertiente asociada al poder político del Estado y del Gobierno, articulada y vinculada a la red de instituciones y organismos a nivel local/regional que se heredan de la dictadura, que hacen de red de captación masiva para un gran número de elementos políticos tanto aperturistas (fraguismo), tecnócratas (vinculados al Opus), reformistas (el caso de nuevo de Suárez o Martín Villa) o directamente opositores. Estos se integrarán en lo que se conoce como *buffer zone*, el área donde se articulaba la interacción entre las elites gobernantes y una oposición generalmente moderada y vinculada de manera más o menos tangencial con la dictadura, a la que ya nos hemos referido, y que tenía unos objetivos democráticos, pero manteniendo el monopolio del poder (Huneeus, 1985: 23-24).

Los autores que han estudiado la implantación y configuración de UCD como formación política no dejan de señalar en sus ensayos el hecho de que muchos de los partidos que "legitimaron" a UCD dándole su matiz de "demócratas de toda la vida" no tenían una influencia real sobre la sociedad. En palabras de uno de estos expertos, el profesor Carlos Huneeus, "no pasaban de ser un núcleo de personas con vinculaciones entre sí muy informales y predominantemente circunscritos a Madrid. Más que partidos, constituían movimientos" (*ibidem*, 140). Como dijimos, pese a su prestigio en círculos opositores y en ciertos ámbitos de la clase política española, agrupaciones como los socialdemócratas de Fernández Ordóñez o los democristianos de Álvarez de Miranda realmente no tenían arraigo ni arrastraban grandes masas tras de sí. Ello no era óbice para que su despliegue en la prensa y en las calles no fuera masivo, existiendo un importante seguimiento de su actividad primigenia[5].

Galicia no es una región que quede aparte de esta dinámica de aparición por doquier de distintas formaciones políticas. Francisco Umbral ironizó al respecto

5. Un ejemplo es el Partido Popular, que será parte sustancial del esqueleto de la UCD, y que al inicio lo que buscaba era una alianza con Fraga para representar al "ala izquierda" del espectro político franquista. "Constituido el Partido Popular", *Informaciones*, 16/09/1977, p. 4.

de esto en 1976, declarando que "hasta los políticos andan este año rebajados de precio y se venden por lotes y hacecillos, como espárragos o coles de Bruselas" (Umbral, 1976: 121). Dentro del caso a estudiar en este artículo, dos son las formaciones a las que se prestará una mayor atención, con base en su importancia para la consolidación de las primeras elites parlamentarias de UCD: el Partido Popular Orensano y el Partido Gallego Independiente. Antes de referirnos de forma más concreta a estos dos partidos, hay que tener en cuenta la relevancia que tuvieron otros sectores políticos, destacadamente los considerados como "independientes", que en su mayoría coparon las listas del partido por Pontevedra y Lugo. Personas como Víctor Moro, Antonio Rosón o José Rivas Fontán son activos muy importantes y valorados en sus listas electorales respectivas por su ascendiente social en sus circunscripciones, siendo por ello cortejados por el partido desde el inicio. En sus memorias, del año 2016, el exdiputado y exalcalde de Pontevedra, Rivas Fontán, lo dejó claro en los siguientes términos: "La realidad es que hay lista (de UCD), pero no hay partido" (Rodríguez, 2016: 45). La construcción de las listas implicó más de un conflicto y algún "susto" para poder mantener el consenso dentro de la coalición centrista alzada como la defensora máxima del consenso democrático[6]. En general, las forman gentes con orígenes políticos y sociales diversos, sin que podamos hablar de homogeneidad. Tienen en común el no primar en sus candidaturas el hecho de pertenecer a alguna de las formaciones fundadoras de la UCD. Fueron estos candidatos captados desde los podios de poder la UCD por sus contactos personales y una influencia e incidencia sobre sectores concretos de la sociedad, con los que se habría de captar el voto y movilizar de forma eficaz al electorado gallego hacia el partido del Gobierno.

Los casos de colocación en la UCD fueron criticados desde sectores afines a los partidos taxi vinculados a UCD de forma más o menos explícita durante los compases iniciales de la campaña, llegando a declarar el democristiano Javier Tussell, luego vinculado a UCD, que "hay que votar a la Unión de Centro Democrático, entre otras cosas porque como los paracaidistas independientes se sitúan [...] en los primeros puestos, a más alta votación que se logre, menor peso específico tendrán sobre el total de la alianza electoral"[7].

Citando al profesor Emilio Grandío, se puede concluir afirmando que, en su mayoría, los cuadros de la UCD en Galicia "no surgen (en la arena política) con la idea de futuro, sino con la de adaptar este al presente" del posfranquismo, con una actitud básicamente pragmática ante la nueva situación política en el país. No es baladí el hecho de que "Galicia se convirtió en un terreno abonado para un

6. José Cavero, "Desolación de muchos dirigentes de la UCD", *La Voz de Galicia*, 08/05/1977, p. 16.
7. Javier Tussell, "Las candidaturas del Centro Democrático", *Ya*, 12/05/1977.

conservadurismo que necesitaba de manera rápida acreditar un pedigrí democrático que le permitiera conducir a su sociedad a lo inevitable" (Grandío, 2017: 26-29). Un político implicado en la configuración del espacio centrista como fue Fernando Álvarez de Miranda declaró en una entrevista al diario *ABC*, ya en la antecámara de la campaña electoral, que aun siendo legítima la presencia de los independientes vinculados a Suárez (y por ende, al régimen) en las listas de UCD, "a mí me hubiera gustado que los partidos hubiéramos tenido mayor presencia en las listas"[8]. En esa misma línea, y centrándose en el caso gallego en concreto, en *Diario 16* se declara la conveniencia de que la UCD de Galicia se hubiera apoyado más en los partidos del Centro Democrático, dando por hecho el fracaso de la formación gubernamental a la hora de crear una coalición importante y aglutinadora en este territorio[9].

En síntesis, hay que entender que la UCD era un partido con todas las bazas para el éxito, pero desorganizado y fragmentado. Se verá capitaneada y desbordada por políticos con vinculaciones del franquismo y métodos caciquiles y de creación de redes de dependencia. Sus líderes, "a partir de la nueva legitimidad que les ha sido otorgada por las elecciones democráticas, siguen manteniendo los mismos usos, hábitos y maneras que en el anterior régimen" (Cancio Álvarez, 1982: 91). A la larga, estos métodos acabarán por lastrar la consolidación de sus cuadros y fomentarán la debilidad estructural del partido, lo cual irá erosionando la indiscutible victoria que alcanza en 1977 con el 53,8% de los votos en el conjunto de la comunidad gallega.

LAS RESPUESTAS A UCD: AP Y LA DEMOCRACIA CRISTIANA

UCD fue una lista nacida con aspiraciones triunfalistas, basadas en el ideal de poder consolidar en el poder durante otra legislatura al Gobierno de Adolfo Suárez, hasta entonces tremendamente popular por su actividad política y legislativa de tipo reformista. Y no solo eso, sino que a mayores también fue un gran batacazo moral, desde el momento inmediato de su anuncio como coalición, para algunas de sus formaciones competidoras más próximas en lo ideológico (aunque por motivos distintos, dada la heterogeneidad de UCD): Alianza Popular (AP en adelante) y el atomizado mundo de la democracia cristiana opositora.

Estos últimos, en Galicia, presentan un corolario de siglas diversas vinculadas a distintos proyectos de nivel nacional. Desde la AP a sectores del PSOE, pasando

8. "Se debería haber tenido más en cuenta a los partidos y menos a las personalidades independientes", *ABC*, 15/05/1977, pp. 15-16.
9. "Manipulación en beneficio de los de Suárez", *Diario 16*, 13/05/1977, p. 8.

por sectores concretos de UCD, la presencia de miembros de la democracia cristiana en las listas electorales de estas primeras elecciones fue una constante a la que se han de sumar las propias formaciones que defendían de forma independiente este espacio político desde Galicia. Destacan dos: el Partido Popular Galego, sin ninguna relación con el Partido Popular de Pío Cabanillas mencionado antes, y el Partido Demócrata Galego. Además de ellos, se presentarán electoralmente en algunas provincias candidaturas de Reforma Social Española, partido de Cantarero del Castillo, con resultados más bien exangües y escasa repercusión real[10]. Las otras dos formaciones citadas anteriormente eran potenciales rivales de la UCD en el campo electoral y por ello desarrollaron una intensa campaña electoral para intentar sacar representación en las Cortes. En sus congresos, congregaron en Galicia a líderes de la democracia cristiana independientes de las grandes coaliciones AP y UCD, con presencia también de dirigentes extranjeros del nivel de, por ejemplo, el ministro de Finanzas de la República Federal Alemana[11]. Uno de sus objetivos principales durante la campaña fue intentar reorientar el voto de centro hacia sus candidaturas, acusando a la UCD de que "la democracia no se construye sin ideología, creando un partido mayoritario con la precisa intención de convertirlo en una correa de transmisión permanente de poder"[12]. Que realizaran tal despliegue de medios en plena campaña electoral denota su poder de convocatoria y seguimiento, pero también que se vieron desbordadas por una actitud confusa y egoísta ante las elecciones. Así, entre el poder de la UCD y la fragmentación de sus formaciones, fueron totalmente barridos[13].

Alianza Popular fue una coalición, dirigida por Manuel Fraga, que integró en su seno a siete plataformas políticas de signo neofranquista acaudilladas por antiguos altos cargos de la dictadura como eran Gonzalo Fernández de la Mora, Licinio de la Fuente o Laureano López Rodó. Era una coalición vehiculada por las formaciones de Fraga (Reforma Democrática), Federico Silva Muñoz (Alternativa Democrática Española) y Fernández de la Mora (Unión Nacional Española); aunque presentaba una importante diversidad regional en lo que a influencias se refiere. En el caso de Galicia, el predominio mayoritario correspondía a los hombres vinculados a RD, con algunas excepciones de prohombres afines a ADE y UNE en las provincias de Coruña y Pontevedra. En el resto de las provincias, salvo algunas personalidades concretas, se puede hablar de fracaso de captación de elites (Prada, 2016: 10).

---

10. "Presentadas en Juntas Electorales de Galicia las candidaturas de varios partidos políticos al Congreso y al Senado", *La Voz de Galicia*, 08/05/1977, p. 35.
11. Será esto en el Congreso del PDG de Ramón Pais Ferrín, en la semana de inicio de la campaña electoral. "Ayer fue inaugurado en Santiago el Congreso del PDG", *La Voz de Galicia*, 21/05/1977, p. 27.
12. "Ayer finalizó en Santiago el Congreso del PDG", *La Voz de Galicia*, 22/05/1977, p. 45.
13. En ninguna de las cuatro provincias gallegas superan el 3% de votos al Congreso, y en Lugo no fueron capaces de presentar candidatura propia, historiaelectoral.com

Ante el escenario electoral del 15 de junio de 1977, desde AP se empieza a contemplar como principal rival electoral a UCD. Así, toman medidas de signo personalista para intentar reforzar su posición de cara a una competición contra la coalición suarista, como la retirada de la candidatura al Congreso por Lugo del exrepresentante en Cortes y en el Consejo Nacional Antonio Pedrosa Latas, o la inclusión como cabeza de lista por A Coruña de la periodista y escritora María Victoria Fernández-España y Fernández-Latorre, que desplazó al vicepresidente de la UNE, y secretario general de la Fundación Francisco Franco, José María Velo de Antelo[14]. En lo que se refiere a su discurso electoral, nos encontramos con constantes guiños al nicho electoral que se dio a conocer como "franquismo sociológico", al que Fraga hace alusión directa como *target* político a atraer:

> Para mí no es ninguna acusación decirme franquista, si es sinónimo de lo bueno de una época. La continuidad para la reforma, y esta no es posible sin la continuidad. Sociológicamente, los españoles son franquistas en su mayoría, porque la democracia no es posible sin un mínimo de riqueza y educación que haga posible una independencia social. Hoy, realmente, hay mucha gente independiente gracias al franquismo, que ha creado las condiciones básicas para la democracia[15].

Pero el hecho indiscutible es que esta legitimización forzada en pos de adquirir un matiz democrático les pasa factura a los aliancistas en credibilidad, y como apunta Antonio Pantoja Chaves:

> La campaña electoral de AP apuesta por cubrir sus mítines con aderezos de su pasado franquista y, por otro, con eslóganes que encubren la pobreza de su mensaje electoral, estrategias que evidencian la falta de tradición democrática, carencia que se puede ampliar al resto de las formaciones políticas ante el vacío prolongado por los años de dictadura, pero que en Manuel Fraga se multiplican por la escasa legitimidad que ofrece su trayectoria política, lo que supone un pobre resultado (2010: 145).

Por un lado, se busca desprestigiar la entidad real de las formaciones coaligadas en UCD, declarándolas solamente grupos de intereses políticos que se han puesto bajo la férula del Gobierno para recibir apoyo y financiación[16]. Por otro

---

14. "Victoria Fernández-España y Fernández-Latorre encabeza la relación de candidatos a diputados de AP en la provincia de La Coruña", *La Voz de Galicia*, 05/05/1977, p. 35; "Thomás de Carranza podría quedar fuera de las candidaturas de AP", *La Voz de Galicia*, 08/05/1977, p. 13.
15. "'El Ejército no se dejará tentar para dar un golpe de Estado' (Fraga)", *La Voz de Galicia*, 16/04/1977, p. 14.
16. "Tanto en Lugo como en La Coruña la extrema izquierda no hizo más que pinchar", *La Voz de Galicia*, 08/05/1977, p. 30.

lado, insiste en que hay pocas diferencias reales en lo ideológico entre AP y UCD, pero con la diferencia de que UCD, por sus vínculos con el poder, mantiene un nepotismo caciquista que solo implica atraso y problemas para el desarrollo de Galicia[17]. Además, se critica de forma constante en los mítines el hecho de que sea una coalición tan heterogénea de fuerzas diversa. A título de muestra, quedan estas declaraciones del candidato al Senado por A Coruña, Francisco Jiménez de Llano: "Esa empanada llamada Centro Democrático, compuesto por una serie de hombres que no tienen detrás más que a los porteros de sus propias casas. En este centro están los traidores y los desleales, cuyo ideario político han copiado del de AP, pero en su caso con la *vedette* de Adolfo Suárez"[18].

De esta manera, se intentó desprestigiar a la formación del presidente Suárez con todos los epítetos posibles, vinculándola al atraso político que sufría Galicia. AP procuró aparecer como adalid del reformismo al declararse en contra de las elites reformistas del pasado régimen que perpetúan su poder apoyando a Suárez. Como apunta el profesor Julio Prada, es irónico ver que a niveles de mecanismos de captación de voto, era más franquista UCD que AP, ya que usaba métodos más arcaicos y tenía a más cargos franquistas en sus filas (2016: 15), unos miembros que simplemente habían cambiado de lado al ver que el Gobierno se inclinaba por UCD y que Fraga dejaba de ser el hombre del momento.

DOS FORMACIONES GALLEGAS: PGI Y PPO

Como se comentó en el apartado precedente, la UCD nació de un conglomerado entre partidos e independientes vinculados a sectores diversos, desde la oposición antifranquista a antiguos cargos políticos y de la Administración del régimen. Entre las formaciones vinculadas a la naciente UCD destacan, por su envergadura y el proceso de su formación, dos de ellas: el Partido Gallego Independiente (PGI) y el Partido Popular Orensano (PPO). Ambas provienen de la iniciativa de antiguos representantes en Cortes franquistas, José Luis Meilán Gil y Eulogio Gómez Franqueira, respectivamente, y son partidos que se organizan en torno a sólidas baronías provinciales de corte personalista. Aunque, en el caso del PPO, hay que aclarar que la cabecera de la lista electoral al Congreso quedó en manos de Pío Cabanillas, presidente del PP a nivel nacional.

El caso del PGI es el de una formación nacida *ad hoc* alrededor de una figura local influyente en Madrid y con capacidad de agrupar a distintos barones

17. "Fraga, en mangas de camisa, se enfrentó con los interruptores del acto de AP en Lugo", *La Voz de Galicia*, 07/05/1977, p. 38.
18. "Mitin de AP en Santiago", *La Voz de Galicia*, 12/06/1977, p. 41.

influyentes a su alrededor para tejer una red de leales políticos que, en su comienzo, tenían una intención de ser los representantes del espacio centrista en la totalidad de Galicia. Finalmente, su influencia se vería reducida a la provincia de A Coruña, feudo ya de José Luis Meilán Gil y donde contaba con importantes contactos de sus años de actividad presidiendo el IRYDA y vinculado a la figura política de Laureano López Rodó. Fue así considerado como uno de sus protegidos, y esta coyuntura fue aprovechada por el propio López Rodó en un acto electoral en A Coruña, criticando que la falta de lealtad a Franco y a las figuras de su dictadura implicaba poca confiabilidad electoral, pues podía derivar también en deslealtad al rey y al Estado[19].

Es una formación nacida, sin ningún tipo de duda, de un pacto de elites dispuestas a afianzarse en un terreno propicio para ello, y que en este caso procuraban la expansión de su marca política más allá de los límites *a priori* ya consolidados por ellos. El mayor ejemplo de estos intentos de expansión hacia otras provincias fue la colocación de David Pérez Puga, vicesecretario del propio PGI y una de sus figuras más importantes, como candidato al Senado por la provincia de Pontevedra. En todo caso, este tipo de maniobras no lograron una expansión real de la formación fundada por Meilán, y sí acrecentaron las tensiones internas que atenazaban a la coalición de gobierno en la provincia de Pontevedra[20]. Este político, exprocurador en Cortes durante el franquismo, y que alcanzaría el acta de Senador durante las dos siguientes legislaturas, declara en una entrevista durante la precampaña la siguiente valoración sobre el electorado gallego:

> Bueno, el componente rural, el componente agrario, el asentamiento de la población agraria en el país, hacen que sea, en cierto grado, una sociedad conservadora, que se mantenga un poco la inercia de posiciones anteriores conservadoras y, por tanto, votaban más en conservador. No digo en derecha, porque no votará en derecha, Galicia, en eso, yo creo que ha evolucionado mucho, como el resto del país. Pero sí en conservador, en moderación, identificando los partidos de derechas son conservadores, moderados, con no radicalizados, con ideas de paz, de tranquilidad. Eso creo yo que será un colectivo importante[21].

En todo caso, como se decía anteriormente, su principal feudo electoral será A Coruña. De esta manera, en las listas de la UCD por esta provincia, dos de los tres candidatos al Senado eran miembros afiliados al PGI; y en las listas al Congreso el número de socios de la formación liderada por Meilán Gil es de 6 de los 9 puestos,

19. "Fraga: 'Hasta ahora se han metido con las personas, pero no con nuestro programa, que es muy bueno'", *La Voz de Galicia*, 08/05/1977, pp. 21 y 25.
20. "Presentadas en Juntas Electorales de Galicia las candidaturas de varios partidos políticos al Congreso y al Senado", *La Voz de Galicia*, 08/05/1977, pp. 35-37.
21. "Galicia, según Pérez Puga", *Arriba*, 29/04/1977, p. 23.

entre ellos la cabecera para el susodicho Meilán. De esta forma, dos tercios de los candidatos a ambas cámaras se veían subordinados al PGI, que fue uno de los partidos firmantes de la fundación de UCD como coalición. En el año 1981, uno de sus fundadores y principales líderes, Pablo González Mariñas, declaraba que "*as familias de UCD na Coruña teñen un cativo reflexo porque na provincia este é un partido de integración*" (Porteiro y Perozo, 1981: 189). El mismo Meilán, en sus memorias, declaraba que sus objetivos con la creación del PGI eran los siguientes: "[Crear] un 'centro gallego' [que] podría ser un lugar de encuentro para personas con adscripciones ideológicas no coincidentes, pero tampoco incompatibles [...], que podrían trabajar [...] como una fuerza política propia, autóctona" (Meilán Gil, 2002: 30). En su mayoría, el perfil predominante entre sus candidatos será el de profesionales liberales, generalmente vinculados al ámbito del derecho o del mundo de los negocios, y con vinculación con las estructuras regionales o locales del régimen[22].

Hay que hacer una excepción, dentro de esa definición, del propio Meilán Gil. Los cargos que ocupó durante la dictadura, junto con el hecho de que tuviera un control tan rígido sobre el territorio coruñés, hicieron que sonara como posible ministrable durante toda la campaña electoral y en los meses posteriores, mas finalmente no logró acceder a ninguna cartera y quedó apartado del organigrama interno de pesos pesados del victorioso partido centrista. En palabras de J. Hopkin, hablar del PGI es hablar de un caso notable, aunque no único en la época (destáquese la formación Acción Regional Extremeña, también vinculada a UCD y con un trasfondo político similar), de colocación de una formación política nueva al servicio de un objetivo electoral inmediato de apoyo al Gobierno, pues "el partido regional que dominaba la lista era simplemente el grupo de apoyo a una personalidad local políticamente cercana al gobierno" como lo era Meilán entonces (Hopkin, 2000: 87). En un breve ensayo sobre las fuerzas políticas existentes en Galicia a mediados de 1977, los periodistas X. I. Taibo y M. Rivas destacan del PGI su "*absoluta identificación co poder xa instituido [...], salientada, porén, polos máximos dirixentes do PGI, instalados dende ben tempo denantes da morte de Franco no aparello do poder*" (1977: 145). En sus escritos posteriores el propio líder del PGI se lamentaba del hecho de que no existiera "una estructura gallega de UCD [que] por entonces [...] se limitaba a reunirse espasmódicamente para cuestiones puntuales, y siempre a la zaga de los acontecimientos" (Meilán Gil, 2002: 107). Es preciso retrotraerse en ello a los momentos posteriores al gran triunfo del año 1977 de UCD en Galicia, en el cual los representantes de UCD procuraron por todos los medios, aunque sin éxito, hacerse con el control de una futura UCD de Galicia autónoma del partido central, aunque vinculada a este, siguiendo el modelo que tenía el

22. "Meilán: 'La UCD no se queda solo en una coalición electoral'", *La Voz de Galicia*, 21/05/1977, p. 22.

PSOE en algunas nacionalidades histórica[23]. El intento del PGI por agenciarse esta responsabilidad fracasó debido a la fuerte estructura de poder que los distintos barones provinciales como Rosón Pérez o Gómez Franqueira tenían.

Es por ello que podemos afirmar que no es un partido *per se* que busque la afiliación masiva de elementos sociales afines, sino la captación de su voto para un proyecto externo al que se le pretenden realizar matizaciones de índole regional; y vinculado a unas elites políticas neofranquistas que se inclinan hacia el reformismo democrático y constitucionalista como el camino político válido en la coyuntura a la que se enfrentan.

El caso del Partido Popular Orensano merece otra atención, tanto por su trayectoria posterior como por su origen. Esta formación nace de los esfuerzos del procurador en Cortes y empresario agrícola Eulogio Gómez Franqueira de configurar una fuerza política de ámbito provincial con la cual aspirar a continuar rigiendo los destinos de la provincia de Ourense. Una provincia sobre la que tenía un gran poder y ascendiente debido a sus cargos como presidente de las cooperativas orensanas vinculadas al antiguo cooperativismo del régimen: el complejo económico de COREN-UTECO. Esta poderosa entidad económica agrupa, hacia el año 1975, varias fábricas y centros de procesado por la provincia, y está en vías de expandirse por otras. Y el principal muñidor de todo ese emporio será Gómez Franqueira, maestro nacional que iniciará su andadura político-empresarial desde el cargo de secretario y luego de una Hermandad de Labradores y Ganaderos del pequeño municipio de Castrelo de Miño, donde también pasó a ser concejal. A partir de ser nombrado gerente de UTECO en 1961, y del éxito COREN, se le abren las puertas a la participación política, y en 1966 resulta elegido procurador en Cortes por el tercio familiar. En sus propias palabras:

> Yo tenía un historial de actuaciones dentro del campo orensano, tanto a nivel cooperativista como a otros niveles [...]. Ello hizo que una serie de personas [...] hayan creído que debía presentarme a procurador por el tercio familiar. A mí no me ilusionaba mucho la idea [...] veía como gran inconveniente el que la gente creyese que lo que yo buscaba con las cooperativas era escalar un puesto político. Pero hubo personas que me han dicho que no, que era todo lo contrario. Ellos creían que podía ayudar más a UTECO y a las Cooperativas siendo procurador (Fernández, 1975: 351).

Incluso entre las figuras políticas de otras provincias gallegas de UCD, la figura de Gómez Franqueira será fruto de polémica, por sus redes de actuación

23. "El PGI no pensó nunca en ser portavoz exclusivo de los temas gallegos en las Cortes", *La Voz de Galicia*, 17/07/1977, p. 33.

caciquiles basadas en la implantación rural de sus cooperativas y entidades afines. En sus memorias, José Rivas Fontán, que fue diputado de UCD en la Legislatura Constituyente por Pontevedra y posteriormente alcalde de esta ciudad, declara que tiene importantes rencillas con un Gómez Franqueira al que acusa de cacique. La respuesta de este es notable: "Tú tienes que hacer una diferencia entre caciques buenos y caciques malos. Y yo soy de los buenos" (Rodríguez, 2016: 53). La vinculación entre el Franqueira político y el empresario será tal que el lugar para seguir el recuento de la candidatura de UCD la noche electoral fue la sede de esta empresa[24]. También significativas, como se arrostran de ser los representantes de la voz popular en Ourense, son estas declaraciones de José Quiroga Suárez, futuro presidente de la Xunta preautonómica y candidato al Senado por Ourense, sobre el electorado ourensano en la revista de propaganda de UCD en la provincia, *Centro*: "No quiere el continuismo de la extrema derecha ni acepta el marxismo. En cambio, comprende la necesidad de lo que postula el centro por templanza, su moderación y su intento de construir un Estado moderno"[25].

El principal valedor del empresario ourensano, que ya había iniciado sus movimientos políticos tan temprano como en enero de 1977, será el exministro franquista Pío Cabanillas Gallas. Este será una de las figuras principales del Centro Democrático, coalición de partidos de la que nacerá la UCD en la que él, como presidente del PP tras la dimisión de José María de Areilza, tendrá un peso importante. Este será el que fomente la integración en su formación, bajo las siglas de PPO, de Acción Democrática Orensana, primer grupo político de la época democrática que impulsará en enero de 1977 Gómez Franqueira y que previamente fue conocido como Grupo Democrático Orensano. Un grupo político opaco y, como decíamos, vinculado a las estructuras de poder rural construidas alrededor de Franqueira durante los años del desarrollismo franquista[26]. El perfil de los miembros de esta formación está mayoritariamente formado por lo que definen los profesores Lanero Táboas y Ferrández Pérez como "pequeños empresarios agrícolas, procedentes de la estructura local del sindicalismo agrario, que combinan su posición de propietarios de granjas de ganadería avícola intensiva con otras actividades" (Lanero Táboas y Ferrández Pérez, 2018: 58). Por ello tenemos, así, a un grupo de clara vinculación rural, que para su consolidación dentro del nuevo ámbito de partidos imperante en España necesitará del apoyo de miembros de la elite franquista urbana que hagan de puente con una formación estatal.

24. "La UCD, triunfadora en Orense: 4 diputados y tres senadores. Candidatura Democrática Gallega, un senador, y AP, un diputado", *La Voz de Galicia*, 17/06/1977, p. 31.
25. "Cambiaremos lo que sea necesario", *Centro*, 1977, p. 3.
26. "Los ex-ministros Pío Cabanillas y Fraga estuvieron ayer en Orense", *La Voz de Galicia*, 08/01/1977, p. 26.

CONCLUSIONES

Para concluir, hay que entender que la UCD fue una organización política victoriosa por el fuerte carisma de Adolfo Suárez, el atractivo de la reforma que propugnaba y el hecho de que sus cuadros bases en general eran, de forma prioritaria, representantes de peso en la sociedad vinculados al Estado o a profesiones liberales de prestigio. El mundo universitario, empresarial, y de la Administración se volcó en apoyar al proyecto centrista como única vía a la democracia, aunque ello implicase acoger a "independientes" de dudosa legitimidad demócrata. Citando a José María Gil Robles y Gil Delgado, vinculado a la democristiana Federación Popular Democrática: "Nosotros entendíamos que el centro era lo que fue, un sitio para refugiar a los franquistas moderados. No solo para refugiarlos, sino también para dominarlos. Y efectivamente los dominaron. Y eso era su debilidad, y lo que hizo que se deshiciese" (Urigüen y López de Sandaliano, 2018: 171).

En este trabajo se ha comentado la existencia de dos grandes grupos provinciales dentro del conjunto de la UCD de Galicia, el de Gómez Franqueira y el de Meilán Gil. En las otras provincias es preciso hablar de notables de gran influencia social y política, pero no agrupados en forma de asociación política *per se*. Respecto al primero de los citados anteriormente, todas las fuentes destacan su importante vinculación en las camaras agrarias de la provincia, lo cual les permitirá crear una plataforma política muy jugosa de incorporar a cualquier coalición de ámbito nacional, y por la que compitieron desde el Centro Democrático y AP, triunfando la primera (De Juana y Prada, 2005: 358). Es notable que incluso la prensa de la época velaba por colocar alto la posición política de Acción Política Orensana, destacándose de forma reiterada su talante demócrata y el hecho de que "nadie o casi nadie a nivel nacional tiene base. Parece que este grupo, a nivel provincial, si la tiene"[27]. En el caso de Meilán y su PGI, sí podemos hablar de un partido creado *ad hoc* para dar un vehículo político en la nueva situación creada en el Estado durante la Transición para una personalidad notable del régimen, que sabrá capitalizarlo en forma de una sólida estructura provincial en la que coexistirán profesionales liberales, empresarios, y miembros de la antigua Administración con mayor o menor vinculación con el régimen. Esto será una ventaja a la hora de organizar su campaña electoral, pero a la par será un lastre en su imagen. El propio Meilán debe aclarar repetidamente en la prensa durante las semanas de campaña electoral que "dentro de esta coalición general (UCD), el PGI brinda su alternativa política netamente gallega, con atención primordial a los problemas de Galicia"[28].

27. Delgado, Francisco: "Primer acto en la provincia de Acción Política Orensana", *La Región*, 13/01/1977, p. 9.
28. "El PGI reitera su carácter de partido de centro y netamente gallego", *La Voz de Galicia*, 15/05/1977, p. 23.

En síntesis, la UCD es un partido que ejerce un gran control sobre los municipios de tipo rural durante la Transición, teniendo sus mayores feudos en las provincias interiores con mayor peso del sector primario. Su desgaste en las áreas urbanas se acrecentará cada vez en comicios posteriores a los de 1977. Pero, por otra parte, la gran mayoría de sus cargos de índole parlamentaria estarán vinculados a la vida urbana de la comunidad, poniendo en valor de forma reiterada en sus comunicaciones electorales el legado social que cada uno de ellos aporta en distintos ámbitos sociales, que en general son de primacía urbana. En palabras del profesor Grandío Seoane, "no interesaba la crítica constructiva, sino la fidelidad a un determinado proyecto. Había que desactivar la movilización social" (2015: 39). Por ello, se puede hablar de formaciones con una clara derivación regional y organizadas con base en la dependencia a elites concretas que apoyan su poder en las instituciones del Estado, en general con un claro origen en la dictadura, y de plena caracterización personalista. Y, por ende, la dependencia de estos partidos con sus figurones notables configurará su actuación futura a las posiciones de estos dentro de la coalición. Por ello, un entendimiento de las redes de poder, y también de dependencia, que crean en el tejido político gallego en estos primeros años de democracia, es preciso para conocer en profundidad la realidad política gallega en la Transición.

BIBLIOGRAFÍA

CANCIO ÁLVAREZ, Miguel (1982): *El laberinto de las autonomías y las castas periféricas dominantes: Una introducción a la sociología electoral de Galicia*, A Coruña, Eds. do Castro.

CENTRO (junio, 1977): Ourense, La Región y UCD [carece de ISSN por cesar su publicación en 1977].

COLLARTE PÉREZ, Anxo (2006): *Labregos no franquismo: Economía e sociedade rural na Galiza interior: as "Hermandades Sindicales" en Ourense (1943-1978)*, Ourense, Difusora de Letras, Artes e Ideas.

DOMPER LASÚS, Carlos (2018): "El franquismo a través de las urnas. Metodología, fuentes y retos para una aproximación electoral al régimen de Franco", *Política y Sociedad*, vol. 55, 1, pp. 115-134.

FERNÁNDEZ, Gonzalo (1975): *Galicia y las cooperativas orensanas*, Madrid, Ed. Dagur.

FERNÁNDEZ SANTANDER, Carlos (1985): *Franquismo y transición política en Galicia*, Sada, Eds. do Castro.

GALLEGO MARGALEFF, Ferrán (2008): *El Mito de la Transición*, Barcelona, Crítica.

GIMÉNEZ MARTÍNEZ, Miguel Ángel (2015): "Las Cortes de Franco o el parlamento imposible", *Trocadero. Revista de historia moderna y contemporánea*, 27, pp. 67-100.

GRANDÍO SEOANE, Emilio (2015): "La maquinaria de la transición. Estado y democracia: la UCD en Galicia", *Historia del Presente*, 25, pp. 27-41.

— (2017): "Sobre la transición democrática y el siglo XXI: Nuevos caminos, nuevas fórmulas", *Studia histórica, historia contemporánea*, 35, pp. 241-264.

HOPKIN, Jonathan (2000): *El partido de la Transición: Auge y caída de la UCD*, Madrid, Acento.

HUNEEUS, Carlos (1985): *La Unión de Centro Democrático y la transición a la democracia en España*, Madrid, CSIC-Siglo XXI.

JUANA LÓPEZ, Jesús de y PRADA RODRÍGUEZ, Julio (Coords.) (2005): *Historia contemporánea de Galicia*, Barcelona, Ariel.

JULIÁ, Santos (2017): *Transición: Historia de una política española (1937-2017)*, Barcelona, Galaxia Gutenberg.

LAGARES DÍEZ, Nieves (1999): *Génesis y desarrollo del Partido Popular de Galicia*, Madrid, Tecnos.

LANERO TÁBOAS, Daniel (Ed.) (2018): *El disputado voto de los labriegos. Cambio, conflicto y continuidad política en la España rural (1968-1986)*, Granada, Comares.

LÓPEZ NIETO, Lourdes (1988): *Alianza Popular: Estructura y evolución electoral de un partido conservador (1976-1982)*, Madrid, CSIC.

MÁRQUEZ CRUZ, Guillermo (1993): "La Transición local en Galicia: Continuidad de las elites políticas del franquismo y renovación de los gobiernos locales", *Revista de Estudios Políticos*, 80, pp. 39-120.
MEILÁN GIL, José Luis (1979): *Escritos sobre la transición política española*, Barcelona, Mayler.
— (2002): *La construcción del Estado de las Autonomías. Un testimonio personal*, A Coruña, Fund. Caixa Galicia.
MOLINA GARCÍA, Sergio (2017a): *La construcción de la democracia. Activismo político de la UCD y del PSOE durante la transición en la provincia de Albacete, 1976-1982*, Albacete, Altabán.
— (2017b): *La transición que no fue. Los proyectos revolucionarios y franquistas en la provincia de Albacete, 1975-1982*, Albacete, Instituto de Estudios Albacetenses don Juan Manuel-Diputación de Albacete.
NICOLÁS MARÍN, Encarna y ALTED VIGIL, Alicia (1999): *Disidencias en el franquismo (1936-1975)*, Murcia, Diego Marín.
ORTIZ HERAS, Manuel (coord.) (2016): *La Transición se hizo en los pueblos. El caso de la provincia de Albacete*, Madrid, Biblioteca Nueva.
EL PAÍS (1977): Madrid, ed. El País/PRISA, ISSN: 1697-9435.
PANTOJA CHAVES, Antonio (2010): "El discurso político de Manuel Fraga durante la Transición: Aplicaciones metodológicas", *Tejuelo*, 8, pp. 127-171.
PORTEIRO, María Xosé y PEROZO, Xosé Antonio (1981): *Quen é quen no primeiro parlamento galego*, Vigo, Xerais.
PRADA RODRÍGUEZ, Julio (2003): "La Transición política en Galicia: una aproximación", *Actas de las VI Jornadas de Castilla-La Mancha sobre Investigación en Archivos*, Guadalajara, vol. II, disponible en http://biblioteca2.uclm.es/biblioteca/ceclm/websCECLM/transici%C3%B3n/PDF/04-02.%20Texto.pdf
— (2015): "De dónde venimos y hacia dónde vamos... La derecha gallega entre la transición y la consolidación de la democracia", *Historia del Presente*, 25, pp. 9-25.
QUIROSA-CHEYROUZE y MUÑOZ, Rafael (ed.) (2013): *Los Partidos en la Transición*, Madrid, Biblioteca Nueva.
LA REGIÓN (1910-): Microfichas, Ourense, Imprenta La Región, ISSN: 1134-7953.
RODRÍGUEZ, Adrián (2016): *Solo Rivas Fontán. Memorias de un político lejos del rebaño*, Santiago de Compostela, Alvarellos.
TAIBO, Xoan Ignacio y RIVAS, Manuel (1977): *Os partidos políticos na Galiza*, Santiago de Compostela, Edicións do Rueiro.
UMBRAL, Francisco (1976): *Los políticos*, Madrid, Sedmay.
URIGÜEN LÓPEZ DE SANDALIANO, Natalia (2018): *A imagen y semejanza. La democracia cristiana alemana y su aportación a la Transición española*, Madrid, CSIC.
VARGAS GONZÁLEZ, Pablo (2002): "El continuismo en la transición política española: Dinámica de las elites políticas en Galicia", *Espiral*, vol. VIII, 24, pp. 103-135.
LA VOZ DE GALICIA (1990-2003): CD-ROM, Santiago de Compostela, Grupo Voz, ISSN: 1888-5160.

CAPÍTULO 16

LA TRANSICIÓN MUNICIPAL EN GALICIA A TRAVÉS DE VARIOS AYUNTAMIENTOS DEL SUR PONTEVEDRÉS: AS NEVES, BUEU, REDONDELA, SOUTOMAIOR Y TUI (1970-1983)*

BRAIS FERREIRO ARES**
Universidade de Santiago de Compostela

La transición municipal en Galicia es aún un campo con un gran potencial investigador. Si bien es cierto que el número de autores y autoras que estudian este periodo está aumentando, es aún un tema del que se pueden extraer muchas más preguntas y respuestas, especialmente en lo que a estudios de caso se refiere, ya que hasta el momento no contamos con demasiados análisis locales propiamente dichos.

Este artículo pretende ahondar precisamente en el estudio local. Para esto seleccionamos cinco ayuntamientos que presentan características interesantes y diferentes entre sí: As Neves, Bueu, Redondela, Soutomaior y Tui; tres pueblos y dos ayuntamientos pequeños. Los municipios se seleccionaron con base en tres criterios principales: que no fuesen ciudades, cuyas características son realmente una excepción en el mundo municipal[1]; que abarcasen realidades demográficas y de localización variadas, contando con ayuntamientos grandes y pequeños, urbanizados y ruralizados, costeros y de interior, etc.; y, por último, que los gobiernos municipales y las fuerzas políticas presentes fuesen variadas entre sí.

---

* Este capítulo fue financiado por el Grupo de Consolidación del SUG (HISTAGRA, Historia Agraria e Política do Mundo Rural. Séculos XIX e XX. GI- 1657). Xunta de Galicia (ED431C 2017111).
A la hora de clasificar un ayuntamiento como "grande" o "pequeño" le dimos más peso al factor población que al factor superficie.

** Brais Ferreiro Ares es graduado en Historia y máster en Historia Contemporánea por la Universidade de Santiago de Compostela. Su línea de investigación se enmarca en la Transición desde el punto de vista local, con especial atención a algunos ayuntamientos del sur de la provincia de Pontevedra.

1. El número de ciudades es minoritario en el conjunto de los ayuntamientos, por lo que sus características (superficie y población sustancialmente mayores, mayor número de candidaturas electorales, etc.) son excepcionales.

TABLA 1

POBLACIÓN Y SUPERFICIE DE LOS CINCO AYUNTAMIENTOS ESTUDIADOS

	POBLACIÓN 1970	POBLACIÓN 1981	POBLACIÓN 2011	SUPERFICIE (KM2)
As Neves	7.596	6.179	4.280	65,5
Bueu	11.131	12.154	12.339	30,8
Redondela	22.767	27.529	29.947	52,1
Soutomaior	6.006	5.539	7.274	25,0
Tui	13.189	15.076	17.295	68,3

Fuente: INE (http://www.ine.es/intercensal/) e IGE (https://www.ige.eu/igebdt/selector.jsp?COD=77&paxina=001&c=0101001002).

El marco temporal escogido comprende desde las penúltimas elecciones municipales franquistas (1970) hasta las segundas elecciones municipales tras la dictadura (1983). De esta manera podemos estudiar las tres etapas principales de la transición municipal:

1. Tardofranquismo (1970-1975/1976). Comienza con las penúltimas elecciones municipales franquistas (noviembre de 1970[2]) y termina entre finales de 1975 (muerte de Franco) y comienzos de 1976 (elecciones a alcaldes y decisión del Gobierno de posponer las elecciones municipales que se debían celebrar ese año[3]).
2. Etapa predemocrática (1975/1976-1979). Una vez que se sabe que las elecciones municipales tendrán lugar después de las generales, comienza un largo camino de constantes aplazamientos y obstáculos que impedían, a ojos del Gobierno, la celebración de las elecciones municipales. Solo quedaron resueltos todos los impedimentos cuando se celebraron elecciones generales y se aprobó la Constitución.
3. Primer mandato municipal (1979-1983). Abarca los cuatro años que duró el primer mandato municipal democrático tras la dictadura franquista.

El enfoque escogido para este trabajo es el político. Sin negar la importancia de las cuestiones socioeconómicas o de otra índole, se pretenden analizar los hechos y las consecuencias políticas que se fueron dando a lo largo de los años que duró la transición municipal.

2. Dichas elecciones supusieron un punto de inflexión por motivos que indicaremos más adelante.
3. Las elecciones municipales en el franquismo tenían lugar cada tres años desde el 1948. Por ello, si las últimas habían sido en el 1973, las siguientes serían en el 1976.

¿Podemos establecer modelos de ayuntamientos en transición? ¿En qué se traduce el triunfo de la reforma en la realidad municipal? ¿Se producen manifestaciones de ruptura? ¿Bajo qué artificios se produce el continuismo entre franquismo y democracia? Estas y las ideas previamente expuestas son nuestras hipótesis y nuestras preguntas.

LAS ÚLTIMAS ELECCIONES MUNICIPALES DEL FRANQUISMO (1970-1975/1976)

Durante esta etapa tuvieron lugar las últimas elecciones municipales franquistas: la renovación parcial de 1970 y la de 1973. Como ya mencionamos, el proceso de 1970 supuso un pequeño punto de inflexión en la vida municipal franquista por tres motivos: porque las elecciones que tocaría celebrar en 1969 sufrieron un retraso y se celebraron en 1970, porque se permitió el sufragio activo y pasivo a las mujeres casadas[4] y porque se reguló una suerte de campaña electoral[5].

Tres años después tuvo lugar el proceso de 1973, de suma importancia ya que de estas elecciones saldrán los concejales que estarán al frente de las corporaciones hasta las elecciones municipales democráticas del 1979. Se produjeron en un momento significativo para las estrategias políticas tanto del régimen como de la oposición: al mes siguiente de celebrarse los comicios locales ETA asesinaba a Carrero Blanco y pocos días después de constituirse las nuevas corporaciones (febrero de 1974) Arias Navarro pronunció el famoso discurso del "espíritu del 12 de febrero".

Si acudimos a las actas de los plenos de estos mandatos, podemos confirmar muchos de los elementos señalados acerca de las corporaciones locales durante el franquismo. Sobre el funcionamiento del poder local nos sirve de buen ejemplo el Ayuntamiento de As Neves: por una parte, el alcalde acudió varias veces a Madrid para resolver gestiones del municipio (también ocurre en Soutomaior), llegando incluso a concedérsele su traslado a Madrid; por otra, en las actas se constata que en el 1972 tuvo lugar una inspección del Servicio Provincial de Inspección y Asesoramiento; finalmente, en el 1974 el alcalde avisó a sus concejales de que pronto vendría de visita el gobernador civil, para lo cual cuenta con la presencia de todos ellos, de varias autoridades y del Consejo Local del Movimiento, concediéndosele plenos poderes al alcalde para organizar la visita[6].

4. BOE, 7 de diciembre de 1968, pp. 17.564-17.565.
5. BOE, 21 de septiembre de 1970, p. 15.533 y Colomer (2015: 249), entre otros.
6. Por orden: AMN, ud. 11/1, f. 111, 115-116, AMS, ud. 30/3, f. 77, AMN, ud. 11/2, f. 151; ud. 11/1, ff. 189-190; ud. 11/2, ff. 99 y 102-103.

Como bien indica la bibliografía, estos años también se caracterizaron por la existencia de problemas económicos en los municipios[7]. Esto ocurre en As Neves, Tui y Bueu, ya que tuvieron que pedir anticipos a la Caja de Anticipos de Cooperación Provincial a los Servicios Municipales en el 1971 los dos primeros y en el 1972 el segundo[8].

Las corporaciones también tenían la capacidad de organizar o participar en eventos de legitimación del propio régimen y del Movimiento, con el que lógicamente guardaban una estrecha relación. Esto lo vemos bien ejemplificado en As Neves: en el 1974 se anunció que el Ayuntamiento ofrecería un autobús para asistir a los funerales que el régimen celebró en el Valle de los Caídos el 22 de mayo de dicho año; por otra parte, en el 1975 la Jefatura Provincial del Movimiento exigió a la Corporación asistencia masiva a un acto que tuvo lugar en Vilagarcía de Arousa conmemorando un discurso de José Antonio Primo de Rivera dirigido a las Falanges gallegas[9].

Tui nos ofrece la posibilidad de ver cómo se gestionaban las causas sociales y la lengua y la cultura gallegas en el franquismo. En los años 1972 y 1975 encontramos referencias en las actas de los plenos a las acciones llevadas a cabo por la Corporación y las entidades de Tui (una de las tres patas de la democracia orgánica) para pedir al Gobierno que modificase el trazado del proyecto de la AP-9 para que afectase lo menos posible al casco urbano. Por otra parte, en el 1973, este Ayuntamiento acogió actos de homenaje a Manuel Lago González, arzobispo tudense a quien se le dedicó el Día das Letras Galegas de ese año. Este tipo de actos, lejos de ser una reivindicación de la lengua y la cultura gallegas, entroncaban con la idea del régimen de reservar al gallego un estatus de lengua regional, en una segunda categoría con respeto al castellano, y a la cultura gallega como un elemento folclórico y regional más[10].

En definitiva, nos encontramos en general ante unas corporaciones inoperantes desde el punto de vista de la gestión eficiente de los municipios: los concejales son irrelevantes y están sujetos en todo momento a la voluntad del alcalde; no existe la capacidad de reflexión política; estaban asfixiadas económicamente en muchos casos; se encontraban supervisadas por instancias superiores y por lo tanto centralizadas; y, finalmente, se hace muy complicado establecer una separación entre estas y los organismos del Movimiento. Eso sí, desde el punto de vista del control social y político por parte del régimen, las corporaciones eran organismos perfectamente funcionales.

7. Por ejemplo, Marina (2016: 238).
8. AMN, ud. 11/1, f. 113, AMT, ud. 35/2, f. 124, AMB, ud. 29/1, f. 175. El nombre de la caja varía con matices en las actas de los diferentes ayuntamientos.
9. AMN, ud. 11/2, f. 84 y 189.
10. Por orden: AMT, ud. 36/1, ff. 64 y 68-69 e ud. 36/2, ff. 124-125; ud. 36/1, f. 104.

LAS CORPORACIONES TRAS LA MUERTE DE FRANCO (1975/1976-1979)

La muerte de Franco fue un hecho imprescindible para que el tránsito de régimen político, a través de la reforma, pudiese comenzar. Es evidente que los cambios no se produjeron de manera inmediata, pero pudieron comenzar a producirse a partir de la muerte del dictador. Como ya mencionamos, el poder local (excluyendo el autonómico) fue el último en ser democratizado. De ahí la importancia de conocer que aconteció en las corporaciones durante estos años.

Para comenzar, atendiendo a las actas de los plenos, lo que predominó en el momento de la muerte de Franco fue el silencio. Tan solo en Tui nos encontramos con una declaración del alcalde homenajeando la figura de Franco[11].

Una de las cuestiones señaladas por la bibliografía es la falta de recursos en las corporaciones. De los ayuntamientos estudiados tenemos indicios de esto en As Neves, Tui y Redondela: en el primer caso, el Ayuntamiento no puede hacer frente a unas obras, por lo que se ve obligado a pedir autorización a la Diputación para que los gastos los asuma la Mancomunidad de O Condado; en Tui, por su parte, el Ayuntamiento pide a la Administración central que se instalen unidades preescolares prefabricadas para poder cubrir el derecho a la enseñanza en todas las parroquias; finalmente, en Redondela la Corporación solicita un préstamo al Banco de Crédito Local de España para hacer frente a unas obras enmarcadas dentro del Plan de Infraestructuras Sanitarias del Litoral Gallego[12].

También a través de las actas podemos conocer el funcionamiento del poder local en este periodo. Por ejemplo, el alcalde de Tui explica varias veces en el Pleno las gestiones que realizaba en Madrid, como en la etapa tardofranquista. En Soutomaior nos encontramos con un escrito de la Jefatura Provincial del Servicio Nacional de Inspección y Asesoramiento de las corporaciones Locales, indicando varios defectos a corregir. Frente a estas muestras de continuismo, en Redondela observamos un cambio: en abril del 1976, el alcalde propone la convocatoria de un Consejo Abierto, invitando a los vecinos a participar para informar de la gestión municipal y recoger sus propuestas. Esto fue aprobado por unanimidad y las propuestas recogidas se trataron en junio de dicho año[13].

Pese a la inexistencia de democracia en las corporaciones, comenzamos a ver nuevos debates en algunos de los ayuntamientos. En el apartado de causas sociales, As Neves se negó en 1976 a conceder permiso a Celulosas de Guipúzcoa SA para la instalación de una fábrica de celulosa y papel en el Ayuntamiento. En Bueu se debatió una cuestión similar en el 1978 a través de un escrito presentado por ADEGA,

11. AMT, ud. 36/2, ff. 155-157.
12. AMN, ud. 11/3, f. 24, AMT, ud. 37/1, ff. 94-95 y AMR, ud. 3.416/1, f. 186 y ud. 3.416/2, ff. 5-8.
13. AMR, ud. 3.416/1, f. 87 y 99-100.

mediante el cual la Corporación mostró su disconformidad con la instalación de las empresas Elnosa y Celulosas de Pontevedra en la Ría de Pontevedra. En Tui se explicaron en el Pleno de las gestiones iniciadas en el franquismo para desviar la AP-9. En Redondela la Corporación apoyó a la empresa textil Regojo por la difícil situación económica que estaba atravesando. Finalmente, en ese mismo Ayuntamiento tuvo lugar el debate más importante de este periodo: en diciembre de 1976, el alcalde introdujo una moción para debatir sobre la legalización del divorcio, convirtiéndose en el primer Ayuntamiento del Estado en hacerlo, aunque la propuesta fue rechazada[14].

La lengua gallega también fue objeto de debate. Las corporaciones de Bueu y de Soutomaior decidieron sumarse a una pronunciación del Ayuntamiento de Vigo instando al Gobierno central a redactar normas legales para lograr la cooficialidad del gallego[15].

Parte de la bibliografía también señala cómo el movimiento vecinal jugó un papel decisivo como elemento dinamizador en los ayuntamientos. En Bueu, y sobre todo en Redondela y Soutomaior, tenemos algunos ejemplos de esto. En el primer Ayuntamiento, apenas contamos con una petición de la AA VV de Beluso para mejorar el servicio de la biblioteca. En Redondela, por su parte, contamos con cuatro referencias: vecinos piden que el Ayuntamiento analice una posible permuta de un terreno de un monte; vecinos piden el ensanche de un camino; las comunidades de Vecinos de Cabanas y Rande piden canalización de agua en esos lugares; y, por último, la Asociación de Padres de Alumnos del Colegio Nacional Comarcal de Redondela pide dinero al Ayuntamiento para sufragar gastos. En Soutomaior también contamos con cuatro referencias: un grupo de jóvenes pidió emplear un local en desuso para actividades culturales y recreativas; la AA VV de Arcade "A Batería de 1809" pidió autorización para mejorar el Campo de la Feria[16]; la AA VV "O Castelo" pidió la instalación de puntos de luz y la mejora de una carretera, además de presentar alegatos a la recalificación de un terreno; y la AA VV de Coutada pidió una subvención para arreglar una plaza[17].

El camino hacia la autonomía también dejó huella en algunos ayuntamientos. En concreto en Bueu y en Tui, pero de manera diferente: la primera de las corporaciones aprobó sumarse a los actos que tuvieron lugar el *4 do Nadal* (4 de diciembre) en Vigo en pro de la autonomía de Galicia; pero en Tui simplemente observamos

14. AMN, ud. 11/2, ff. 194-195, AMB, ud. 29/2, f. 289; AMT, ud. 37/1, ff. 17 y 104; AMR, ud. 3.4168/2, ff.10-12; AMR, ud. 3.416/1, ff. 112-113 y *El País*, 04/12/1976, disponible en https://elpais.com/diario/1976/12/04/sociedad/218502006_850215.html.
15. AMB, ud. 29/2, f. 243 y AMS, ud. 31/2, f. 22.
16. Más adelante aparece su constitución oficial, figurando como presidente el futuro alcalde de Soutomaior tras el 3 de abril, Fernando Pereira Caamaño.
17. AMB, ud. 29/2, f. 270; AMR, ud. 3.416/1, ff. 139, 150, 198 y ud. 3.416/2, ff. 10-12; AMS, ud. 31/2, ff. 36, 70, 84, 73 y 74.

como la Corporación, después de constituirse la Xunta Preautonómica, aprovechó para felicitar a su presidente, el franquista Antonio Rosón[18].

Finalmente, nos encontramos con una serie de debates que tienen como eje central el propio proceso de transición. Por ejemplo, en Bueu el Pleno apoyó la legalización de la UPG, entendiendo que era una fuerza que tenía cabida en la nueva democracia. En Tui, sus concejales saludaron el nombramiento de Felipe de Borbón como príncipe de Asturias. Finalmente, en Redondela se debatieron dos cuestiones: sobre si las corporaciones debían solicitar al Estado una concesión de amnistía a los presos políticos, siendo aprobada por unanimidad, y sobre un Decreto del rey Juan Carlos que permitía indultar varias infracciones administrativas cometidas antes de 22 de noviembre de 1975 (día de su coronación), siendo aprobados varios indultos[19].

En definitiva, en este periodo encontramos muchos elementos propios de un poder local no democrático, pero también debates y medidas que permitieron un retorno paulatino de la política a las corporaciones. El cruce de esta información con lo que ocurre en el primer mandato municipal será lo que determine si en este periodo predemocrático ya se podían ver indicios de lo que iba a suceder a corto plazo en los diferentes ayuntamientos o no.

Pero en dicho periodo no solo debemos fijarnos en lo que se estaba debatiendo en los plenos de los ayuntamientos. Casi al mismo tiempo de morir Franco, y tras el intento de redactar una nueva ley en el 1972, entró en vigor la Ley de Bases del Estatuto de Régimen Local[20]. No supuso un gran cambio en la manera de articular el poder local, aunque sí hubo algunas modificaciones. Una de ellas fue que el alcalde pasaría a ser escogido por los concejales de manera secreta, debiendo obtener dos tercios de los votos o una mayoría simple entre los dos más votados si no se lograba la elección por la primera fórmula.

La muerte de Franco fue uno de los factores clave por los que la ley no tuvo demasiado recorrido. Sí fue posible desarrollar su disposición transitoria primera, que establecía que debían renovarse en un plazo máximo de cuatro meses los alcaldes de las capitales de provincia, de las localidades mayores de 100.000 habitantes y de la mitad de los ayuntamientos restantes determinados por provincias. De este modo, tuvieron lugar "elecciones de alcaldes" el 25 de enero de 1976[21]. Solo votaban los concejales de la Corporación y los candidatos eran previamente aprobados

18. AMB, ud. 29/2, f. 282; AMT, ud. 37/2, f. 27.
19. AMB, ud. 29/2, f. 285; AMT, ud. 37/1, ff. 80 y 81; AMR, ud. 3.416/1, ff. 56-57; BOE, 26/11/1975, p. 24666.
20. BOE, 21/11/1975, p. 24.432.
21. Ponce y Sánchez (2011: 117-118); BOE, 10 de diciembre de 1975, pp. 25.661-25.662; BOE 26 de diciembre de 1975, p. 26.797.

por las diferentes Juntas Electorales de Zona[22], pero la prensa de la época destacó que se trataban de las primeras elecciones en 40 años[23]. En la provincia de Pontevedra este proceso tuvo lugar en 30 ayuntamientos[24].

3 de esos 30 ayuntamientos fueron Bueu, Redondela y Soutomaior. En Bueu tan solo se presentó un candidato: José Benito Otero Baena, que ya ostentaba el cargo de alcalde, por lo que no fue necesario votar[25]. Tampoco fue necesario en Soutomaior, donde el también alcalde, Atilano Villano Vázquez, fue el único candidato y salió reelegido[26]. Por su parte, Redondela sí precisó de votación, ya que hubo tres aspirantes: Pedro Otero rey, Juan Pérez Muíños y Gonzalo Muíños Lamas. El primero optaba a la reelección, el segundo había sido concejal en los mandatos correspondientes a las elecciones de 1966 y 1970, y el tercero también ejerció como concejal en la Corporación salida de las elecciones de 1970. En el Pleno correspondiente, Otero rey obtuvo diez votos, Muíños Lamas cuatro, y Pérez Muíños un voto, saliendo reelegido el primero[27].

La bibliografía coincide en señalar estos resultados como continuistas: en buena parte de los municipios permanecieron al frente los mismos alcaldes (como en Bueu, Redondela y Soutomaior) y en otros tantos ayuntamientos salieron elegidos concejales que ya pertenecían a la Corporación. Es decir, que no podemos referirnos al resultado de este proceso como una renovación en el poder local (Marina, 2016: 239).

UNAS ELECCIONES DEMOCRÁTICAS QUE NO LLEGAN: EL 3 DE ABRIL DE 1979

En marzo de 1976 la ley mencionada en el epígrafe anterior vio modificada el apartado dos de su disposición transitoria primera, donde se especificaba que los alcaldes elegidos ahora cesarían de sus cargos en noviembre, mes en el que tocaría celebrar una nueva renovación parcial[28]. Pero esto también fue alterado mediante el Real Decreto-ley 17/1976 de 8 de octubre, por el cual el Gobierno de Suárez decidió posponer las elecciones municipales hasta después de las elecciones generales y que las corporaciones siguieran teniendo validez hasta entonces[29]. Comenzaba así un largo camino en el que la convocatoria local sufrirá numerosos retrasos.

22. ADP, ud. 9439/1.
23. Por ejemplo, *ABC*, 25/01/1976, p. 15 y *Faro de Vigo*, 25/01/1976, p. 3.
24. *Faro de Vigo*, 28/01/1976, p. 17 y *ABC*, 25/01/1976, p. 15.
25. AMB, ud. 29/2, ff. 200-201.
26. AMS, ud. 31/1, ff. 67-68.
27. *Faro de Vigo*, 22/1/1976, p. 16 y AMR, ud. 3.416/1, ff. 58-60.
28. BOE, 13 de marzo de 1976, p. 5.215.
29. BOE, 11 de octubre de 1976, p. 19.847.

En los cinco ayuntamientos estudiados, la fuerza que se presenta en más ayuntamientos es el BN-PG (en todos menos As Neves). Esta candidatura es una coalición formada en el 1977 entre la UPG y la AN-PG, cuando la primera fue consciente de que iba a triunfar la reforma democrática y que eso iba a suponer la marginación de la izquierda radical y nacionalista por parte del Gobierno (Beramendi y Núñez, 1996: 249-250). En estas elecciones, a las que se presentó en el 52,5% de los ayuntamientos gallegos, el BN-PG aspiraba a sacar rédito electoral de las movilizaciones sociales impulsadas por la UPG desde el tardofranquismo.

UCD, PSOE y las candidaturas independientes se presentan en tres de nuestros ayuntamientos. La primera fue la que más candidaturas presentó en Galicia, cubriendo el 93,5% de los ayuntamientos. La UCD logrará retener la lealtad de amplios sectores vinculados al Movimiento representativos de la vida local, lo que les permitió organizar estas elecciones basándose en personalismos y redes clientelares que los candidatables pudiesen ofrecer al partido (Real, 2019: 268-269; Lanero y Ferrández, 2018a: 345).

El PSOE fue, desde las elecciones del 1977, la gran alternativa a la UCD. Por esto, y por la subida más pequeña de la esperada en las generales del 1 de marzo, concibieron estas elecciones municipales como una oportunidad para reforzar su papel de oposición a nivel estatal y para derrotar a la UCD desde lo local (Marina, 2016: 249; Quirosa-Cheyrouze y Fernández, 2010: 235). En Galicia fue la tercera fuerza en presentarse en más ayuntamientos: lo hizo en un 55,1%.

Las candidaturas independientes se presentaron en el 53,5% de los ayuntamientos gallegos. En muchos casos fueron varias las presentadas en un mismo Ayuntamiento, como en Soutomaior, donde lo eran tres de las cuatro candidaturas. En general estas se conformaron alrededor de pequeñas figuras de cierto reconocimiento social en contornos rurales o semiurbanos, como As Neves, Soutomaior y Tui. Aunque por lo general se suelen incluir en el espacio electoral de centroderecha, esta consideración es demasiado reduccionista (Real, 2019: 271-272).

Tanto CD como UG se presentaron en dos de los cinco ayuntamientos estudiados. CD, coalición electoral conformada por AP y otras fuerzas de derecha, fue la segunda fuerza que más candidaturas presentó en Galicia: cubrió el 66,6% de los ayuntamientos. El recurso al clientelismo político será una característica de este partido claramente de cuadros. En Galicia conseguirán siempre resultados superiores al promedio estatal gracias a la indiscutible capacidad de liderazgo de Fraga (Real, 2019: 270).

Por su parte, UG se presentó en el 13,7% de los ayuntamientos gallegos, a mucha distancia de la otra candidatura nacionalista. Esta coalición estaba formada por tres partidos: PSG, POG y PG. El PSG, fundado en el 1963, será un partido que apueste por una vía nacionalista-federalista y marxista democrática. Tendrá un peso considerable en el nacionalismo de la Transición, pero no dejará de ser una organización de cuadros (Beramendi y Núñez, 1996: 240). Por su parte, el POG nació a raíz de una escisión de la UPG encabezada por Camilo Nogueira ante lo que consideraba la falta de un auténtico partido obrero de masas dentro del nacionalismo popular, defendiendo la autonomía como un primer paso hacia el autogobierno (Beramendi y Núñez, 1996: 254-255). Finalmente, en noviembre de 1978 apareció un refundado PG entre personas que apostaban por un nacionalismo autonomista y de centro (Beramendi y Núñez, 1996: 256-257). La coalición UG, si bien estaba a bastante distancia del BN-PG en implantación territorial, no quedó muy por detrás en número de votos.

Los partidos que menos candidaturas presentan en nuestros ayuntamientos son el PCG y el PTG, que solo lo hacen en Redondela. Aunque como veremos el PTG fue de los partidos menos apoyados en las elecciones del 3 de abril, no fue el que menos candidaturas presentó: lo hizo en un 16,3% de los municipios. De hecho, la filial gallega del PTE tan solo consiguió 14 concejales en Galicia, de los cuales 2 son los redondelanos.

Por último, el PCG, filial gallega del PCE, presentó candidaturas en el 11,8% de los municipios gallegos, siendo así la fuerza que menos candidaturas presentó en Galicia dentro de los partidos relevantes. El PCE entendió las elecciones municipales del 1979 como una oportunidad para ejercer poder desde las instituciones, con el deseo de hacerlo en solitario, pero sabiendo que probablemente tendría que pactar con otras fuerzas de izquierda (Quirosa-Cheyrouze y Fernández, 2010: 240-241).

Hablemos ahora de los resultados de las elecciones. Para tener presente el contexto, se muestran primero los globales (estatales, gallegos y pontevedreses) y a continuación los de nuestros ayuntamientos, de manera simplificada.

TABLA 2

PRINCIPALES RESULTADOS DE LAS ELECCIONES MUNICIPALES DEL 1979 A NIVEL ESTATAL

	VOTOS (16.621.868)	CONCEJALES/AS (67.515)
UCD	5.018.784 (30,63%)	28.960 (42,89%)
PSOE	4.615.837 (28,17%)	12.059 (17,86%)
PCE	2.139.570 (13,06%)	3.727 (5,52%)
AEI	1.661.664 (10,14%)	14.684 (21,75%)
CIU	504.832 (3,08%)	1.756 (2,6%)
CD	489.581 (2,99%)	2.339 (3,46%)

Fuente: Ministerio del Interior (http://www.infoelectoral.mir.es/infoelectoral/min/).

TABLA 3

PRINCIPALES RESULTADOS DE LAS ELECCIONES MUNICIPALES DEL 1979 A NIVEL GALLEGO

	VOTOS VÁLIDOS (1.069.090)	CONCEJALES/AS (4.072)	ALCALDÍAS (312)	CANDIDATURAS SOBRE AYUNTAMIENTOS
UCD	389.593 (36,44%)	1.797 (44,13%)	174 (55,8%)	295 (93,5%)
AEI	158.473 (14,82%)	706 (17,34%)	62 (19,9%)	167 (53,5%)
PSOE	154.166 (14,42%)	437 (10,73%)	20 (6,4%)	172 (55,1%)
CD	147.290 (13,78%)	603 (14,81%)	34 (10,9%)	208 (66,6%)
BN-PG	78.216 (7,32%)	258 (6,34%)	9 (2,9%)	164 (52,5%)
UG	68.392 (6,4%)	139 (3,41%)	9 (2,9%)	43 (13,7%)
PCG	48.482 (4,53%)	70 (1,72%)	3 (1%)	37 (11,8%)
PTG	7.865 (0,74%)	14 (0,34%)	1 (0,3%)	51 (16,3%)

Fuente: Ministerio del Interior (http://www.infoelectoral.mir.es/infoelectoral/min/) y Márquez (1993: 70 y 73).

TABLA 4

PRINCIPALES RESULTADOS DE LAS ELECCIONES MUNICIPALES DE 1979 EN LA PROVINCIA DE PONTEVEDRA

	VOTOS VÁLIDOS (323.388)	CONCEJALES/AS (895)	ALCALDÍAS (61)	CANDIDATURAS SOBRE AYUNTAMIENTOS
UCD	106.339 (32,88%)	331 (36,98%)	26 (42,62%)	57 (93,44%)
AEI	60.530 (18,72%)	245 (27,37%)	20 (32,79%)	57 (93,44%)
PSOE	52.527 (16,24%)	108 (12,07%)	5 (8,20%)	42 (68,85%)
UG	30.284 (9,36%)	65 (7,26%)	3 (4,92%)	20 (32,79%)
CD	29.608 (9,16%)	71 (7,93%)	3 (4,92%)	29 (47,54%)
BN-PG	21.203 (6,56%)	45 (5,03%)	2 (3,28%)	32 (52,46%)
PCG	17.933 (5,55%)	23 (2,57%)	2 (3,28%)	7 (11,48%)
PTG	3.192 (0,99%)	6 (0,67%)	0 (0%)	12 (19,67%)

Fuente: Elaboración propia a través del Ministerio del Interior (http://www.infoelectoral.mir.es/infoelectoral/min/) y BOPPO, 03/03/1979, pp. 2-22 y 05/03/1979, pp. 3-13.

GRÁFICO 1

RESULTADOS DE LAS ELECCIONES MUNICIPALES DE 1979 EN AS NEVES, BUEU, REDONDELA, SOUTOMAIOR Y TUI, RESPECTIVAMENTE

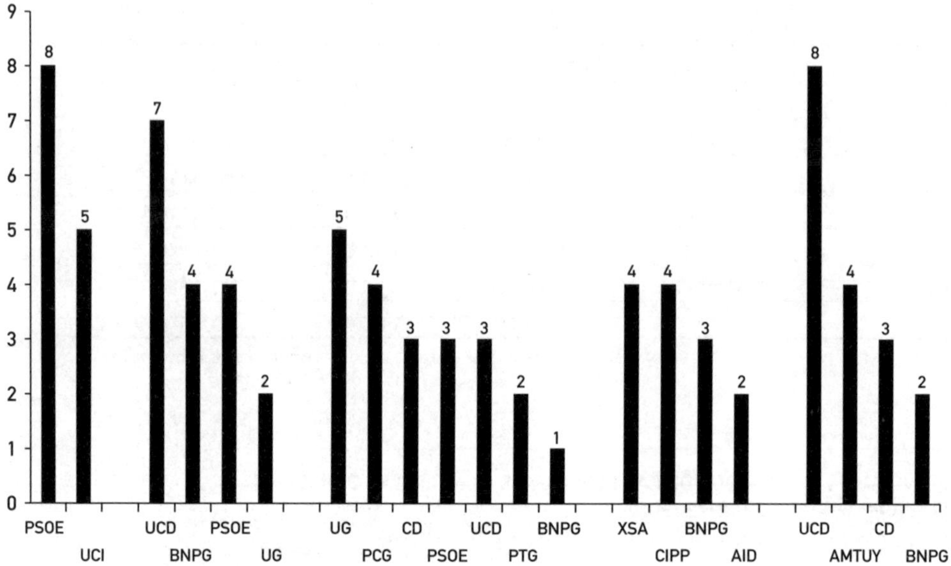

Fuente: elaboración propia a través del Ministerio del Interior (http://www.infoelectoral.mir.es/infoelectoral/min/) y BOPPO, 03/03/1979, pp. 2-22 y 05/03/1979, pp. 3-13.

Exceptuando a Bueu, en todos los ayuntamientos gobernó la lista más votada, pero por motivos diferentes[30]. En As Neves el PSOE no tuvo problema para alcanzar la alcaldía de la mano de su candidato, Verísimo Sueiro Álvarez, gracias a su mayoría absoluta, pero, además, cuatro de los cinco ediles de UCI le dieron su apoyo. Algo similar ocurrió en Tui, donde UCD logró la mayoría absoluta gracias a un voto de CD, invistiendo a Teodosio Baquero Fortes. Por su parte, Bueu y Redondela son dos ejemplos en los que la izquierda tuvo que pactar para gobernar: nos referimos a las negociaciones de la izquierda gallega, ajenas al pacto estatal PSOE-PCE, que dieron lugar al Pacto do Hostal, en el cual PSOE, PCG, BN-PG y UG acordaron votarse solidariamente en varios ayuntamientos con el objetivo de minimizar los gobiernos de centroderecha[31]. De esta manera, en Bueu los votos de PSOE, UG y BN-PG le permitieron a este último encabezar un Gobierno alternativo a UCD, convirtiéndose en alcalde Xosé Novas Piñeiro. En Redondela, los votos de las mencionadas fuerzas más los del PTG le dieron el apoyo por mayoría absoluta a

30. AMN, ud. 11/3, f. 98; AMB, ud. 29/2, f. 298; AMR, ud. 3.416/1, f. 55; AMS, ud. 31/2, f. 88; AMT, ud. 37/2, ff. 124-125.

31. AHUS, fondo político, PSG, Unidade Galega.

UG y a su candidato Xaime Rei, si bien es cierto que dos concejales del PCG optaron por romper el pacto y votaron a su propio candidato. Por último, en Soutomaior la alcaldía recayó en Fernando Pereira Caamaño (XSA), situado en la órbita del nacionalismo gallego. Esto fue así ya que ningún candidato consiguió ser apoyado por mayoría absoluta y, según la Ley 39/1978, cuando ningún candidato alcanza la mayoría absoluta se proclama alcalde al candidato de la fuerza más votada[32].

TABLA 5

PRESENCIA DE MUJERES CANDIDATAS EN LOS CINCO AYUNTAMIENTOS ESTUDIADOS*

	Nº CANDIDATAS	% CANDIDATAS	POR PARTIDO
As Neves	0/26	0%	—
Bueu	3/68	4,41%	BN-PG (1), PSOE (1), UG (1)
Redondela	14/147	9,52%	BN-PG (5), PTG (4), PCG (3), PSOE (1), UCD (1)
Soutomaior	4/52	7,69%	CIPP (2), XSA (1), AID (1)
Tui	3/68	4,41%	UCD (1), AMTUY (1), CD (1)

* Las personas que figuraban como suplentes en las diferentes candidaturas no se tuvieron en cuenta a la hora de recontar las mujeres y hombres participantes en las elecciones. No teniéndolos en cuenta podemos equiparar en número de candidatos y candidatas las candidaturas de los diferentes ayuntamientos, ya que en muchos casos cada partido presentaba un número diferente de suplentes. Además, se entiende que era la figura de candidatas y candidatos la que realmente se presentaba para entrar en la Corporación.
Fuente: Elaboración propia a partir de datos de BOPPO, 03/03/1979, pp. 2-22 y 05/03/1979, pp. 3-13.

Como se puede ver en la tabla 5, la presencia de mujeres en estas elecciones fue escasa. Estas cifras son, exceptuando a Redondela y Soutomaior, bastante más bajas que las que se dan en Galicia y en la provincia de Pontevedra: 8,40% y 8,52%, respectivamente (Márquez, 1993: 61; Ferrández, 2018: 73). Como es de suponer, la entrada de las mujeres en las corporaciones es aún mucho más reducida, ya que tan solo Bueu y Soutomaior contaron en su Pleno con una: Elisa González González, del BN-PG de Bueu, y María Concepción Ocampo Pereira de la CIPP de Soutomaior. Ninguna de las cinco alcaldías recayó sobre una mujer.

Con respeto a la diferenciación entre izquierda, centro, derecha e independientes, tenemos que señalar que en la mayoría de los ayuntamientos estudiados se produce una mayoría de izquierdas. Esto es así en As Neves, en Bueu y en Redondela, donde las sumas de PSOE, BN-PG, PCG, UG y PTG (dependiendo de cada Ayuntamiento) suman más que las restantes fuerzas. En Soutomaior la mayoría recae claramente en los independientes, con 10 de 13 actas, mientras que en Tui la mayoría la ocupan las fuerzas de centro y derecha, es decir, UCD y CD. Además, el color de estas mayorías se traslada al color de la alcaldía en todos los casos.

32. BOE, 21 de julio de 1978, p. 17.271.

Los cinco ayuntamientos a estudio presentan una clara mayoría de fuerzas estatales frente a las nacionalistas gallegas o a las independientes. Esto es así en todos los ayuntamientos menos en Soutomaior donde, como ya indicamos, hay una clara mayoría de ediles independientes. Ni siquiera en Bueu, única alcaldía donde el nacionalismo logra imponerse dentro de los cinco ayuntamientos estudiados, hay una mayoría de ediles nacionalistas. Es el único caso donde la mayoría política en este aspecto no se ve reflejada en la alcaldía.

A nivel gallego, el 12,1% de los concejales escogidos habían sido ediles en el 1973, cifra que aumenta al 15,6% si incluimos a aquellos que habían sido candidatos en esas elecciones. El 93,8% de los que continúan lo hacen a través de las candidaturas de UCD, CD e independientes (Márquez, 1993: 82 y 94).

A continuación, presentaremos el grado de continuismo en cada Ayuntamiento, pero antes explicaremos cuál fue nuestra metodología, basada en un modelo de Márquez Cruz (1992: 305). En él fija cuatro tipos de continuidades: continuidad positiva (concejales en 1973 y 1979), continuidad ascendente (candidatos en 1973 y concejales en 1979), continuidad descendente (concejales en 1973 y candidatos en 1979) y continuidad negativa (candidatos en 1973 y 1979). A partir de aquí, nuestra metodología es similar: la única diferencia es que no distinguimos si el candidato o el concejal está vinculado a la renovación parcial de 1970 o 1973; lo único que nos importa es si está vinculado a alguna de ellas. En concordancia con esto, las cifras de continuismo se calculan de la siguiente manera: ya que el continuismo se hace efectivo si los concejales con pasado franquista entran en la Corporación democrática, las continuidades que realmente miden el continuismo son la positiva y la suma de la positiva y la ascendente, tal y como hace Márquez Cruz.

En As Neves tenemos cuatro casos: una continuidad positiva, dos ascendentes y una negativa. Es decir, que 3 de los 13 concejales tienen alguna vinculación con las renovaciones parciales franquistas. Estos datos convierten a As Neves en un municipio con un 7,69% de continuidad positiva y un 15,38% de continuidad ascendente, que en total suma un 23,08%.

En Redondela son siete los casos de continuismo: dos continuidades positivas, una ascendente, una descendente y tres negativas, es decir, que 3 de los 21 concejales de la Corporación están vinculados a las renovaciones franquistas. De este modo, la continuidad positiva es de un 9,52% y la ascendente de un 4,76%. En total, un 14,29%.

Tui presenta dos casos, ambos continuidades positivas. De esta manera, 2 de los 17 concejales guardan relación con las renovaciones parciales de 1970 o 1973 y la continuidad positiva (única que se puede calcular) es un 11,76%.

Soutomaior presenta también dos casos: una continuidad positiva y una negativa, por lo que solo 1 de los 13 miembros de la Corporación participó de alguna forma en las renovaciones parciales franquistas. Nuevamente solo podemos calcular la continuidad positiva, que alcanza el 7,69%.

Por último, en Bueu no hay ningún caso de continuidad positiva o ascendente, ni tampoco de descendente o negativa: es el único Ayuntamiento de los cinco estudiados en el que no hay ni concejales ni candidatos vinculados a las elecciones municipales franquistas de 1970 y 1973.

Haciendo un recuento por partidos nos encontramos con 5 casos en las candidaturas independientes, 4 en UCD, 3 en CD y 1 en PSOE, UG y PCG, respectivamente. 12 de los 15 casos (80%) pertenecen a las candidaturas de UCD, CD o independientes, lo que coincide claramente con lo señalado por Márquez Cruz. De esos 12, 7 habían sido concejales durante el franquismo. Los otros 3 casos pueden sorprendernos por pertenecer a partidos de izquierdas, pero su vinculación podría deberse a la estrategia adoptada en el tardofranquismo por parte de la oposición consistente en intentar introducirse en el poder ante un eventual proceso transicional (Márquez, 1993: 53; Prada, 2004: 1). Además, ninguno de ellos tocó poder en el franquismo, ya que nadie pasó de ser candidato.

DEBATES Y POLÍTICAS EN EL PRIMER MANDATO MUNICIPAL (1979-1983)

Para comenzar, en las actas de los plenos encontramos una serie de temas relacionados con el ejercicio del poder municipal. Por ejemplo, la bibliografía general advierte que las corporaciones estaban ahogadas económicamente. De esto tenemos varios indicios en algunos de los ayuntamientos. Por ejemplo, As Neves y Bueu pidieron ayuda reintegrable a la Diputación en los primeros meses del mandato para poder realizar una serie de obras. Asimismo, el alcalde de As Neves intentó aprobar una moción para encargar una auditoría externa que revisase las cuentas de los últimos diez años, aunque fue retirada por ser competencia del Tribunal de Cuentas. En relación con esto, el BN-PG presentó en Redondela una moción que fue aprobada, insistiendo en que los gobiernos civiles aún manejaban importantes cantidades de dinero pensadas para ayudar a las corporaciones locales pero que eran destinadas en función de criterios partidistas. También en este Ayuntamiento tenemos varias referencias a solicitudes de préstamos al Banco de Crédito Local de España y a la Caja Provincial de Ahorros de Pontevedra[33].

33. Por orden: AMN, ud. 11/3, f. 182 y AMB, ud. 30/1, f. 54; AMN, ud. 12/1, ff. 128-129; AMR, ud. 3.417/1, ff. 99-100; AMR, ud. 3.416/2, ff. 86-91, 95-96, 98 y ud. 3.417/2, ff. 40-42 e 196-199.

La línea que separa la autonomía municipal y las injerencias del Gobierno Civil es otra de las características de este periodo. Por ejemplo, en As Neves, Soutomaior y Tui el Gobierno Civil suspendió nombramientos de tenientes de alcalde y miembros de comisiones. En Soutomaior y Bueu fueron suspendidos acuerdos sobre, principalmente, el uso del gallego en los plenos: en Soutomaior se acordó leer las actas una sesión en gallego y la siguiente en castellano, indicando el gobernador civil que no había problema en leerla en ambos idiomas, pero sí en no hacerlo en castellano; en Bueu la Corporación había aprobado, a instancias del BN-PG, adoptar el gallego como idioma de la Corporación, exhibir la bandera gallega, restaurar los topónimos castellanizados y oponerse al decreto que regulaba el uso de las lenguas cooficiales en las corporaciones[34]. También fue paralizada en este Ayuntamiento una declaración que pedía la dimisión del gobernador civil de A Coruña por prohibir la manifestación del Día da Patria[35] de 1980 en Compostela (también debatido en Redondela). De nuevo en Soutomaior, los concejales aprobaron que las sesiones de la Comisión Municipal Permanente fuesen públicas, lo que también fue suspendido[36].

Con la vuelta de la política a las corporaciones, las posturas sobre asuntos sociales propios o ajenos a los ayuntamientos se convirtieron, en algunos de ellos, en un tema normal de debate. Los principales debates por Ayuntamiento son: contra la central nuclear de Xove (Bueu, Redondela y Soutomaior) por iniciativa del BN-PG; contra la empresa Elnosa en la ría de Pontevedra (Bueu) a través de una moción de la alcaldía; contra la política agraria del Gobierno ucedista (Bueu, Redondela y Soutomaior) presentadas por CCLL-SLG y en Redondela por el BN-PG; a favor de la prevención de los incendios (Bueu y Redondela) a instancias del BN-PG; contra los vertidos radiactivos cerca de Fisterra en el 1982 (Bueu y Redondela) presentada por el BN-PG en nombre de ADEGA y otra similar del PTG en el 1983; a favor de un servicio militar más reducido y sin dispersión (BN-PG en nombre de UMG y MSG en Bueu y Redondela, y similar de UG también en Redondela); a favor de mejorar las políticas de juventud, destinándoles una partida presupuestaria (PCG en Redondela y BN-PG en nombre de la UMG en Soutomaior); a favor del sector naval (Redondela), apoyando las acciones de CC OO, USO y UGT; contra el mal estado de las rías (Redondela) presentado por CCMM; y a favor del marisqueo (Redondela), presentada por el PCG. A mayores, en Bueu y en Tui se produjeron acuerdos sobre asuntos propios: en Bueu la Corporación se solidarizó, a instancias del BN-PG, con cinco marineros denunciados por el Club Náutico del Ayuntamiento que estarían siendo víctimas de la represión por estar en contra de

34. BOE, 14 de mayo de 1979, pp. 10.813-10.814.
35. Así es como el nacionalismo gallego llama al Día Nacional de Galicia (25 de julio).
36. Por orden: AMN, ud. 11/3, f. 121; AMS, ud. 31/3, ff. 54-55; AMT, ud. 37/2, ff. 133-134; AMS, ud. 31/2, ff. 184-186; AMB, ud. 30/1, ff. 3-4 y 9; AMB, ud. 30/1, ff. 89-90 y 107 y AMR, ud.3.417/1, ff. 10-12; AMS, ud. 31/2, ff. 89-90 y 93-94.

la construcción de un edificio en una playa; por último, en Tui se aprobó una moción relacionada con el Primero de Mayo de 1980 en la que se recordaba a los comerciantes el derecho al descanso de los trabajadores y otra en la que se aprobó un plan de obras para combatir el paro obrero[37]. Todas ellas fueron aprobadas y, como se puede ver, el BN-PG jugó un papel clave como fuerza impulsora.

Algunas corporaciones también apoyaron políticamente a empresas en riesgo de cierre, ante despidos colectivos o con conflictos laborales. Estas empresas fueron Áridos Chan de Salgosa (As Neves), Raimundo Vázquez SA (Bueu y Soutomaior), Grupo de Empresas Álvarez (Soutomaior y Redondela), Telanosa (Soutomaior y Redondela), Censa (Tui y Redondela), Citroën (Redondela) y Vilasmar, Automóviles de Morrazo y Conservas la Guía (Bueu)[38].

Los debates y las políticas relacionadas con el idioma propio de Galicia son otros de los asuntos a tener en cuenta. Podemos distinguir cinco temas: represión lingüística, toponimia, Día das Letras Galegas, normalización lingüística y el premio de Novela Larga Eduardo Blanco Amor. Comenzando por el primero, nos encontramos con dos mociones del BN-PG en Bueu y Redondela: una de ellas se solidariza con una maestra de Rois, sancionada por dar las clases en gallego, aunque solo fue aprobada en Redondela; la otra se presentó con motivo del Día das Letras Galegas de 1982 y pedía aprovechar la fecha para condenar la discriminación contra el gallego en todos los ámbitos, aprobándose en ambas corporaciones[39].

En Bueu, Soutomaior, Tui y Redondela contamos con discusiones alrededor de la galleguización de los topónimos o de la denominación de las calles con personalidades gallegas. En el primer Ayuntamiento nos encontramos con tres mociones: la primera de ellas consiste en la propuesta de la Comisión de Cultura de galleguizar topónimos tales como "Ruanueva de Abajo" por "Ruanova de Abaixo"; en la segunda, se proponen nombres como "Alfonso Rodríguez Castelao" o "Rosalía de Castro" para denominar calles; y en la tercera se aprueba por unanimidad un escrito de la Comisión de Toponimia de la Xunta mediante el que se galleguizan los topónimos del municipio. En Soutomaior contamos con dos mociones: en la primera el alcalde propone ponerle el nombre de "Alfonso R. Castelao" a un tramo de

37. Por orden: AMB, ud. 30/1, ff. 4-5, AMR, ud. 3.416/2, ff. 108-109 y AMS, ud. 31/2, f. 175; AMB, ud. 30/1, f. 11; AMB, ud. 30/1, f. 65, AMR, ud. 3.416/2, ff. 138-139 y AMS, ud. 31/3, ff. 38-39; AMB, ud. 30/1, ff. 84-85 y 234 y AMR, ud. 3.417/2, ff. 47-48; AMB, ud. 30/1, f. 235, AMR, ud. 3.417/2, ff. 152-153 y 181-182; AMB, ud. 30/2, ff. 11-12, AMR, ud. 3.417/2, ff. 151-152 y AMR, 3.416/2, f. 120; AMR, ud. 3.417/1, f. 189 y AMS, ud. 31/2, ff. 196-197; AMR, ud. 3.416/2, f. 99; AMR, ud. 3.416/2, f. 103; AMR, ud. 3416/2, f. 173; AMB, ud. 30/1, f. 136; AMT, ud. 38/1, f. 34 y ud. 38/2, ff. 52-53.

38. Por orden: AMN, ud. 11/3, ff. 198-199; AMB, ud. 30/1, f. 128 y AMS, ud. 943/1, f. 56; AMS, ud. 31/3, ff. 37-38 y AMR, ud. 3416/2, f. 139; AMS, ud. 943/1, f. 82 y 92-93 y AMR, ud. 3.417/2, ff. 8-9 y 62-63; AMT, ud. 38/1, ff. 10-12 y 44 y AMR, ud. 3.416/2, f. 129; AMR, ud. 3.417/1, ff. 136-137; AMB, ud. 30/1, ff. 123-124.

39. Por orden: AMB, ud. 30/1 y AMR, ud. 3.417/1, ff. 55-57; AMB, ud. 30/1, ff. 221-222 y AMR, ud. 3.417/2, ff. 34-35.

una carretera; y en la segunda, propone que los barrios de "Alján" y "Gesteira" recuperen los topónimos "Alxán" y "Xesteira", así como denominar a otra carretera "Rosalía de Castro". Por su parte, Tui cuenta con un ruego y un informe: el ruego es del concejal del BN-PG, quien pregunta por el estado de los trabajos de cambio de topónimos al gallego, indicándole el alcalde que están en fase de finalización; por último, un informe de la Comisión de Cultura propone la galleguización de la toponimia municipal, quedando el asunto sobre la mesa. Finalmente, en Redondela se decide proponer "Alexandre Bóveda" y "Mendiño" como nombre a dos centros educativos que existen en la actualidad[40].

En algunos ayuntamientos se programaron actividades por el Día das Letras Galegas: en Bueu se aprobó organizar actos en el 1981 y en 1983 mientras que en Soutomaior se debatió sin éxito hacer actividades en 1980 y 1981 y solo en el 1983 se alcanzó un acuerdo[41].

Las políticas de normalización lingüística dejaron huella en Bueu y sobre todo en Redondela. Además de la mencionada moción suspendida por el Gobierno Civil, se aprobó organizar un curso de gallego para funcionarios. Pero fue Redondela la que más destacó en este aspecto. Por una parte, se debatieron varias mociones que perseguían la normalización lingüística del gallego: PCG, PSOE y PTG presentaron una moción que pedía una galleguización progresiva de los documentos generados por el Ayuntamiento, y los concejales de la Comisión de Cultura expusieron una moción que pedía a la Xunta y a la Delegación del Gobierno que se promoviesen cursos para funcionarios. Otra medida aprobada fue la aplicación de un descuento del 50% a los anuncios publicitados en gallego; el PTG, por su parte, pidió que el Ayuntamiento organizase cursos para funcionarios ante la pasividad de la Xunta y que se instase al Gobierno gallego a emplear el gallego en el procedimiento administrativo con los municipios. Finalmente, UG presentó otra moción sobre uso del gallego en los actos administrativos que forman parte de los expedientes que se someten a la fiscalización de la Xunta y organismos dependientes de la misma. Todas ellas fueron aprobadas. Por otra parte, Redondela creó un Servicio de Normalización Lingüística, algo que vemos reflejado en numerosas actas y recortes de prensa, en los que se recogen tanto aspectos burocráticos como actividades desarrolladas (cursos de gallego para funcionarios, campañas de normalización lingüística, cursos de gallego para adultos, etc.). Entre los miembros de su Consejo destaca el actual presidente de la RAG, Víctor F. Freixanes[42].

---

40. Por orden: AMB, ud. 30/1, ff. 6, 11 y 145; AMS, ud. 31/2, ff. 98, 117 y 176; AMT, 38/1, ff. 19 y 50-51; AMR, ud. 3.416/2, ff. 85 y 136-137.
41. Por orden: AMB, ud. 30/1, f. 133 y AMB, ud. 30/2, f. 22; AMS, ud. 31/3, f. 76, AMS, ud. 943/1, ff. 66-67 y 71 y AMS, ud. 943/1, f. 156.
42. Por orden: AMB, ud. 30/1, ff. 232-233; AMR, ud. 3.417/1, ff. 55-57, AMR, ud. 3.417/1, ff. 130-132, AMR, ud. 3417/1, ff. 146-148; AMR, ud. 3.417/2, ff. 100-101, AMR, ud. 3.417/2, ff. 100-101, AMR, ud.

Precisamente una de las políticas más ambiciosas de normalización lingüística impulsadas por el Ayuntamiento de Redondela fue la creación del premio de Novela Larga Eduardo Blanco Amor en el 1981. En los otros ayuntamientos también tenemos referencias ya que, aunque Redondela impulsaba el premio, quería que se sumasen el mayor número de ayuntamientos posible: Bueu y Soutomaior se adhirieron mientras que Tui rechazó la adscripción al premio. A partir del año siguiente el Ayuntamiento organizador sería sorteado de entre los inscritos, y precisamente la tercera edición le correspondió a Soutomaior[43].

La autonomía fue uno de los procesos políticos más importantes que vivió Galicia en estos años. Por eso encontramos en casi todos los ayuntamientos referencias a dicho asunto. En Soutomaior se debatió un escrito del alcalde de Vigo convocando una reunión de alcaldes en junio de 1979 ante la tardanza en la llegada de la autonomía, aprobando por mayoría que el alcalde acudiese en representación de la Corporación a la reunión, en la que también se hablaría de la capitalidad de Galicia, acordando defender Santiago de Compostela. El mismo escrito fue debatido en Redondela con idéntico resultado. También en este año y en este Ayuntamiento se acordó apoyar el "Estatuto dos 16" y, en octubre, se aprobó una moción de PSOE, PCG y PTG en la que se decía que el Estatuto no podía quedar por debajo del catalán y vasco. En noviembre de dicho año el PCG consiguió que Redondela se adhiriese a la manifestación que iba a tener lugar en Vigo dos años después de la manifestación del *4 do Nadal*, esta vez contra el recorte aplicado por la Comisión Constitucional al primer proyecto de Estatuto. Precisamente días antes varios concejales se encerraron en el consistorio para protestar contra dicho recorte. Más adelante, ante el inminente Referéndum del Estatuto (1980), el PSOE presentó una moción en Bueu y el PCG otra en Redondela en la que se pedía que la Corporación apoyara el voto afirmativo públicamente, algo aprobado en ambos casos. Por último, en el 1983, con el Estatuto aprobado y el Parlamento gallego en marcha, un concejal de CD pidió que Tui se pronunciara en contra de la tardanza en el traslado prometido de competencias a la Xunta, lo que fue aprobado[44].

Sin duda, uno de los debates más importantes de este primer mandato fueron los referidos a la eliminación del espacio público de vestigios franquistas, algo de

3.417/2, ff. 126-127; AMR, ud. 3.417/1, ff. 190-191, AMR, ud. 3.417/2, ff. 39-40, AMR, ud. 3.417/2, f. 59, AMR, ud. 3.417/2, ff. 150-151, AMR, ud. 3.418/2, ff. 24-25, *Faro de Vigo*, 15/12/1982, p. 17 y 16/03/1983, p. 22; *El País*, 17/05/1983, disponible en https://elpais.com/diario/1983/05/17/cultura/421970401_850215.html.

43. Por orden: AMR, ud. 3.417/1, ff. 76-77, AMR, ud. 3.417/1, f. 88, AMR, ud. 3.417/1, ff. 115-116, AMR, ud. 3.417/1, ff. 125-126, AMR, ud. 3.417/1, ud. 3.417/1, ff. 129-130, AMR, ud. 3.417/1, ff. 160-161; AMB, ud. 30/1, f. 103, AMB, ud. 30/1, f. 132, AMS, ud. 943/1, f. 35, AMS, ud. 943/1, f. 67, AMT, ud. 38/2, f. 21; AMS, ud. 943/1, f. 138, AMS, ud. 943/1, f. 149.

44. Por orden: AMS, ud. 31/2, ff. 109-111, AMR, ud. 3.416/2, f. 66; AMR, ud. 3.416/2, f. 75, AMR, ud. 3.416/2, f. 94-95; AMR, ud. 3.416/2, ff. 113-114, *Faro de Vigo*, 23/11/1979, p. 27; AMB, ud. 30/1, ff. 110-111, AMR, ud. 3.417/1, ff. 34-36; AMT, ud. 38/2, ff. 78-79.

lo que solo tenemos constancia en Redondela. En julio del 1979 se acordó cambiar el nombre de las plazas "18 de julio" y "Batalla de Lepanto" por "Constitución 1812" y "Alfóndiga", respectivamente. Un año después, dos mociones presentadas por varios concejales proponían cambiar los nombres de las calles que habían tenido relación con el franquismo. La decisión se pospuso e inmediatamente después se debatió una segunda moción similar que sí fue aprobada. En el 1982, el concejal del BN-PG propuso al Pleno una propuesta más ambiciosa, pero quedó sobre la mesa[45].

Mientras que en otros lugares el movimiento vecinal jugó un papel clave durante la Transición, en nuestros ayuntamientos apenas observamos este fenómeno a través de las fuentes consultadas, pero Soutomaior y Redondela destacan entre los demás: en ambos municipios fueron bastante frecuentes los debates de escritos presentados por AA VV o particulares. Los temas más frecuentes fueron: peticiones para cesiones de locales para uso vecinal, solicitud de subvenciones, autorizaciones para realizar obras, mejora de los servicios en el Ayuntamiento y sugerencias de cambio en el nomenclátor municipal[46].

CONCLUSIONES

La principal aportación de este artículo no es solo que evidencia que existen varios modelos políticos de ayuntamientos en la Transición, sino que muestra las principales características de estos. Por una parte, contamos con un modelo continuista con el régimen franquista: este presenta pocas diferencias entre la etapa tardofranquista y la etapa predemocrática, y en el primer mandato municipal hereda la concepción "no política" de las corporaciones, limita los debates y se centra en impulsar la faceta más burocrática de los ayuntamientos. A nivel partidario, las mayorías en las corporaciones de UCD y CD son las impulsoras de este modelo, del que Tui es un buen ejemplo.

Por otra parte, existe otro modelo político no continuista con el régimen y que apuesta por el retorno de la política a las corporaciones, algo que ya se percibe en la etapa predemocrática y se consolida en el primer mandato municipal. Las mayorías de PSOE, BN-PG, UG, PCG o PTG son garantía de la existencia de este modelo, especialmente si no hay mayorías absolutas de alguno de ellos. Bueu, Redondela o Soutomaior son buenos ejemplos.

45. AMR, ud. 3.416/2, ff. 76-77 y 193-196 y ud. 3.417/2, ff. 97-99.
46. AMS, ud. 31/2, ff. 94-95 y 114-115 y ud. 943/1, ff. 37, 45-46, 50, 101, 106, 127-128, 130, 131 y 156; AMR, ud. 3.416/2, ff. 62, 77, 110 y 130-131, ud. 3.417/1, ff. 10-12, 32-33, 50 y 144-145 y ud. 3.417/2, ff. 57 y 112-113.

Sobre el continuismo de concejales entre franquismo y democracia, observamos que se trata de un dato necesario para conocer el paso de un régimen a otro a través de su personal político, pero no siempre condiciona que un Ayuntamiento se acabe adscribiendo a uno u otro modelo. Aunque tiene una indudable influencia en mantener vivas en las corporaciones las viejas prácticas del pasado, el continuismo no se va a materializar si la mayoría política de la Corporación no es favorable a los concejales continuistas.

La cronología propuesta al inicio de este trabajo también se demostró útil y pertinente. Se trata de una cronología que difiere de la de la Transición, dado que los hitos que marcan la transición municipal son propios y diferentes. Por eso, a la hora de estudiar la transición local debemos defender esta periodización al tiempo que hemos de intentar que la cronología de la Transición se vea alterada, en la medida en que este último término también abarca ambos procesos.

Este artículo también deja abiertas algunas cuestiones. Por ejemplo, el Ayuntamiento de Soutomaior permite cuestionar la hipótesis de las candidaturas independientes que las sitúa en la órbita del centro-derecha, ya que, como vimos, este Ayuntamiento lo podemos incluir en el modelo no continuista; As Neves, por su parte, permite que nos preguntemos si existen más modelos de ayuntamientos en la Transición además de los dos señalados, ya que no dio muestras ni de continuismo ni de lo contrario. Por último, queda para el futuro determinar qué otros motivos diferentes a los políticos influyen en la conformación de los modelos, como la experiencia municipal republicana, la represión asociada al golpe de 1936 y la posterior Guerra Civil o las características socioeconómicas de los diferentes ayuntamientos.

Por último, también podemos concluir que a la hora de analizar un proceso local las generalidades pueden ser útiles, pero deben construirse desde la base, lo que no excluye que tengamos en consideración la influencia que lo general (que en nuestro caso puede ser el contexto, la legislación, el peso del Estado, etc.) tiene en lo particular.

ABREVIATURAS

ADEGA	Asociación para a Defensa Ecolóxica de Galiza
AEI	Agrupaciones Electorales Independentes
AID	Agrupación Independiente Democrática
AMTUY	Agrupación Municipal de Tuy
AN-PG	Asemblea Nacional-Popular Galega
AP	Alianza Popular
AAVV	Asociación/es de Vecinos
BN-PG	Bloque Nacional-Popular Galego
BOE	Boletín Oficial del Estado

BOPPO	Boletín Oficial de la Provincia de Pontevedra
CCLL-SLG	Comisións Labregas-Sindicato Labrego Galego
CD	Coalición Democrática
CIPP	Candidatura Independiente Pro Progreso
CIU	Convergència i Unió
CCMM	Comisións Mariñeiras
ETA	Euskadi Ta Askatasuna
f.	Folio
ff.	Folios
IGE	Instituto Galego de Estatística
INE	Instituto Nacional de Estadística
MSG	Mocidade Socialista Galega
p.	Página
pp.	Páginas
PCE	Partido Comunista de España
PCG	Partido Comunista de Galicia
PG	Partido Galeguista
POG	Partido Obreiro Galego
PSG	Partido Socialista Galego
PSOE	Partido Socialista Obrero Español
PTE	Partido del Trabajo de España
PTG	Partido do Traballo de Galicia
RAG	Real Academia Galega
SA	Sociedad Anónima
UCD	Unión de Centro Democrático
UCI	Unión del Condado Independiente
ud.	Unidad
uds.	Unidades
UG	Unidade Galega
UMG	Unión da Mocidade Galega
UPG	Unión do Povo Galego
XSA	Xuntanza Sotomayor-Arcade

BIBLIOGRAFÍA

BERAMENDI, Justo y NÚÑEZ, Xosé Manoel (1996): *O nacionalismo galego*, Vigo, Edicións A Nosa Terra.

COLOMER, Juan Carlos (2015): "Elecciones por tercios y renovación de un consistorio franquista. Valencia (1969-1979)", en V. Bellver, (coord.), *Otras voces, otros ámbitos: Los sujetos y su entorno. Nuevas perspectivas de la historia sociocultural*, Valencia, Universitat de Valencia, pp. 248-251.

FERRÁNDEZ, Daniela (2018): "'No queremos ser solo un voto': movimiento feminista y partidos políticos en las elecciones municipales de 1979: los casos de Ourense y Pontevedra", en D. Lanero (coord.), *El disputado voto de los labriegos. Cambio, conflicto y continuidad política en la España rural (1968-1986)*, Granada, Comares, pp. 65-89.

FERREIRO, Brais (2019): "La Transición en un municipio de las Rías Baixas. Redondela: un estudio de caso municipal (1970-1983)", en E. Martos, R. Quirosa-Cheyrouze y A. Sabio (eds.), *40 años de Ayuntamientos y Autonomías en España*, Zaragoza, Servicio de Publicaciones de la Universidad de Zaragoza.

GRANDÍO, Emilio (2017): "Sobre la transición democrática y el siglo XXI: nuevos caminos, nuevas fórmulas", *Studia historica. Historia contemporánea*, 35, pp. 241-264.

LANERO, Daniel y FERRÁNDEZ, Daniela (2018a): "*El arte de saber durar*... sobre la continuidad de los poderes locales en la Galicia rural entre franquismo y democracia (1973-1979)", *Historia y Política*, 40, pp. 331-362.

LANERO, Daniel y FERRÁNDEZ, Daniela (2018b): "Adaptarse o desaparecer: estrategias de consolidación de los poderes locales franquistas en la Galicia de la Transición", en D. Lanero (coord.), *El disputado voto de los labriegos. Cambio, conflicto y continuidad política en la España rural (1968-1986)*, Granada, Comares, pp. 43-64.

MARINA, Marcos (2016): "El pulso por los ayuntamientos. La convocatoria de las elecciones municipales de 1979 y el cambio político en España", *Cuadernos de Historia Contemporánea*, 38, pp. 235-256.

MÁRQUEZ, Guillermo (1992): *Movilidad política y lealtad partidista en Andalucía (1973-1991)*, Madrid, CIS.

— (1993): "La Transición Local en Galicia. Continuidad de las elites políticas del franquismo y renovación de los gobiernos locales", *Revista de estudios políticos*, 80, pp. 39-120.

Ortiz, Manuel (2016): "La Transición y sus variables interpretativas", en M. Ortiz (coord.), *La transición se hizo en los pueblos. El caso de la provincia de Albacete*, Madrid, Biblioteca Nueva.

Ponce, Julio y Sánchez, Carlos (2011): "Difficult years in the Ayuntamientos, 1969-1979. The Transition to Democracy in Spanish Municipalities", *Bulletin for Spanish and Portuguese Historical Studies*, 36, pp. 110-129.

— (2013): "Notas sobre la transición local (1975-1979)", *Historia Actual Online*, 32, pp. 7-22.

Prada, Julio (2004): "La Transición política en Galicia. Una aproximación", *La transición a la democracia en España: actas de las VI Jornadas de Castilla-La Mancha sobre Investigación en Archivos: Guadalajara, 4-7 noviembre 2003*, 2, p. 1.

Quirosa-Cheyrouze, Rafael y Fernández, Mónica (2010): *Poder local y transición a la democracia en España*, Granada, CEMCI.

Real, Arturo (2019): "Las derechas en Galicia ante el panorama político municipal. Alrededor de las Elecciones Municipales de 1979", en E. Martos, R. Quirosa-Cheyrouze y A. Sabio (eds.), *40 años de Ayuntamientos y Autonomías en España*, Zaragoza, Servicio de Publicaciones de la Universidad de Zaragoza.

Sánchez, Juan (2007): "La Historia del Tiempo Presente en España y los estudios sobre la Transición democrática española: un balance y algunas reflexiones", en R. Quirosa-Cheyrouze (coord.), *Historia de la transición en España: los inicios del proceso democratizador*, Madrid, Biblioteca Nueva, pp. 45-59.

FUENTES

Archivo de la Diputación de Pontevedra (ADP)
Archivo Histórico Universitario de Santiago (AHUS)
Archivo Municipal de As Neves (AMN)
Archivo Municipal de Bueu (AMB)
Archivo Municipal de Redondela (AMR)
Archivo Municipal de Soutomaior (AMS)
Archivo Municipal de Tui (AMT)
ABC
Boletín Oficial da Provincia de Pontevedra
Boletín Oficial del Estado
El País
Faro de Vigo

WEBGRAFÍA

Instituto Galego de Estatística (IGE): *Superficie*, disponible en https://www.ige.eu/igebdt/selector.jsp?COD=77&paxina=001&c=0101001002

Instituto Nacional de Estadística (INE): *Alteraciones de los municipios en los Censos de Población desde 1842*, disponible en http://www.ine.es/intercensal/

Ministerio del Interior: *Consulta de Resultados Electorales*, disponible en http://www.infoelectoral.mir.es/infoelectoral/min/home.html

CAPÍTULO 17

TRANSICIÓN EN CLAVE DE GÉNERO: MUJERES EN LA POLÍTICA GALLEGA

ENYA ANTELO ALVITE*
Universidade de Santiago de Compostela

Los estudios sobre los periodos históricos de transformación en los sistemas políticos suman hoy día una profusión considerable dentro de la literatura académica, proporcionando múltiples perspectivas según los métodos de análisis o supuestos de partida aplicados. Especialmente a lo largo de la década que nos antecede, los enfoques han ido evolucionando y ampliándose, permitiendo el acercamiento a una reconstrucción de los procesos que en muchas ocasiones cuestiona modelos interpretativos anteriores. Así ocurre con el caso español, cuyo carácter modélico es hoy contemplado con mayor escepticismo gracias al empleo de nuevas fuentes y ópticas en la investigación del mismo.

En este sentido, el análisis de la representatividad política, recogido en este segundo bloque de capítulos, se presenta como un factor clave al traspasar supuestos teóricos que evidencian fracturas con la realidad material.

Es precisamente la existencia de esa fractura entre teoría y práctica la que motiva este capítulo, que forma parte de una tesis doctoral todavía en proceso de elaboración, en la cual la introducción de una perspectiva regional y de género al análisis de la Transición tiene varios propósitos. De un lado, resolver los vacíos existentes en el estudio de una Historia marcada por el fuerte androcentrismo que acompañó —y todavía acompaña— al panorama académico. Sin duda, la aplicación de una nueva metodología que incluya de forma específica al colectivo femenino favorece la

* Enya Antelo Alvite realiza actualmente el doctorado en Historia por la Universidade de Santiago de Compostela. Interesada en la historia política y social y en la perspectiva de género, colabora con asociaciones y revistas de divulgación, reivindicando la necesidad de traer la Historia al tiempo presente.

reproducción de la Historia de una manera más extensa y menos sesgada. Esto hace de la Historia de Género y de las Mujeres una disciplina indispensable para acceder a esa necesaria objetividad, a todas luces inalcanzable si del análisis se aparta una buena parte de la sociedad. Por otro lado, centrarnos en el caso gallego permite repensar el proceso transitorio desde nuevas perspectivas alejadas del discurso tradicional, que tiende a un análisis vertical en el que no encuentran cabida las posibles singularidades de cada zona del Estado.

De esta manera, la representación y representatividad femenina en la política de la transición funcionan como un acercamiento a la situación de la mujer en un mundo que parece abrirle las puertas, al existir una nueva coyuntura que así lo demanda. En ese nuevo contexto —que implica nuevas necesidades sociales, políticas, y económicas— y en la fractura entre representación y representatividad, converge y se sustenta la idea de una hipótesis concreta que pone el foco en los usos de la mujer y de sus reivindicaciones. Entendemos que las demandas femeninas y feministas pudieron ser empleadas desde unas elites de poder que, bajo la apariencia de ampararlas, se apoyaron en ellas para fortalecer la construcción de una identidad democrática y aperturista del país. Esto ocurre en una etapa profundamente marcada por la imperiosa necesidad de poner en marcha un proceso de transformación del Estado a diferentes niveles. Por tanto, trataremos de descifrar unos "usos de la mujer" que funcionan a modo de estrategia de *marketing* político, quizás extrapolable a otros movimientos sociales cuyas exigencias proporcionasen una imagen favorable para el Estado, implicando las aparentes concesiones un refuerzo de los poderes hegemónicos.

Desenmarañar el fondo y contenido de dicha hipótesis se convierte en una tarea clave a la hora de estudiar y entender la transición a la democracia desde una perspectiva más profunda y crítica. Al cuestionar el carácter globalmente positivo tan insistente en la mayoría de primeras investigaciones sobre el tema podremos, si acaso, dar explicación a toda esa serie de problemas heredados que se mantienen en la agenda política actual, incomprensibles desde aquellas otras teorías.

En la relevancia de las demandas feministas de nuestro tiempo —que funcionan como elemento de primera orden a la hora de poner contra las cuerdas al sistema— se entiende su presentación como paradigma de los usos de los movimientos sociales, de los que tomó parte como uno de los más activos en las décadas de los setenta y ochenta en el Estado español. Queda constancia de su lucha, pensamiento y acción a través de toda una serie de fuentes a las que se recurre para la resolución de las cuestiones propuestas. De entre ellas conviene destacar las hemerográficas, especialmente las revistas y boletines publicados periódicamente por colectivos y asociaciones feministas, junto con otras en diferente formato (datos cuantitativos, encuestas, publicaciones e investigaciones, etc.) también procedentes de este tipo de asociaciones. En ellas se recoge información específica sobre la mujer, difícil de encontrar en otros espacios, como pueden ser los medios de comunicación de masas o incluso el academicismo y la intelectualidad coetánea, sin inclusión de perspectivas de género más allá de círculos específicamente feministas. Por supuesto, a ello se suman otras fuentes, también de carácter primario, procedentes de organismos institucionales tales como el Instituto Nacional de Estadística (INE) o el Instituto Gallego de Estadística (IGE), el Instituto de la Mujer, los Boletines Oficiales Provinciales gallegos (BOP) o los diversos documentos de naturaleza política y legislativa extraídos del Consello da Cultura Galega (CCG), relacionados con las demandas de los colectivos femeninos (proposiciones de ley, debates parlamentarios, iniciativas y políticas públicas, etc.).

Han servido también como soporte a estos planteamientos diversos estudios e investigaciones de carácter académico, de entre los cuales destacan los análisis de María García Añón (1996) sobre el acceso al poder y la participación de la mujer en la adopción de decisiones en varios ámbitos (universitario, administración pública, Parlamento gallego, etc.) y el de Purificación Mayobre (1997) "Xénero e política. Comportamento electoral e participación social da muller (1979-1993)", junto con otros más recientes de Marta Lois "Mujeres y toma de decisiones. Una aproximación a la literatura especializa" (2007), María Concepción Álvarez con "As mulleres no tardofranquismo e a transición á democracia" (2011) y "La movilización femenina en el Ourense de la transición política a la democracia. El Movimiento Democrático de Mujeres" (2011), o Daniela Ferrández con "No queremos ser solo un voto. Movimiento Feminista y partidos políticos en las elecciones municipales de 1979: el caso de Ourense y Pontevedra" (2018). Este último estudio funciona también como elemento clave a la hora de acercarnos a la representación femenina en la política municipal gallega, y su metodología se toma como referencia en este trabajo para ampliar los resultados cronológica y geográficamente.

Antes de introducirnos de lleno en el tema que motiva esta investigación, se hace necesario hacer un apunte más respecto a la cronología de la misma, pues consideramos que los tiempos tradicionalmente establecidos para el periodo transitorio se centran, generalmente, en acontecimientos políticos concretos (como la Ley para la Reforma Política, la aprobación de la Constitución o la llegada al poder del Gobierno socialista, entre otros). Acontecimientos que no necesariamente tienen relación con la mujer y que parten de supuestos centralistas de los que, tal y como se ha comentado, aquí pretendemos rehusar. En ese sentido, las fechas propuestas para este estudio se alejan, en ocasiones, de estas otras, con el único fin de proporcionar una perspectiva amplia que se sumerja en una Transición en clave de género, con unos tiempos diferentes, más lentos e incluso inconclusos.

REPRESENTACIÓN Y REPRESENTATIVIDAD EN EL OFICIO DE LA POLÍTICA

Con referencia a los estudios académicos mencionados anteriormente, se da comienzo al grueso de este capítulo, pues en ellos sus autoras introducen cuestiones y conclusiones que convergen con la línea de análisis aquí presentada. De un lado, Daniela Ferrández (2018) proporciona un escrutinio de las listas electorales de las provincias de Ourense y Pontevedra en las primeras elecciones municipales de la democracia (1979), con el fin de observar el papel que se otorga a las mujeres en las distintas formaciones políticas. Parte de la necesidad de adelantarse a los procesos de elección, analizando directamente la conformación de las candidaturas, al entender que los resultados de las votaciones no dependen ni de los partidos ni de las candidatas, sino de la ciudadanía. Estos resultados obtenidos por Ferrández se presentan en las siguientes páginas, sumando a los mismos los escrutinios propios —realizados con similar metodología— para las restantes provincias gallegas, tanto en este primer periodo electoral municipal como en el siguiente (1983), desgranando los puestos que ocupan las mujeres en las listas según el corte ideológico de cada partido. Unos efectos que se contrastan, asimismo, con aquellos que aportan Álvarez (2001) y Mayobre (1997), con el fin de conocer el modo en que las diferentes formaciones políticas otorgan unos u otros puestos y cometidos a las mujeres finalmente electas.

En el devenir de este proceso de análisis debemos tener en cuenta la existencia de ese telón de fondo que lleva a considerar la inclusión de las mujeres en las listas de manera inevitable, en vistas a un "contexto que se caracteriza por la construcción de un concepto de ciudadanía que, gracias al feminismo, precisaba integrar a la mujer en igualdad para considerarse democrática, algo asumido por la totalidad de los partidos políticos" (Ferrández, 2018: 71). En este sentido, los resultados que la autora proporciona para las primeras elecciones de 1979 serían de un 6,87% de mujeres en las listas ourensanas, y de un 8,52% para el caso de Pontevedra (Ferrández, 2018: 79). La ampliación realizada para A Coruña y Lugo en el mismo periodo no refleja grandes variaciones, con unas cifras del 9,37% para el primer caso y 7,67% para el segundo (gráfico 1). Del mismo modo, el escrutinio del siguiente llamamiento a urnas, realizado en mayo de 1983, apunta a una ausencia de evolución a nivel cuantitativo o incluso un retroceso en provincias como Lugo y Ourense, destacando además en esta última el hecho de que ninguna mujer resultase electa a una Concejalía, a pesar de presentarse un total de 48, correspondiente al 23% de los candidatos (gráfico 2) (Mayobre, 1997: 65).

GRÁFICO 1

ELECCIONES MUNICIPALES DE 1979. GALICIA. PORCENTAJE POR SEXO Y PROVINCIA

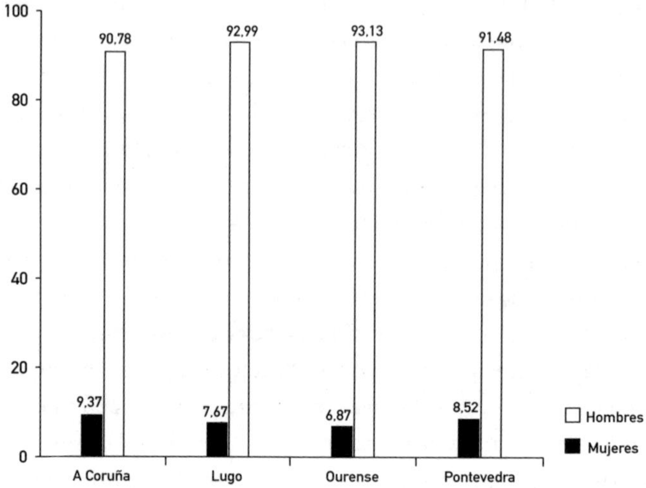

Fuente: Elaboración propia a partir de los datos obtenidos del escrutinio de las listas electorales publicadas en el BOP para las provincias de A Coruña y Lugo, y los presentados por Ferrández, D. (2018) para Ourense y Pontevedra.

GRÁFICO 2

ELECCIONES MUNICIPALES DE 1983. GALICIA. PORCENTAJE POR SEXO Y PROVINCIA

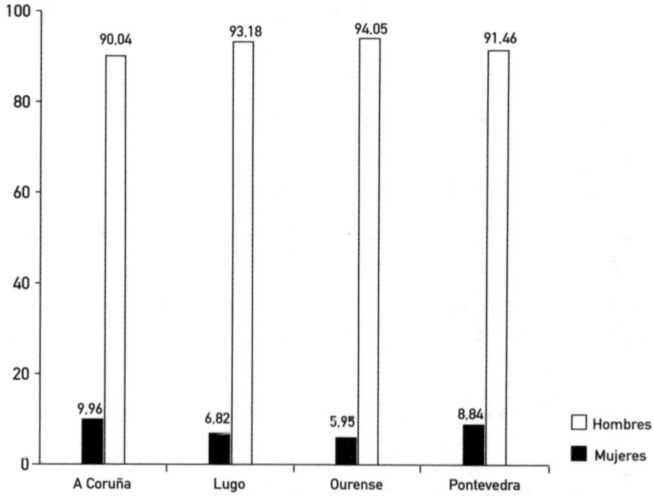

Fuente: Elaboración propia a partir de los datos obtenidos del escrutinio de las listas electorales publicadas en el BOP.

Se establecen también cuatro estadios dependientes del puesto ocupado por la candidata: desde los catalogados como "sin relevancia" (donde las posibilidades de ser electas son prácticamente nulas), hasta las aspirantes a la alcaldía, situándose entre ambos los puestos intermedios (de la cuarta a la sexta posición) y los tres primeros (que también recogen a las cabezas de lista). En el cálculo de los resultados, mostrados en los gráficos 3 y 4, se han tenido en cuenta únicamente a los partidos considerados más representativos, dejando fuera a aquellos que se presentan en un único municipio de la provincia[1], como es el caso de Falange Española en 1979 o las formaciones de corte ecologista en 1983. Estas últimas empiezan a emerger en la década de los ochenta, a la par que lo hace el movimiento ecologista. Es destacable el número de mujeres que incluyen en sus listas, tanto cuantitativa como cualitativamente, existiendo una gran equidad entre ambos sexos que lleva a considerar la influencia del movimiento feminista en el ecologista y la convergencia entre ambos. Por ello, hemos considerado apropiado desarrollar estas reflexiones en otros estudios específicos sobre el tema, donde se tendrá también en cuenta el siguiente periodo electoral de 1987, en el que aumentan considerablemente los partidos de este corte, permitiendo una muestra mayor y más representativa.

GRÁFICO 3

ELECCIONES MUNICIPALES DE 1979, GALICIA. NÚMERO DE CANDIDATURAS FEMENINAS SEGÚN PUESTO Y PROVINCIA

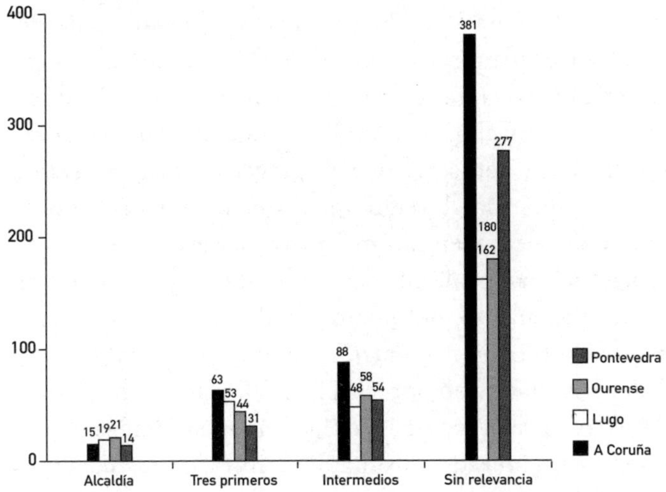

Fuente: Elaboración propia con los datos obtenidos del escrutinio realizado para las provincias de A Coruña y Lugo a partir de los datos publicados en el BOP y los presentados por Ferrández, D. (2018) para Ourense y Pontevedra.

1. En el caso del análisis ideológico se han tenido en cuenta también las formaciones que se presentan en un único municipio por provincia, siempre y cuando concurran a elecciones en otras provincias de la comunidad autónoma. Es decir, en el análisis por partidos, propiamente dicho, se dejan fuera solo aquellos que se presenten en un único municipio en todo Galicia.

GRÁFICO 4

ELECCIONES MUNICIPALES DE 1983. GALICIA. NÚMERO DE CANDIDATURAS FEMENINAS SEGÚN PUESTO Y PROVINCIA

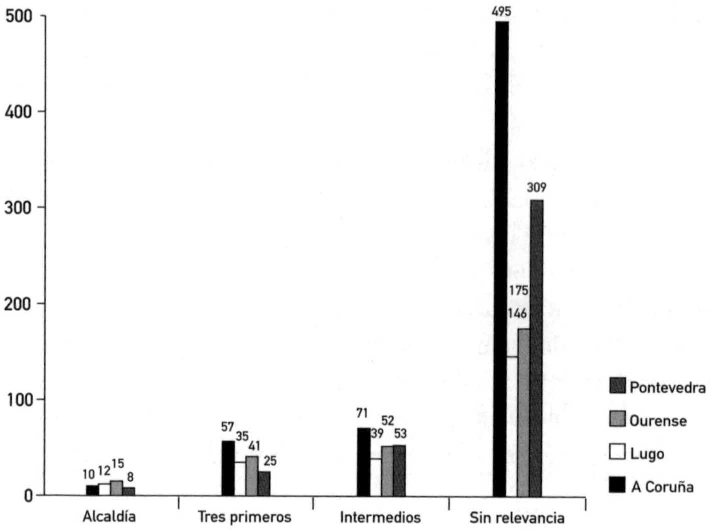

Fuente: Elaboración propia a partir de los datos obtenidos del escrutinio de las listas electorales publicadas en el BOP.

Es habitual que la inclusión de mujeres en puestos con más posibilidades de ser electas, coincidentes con los tres primeros o, en ocasiones, también los intermedios (depende de la capacidad para captar el voto que tiene cada partido según el municipio), se produzca en las formaciones de izquierda, aunque no de manera generalizada. En este punto se hace necesaria una disgregación más cuidadosa dentro del espectro ideológico izquierda-derecha que, a estos efectos, resulta insuficiente. Así pues, son aquellas formaciones más próximas al comunismo, y, en ocasiones, también al nacionalismo, donde las cifras de mujeres resultan más equitativas respecto a las masculinas, del mismo modo que acostumbran a ocupar más puestos de responsabilidad que en otros partidos. En las tablas 1 y 2 aparecen representados estos resultados en porcentajes, calculados con base en el número total de candidatos que presenta cada partido en los comicios correspondientes. En este caso, se ha considerado apropiado excluir a las formaciones denominadas "independientes", pues creemos que cuentan con particularidades determinadas y características variables de un municipio a otro, con una relevancia suficiente como para abordar su estudio en una investigación más amplia que la que aquí se propone. Y aunque tampoco es nuestro objetivo detallar el cuadro político galaico de aquellos años, daremos unas breves pinceladas que den sentido a los datos obtenidos.

TABLA 1

RELACIÓN PORCENTUAL DE CANDIDATAS Y TIPOLOGÍA DE PUESTOS QUE OCUPAN SEGÚN PARTIDO EN EL CONJUNTO DE GALICIA. ELECCIONES MUNICIPALES, 1979

PARTIDO	TOTAL MUJERES	PUESTOS INTERMEDIOS	TRES PRIMEROS PUESTOS	ALCALDÍA
UCD	3,51	0,71	0,75	0,21
AP	5,86	1,07	0,44	0,18
CD	6	1,08	0,77	0,24
PSOE	6,5	0,63	0,97	0,37
BN-PG	8,42	1,1	0,55	0,39
UG	9,1	1,69	0,65	0,26
PCG	12,05	1,64	0,6	0,3
PTG	32,44	7,41	4,74	2,07
ORT	34,21	6,73	7,02	2,34
MCG	38,79	6,41	3,2	1,07

Fuente: Elaboración propia con los datos obtenidos del escrutinio realizado para las provincias de A Coruña y Lugo a partir de los datos publicados en el BOP y los presentados por Ferrández, D. (2018) para Ourense y Pontevedra.

TABLA 2

RELACIÓN PORCENTUAL DE CANDIDATAS Y TIPOLOGÍA DE PUESTOS QUE OCUPAN SEGÚN PARTIDO EN EL CONJUNTO DE GALICIA. ELECCIONES MUNICIPALES, 1983

PARTIDO	TOTAL MUJERES	PUESTOS INTERMEDIOS	TRES PRIMEROS PUESTOS	ALCALDÍA
PDL	5,48	0,46	0,46	0
AP-PDP-UL	5,52	0,89	0,67	0,31
CG (PG-CIGA)	5,78	1,21	1,03	0,31
PSdG-PSOE	5,9	1,11	0,74	0,23
PGI	6,86	0,86	0,57	0,29
CDS	13,32	1,88	0,94	0
BNG	14,75	1,77	0,98	0,31
PCG	15,55	2,37	1,19	0,26
PSG	20,2	1,35	2,02	0,34
MCG	22,58	9,68	3,23	0
EG	23,36	2,18	1,51	0,17

Fuente: Elaboración propia a partir de los datos obtenidos del escrutinio de las listas electorales publicadas en el BOP.

Las sumas más elevadas con respecto al total de candidatos en las primeras elecciones coinciden con el MNG, ORT, y PTG; todos ellos de corte marxista-leninista o maoísta. Le siguen, con una diferencia mayor al 20%, el PCG y UG, siglas estas últimas bajo las que se presentaban conjuntamente el PSG, el Partido Galeguista, y el POG, recientemente surgido a partir de sectores escindidos de la UPG y la ANPG. A partir de ahí, el número de mujeres candidatas va en descenso, siendo evidentes las diferencias entre BN-PG o PSOE frente a UCD, algo que no ocurre con la Coalición Democrática comandada por Manuel Fraga ni en tampoco en AP[2], al menos, de modo tan acentuado. En lo que respecta a puestos de responsabilidad, las diferencias izquierda-derecha son menos acusadas que en el eje izquierda-extrema izquierda, siendo de nuevo estos últimos los que presentan mejores resultados para la mujer, especialmente PTG y ORT.

Las elecciones del 83 se abrían con un mayor número de partidos en la palestra. Escindidos, coaligados e incluso desintegrados algunos, aunque con las mismas cabezas visibles —salvando el desplazamiento de algunos líderes— (Grandío, 2015). A grandes rasgos, el esquema se repite, y aunque el nuevo y fortalecido BNG se acercaba al PCG en equidad cuantitativa, las cifras en puestos de relevancia son idénticas, o incluso inferiores, a la derecha representada en las coaliciones de AP o CG. Tanto es así que los porcentajes más bajos se corresponden ahora con el PDL, fundado un año antes a partir de los sectores liberales de UCD, y los más altos con EG, que integra la mayoría de militantes del autodisuelto PTG, y antiguos militantes del BN-PG, PSG, PCG y MCG junto con el POG.

Estas cifras, siempre más altas en la extrema izquierda, se corresponden también con los partidos más minoritarios, con menor fuerza e influencia en el voto. ¿Se trata, acaso, de un intento de interpelar el voto femenino? Podría también deberse a una mejor consideración de la mujer en este tipo de formaciones, en vistas al acercamiento que alguna de ellas, como es el caso del POG, tiene a lo largo de los primeros ochenta con las reivindicaciones características de la "nueva izquierda" europea (ecologismo, feminismo, etc.) (Núñez, 2015: 90). O quizás se deba, por qué no, a una mayor adscripción de las mujeres formadas en política a este tipo de ideologías. Probablemente sea una combinación de todas ellas. En el centro-derecha es diferente. Su propia idiosincrasia hace que la adscripción ideológica de aquellos que engruesan sus filas sea menos determinante que otros factores, como las relaciones personales o el oportunismo político. Las características de su ideología conservadora colocan a la mujer fuera del ámbito público, salvando casos excepcionales de figuras femeninas que operan desde el mismo. Son menos, pero su éxito tiene más garantías que en aquellas otras formaciones minoritarias, con un escaso poder de atracción que además se acentúa en Galicia con respecto al resto del estado (Prada, 2015: 22). Esta

2. AP se presenta de manera independiente solo en algunos municipios de las provincias de Pontevedra y Ourense. En Lugo y A Coruña concurre a elecciones en coalición con toda una serie de partidos reunidos en Coalición Democrática, fundado por Manuel Fraga para presentarse a las elecciones generales de 1979. Esta coalición duró poco, pues ante los malos resultados obtenidos en las urnas Fraga dimite y continúa su carrera en AP.

posición privilegiada del centro y la derecha galaicas explican que los resultados electorales inclinen la balanza a su favor en la materia que aquí nos ocupa.

De las 69 mujeres que se presentaban a la alcaldía en 1979, llegaron a alcanzarla únicamente 6; 5 en Ourense y 1 en Pontevedra, pertenecientes a UCD, AP y CD. De las casi 50 que encabezan listas en el 83, salen electas 6. Solo una era del PSdG[3]. Las restantes pertenecen al espectro centro-derecha (coalición AP y CG). Además, en algunos municipios las mujeres de AP o UCD llegaron a asumir un protagonismo propio, construyendo algo semejante a las "baronías locales". Aquí destacan los casos de cuatro alcaldesas ourensanas que se mantienen en sus puestos desde las primeras elecciones municipales de 1979 hasta bien entrados los años 2000. De entre ellas, sobresale el nombre de María Pilar Otilia López, elegida alcaldesa en el periodo franquista en el municipio de Ramirás, y que se mantiene en su puesto hasta el año 2015 (Ferrández, 2018: 90-92). Otras, aunque no concurren al puesto de alcaldesa, repiten candidatura bien acomodadas en las listas tanto en elecciones municipales como generales. Son representativas de la evolución del centro-derecha y su adaptación del autoritarismo al constitucionalismo, en la medida en que sus nombres ya se situaban entre los cuadros de notables del tardofranquismo. Pongamos por caso a Berta Tapia, concejala electa en el consorcio coruñés por el tercio familiar en 1973, y posteriormente alcaldesa por unos meses al dimitir el alcalde de la ciudad en 1978. También María Victoria Fernández España, periodista y escritora, nieta del fundador de *La Voz de Galicia*, y diputada en el Congreso por UCD-AP en 1977, 1979 y 1982. Junto a sus nombres suman otros que invitan a rastrear en mayor profundidad las trayectorias y orígenes de los mismos.

En otro orden de cosas, es preciso contrastar estos datos referentes a la representación femenina con la información obtenida a cerca de las labores desempleadas por las mujeres electas. Esto resulta un interesante indicador de la representatividad, pues el hecho de que existan mujeres en el Gobierno no implica necesariamente una mejor representación de sus intereses o, en todo caso, de las reivindicaciones del movimiento feminista. Para ello, tomaremos como referencia el estudio realizado por María Concepción Mayobre para el caso de Ourense como primera aproximación a la realidad de una representatividad femenina que se amplía en el próximo apartado con el empleo de otra tipología de fuentes. Dicho estudio, que analiza las concejalías en manos de mujeres entre el año 1979 y 1991, aporta los siguientes resultados: 4 concejalas para el primer Gobierno, encargadas de la Delegación de Jardines, Cultura y Personal, Tenencia de alcalde y Comisión de Limpieza y Cultura; ninguna para las elecciones de 1983; y 2 en cada ocasión para los siguientes periodos de 1987 y 1991, encargadas de Sanidad y Servicios Sociales, Mujer, Consumo, Abastos y Mataderos, y

3. Hay otra candidata a la alcaldía, también del PSdG, en el municipio de Gomesende (Ourense), donde el partido consigue 5 concejales. Sin embargo, el acuerdo entre la coalición AP-PDP-UL y CG (con 3 concejales cada uno) impediría que el PSdG llegase a formar Gobierno.

Participación Ciudadana y Régimen Interior (Mayobre, 1997: 65). Se trata, en muchos casos, de áreas o carteras relacionadas con las consideradas "labores tradicionalmente femeninas", una línea que recuerda a la situación de las mujeres en su acceso a la política por primera vez en el Estado, durante la dictadura de Primo de Rivera, momento en que acceden al oficio de la política en el ámbito local (y en menos casos también provincial), desempeñando actividades siempre relacionadas con aquellas que se le asignan en el ámbito privado. Se trató esta de una medida muy acertada en vistas al avance de las reivindicaciones femeninas en la península como telón de fondo (Blasco, 2005), y que contaba, asimismo, con el apoyo teórico de lo que unos años antes el jesuita Alarcón y Meléndez había dado en llamar "feminismo aceptable", corriente que vino a considerar las capacidades de la mujer para intervenir en asuntos de índole pública, sin olvidar su cometido "natural y biológico" (Alarcón, 1908). De este modo, cabe considerar una cierta continuidad de estos preceptos en la política de la Transición y de los años posteriores, que se evidencia en mayor medida si tenemos en cuenta la mera presencia femenina a nivel provincial, con ínfima representación en el Parlamento (gráfico 5) y en las alcaldías (5 en 1979, 6 en 1983, 8 en 1987 y 11 en 1991, según los datos del Instituto de la Mujer y el Ministerio de Hacienda) y sin voz en la Xunta de Galicia hasta el año 1993, momento en que se nombra la primera concejala, encargada de la Consellaría de Familia, Muller e Xuventude.

GRÁFICO 5

REPRESENTANTES EN EL PARLAMENTO DE GALICIA
DIFERENCIADOS POR SEXO. PRIMERA A CUARTA LEGISLATURA

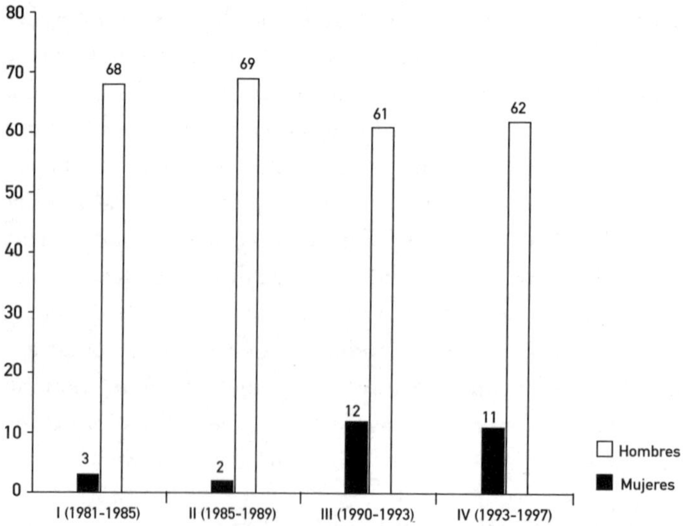

Fuente: Elaboración propia.

MUJERES Y FEMINISMO DESDE LAS INSTITUCIONES

Además de los resultados expuestos en las páginas precedentes sobre la mujer en el oficio de la política, existen otros indicadores que pueden ayudar a profundizar en la cuestión de la representatividad femenina. La propia articulación del sistema, con la puesta en marcha de políticas públicas, la elaboración de documentos legislativos o el funcionamiento del aparato judicial nos acerca a una realidad material en la que se evidencia una cierta inoperancia de las redes de Gobierno. No consiguen alcanzar la equidad entre los sexos y desvincular la situación y roles del colectivo femenino del pasado dictatorial y, por tanto, tampoco responden a la responsabilidad adquirida por los poderes públicos en el artículo 9.2 de la Constitución, en el que se comprometen a fomentar la igualdad entre la ciudadanía.

Nos centraremos aquí en unos años ochenta en los que el movimiento feminista alcanza formalmente su institucionalización, tras una década en la que se viene fraguando su presencia social a diferentes niveles, creando un caldo de cultivo beneficioso para el impulso de los cambios en materia de género al introducir sus reclamos en el debate público primero, y político después.

Ya en las campañas electorales a Cortes Generales de 1977 y 1979 empezaba a vislumbrarse un movimiento fortalecido en la medida en que las comisiones de mujeres aumentaban su relevancia dentro de los partidos de izquierda. A la preocupación latente ante la pérdida de militancia femenina en favor de las novedosas organizaciones feministas se sumaban las pugnas de poder en pro de evitar que el PCE capitalizase la bandera feminista en su exclusivo beneficio a través del control ejercido por sus militantes del MDM[4]. En esta misma línea de adaptación a las demandas contextuales nacen las secretarías de la Mujer dentro de algunos sindicatos como la INTG, la CXTG, o CC OO (la última es la secretaría de la mujer más temprana, creada ya a finales de los años setenta) (Mariño, 2007).

La nueva década se abre, asimismo, con una convocatoria electoral a Cortes Generales en cuya campaña se concedió a los asuntos relacionados con la mujer y los reclamos feministas un papel mayor que en anteriores ocasiones, lo cual suscitó no pocas críticas dirigidas a unos partidos que buena parte del feminismo vino a considerar profundamente oportunistas.

Lo cierto es que el debate en torno a las cuestiones de género avanzaba posiciones, obligando a las formaciones a tomar parte del mismo, ya fuese para apoyarlo o combatirlo. Buen ejemplo de esta última postura es el caso de AP, con un

4. El Movimiento Democrático de Mujeres (MDM) fue una organización con mucha fuerza, que prácticamente desde su creación en la clandestinidad en la década de los sesenta funcionaba como vivero de afiliadas para el partido comunista, siendo especialmente destacables los intentos de control de las asociaciones de Amas de Casa —tradicionalmente vinculadas a la derecha— a través de las integrantes del MDM, proyecto en el que fracasan.

programa que se extendía considerablemente más que el de otros partidos situados a la izquierda. Desde un claro rechazo a las cuestiones planteadas por el movimiento feminista, se posicionaba en pro de perpetuar la institución familiar como pilar básico de la sociedad, abogando por la mejora de la situación jurídica de la familia a través de la "definición de unas normas de defensa de los valores morales que, administradas por los jueces garanticen a la familia la protección contra la pornografía, la violencia, etcécera". Proponían también la creación de guarderías que "faciliten el acceso de la mujer al mundo del trabajo [...] para poder compaginar trabajo y familia" o la puesta en marcha de una política que, prometían, "tendrá como objeto a la mujer [...] partiendo de la naturaleza femenina y sin renunciar a los valores tradicionales y espirituales que le son propios"[5], recayendo una vez más en aquel "feminismo aceptable" de principios del siglo XX. En contraposición, la izquierda unificaba sus postulados y promesas en torno a las mejoras del colectivo femenino en ámbitos como el educativo, laboral y de "planificación familiar"[6], existiendo algunas más novedosas desde algunas formaciones. Es este el caso de Esquerda Galega, que introducía una propuesta en torno a las cuotas de género —más conocidas por su posterior puesta en marcha durante la segunda legislatura de Felipe González, y por ello asociadas al PSOE— junto a otras dos que no aparecen en ningún otro programa de la órbita galaica: la despenalización del aborto con amnistía para las procesadas por este tipo de delitos[7] y la modificación de la imagen del "ama de casa" en la educación y medios de comunicación.

A pesar de las críticas de las que fueron objeto el conjunto de las formaciones, especialmente desde los colectivos asociados al feminismo independiente, desde aquel más próximo a las instituciones existieron campañas orientadas a incentivar el voto de las mujeres ante la preocupación que había dejado la baja participación femenina en las anteriores elecciones. Se hacía así cada vez más palpable la fractura entre dos líneas ideológicas dentro del movimiento feminista[8].

Más adelante se analizan los motivos que pudieron llevar al conocido como "feminismo independiente" a repudiar una política institucional que, no sin

5. Cita referenciada en un artículo de la Revista A Saia, boletín del colectivo Feministas Independentistas Galegas (FIGA) (Cotelo, 1983: 6).
6. El concepto "planificación familiar" se introduce entrecomillado dado que en muchas ocasiones las propuestas tienen que ver con temas como sexualidad, aborto, divorcio, etc. Presuponemos que las mentalidades coetáneas llevan a la introducción de tales cuestiones bajo este concepto, que funciona también como un elemento que —quizás inconscientemente— favorece la opresión del colectivo femenino al vincular gran cantidad de aspectos a la célula tradicional de la familia.
7. La Ley de Amnistía aprobada en 1976 no contempló a las mujeres presas por delitos de adulterio, amancebamiento o aborto, por no ser estos considerados delitos de tipo político, siendo catalogadas como presas comunes.
8. Para más información sobre las confrontaciones internas dentro del Movimiento Feminista gallego de los años de la Transición, recomendamos la consulta de los estudios de Mariam Mariño Costales "Movemento Feminista e educación en Galiza: 1970-1990" (2013) y "Sexualidade e Movemento Feminista Organizado: Galiza 1975-1990" (2007).

fundamento, vino a considerar más centrada en recoger el voto femenino que en mejorar la situación de las mujeres. Empero, es necesario apuntar que, al menos atendiendo en exclusiva al horizonte galaico, fueron las formaciones de izquierda las que tendieron a auxiliar en mayor medida la representatividad del colectivo femenino en más de una ocasión, de las que quisimos recoger las que siguen.

En 1982, EG junto con el PCG, la UPG y el PSG prestaron apoyo a la propuesta de varias asociaciones feministas en la que se exigían cursos de coeducación para el profesorado, creación de centros de información sexual, guarderías y comedores en los barrios, regulación del servicio doméstico, etc. De esta última petición conviene destacar la ausencia total de regulación en un Estatuto de los Trabajadores aprobado a principios de los ochenta, donde no se quiso incluir el servicio doméstico como trabajo —ni siquiera como relación laboral de carácter especial—, dejando así en situación de completa desprotección a las mujeres dedicadas a una actividad que, a la altura de la segunda mitad de la década, reportaba unos beneficios de más de 187 millones de pesetas diarios (San José, 1989: 74). Dicha situación fue posible gracias a la negativa de UCD y la abstención del PSOE durante el debate del Estatuto, manteniendo este último su posición en el Parlamento Gallego dos años después.

En 1983, con la Ley del Aborto como telón de fondo, la coordinadora feminista galega planteaba una moción de censura ante la misma que fue apoyada por EG, MCG, PST, BNG, PCG y otras formaciones municipales[9], y el BNG sugería posteriormente una ampliación de dicha ley.

Hacia finales de la década, el Grupo Mixto (compuesto por el BNG, PSG, EG y PCG) presentaba una propuesta de ley para la creación de un Instituto Galego da Muller, en la misma línea de los gobiernos vasco y valenciano. La mayoría de votos en contra imposibilitó sacar adelante la propuesta. Un año después, se repite el proceso, esta vez llevado al Parlamento por iniciativa popular de mano del colectivo Nós Mesmas, acompañado de un documento que recogía más de 15.000 firmas en apoyo a la iniciativa. El resultado fue de nuevo negativo. Llaman la atención en la lectura del debate y toma de consideración de esta propuesta algunas de las intervenciones de los parlamentarios, destacando las de Emilio González Afonso (Coalición Galega), Ramón Blanco Gómez (PSOE), Rafael Varcalce Baiget (Coalición Popular) y Xosé Manoel Beiras (Grupo Mixto), pues consideramos que incluyen en sus razonamientos cuestiones reveladoras y muy en consonancia con nuestro objeto de estudio.

Así, el primero de ellos argumenta en favor del voto negativo de su formación apelando al carácter proteccionista del instituto. Lo hacía en la siguiente línea:

9. Consello da Cultura Galega, CFG_VV/018 y CCG, CFG/037.

"Consideramos [...] que a plena igualdade do home e da muller agora mesmo está garantizada pola propia Constitución e [...] polos propios poderes públicos, e polo tanto [...] temos que dicir que a creación dun Instituto Galego da Muller podería supoñer un órgano proteccionista que contribuiría [...] a una meirande discriminación"[10].

Blanco Gómez, miembro del Partido Socialista, hace en su intervención un recordatorio de todas las iniciativas en torno a la mujer puestas en marcha desde la formación a la que pertenece, destacando la reciente creación de una Comisión Interdepartamental de la Mujer en el año 1988, dependiente de la Consellería de Traballo e Servizos Sociais de la Xunta de Galicia, y la puesta en marcha del I Plan para a Igualdade de Oportunidades. Asimismo, criticaba la falta de contenido de la propuesta de ley en cuanto a los ámbitos de actuación del instituto, considerando su contenido como *"absolutamente incorrecto [...] á hora de conformalas funcións, as competencias, a composición [...], e bótase en falta unha referencia ó réxime xurídico aplicable"*[11].

El caso de Varcalce es llamativo en la medida en que se posiciona a favor de la propuesta comparándola con el Patronato de Protección de la Mujer, institución creada en 1941 y presidida por Carmen Polo. Asimismo, destaca la labor de centros religiosos como Nosa Señora dos Ollos Grandes, en Lugo, o Santa María de Goretti, en Pontevedra.

Finalmente, Beiras apoya con su voto la iniciativa, aun haciendo referencia a la considerada inoperancia de estos organismos en una línea muy próxima a los argumentos del feminismo independiente al advertir de la posibilidad de tratarse de un "mero objeto decorativo", apuntando además a esa fractura entre realidad formal y material, cuya existencia viene a ponerse de relieve en esta tesis:

Hai un problema de igualdade e desigualdade que se move en dous niveis: un no nivel de lei e outra da práctica social. Evidentemente que no nivel da lei non se resolven os problemas que se dan na práctica social, e é mediante instrumentos que potencien a capacidade de incidir na práctica [...] como realmente se pode facer, [con] aportacións superestructurais [...] que sexan realmente eficaces[12].

En este sentido, desde el feminismo independiente son reiteradas las críticas dirigidas a este tipo de iniciativas orientadas a la creación de organismos adscritos y dependientes del Gobierno. Vienen a considerar su función insuficiente e incluso contraproducente, al acabar apoyando ese uso interesado de las demandas feministas. Esta posición la explicaba a la perfección Nanina Santos, integrante de la

10. Consello da Cultura Galega, Parlamento de Galicia, "Debate e toma de consideración da proposición de Lei de iniciativa lexislativa popular de creación do Instituto Galego da Muller", pp. 200-204.
11. *Ibidem*, pp. 206-214
12. *Ibidem*, pp. 190-191.

AGM y coordinadora de la Revista *Andaina*, en un artículo del que se quiso recuperar el siguiente extracto:

O Instituto sitúase claramente nunha política de reformas, de parches, de cativas milloras [...]. Claro... andamos neste tema nun nivel tan primario que calquera cousiña que se diga ou se faga xa parece o nova mais, a liberación en marcha [...]. Se o Instituto fai unha campaña, por limitada e discutibel que sexa, contra os maus tratos e as violacións que a cotío sofrimos, hai xentes que pensan que é do máis avantado e novidoso. Pero, o que é demasiadísimo é que non haxa centros de información sexual abondo. É demasiadísimo que os que andan creando non sexan nin siquera eso, senón de planificación familiar, que o seu só nome xa o explica todo. [...] a este nivel de cousas, dúas ou tres reformas que o Instituto logre poñer en pé, vai aparecer aos ollos de muitas mulleres coma o camiño máis axeitado para a conquista das súas demandas. Porque educa ás mulleres ás que chega (financiando actos que precisan de medios que o Movemento Feminista escasamente dispón) na conformidade coa súa situación un chisco millorada, porque, según elas, segundo a filosofía política imperante, é a úneca posibel (1984: 12-13).

Pese a todo, no puede obviarse que las políticas de género cuentan con marcadas diferencias según el corte ideológico del partido, exista o no una estrategia orientada a la adaptabilidad del contexto en la propuesta de las mismas. Se hace evidente esta fractura en las políticas izquierda-derecha en la medida en que se establece un análisis comparativo de las mismas. Aquí es de especial interés el escrutinio de los dos planes para la Igualdade de Oportunidades aprobados por los gobiernos de Fernández Albor (1988) y Fraga (1992), no solo por la extensión de cada uno de ellos (considerablemente mayor en el primer caso), sino por la tipología de análisis de las problemáticas de género y los objetivos marcados para la erradicación de las mismas. La lectura de cada uno de ellos hace evidente la distancia entre los mismos, con un primer plan más desarrollado en el que se analiza la situación de la mujer en diferentes ámbitos, buscando los orígenes de dichas problemáticas, al tiempo que se establecen tareas concretas a fomentar desde las redes de Gobierno. Para garantizar la puesta en marcha de las acciones propuestas se establece la creación de una Comisión Interdepartamental integrada por las diferentes concejalías[13]. En este sentido, el segundo resulta mucho más escueto, carente de análisis reflexivos, de recopilación de datos e incluso de propuestas concretas, llegando a apelar como raíz de los problemas que afectan al colectivo femenino a meros "condicionantes externos a la mujer"[14].

13. Consello da Cultura Galega, "I Plan de acción para a Igualdade de Oportunidades das mulleres (1988-1991)".
14. Consello da Cultura Galega, "II Plan para a Igualdade de Oportunidades das Mulleres Galegas (1992-1994)".

La consecución o no de estos propósitos precisa de un estudio en mayor profundidad, aunque el hecho de que las trabas expuestas en el primer plan se repitan en el segundo lleva a considerar cierta inefectividad ante unos obstáculos que se hacen crónicos. Así quisieron demostrarlo desde los colectivos vinculados al feminismo independiente con la recopilación de datos —en ocasiones también procedentes del feminismo institucional—, que arrojan luz sobre la situación de la mujer en ámbitos como el laboral, mundo rural, sexualidad, aborto, divorcio, violencia sexual e incluso ausencia de financiación destinada a actos o asociaciones feministas (que afecta tanto a organismos institucionales como independientes[15]).

A estos efectos, existen toda una serie de estudios coetáneos que ponen sobre la mesa la perpetuación de desigualdades que no llegan a combatirse desde las redes de Gobierno. Es muy esclarecedor el caso del trabajo doméstico, con cifras todavía muy desequilibradas hacia los últimos años ochenta. Según los datos publicados en una encuesta realizada por *La Voz de Galicia* en noviembre de 1989, este tipo de labores recaerían en la mujer, con cifras por encima del 80% en las personas mayores de 45 años y cercanas o superiores al 60 para las mujeres más jóvenes[16]. Un tipo de tareas que, como se ha comentado anteriormente, es y fue realizada principalmente por mujeres también fuera de sus hogares como actividad remunerada, sin ser considerada actividad laboral propiamente dicha, y, por ende, sin un marco jurídico específico hasta el Real Decreto 1620/2011 (Rodríguez, 2019). Se trata, pues, de una cuestión que no llega a legislarse durante los años estudiados, aunque algunas otras que sí lo hicieron tampoco implicaron grandes avances dado el carácter timorato de las leyes, que no responderían a las necesidades reales del colectivo femenino. Buen ejemplo de ello fue el caso de la Ley del Aborto, totalmente inoperante a la hora de dar respuesta a las demandas del colectivo femenino, dejando, en la práctica, a una gran cantidad de mujeres desprotegidas al no poder acogerse a los tres supuestos establecidos en la misma. De hecho, la mayoría de mujeres interesadas en abortar (más del 96% en el caso gallego a la altura de 1985-1986) tendrían que recurrir a otros países como Reino Unido o Portugal, o al aborto clandestino, siendo este último el mayoritario en vistas a los elevados costes de las intervenciones y viajes a las clínicas extranjeras (Antelo, 2019: 356). También la Ley del Divorcio, presentada junto a la del aborto como evidencia de los avances de género conseguidos por el Gobierno socialista, fue objeto de importantes críticas desde el movimiento feminista: trámites costosos y duraderos que afectaban especialmente a las mujeres víctimas de violencia de

15. En varias ocasiones estas organizaciones se hacen eco a través de la prensa de la ausencia de fondos suficientes destinados a la mujer y al movimiento feminista. Destaca en el caso gallego los reclamos de la AGM a la Xunta de Galicia por el pago de la concesión realizada para la realización de unas jornadas sobre violencia machista con un año de retraso (*La Voz de Galicia*, 1989).
16. En *La Voz de Galicia*, 26/11/1989.

género, para cuyos casos no existió legislación específica hasta el año 2004. El Código Penal, en sus dos reformas de 1983 y 1990, no contempló en ningún caso la violencia física o psicológica sobre las mujeres, centrándose exclusivamente en una violencia sexual, que se replegó terminológicamente hacia el pasado dictatorial, permitiendo toda una serie de vacíos legales que perpetuaron la existencia de sentencias machistas dictadas por un cuerpo judicial compuesto mayoritariamente por hombres y la materialización de una violencia institucional que ampara y protege a los agentes del Estado (Antelo, 2019). En este sentido, cabe apuntar que más allá de lo político no existió tampoco en la justicia representación y representatividad femenina efectiva, a pesar de los intentos llevados a cabo desde colectivos como Mujeres Juezas o Mujeres Abogadas, recogidos en las actas de los diversos congresos celebrados por las mismas y en la literatura académica sobre el tema, a veces realizada por las propias protagonistas.

CONCLUSIONES

Desde el final, volvemos al principio para recordar aquella reflexión con la que se abrían estas páginas: la importancia de aplicar nuevas fuentes de estudio, de buscar otras metodologías, otras perspectivas, que ayuden a ampliar nuestros conocimientos de la Historia. Una Historia a veces sesgada al ser relatada en vertical desde el poder, desde el centro. Sin los vencidos. Sin las mujeres. Hoy, la introducción de una óptica de género se abre camino en prácticamente la totalidad de investigaciones. Desde las ciencias hasta las letras. Y así se demuestra su valor, sus capacidades para cambiar la visión y la construcción del mundo.

No cabe duda de que la investigación de la evolución del movimiento feminista, desde la salida de las mujeres de la "clandestinidad" figurada en aquella *larga noche de piedra*, funciona como fuente esencial del estudio de ese proceso de cambio que representa la transición a la democracia. Permite desenmarañar su fondo y contenido, la intencionalidad de las mudanzas, la necesidad de las mismas y sus incuestionables carencias. En este caso, poniendo en el centro a la mujer política y a la política para las mujeres. Representación y representatividad femenina desde el caso gallego, moviéndonos de la periferia al centro, de lo municipal a lo estatal.

Nos hemos acercado solo a algunos terrenos de análisis de dichas cuestiones; los considerados de mayor relevancia a la hora de desarrollar este planeamiento, queriendo establecer a través de ellos un primer contacto con un tema que, indudablemente, precisa de mayor profundización. Y aun representando una ínfima pieza de un puzle mayor, los resultados y consideraciones presentadas ayudan a comprender varias cuestiones.

En primer lugar, que la representación femenina en los partidos políticos que se disputaban el poder en aquellos años de cambio era ineludible. Democracia implicaba inclusión de la mujer en el oficio de la política a consecuencia del nuevo significado y entendimiento del término. Fruto de lo anterior se produce una representatividad de sus reclamos e intereses marcada por una fuerte exigüidad que se repite a diferentes escalas. De hecho, hablar de representación o representatividad es quizás prematuro. Ya en la etapa preelectoral vemos una aparición de nombres femeninos en las listas muy minoritario, prácticamente sin encabezarlas, e incluso sin ocupar puestos de relevancia, tendiendo a los lugares de relleno en los que las posibilidades de ser electas son escasa, incluso nulas. *A priori*, no hay diferencias sustanciales entre las provincias y tampoco se detecta una evolución determinante entre el primer y segundo periodo electoral municipal.

En segundo lugar, parece evidente la diferencia que marca el corte ideológico de las formaciones, no tanto en el espectro izquierda-derecha, sino en el de izquierda-extrema izquierda. Encontrar los motivos no parece tarea fácil, aunque valoramos varios factores explicativos: 1) pesquisa del voto femenino desde los partidos más minoritarios; 2) existencia de una mentalidad más cercana al feminismo desde la extrema izquierda; o 3) mayor adscripción ideológica a los mismos por parte de las propias mujeres formadas en política. En contraste, existe un centro-derecha donde tanto mujeres como hombres ocupan listas y posiciones en función de sus influencias en las redes de poder. Esto no es, ni mucho menos, algo novedoso. En ello han insistido ya los estudiosos de la derecha política gallega en varias ocasiones.

Tercero, y en lo que a lo postelectoral respecta, que los resultados favorecen a la derecha y el centro dadas las dinámicas electorales galaicas. Esto beneficia a las mujeres de este tipo de formaciones, que llegan a ocupar puestos de responsabilidad en mayor medida que las de otros partidos. Asimismo, esta característica podría explicar dos cuestiones: 1) el hecho de que las mujeres electas siguiesen encuadradas, en muchos casos, en labores "tradicionalmente femeninas", y relegadas a la política municipal (llevando al establecimiento de comparativas con el pasado primoriverista y las teorías de "feminismo aceptable"); 2) los problemas a la hora de conseguir representación y representatividad de los postulados del movimiento feminista desde los gobiernos y las instituciones.

Con respecto a este segundo punto, se evidencia una inoperancia de las redes de Gobierno para dar respuesta a los reclamos feministas. Reclamos que, pese a todo, llegan a incluirse en la agenda desde la segunda mitad de unos ochenta, cuando se institucionaliza el movimiento. Tal y como cabía esperar, la posición de la derecha es la contraofensiva hacia los mismos, en un intento de perpetuar la institución familiar como célula social básica y los valores, normas y costumbres heredados del pasado inmediato, abriendo la mano a una "mujer liberada" cuyas cadenas, si acaso, se aflojarían. Quedan así las demandas feministas supeditadas a la izquierda, única encargada de darles acogida, aun a veces un poco a rebufo del contexto que marcan los tiempos.

Sea por esa presión contextual y social, por la necesidad de consolidar la idea de democracia en España o por propio convencimiento ideológico, el caso es que las medidas con carácter de género llegan a valorarse y discutirse, aunque solo algunas de ellas... Se legislan unas pocas y de forma muy timorata. Los datos recopilados por el asociacionismo feminista coetáneo evidencian una marcada ausencia de soluciones a nivel práctico. Así, se arrastran muchos de aquellos problemas, de aquellos reclamos todavía hoy tan presentes y visibles: desde el trabajo (dentro y fuera del hogar), hasta la propia sexualidad o la violencia en sus múltiples formas. No existió, *a priori*, intención alguna de poner en cuestión las bases del sistema. Esto explica el rechazo de aquellas propuestas que lo ponen en tela de juicio, quedando relegadas al feminismo independiente, absolutamente falto de representación, tema que se ha tratado ya en otros estudios (Antelo, 2019).

Por último, quedan por resolver algunos interrogantes relacionados con la evolución cronológica y la perspectiva comparada dentro del propio territorio estudiado: ¿Hay diferencias entre los municipios en el eje rural-urbano, costa-interior, y centro-periferia? En las dinámicas de los propios partidos, con variaciones locales, podrían también encontrarse características determinadas que afecten al papel de la mujer. ¿Existen o no avances destacables respecto a los siguientes periodos electorales? En concreto, nos preguntamos qué acontece en las siguientes elecciones municipales y cuál es el papel de los partidos de corte ecologista en ellas. Una investigación que quizás nos acerque a las dinámicas europeas y explique los lazos actuales entre este movimiento y el feminista.

Por otro lado, cabe también rastrear la procedencia y orígenes de aquellas mujeres que llegan a los gobiernos: quiénes son y qué labores desarrollan más allá del caso ourensano al que nos acerca Mayobre. En este sentido, pueden también existir diferencias en otros niveles gubernamentales, aunque la representación femenina en el Parlamento Gallego no aporta grandes esperanzas a este respecto.

Como corolario de lo anteriormente descrito, cabe considerar que tanto la representación como la representatividad de la mujer en su acceso a la política es de significación menor a la que se le tiene concedido, tanto por el papel que ocupa como por las dificultades del propio Gobierno a la hora de poner en marcha políticas que respondan a las demandas del feminismo. Una realidad que llega a poner en cuestión el propio fondo y contenido del sistema democrático que se establece en el Estado español, incluso teniendo presentes las diferencias internas existentes a nivel autonómico que este estudio ha querido también evidenciar.

ABREVIATURAS

AGM	Asociación Galega da Muller
BOP	Boletín Oficial Provincial
CCG	Consello da Cultura Galega
CC OO	Comisiones Obreras
CFIG	Colectivo de Feministas Independentes Galegas
CXTG	Confederación Xeral de Traballadores Galegos
IGE	Instituto Galego de Estadísticas
INE	Instituto Nacional de Estadísticas
INTG	Intersindical Nacional dos Traballadores Galegos
MCG	Movemento Comunista Galego
MDM	Movimiento Democrático de Mujeres

GLOSARIO DE PARTIDOS

AN-PG	Asamblea Nacional Popular Galega
AP-PDP-UL	Coalición de Alianza Popular, Partido Demócrata Popular y Unidad Liberal, junto con otros partidos de derecha nacionales y regionales
AP	Alianza Popular
BN-PG	Bloque Nacional Popular Galego
BNG	Bloque Nacionalista Galego, surgido del proceso de construcción de un nuevo frente político iniciado en 1982 por la UPG y la AN–PG, junto con otros grupos de izquierda nacionalistas y nacionalistas independientes
CD	Coalición Democrática, fundado por Manuel Fraga a la altura de 1978 para concurrir a las elecciones de 1979 a partir de sectores de AP y otros
CG (PG-CIGA)	Coalición Galega, donde convergen el Partido Galleguista, que antes formaba parte de UG, y la Converxencia de Independientes de Galicia, junto con sectores de UCD
EG	Esquerda Galega, fundada en 1980, integrando a la mayoría de militantes del PTG, BN–PG, PSG, POG, PCG y MNG
MCG	Movemento Comunista Galego
ORT	Organización Revolucionaria de los Trabajadores
PCE	Partido Comunista Español
PCG	Partido Comunista Galego
PDL	Partido Demócrata Liberal
PGI	Partido Gallego Independiente. Integrado en UCD desde 1978. Tras la disolución de UCD, es refundado con una posición más autonomista. A mediados de los ochenta se integra en CG
POG	Partido Obreiro Galego
PSdG-PSOE	Partido dos Socialistas de Galicia. Federación del Partido Socialista Obrero Español
PSG	Partido Socialista Galego
PST	Partido Socialista dos Traballadores
PTG	Partido dos Traballadores de Galicia
UCD	Unión de Centro Democrático
UG	Unidade Galega
UPG	Unión do Pobo Galego

BIBLIOGRAFÍA

ALARCÓN, Julio (1908): *Un feminismo aceptable*, Madrid, Razón y Fe.

ÁLVAREZ, Mª Concepción (2011): "As mulleres no tardofranquismo e a transición á democracia" en J. Prada y J. de Juana (coords.), *As mulleres en Galicia no século XX*, Vigo, Ir Indo, pp. 231-260.

— (2011): "La movilización femenina en el Ourense de la transición política a la democracia. El Movimiento Democrático de Mujeres", en A. Barrio, J. de Hoyos y R. Saavedra (coords.), *Nuevos horizontes del pasado. Culturas políticas, identidades y formas de representación. Actas del X Congreso de la Asociación de Historia Contemporánea*, Cantabria, Editorial de la Universidad de Cantabria, pp. 37-49.

ANTELO, Enya (2019): "A institucionalización da violencia sexual na transición á democracia", *Revista Sémata. Ciencias Sociais e Humanidades*, 31, pp. 89-107.
— (2019): "Usos políticos de la mujer gallega en la transición a la democracia", en J. Prada (dir.), *Galicia en transición*, Madrid, Sílex Universidad, pp. 327-364.
BLANCO, Carmen (1995): "O feminismo da liberación da muller. Galicia", en C. Blanco, *O contradiscurso das mulleres. Historia do feminismo*, Vigo, Nigra SL, pp. 131-143.
BLASCO, Inmaculada (2005): "Sección femenina y Acción Católica. La movilización de las mujeres durante el franquismo", *Revista Gerónimo de Uztariz*, 21, pp. 55-66.
COTELO, Mª do Carme (1983): "Eleccións do 28-O. As convidadas de pedra", *A Saia*, 1, p. 6.
FERNÁNDEZ, Daniela (2018) "No queremos ser solo un voto: Movimiento Feminista y Partidos Políticos en las elecciones municipales de 1979: el caso de Ourense y Pontevedra", en D. Lanero (ed.), *El disputado voto de los labriegos: cambio, conflicto y continuidad política en la España rural (1968-1986)*, Granada, Comares, pp. 71-95.
GARCÍA, María (1996): "Acceso al poder y participación de la mujer en la adopción de decisiones. Estudio de caso: Universidad de Santiago de Compostela, administración pública, Parlamento, en la comunidad autónoma de Galicia", en R. M. Radl (ed.), *Mujeres e institución universitaria en Occidente. Conocimiento, investigación y roles de género*, Santiago de Compostela, Servicio de Publicacións e Intercambio científico Campus Universitario Sur, pp. 257-268.
GRANDÍO, Emilio (2015): "La maquinaria de la Transición. Estado y democracia: la UCD en Galicia", en E. Grandío (ed.), *Historia del Presente. La Transición en Galicia*, 25, 27-42.
LOIS, Marta (2007): "Mujeres y toma de decisiones. Una aproximación a la literatura especializada", en I. Diz y M. Lois (coords.), *Mujeres, instituciones y política*, Barcelona, Bellaterra, pp. 16-46.
MACÍAS, Xavier (coord.) (2010): *22 documentos do feminismo galego*, A Coruña, Fundación Galiza Sempre.
MARIÑO, Mariam (2007): "Sexualidade e Movemeto Feminista Organizado. Galiza 1975 – 1990", *Murguía. Revista Galega de Historia*, 14, pp. 51-70.
— (2013): "Movemento Feminista e educación en Galiza. 1970-1990", *Revista Sarmiento*, 17, pp. 35-51.
MÁRQUEZ, Guillermo (1993): "La transición local en Galicia: continuidad de las elites políticas del franquismo y renovación de los gobiernos locales", *Revista de estudios políticos*, 80, pp. 39-120.
MAYOBRE, Purificación (1997): *Xénero e política. Comportamento electoral e participación social da muller (1979-1993)*, Santiago de Compostela, Tórculo Edicións.
NÚÑEZ, Xosé Manuel(2015): "¿Colonia o champú? El nacionalismo gallego en la transición democrática", en E. Grandío (ed.), *Historia del Presente. La Transición en Galicia*, 25, pp. 81-96.
PALEO, Natalia (2018): *As políticas municipais de xénero en España. O caso dos municipios galegos*, Santiago de Compostela, Edicións Laiovento.
PRADA, Julio (2015): "De dónde venimos y hacia dónde vamos...la derecha gallega entre la transición y la consolidación de la democracia", en E. Grandío (ed.), *Historia del Presente. La Transición en Galicia*, 25, pp. 9-25.
RIVAS, Manuel y TAIBO, Xoán (1977): *Os partidos políticos na Galiza*, A Coruña, Edicións do Rueiro.
RODRÍGUEZ, María José (2019): "La contratación irregular de los empleados del servicio del hogar familiar", *Lex Social. Revista jurídica de los Derechos Sociales*, 9, pp. 172-197.
RODRÍGUEZ, Xosé Ramón (2009): *O triunfo do galleguismo. Opinión pública, partidos políticos e comportamento electoral na transición autonómica*, Madrid, Dykinson.
SAN JOSÉ, Begoña (1989): *Democracia e igualdad de derechos laborales de la mujer: por un consenso social sobre la necesidad*, Madrid, Instituto de la Mujer.
SANTIDRIÁN, Víctor Manuel (2015): "PSOE, PCE, UGT y CCOO durante la transición en Galicia (1975-1981), en E. Grandío (ed.), *Historia del Presente. La Transición en Galicia*, 25, pp. 63-80.
SANTOS, Nanina (1984): "Do Instituto da Muller", *Andaina. Revista galega de pensamento feminista*, 6, pp. 12-13.